**SCHLIEPHAKE · FLUGZEUGBEWAFFNUNG**

HANFRIED SCHLIEPHAKE

# FLUGZEUGBEWAFFNUNG

Die Bordwaffen der Luftwaffe
von den Anfängen bis zur Gegenwart

MOTORBUCH VERLAG STUTTGART

Umschlagzeichnung: Carlo Demand
Einband und Umschlagkonzeption: Siegfried Horn

Der Schutzumschlag zeigt folgende Flugzeugwaffen:

| Parabellum | L.M.G. 08/15 |
| M.K.213 C |
| M61A1 | M.G. 15 |
| BK 27 mm × 145 |
| M.G. 17 |

ISBN 3-87943-486-7

1. Auflage 1977
Copyright © by Motorbuch Verlag, Postfach 1370, 7000 Stuttgart 1.
Eine Abteilung des Buch- und Verlagshauses Paul Pietsch GmbH & Co. KG.
Sämtliche Rechte der Verbreitung – in jeglicher Form und Technik – sind vorbehalten.
Satz und Druck: Graphischer Betrieb Ernst Kieser KG, 8900 Augsburg
Bindung: Großbuchbinderei Franz Spiegel, 7900 Ulm.
Printed in Germany

# Inhalt

| | |
|---|---:|
| Zu diesem Buch | 7 |
| DIE ENTWICKLUNG DER MILITÄRLUFTFAHRT BIS ZUM ENDE DES ERSTEN WELTKRIEGS | 9 |
| – Erste Ausnutzung des Luftraumes zur Kriegsführung | 9 |
| – Die Anfänge der Militärfliegerei | 17 |
| – Erste Einsätze von motorgetriebenen Luftfahrzeugen als neues Kampfmittel | 21 |
| – Erste Versuche der Ausrüstung von Flugmaschinen mit Schußwaffen | 32 |
| – Beginn einer planmäßigen Flugzeugbewaffnung als Folge des Kriegsausbruchs 1914 | 46 |
| – Ausbau einer autonomen Flugzeugwaffentechnik | 64 |
| DIE FLUGZEUGBORDWAFFEN IM ERSTEN WELTKRIEG | 79 |
| – Das Maxim-Maschinengewehr 08 | 79 |
| – Das »Parabellum«-Maschinengewehr, Kaliber 7,92 mm | 81 |
| – Das Maschinengewehr l.M.G. 08, Kaliber 7,92 mm | 84 |
| – Das Maschinengewehr L.M.G. 08/15, Kaliber 7,92 mm | 86 |
| – Das Maschinengewehr M.G. 08/18, Kaliber 7,92 mm | 88 |
| – Das GAST-Fliegermaschinengewehr, Kaliber 7,92 mm | 90 |
| – Das Bergmann- und das Dreyse-Maschinengewehr, Kaliber 7,92 mm | 91 |
| – Die Becker-Fliegerkanone, Kaliber 20 mm | 93 |
| DIE WEITERENTWICKLUNGEN DEUTSCHER FLUGZEUGBORDWAFFEN NACH DEM ERSTEN WELTKRIEG | 95 |
| – Die SEMAG-Kanone, Kaliber 20 mm | 95 |
| – Das Solothurn S 2-200 Maschinengewehr, Kaliber 8 mm | 96 |
| – Das Flugzeugmaschinengewehr M.G. 15, Kaliber 7,92 mm | 97 |
| – Das Flugzeugmaschinengewehr M.G. 17, Kaliber 7,92 mm | 102 |
| – Das schwere Flugzeugmaschinengewehr M.G.-FF, Kaliber 20 mm | 109 |
| – Die Erhardt-Kanone, Kaliber 20 mm, und erste Nachfolgeentwicklungen | 117 |
| DIE FLUGZEUGSCHUSSWAFFEN DER JAHRE 1933 BIS 1945 | 121 |
| – Das Flugzeugmaschinengewehr M.G. 81, Kaliber 7,92 mm | 121 |
| – Das Flugzeugmaschinengewehr M.G. 131, Kaliber 13 mm | 130 |
| – Das schwere Flugzeugmaschinengewehr M.G. 151, Kaliber 15 mm und die Flugzeugkanone M.G. 151/20, Kaliber 20 mm | 138 |
| – Die Flugzeugmaschinenkanone M.K. 101, Kaliber 3 cm | 148 |
| – Die Flugzeugmaschinenkanone M.K. 103, Kaliber 3 cm | 152 |
| – Die Flugzeugmaschinenkanone M.K. 108, Kaliber 3 cm | 157 |
| – Die Bordkanone 3,7 cm B.K. | 163 |
| – Die Bordkanone 5 cm B.K. | 167 |

- Die Flugzeugmaschinenkanone M.K. 214 A, Kaliber 5 cm — 172
- Die Pak 40 L und die Bordkanone 7,5 cm B.K. — 175
- Die Flugzeugmaschinenkanone M.K. 112, Kaliber 5,5 cm — 179
- Die Flugzeugmaschinenwaffen M.G. 213 C/ M.K. 213 C, Kaliber 20 bzw. 30 mm — 181

SONDER-GERÄTE ENTWICKLUNGEN IM ZWEITEN WELTKRIEG — 186
- Das S. G. 116 »Zellendusche«, Kaliber 3 cm — 186
- Das S. G. 117 »Rohrblock«, Kaliber 3 cm — 187
- Das S. G. 118 »Rohrblocktrommel«, Kaliber 3 cm — 189
- Das S. G. 119 »Rohrbatterie«, Kaliber 3 cm — 189
- Das S. G. 113 »Förstersonde«, Kaliber 7,7/4,5 cm — 190
- Das S. G. 500 »Jägerfaust«, Kaliber 5 cm — 194
- Das Sonder-Gerät HF 15, Kaliber 15 mm und die M.K. 115, Kaliber 5,5 cm — 195
- Gurtung von 7,92 mm bis 5 cm Munition — 197

BORDRAKETEN — 201
- Die Bordraketen RZ 65 und RZ 73, Kaliber 73 mm — 203
- Die großkalibrigen Bordraketen Wgr. 21 und 28, Kaliber 21,4 und 28 cm — 208
- Fliegende »Panzerfaust«- und »Panzerschreck«-Raketen — 211
- Die »Panzerblitz«-Bordraketen, Kaliber 80 und 130 mm — 212
- Die flügelstabilisierte Bordrakete R4M »Orkan«, Kaliber 55 mm — 214
- Die steuerbare Jägerrakete X 4, Kaliber 22,2 cm — 216

DIE FLUGZEUGBORDWAFFEN DER BUNDESWEHR — 225
- Kanonen oder Raketen? — 225
- Das schwere Flugzeugmaschinengewehr Browning Cal. .50 AN-M 3, Kaliber 12,7 mm — 225
- Die Flugzeugkanone General Electric M 24 A1, Kaliber 20 mm — 227
- Die Flugzeugkanone DEFA 552, Kaliber 3 cm — 228
- Die Schnellfeuerkanonen General Electric M 61 und M61A1 »Vulcan«, Kaliber 20 mm — 229
- Die Flugzeugkanone Mauser B.K. 27, Kaliber 27 mm — 232
- Die ungelenkte 2,75 inch FFAR-Bordrakete »Mighty Mouse«, Kaliber 70 mm — 235
- Die Lenkflugkörper AIM-9 »Sidewinder«, Kaliber 130 mm — 237

ANHANG — 242
- Übersicht: Funktionssysteme von Rohrwaffen
- Steigerung der Feuerkraft eines mittleren Kampfflugzeuges am Beispiel der He 111 H
- Übersicht: Kurzzeichen
- Namensregister — 247
- Bild- und Zeichnungenquellen — 252
- Literatur — 253

# Zu diesem Buch

Seit es Menschen gibt, mußten sie um ihr Dasein kämpfen und sich gegen Bedrohungen aller Art verteidigen. Die Welt in der sie lebten, war ständiger Kampf, ihre Sehnsucht nach dem Paradies auf Erden war und blieb bis heute ein Traum. Der Kampf aber blieb von den Anfängen der Menschheit bis heute Realität, so daß die Menschheitsgeschichte eigentlich eine Geschichte des Krieges ist. Immer wenn sich der Mensch seinen Bedrohungen erwehren mußte, tat er dies mit den Mitteln, die er sich entsprechend seinen Fähigkeiten und geistigen Veranlagungen schuf, um so in der Lage zu sein, einen Gegner abzuschrecken, oder sich ihm zu stellen. Im Wandel der Zeit verbesserte und perfektionierte er diese Mittel mit Hilfe der Technik, und es dauerte dann auch nicht lange, bis sich diese Technik Eingang in die Kriegskunst verschaffte und fortan das Wechselspiel von Taktik und Technik prägte. Die Technik schuf die Mittel für den Taktiker, mit denen er die Grundprinzipien des Kampfes, Feuerkraft und Bewegung, durchzusetzen vermochte. Denn Taktik ist die Kunst, durch Einsatz und Bewegung die Träger von Feuerkraft so in Position zu bringen, von der sie ihre Feuerkraft mit maximaler Wirkung auf den Gegner richten können. Eines dieser Träger von Feuerkraft ist das zu Anfang dieses Jahrhunderts geschaffene Flugzeug.

Schon früh erkannten vorausschauende militärische Sachverständige die Brauchbarkeit des Flugzeugs als ein Kriegsinstrument mit ganz neuartigen Einsatzmöglichkeiten. Während die einen in der Flugmaschine hauptsächlich ein Mittel zur operativen und taktischen Aufklärung sahen, glaubten die anderen die Hauptaufgabe der Flugmaschine sei es, als Waffe durch Abwurf von Geschossen gegen feste und bewegliche Ziele am Erdboden verwendet zu werden. Ein weitere Gruppe betrachtete die Flugmaschine als ein erfolgversprechendes Hilfsmittel für den Kampf gegen feindliche Lenkballons. Sie alle hatten, wenn auch verschiedene, so doch ganz bestimmte Vorstellungen über die zukünftige Verwendung der Flugmaschinen, die aber insgesamt darauf hinausliefen, mit dem Flugzeug ein Kriegsmittel in die Hand zu bekommen, mit welchem sie einen Teil der bisher gültigen militärischen Grundsätze völlig verändern konnten. Durch die Möglichkeit den Gegner nun auch mit Waffen aus der Luft anzugreifen, ergab sich eine tiefgehende Wandlung im Kriegswesen.

Die Aufgabe der Flugzeughersteller war es jetzt, ihre Flugzeuge nach den Vorstellungen der Militärs zu einer kriegsbrauchbaren Waffenplattform zu entwickeln, und die vielen Forderungen an das Gerät zu erfüllen. Waren diese Forderungen an die Kampfausrüstungen, der eben gerade flügge gewordenen Flugmaschinen anfangs noch recht bescheiden, so daß die Flieger nur eine Pistole oder einen Selbstladekarabiner und in einer primitiven Abwurfvorrichtung zwei bis drei kleine Bomben transportieren konnten, so schnellten die Möglichkeiten mit dem Fortschreiten der technischen Entwicklung im Flugzeug- und Motorenbau sprunghaft in die Höhe; bald war der Wunsch nach dem Einbau einer Anzahl von Maschinengewehren und Kanonen und das Mitführen einer Bombenlast von vielen Tonnen über eine große Entfernung schon selbstverständlich.

Das Flugzeug war von Anfang an weit davon entfernt, nur friedlichen Zwecken zu dienen, wie es seinen Pionieren vorschwebte. Es war im Gegenteil dazu verdammt, eine Waffe von kaum vorstellbarer Zerstörungskapazität zu werden, deren ständige Weiterentwicklung im wesentlichen von den Waffentechnikern bestimmt wurde.

Dieses Buch will von den ersten Anfängen an die Entwicklung der Schußwaffen, aber auch der späteren Raketen der Flugzeuge der deutschen Fliegertruppen im Ersten- und der Luftwaffe im Zweiten Weltkrieg sowie der Bundeswehr aufzeichnen, wobei die Flugzeugbewaffnungsentwicklungen der anderen Luftstreitkräfte im Zeitabschnitt bis gegen Ende des Ersten Weltkrieges zum besseren Verständnis der Gesamtentwicklung mit einbezogen wurden. Behandelt werden die tatsächlich in den Flugzeugen eingebaut gewesenen oder heutzutage eingebauten Waffen sowie einige Einzelentwicklungen und Prototypen, die von allgemeinem Interesse sind. Waffenentwicklungsprojekte, mit denen die deutsche Rüstungsindustrie, hauptsächlich im Zweiten Weltkrieg, geradezu in einem Übermaß eingedeckt war, wurden hier nicht einbezogen, weil dies den Rahmen des Buches sprengen würde. Viele dieser Projekte waren zu phantastisch, als daß sie sich für den Truppengebrauch hätten realisieren lassen. Auch möchte ich darauf hinweisen, daß die Beschreibungen der Waffen allgemein verständlich gehalten sind, und sich auf das Wesentliche beschränken; d. h., daß nicht jedes Schräubchen oder das Zusammenwirken der Teile bis ins kleinste Detail dargestellt wurde, weil dies Bände füllen würde. Derartige präzise Beschreibungen einzelner Waffen können in der einschlägigen Waffenliteratur und den entsprechenden Waffenmagazinen nachgelesen werden.

Abschließend möchte ich mich an dieser Stelle bedanken für die hilfreiche Unterstützung durch die Herren Gebhard Aders, Hermann P. Dorner, Fritz Hahn, Dipl.-Ing. Rudolf Heinrich, Dipl.-Ing. Jürgen Herrmann, Alfred Price, Willy Radinger, Ing. Hans Redemann, Dr. Karl-Heinz Stahl und Fritz Trenkle, die mir wertvolle Unterlagen zur Auswertung und Fotos zur Verfügung stellten. Dank gebührt insbesondere dem Erprobungs-Flugzeugführer und ehemaligen Leiter der Erprobungsflüge der Erprobungsstelle für Flugzeugbewaffnung Tarnewitz Herrn BDir Ekkehard v. Guenther. Dank auch für die freundliche Unterstützung durch das Militärgeschichtliche Forschungsamt in Freiburg, das Bundesarchiv in Koblenz, die Hochschulbibliothek der Bundeswehr in München, den IP Stab des BMVg durch Herrn OTL Gerhard Schurig, das Luftwaffen-Museum in Uetersen durch Herrn Oberstarzt Dr. Boecker und das Heeresgeschichtliche Museum in Wien.

Königsbrunn/Augsburg        Hanfried Schliephake

# Die Entwicklung der Militärluftfahrt bis zum Ende des Ersten Weltkriegs

## Erste Ausnutzung des Luftraumes zur Kriegsführung

*»Was dieser junge Hauptmann Euer Exzellenz hier unterbreitet hat, mag ja ganz gut und schön sein, aber eine militärische Bedeutung wird eine Flugmaschine niemals haben.«*

*Herbst 1910    Major Groß*
*Kommandeur des Luftschiffer-Bataillons*

Diese, dem Inspekteur der Verkehrstruppen, *General Freiherr von Lyncker* gegenüber geäußerte Ansicht des *Majors Groß,* anläßlich eines Referats von *Hauptmann de le Roi,* herrschte damals nicht nur bei der Mehrzahl der Offiziere der Königlichen Preußischen Armee vor, sondern sie war auch die allgemeine Auffassung der maßgebenden militärischen Stellen. Die Fliegerei wurde als »närrisches, akrobatisches Kunststück« abgetan und ihr Wert für eine militärische Verwendung unterschätzt. Dabei reichten die Bestrebungen, Luftfahrzeuge für militärische Zwecke zu verwenden, weit in die Geschichte des Wehrwesens der Großmächte zurück. Denn die Entwicklungsgeschichte des Kriegsflugzeuges ist auch diejenige des Flugzeugs überhaupt. Das erste Flugzeug, dessen Leistungen verkehrstechnische Ausnutzungsmöglichkeiten bot, bestimmte gleichzeitig den Anfang der militärischen Verwendbarkeit.

Wie Sagen und Legenden überlieferten, hatte die Menschheit schon vor Jahrtausenden den Wunsch fliegen zu können. Dieser Wunsch entstand aber nicht aus Eitelkeit, sondern ergab sich aus den Lebensbedingungen der Menschen, dem Zwang, ihre Lage zu verbessern. Oftmals war es der Wunschtraum von Herrschern, die ihre Feinde auch von der

**Francesco de Lana-Terzis Prophezeiung in seinem 1670 erschienenen »Prodomo«.**
**». . . Ja, wenn das (Luft)Schiff aus hoher Luft bis zu dem Segelwerke der Meerschiffe herabstiege, könnte es mit Eisenstücken, die man aus dem (Luft)Schiff nach unten wirft, die Meerschiffe mit künstlichem Feuer, mit Kugeln und Bomben in Brand stecken.«**

**Älteste zeichnerische Darstellung eines Luftkampfes. (Nach einem alten Stich aus dem Jahre 1751.)**

Luft aus angreifen wollten, dann wiederum der Wunsch von Gefangenen, die sich auf diesem Wege wieder zu befreien hofften. Welche Motive auch diesem uralten Menschheitstraum zugrunde lagen, auf jeden Fall sollte der Flug den Menschen von Nutzen sein und ihm sein Dasein erleichtern.

Aber schon bevor die Luftfahrzeuge Gestalt annahmen, tauchten auch die ersten Mahner auf, die von den unausweichlichen Schrecken redeten, die sicherlich bald dem Phänomen »Fliegen« folgen würden. Indische Legenden aus frühester Zeit enthielten bereits Prophezeiungen, die besagten, »daß einmal ein Streitwagen gebaut würde, mit eisernen Wänden und Flügeln bestückt, von dem aus auf Städte Raketen geschleudert würden, die alles was sie treffen zerstören«. Jahrhunderte später bekam der italienische *Jesuitenpater Francesco de Lana-Terzi* moralische Bedenken gegen die Verwirklichung seines Luftschiffes. In seinem 1670 erschienenen »Prodomo« schrieb er: »Sonst sehe ich keine Schwierigkeiten, die man vorbringen könnte, außer einer, welche mir größer scheint als alle anderen: Gott wird niemals zugeben, daß eine solche Maschine wirklich zustande kommt, um die vielen Folgen zu verhindern, welche die bürgerliche und politische Ordnung der Menschheit stören würden. Denn wer sieht nicht, daß keine Stadt vor Überfällen sicher wäre, da ja das Schiff zu jeder Stunde über dem Platz derselben erscheinen und die Mannschaft sich herablassen und aussteigen könnte. Dasselbe geschähe in den Höfen der Privathäuser und bei den Schiffen, welche das Meer durcheilen. Ja, wenn das Schiff nur aus hoher Luft bis zu dem Segelwerke der Meerschiffe herabstiege, könnte es die Taue kappen, und auch ohne herabzusteigen, könnte es mit Eisenstücken, die man aus dem Schiffe nach unten werfen könnte, die Schiffe mit künstlichem Feuer, mit Kugeln und Bomben in Brand stecken; und nicht nur Schiffe, sondern auch Häuser, Burgen und Städte mit sicherer Gefahrlosigkeit für diejenigen, welche aus ungemessener Höhe solche Sachen herabwürfen«. – Eine Prophezeihung, die zweieinhalb Jahrhunderte später Wirklichkeit werden sollte.

Der erste Luftkampf wird in dem 1751 in London er-

**Bombardierung von Venedig mit Hilfe von Heißluftballons durch österreichische Truppen im Jahre 1849. Nach einer Erfindung der beiden Oberleutnants Franz und Josef v. Uchatius wurden 22 kg schwere »Bomben mittels Montgolfier's an sonst unzulängliche Orte gebracht«.**

schienenen Roman von *Robert Palstock* "The Life of Wilkens" (Leben und Abenteuer des Peter Wilkens) dargestellt. Eine Zeichnung dieses Romans veranschaulicht den Kampf zweier geflügelter Menschen in der Luft. Beobachtet wird die Szene vom Feldherrn Peter Wilkens, der im Vordergrund dieses Stiches auf einer mit Trageschlaufen versehenen Tafel sitzt, auf welcher er sich von vier seiner fliegenden Krieger dem Feinde entgegentragen lassen kann. Im Hintergrund sind herbeifliegende Truppen zu erkennen, und vorn rechts strecken drei Kanonen zur Abwehr von Angriffen aus der Luft ihre Rohre drohend gen Himmel.

Die ersten wirklichen Versuche, den Luftraum für die Kriegsführung auszunutzen, wurden gegen Ende des 18. Jahrhunderts während der Französischen Revolution durch die Franzosen unternommen. Ausschlaggebend hierfür waren die erfolgreichen Versuche mit bemannten Heißluft- (Montgolfièren) und Wasserstoffgas- (Charlièren) Ballons in Frankreich ab 1783. Im allgemeinen benutzte man für Kriegszwecke gefesselte Ballone, während der Freiballon, wegen seiner Abhängigkeit vom Winde, nur in Ausnahmefällen militärische Verwendung fand. Da aber die Fesselballone nur einen begrenzten Wirkungsbereich hatten, ging man bald dazu über, den Freiballon lenkbar zu machen. Allerdings scheiterten alle in dieser Hinsicht unternommenen Versuche noch am Fehlen einer betriebssicheren Antriebskraft.

Im Laufe der ersten Hälfte des 19. Jahrhunderts führten ständig neue Versuche zu weiteren Fortschritten. Man begnügte sich nicht mehr mit dem Fesselballon als Beobachtungsmittel, sondern versuchte auch den Freiballon, mehr als bisher, für Beobachtung und sogar zur unmittelbaren Bekämpfung des Gegners auszunutzen. Obwohl im Jahre 1846 während des amerikanisch-mexikanischen Krieges der amerikanische Ballonfahrer *John Wise,* bekannt als Erfinder der Reißbahn an der Ballonhülle, vorgeschlagen hatte, durch einen Fesselballon eine Bombe über der mexikanischen Festung Vera Cruz abzuwerfen, waren es Freiballone, mit denen der erste Luftangriff der Kriegsgeschichte ausgeführt wurde. Am 2. Juli 1849, ge-

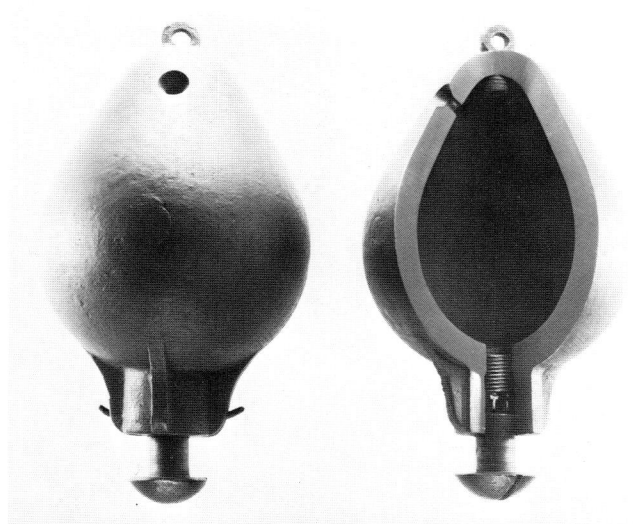

**Ballon-Abwurfbombe aus dem Jahre 1849 von Franz Uchatius. Links: Die abwurfbereite 22,2 kg Bombe. Rechts: Die gußeiserne Bombe im Schnitt. Länge ohne Schlagstück und Aufhängering 289 mm, Sprengladung 1,6 kg Schwarzpulver. Die Zündvorrichtung bestand aus drei Pistons, auf die je eine Zündkapsel aufgesetzt war, und dem beweglichen Schlagstück, das beim Aufschlagen der Bombe die Kapseln zündete.**

gen zwei Uhr nachmittags, leiteten österreichische Truppen vor Venedig mit dem Abwurf einer 22 kg schweren Bombe, die mit Hilfe eines Heißluftballons über ihr Ziel, der Ortschaft Murano bei Venedig getragen wurde, den Luftkrieg ein. Zwei weitere Ballonbomben wurden in gleicher Weise am 15. Juli über Venedig abgeworfen, wovon eine unweit des Arsenals und die andere am Lido einschlugen. Wenn auch der angerichtete Schaden nur gering war, so hatte sich doch die über 200 Jahre alte Prophezeiung des Paters *de Lana* erfüllt.

Die Ballon-Bomben waren eine Erfindung der *Gebrüder Franz und Josef von Uchatius,* die in der ersten Hälfte des Jahres 1849 in der Nähe von Wien damit zu experimentieren begannen. Das Gerät funktionierte denkbar einfach. Unter der Feuerpfanne, in der die für den Auftrieb des Ballons benötigte Heißluft durch glühende, mit gefetteter Baumwolle beschichtete Holzkohle, erzeugt wurde, hing an einem Seil die 22,2 kg schwere, gußeiserne, birnenförmige Bombe, die mit 1,6 kg Schwarzpulver gefüllt war. Zwischen der Bombe und der Feuerpfanne besorgte ein Sprengsatz[1]) das Kappen des Seiles. Die Zündung des Sprengsatzes erfolgte durch eine Zündschnur, deren Brenndauer[2]) durch den Flugweg des Ballons vom Startplatz bis zum Auslösepunkt und der Windgeschwindigkeit berechnet wurde. Nach der Trennung fiel die Bombe, durch das Stück Restseil stabilisiert, auf das Ziel.

Im militärischen Bereich konnte sich aber der Freiballon, wegen seiner starken Wetterabhängigkeit, gegenüber dem Fesselballon vorerst nicht durchsetzen. Fesselballone dagegen wurden in größerem Umfang von den Amerikanern im Sezessionskriege von 1861 bis 1865 mit Erfolg eingesetzt. Der Meteorologe und Ballonfahrer *Thaddeus S. C. Lowe* erhielt zu dieser Zeit den Auftrag zur Aufstellung einer Heeresballontruppe, deren Kommandeur er wurde. Während des Krieges unternahm er über 3000 Aufstiege zur Beobachtung der Konförderierten Truppen. Einer seiner ständigen Begleiter war damals der deutsche Militärattaché *Oberst Ferdinand Graf von Zeppelin,* den die Möglichkeiten der Ballonaufklärung tief beeindruckten. Der Fesselballon diente in diesem Kriege der Aufklärung, der Dauerbeobachtung und Nachrichtenübermittlung unter Anwendung von Telegraphie und Photographie. Auch wurde sogar als erster Fall in der Kriegsgeschichte das Artilleriefeuer, gegen einen verdeckt stehenden Feind, mit Erfolg vom Ballon aus geleitet. Trotz all dieser Leistungen zeigten die Heerskommandeure wenig Interesse an diesem, bei stärkerem Wind so unstabilen Gerät, so daß sie ihre Ballontruppen noch im Jahre 1863 wieder aufgaben. Die gleichen Unzulänglichkeiten veranlaßten wahrscheinlich auch *Napoleon,* seine im Jahre 1793 aufgestellte Ballontruppe[1]) schon 1802 wieder aufzulösen, obwohl der erste Aufstieg eines Fesselballons für Beobachtungszwecke in der Kriegsgeschichte entscheidend zum Siege der Franzosen über die Österreicher beigetragen hatte. Denn während der Schlacht um Fleurus, am 26. Juni 1794, beobachtete *Oberst Coutelle* von einem Fesselballon aus neun Stunden lang die Operationen der österreichischen Truppen, erkundete deren Stellungen und konnte das Feuer der Batterien leiten.

Auch die ersten beiden, von der preußischen Heeresverwaltung im August 1870 aufgestellten Luftschiffer-Detachements, ereilte ein ähnliches Schicksal. Die ungeübten Mannschaften erzielten mit ihren englischen Coxwell-Fesselballons nicht den erhofften Erfolg. Nach kurzem Einsatz bei der Belagerung von Straßburg wurden sie im Oktober 1870 vor Paris schon wieder aufgelöst. Dagegen leisteten Freiballons den in Paris belagerten Franzosen unerwartet gute Dienste. Zwischen dem 23. September 1870 und dem 28. Januar 1871 verließen nicht weniger als 66 Ballons die eingeschlossene Stadt und beförderten dabei neben den

---

[1]) Block Raketentreibsatz bestehend aus einem Gemisch aus 80 Teilen Salpeter, 12 Teilen Schwefel und 14 Teilen Holzkohle
[2]) 6 m Lunte brannten etwa 10 Minuten

**Einer der Aufstiege Thaddeus Lowes mit seinem Fesselballon »Intrepid« während der Schlacht von Fair Oaks am 29. Mai bis 1. Juni 1862. Durch seine aus der Luft übermittelten Beobachtungen des Schlachtverlaufs konnte im letzten Augenblick eine Katastrophe für die Truppen der Nordstaaten verhindert werden.**

---

[1]) Das Aerostatische Corps

Ballonführern 91 Personen, 10675 kg Post und 363 Brieftauben, die in umgekehrter Richtung, vom unbesetzten Hinterland nach Paris, mit Nachrichten auf Mikrofilmen zurückflogen. Von allen eingesetzten Ballons erreichten nur acht nicht ihr Ziel.

Während in Deutschland die Versuche mit kleinen Fesselballons nur langsam vorankamen, und ein Gutachten der Ingenieur-Abteilung am 24. Mai 1873 sogar die Frage erhob, ob der Wert des Ballons als militärische Beobachtungsstation überhaupt die Kosten und die Mühe lohne, worauf von seiten des Kriegsministeriums Versuche größeren Umfangs unterblieben, bemühte man sich in Frankreich eifrig um die Förderung der Luftschiffahrt. Dort experimentierte man aber nicht nur mit Frei- und Fesselballons, sondern befaßte sich bereits mit dem Bau eines lenkbaren Luftschiffes.

Erst aufgrund eines im Herbst 1882 dem Kriegsministerium vom Ingenieur-Komitee unterbreiteten Berichts über französische Versuche mit Fesselballons (ballon captif), in Verbindung mit Artillerie-Schießübungen sowie wiederholter Anregungen einiger Kommandobehörden, entschied sich das Kriegsministerium Mitte November 1883 dahingehend, die Versuche für die militärische Verwendung des Fesselballons wieder von neuem aufzunehmen. Durch Vortrag beim Kaiser erwirkte schließlich der Kriegsminister, *General Bronsart von Schellendorff,* die Genehmigung zum »Eintritt in Versuche mit ballons captifs«. Am 9. Mai 1884 verfügte dann das Kriegsministerium die Bildung einer Versuchsstation für Captif-Ballons und hierzu die erneute Aufstellung eines Ballondetachements in Berlin zum 1. Juni 1884. Damit war der Grundstein für den späteren Aufbau deutscher Luftstreitkräfte gelegt.

Das Ballondetachement wurde der Eisenbahntruppe angegliedert. Drei Jahre später wurde aus dem Detachement eine selbständige Luftschifferabteilung und 1901 aus dieser ein Luftschifferbataillon. Zunächst besaß das Detachement den üblichen Kugelfesselballon, der nur bis zu einer Windstärke von 10 m/sek. eingesetzt werden konnte, und dann den Nachteil hatte, sehr unruhig in der Luft zu stehen, was die Beobachtung erschwerte. Erst der

**Oberst Coutelle blieb während der Schlacht von Fleurus am 26. Juni 1794 neun Stunden lang mit dem Fesselballon L'Entreprenant in der Luft und verhalf durch seine Beobachtungen den französischen Truppen mit zum Sieg über Österreich.**

**Unerwartet leisteten Freiballons den in Paris belagerten Franzosen gute Dienste. Die zeichnerische Darstellung zeigt Ministerpräsident Léon Gambetta beim Verlassen des belagerten Paris in einem Ballon am 7. Oktober 1870. Im zweiten Ballon, der ihn begleitete, saßen Amerikaner.**

1895 wurde von August von Parseval und Bartsch von Sigsfeld der Drachenballon erfunden. Dieser neue Ballontyp bestand aus einer länglichen Hülle, die dem Wind weniger Widerstand bot als der gefesselte Kugelballon. Zwei vom Wind aufgeblasene Steuersäcke und ein Schwanz mit mehreren Luftsäcken stabilisierten den Ballon, der etwa 10 bis 30 Grad gegen den Wind wie ein Drachen angestellt wurde und so von dem statischen Auftrieb des Gases und dem dynamischen Auftrieb durch die Drachenwirkung in die Höhe getragen wurde. Das Bild zeigt den Einsatz eines Drachenballons im italienisch-türkischen Krieg im Jahre 1911/12.

Drachenballon, eine Erfindung des *Majors August von Parseval* und des *Hauptmanns Bartsch von Sigsfeld* im Jahre 1895, besaß auch bei stärkerem Wind (bis zu 25 m/sek.) ausreichende Stabilität, um von ihm aus einwandfrei beobachten zu können. Äußeres Merkmal dieses Systems war die längliche Form des Ballonkörpers. Im Ersten Weltkrieg wurden von allen Armeen tausende solcher Drachenballons als Artillerie-Beobachtungsmittel eingesetzt.

Kurz vor der Jahrhundertwende zeichneten sich die ersten positiven Ergebnisse bei den Bemühungen zur Lenkbarmachung der Freiballons ab. Daran hatte die Erfindung des leichten Benzinmotors, einer Kraftquelle mit einem auch für Ballons annehmbaren Leistungsgewicht, einen wesentlichen Anteil. Zu Anfang wurden bei diesen Luftschiffen als Antriebskraft eine Dampfmaschine (*Henry Giffard,* 1852), ein Metangasmotor (*Paul Haenlein,* 1872) und ein Elektromotor (*Charles Renard* u. *A. C. Krebs,* 1884) verwendet. Den ersten Benzinmotor, der damals 8 PS leistete, baute 1895 *Dr. Hermann Wölfert* in sein Luftschiff ein. Damit erweckte auch der, bis dahin von der herrschenden Windströmung abhängige Freiballon, neben dem Drachenfesselballon das Interesse der Militärs. Bei einer Vorführung vor militärischen Sachverständigen verunglückte am 12. Juni 1897 *Dr. Wölfert* mit seinem Luftschiff über dem Tempelhofer Feld bei Berlin tödlich. Aber knapp zwei Jahre später flog wieder ein, von einem Benzinmotor angetriebenes Lenkluftschiff; *Alberto Santos-Dumont* war sein Erbauer, der damit am 13. November 1899 einen Rundflug über Paris machte.

Der große Durchbruch gelang aber erst *Ferdinand Graf von Zeppelin,* Kavalleriegeneral a. D. des Königs von Württemberg. Am 2. Juli 1900, kurz nach 8 Uhr abends, startete sein erstes Luftschiff zu einer kurzen Jungfernfahrt über dem Bodensee. Trotz katastrophaler Rückschläge, die *Graf Zeppelin* immer wieder mit seinen Luftschiffen erlitt, interessierten sich die Militärs in der Folgezeit zunehmend für dieses neue Luftfahrzeug und sahen darin in erster Linie, ein dem Frei- und Fesselballon überlegenes Beobachtungs-, Aufklärungs- und Verbindungsmittel. In Deutschland dachte man von Anfang an auch

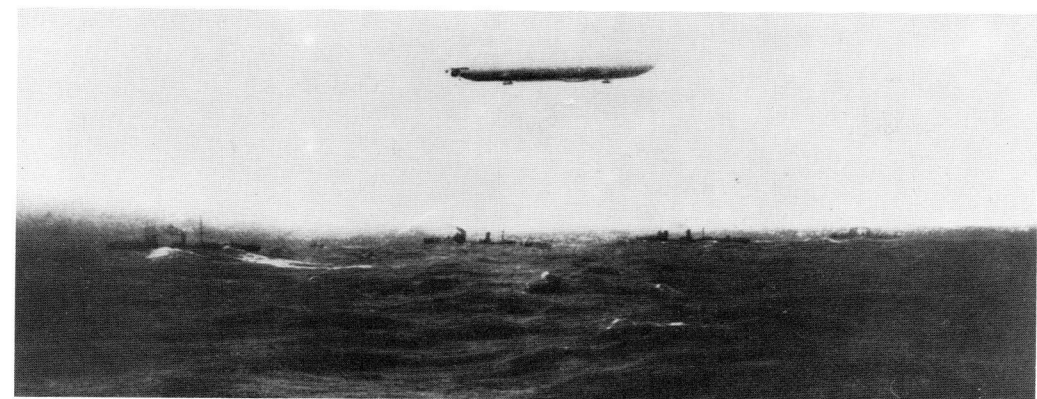

**Das Zeppelinluftschiff L 1 über manövrierenden deutschen Kriegsschiffen in der Nordsee 1913.**

daran, das neue Kriegsmittel als Waffe zu verwenden, wie es schon mit dem Freiballon versucht worden war. Die damals ständig zunehmende Technisierung begünstigte noch die Entwicklung von Luftschiffen zu geeigneten Kampfmitteln. In Erkenntnis der dadurch zu erwartenden Verschärfung der Kriegsführung hatte die Erste Haager Friedenskonferenz im Jahre 1899 das Verbot des Abwurfs von Sprengstoffen aus Ballonen- »und ähnlichen neuen Mitteln« beschlossen. Nach Ablauf dieser internationalen Vereinbarung im Jahre 1904 wurde im Januar 1906 von neuem erwogen, das Luftschiff als Waffe zu verwenden. Auch lagen inzwischen aus Frankreich Berichte vor, daß dort einschlägige Versuche durchgeführt würden. Eine Bestätigung dieser Berichte sah man darin, daß auf der zweiten Friedenskonferenz im Jahre 1907 ein Fortbestehen des Bombenabwurfverbots gerade am Widerstand Frankreichs scheiterte.

Am 3. Februar 1906 wurde in einem Bericht des Luftschiffer-Bataillons an die Inspektion der Verkehrstruppen der Abwurf von Sprengstoffen aus lenkbaren Luftfahrzeugen als sehr aussichtsreich und entwicklungsfähig bezeichnet. Es wurde auch die Möglichkeit der Ausrüstung von Luftschiffen mit Maschinengewehren, leichten Geschützen und Handfeuerwaffen, zur Bekämpfung feindlicher Luftfahrzeuge als gegeben erachtet, und darüber hinaus auch die Verwendung von Torpedo-Lancierrohren unter Anwendung von Preßluft in Erwägung gezogen. Dies führte dazu, daß sich die militärischen Stellen in Zukunft bei der Beurteilung von Luftschiffen nicht lediglich mit dem Nachweis ihrer Eignung als Aufklärungsmittel begnügten, sondern daß sie immer mehr von den Schiffen auch die Erfüllung der Bedingungen forderten, die an ein brauchbares Luftkampfmittel gestellt werden mußten.

Als Ergebnis der erfolgreichen Versuche und Erprobungen, vor allem denen des *Grafen Zeppelin*, setzte sich in Deutschland das lenkbare Luftschiff als Kampfmittel immer mehr durch. Von 1906 an, wetteiferten gleich drei Luftschiffsysteme miteinander, und zwar neben dem starren System des *Grafen Zeppelin*, ein halbstarres von *Major Hans Groß* und ein unstarres Luftschiffsystem von *Major August von Parseval*. Am 23. Mai 1906 bewilligte der Reichstag die ersten 550 000 Mark für den Bau eines zunächst kleinen Versuchsluftschiffes halbstarren Systems, das als erstes Militärluftschiff (M1) im Jahre 1907 in Dienst gestellt wurde. Ein Jahr darauf folgten ein Parseval Luftschiff als P1 und ein Zeppelinluftschiff als Z1. Nach gewonnenen Erfahrungen

**Die Dampfflugmaschine »Avion III« des französischen Ingenieurs Clément Ader, die bei einem Flugversuch am 14. Oktober 1897 auf dem Exerzierplatz von Satory total zerstört wurde.**

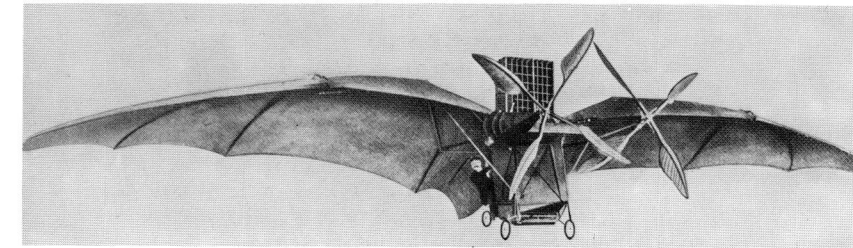

forderte der Generalstab aber bald vorrangig den Bau von starren Luftschiffen.

Noch bevor an einen erfolgversprechenden Einsatz des Motorluftschiffes, d. h. Luftfahrzeuges »leichter als die Luft« gedacht werden konnte, unterstützte die französische Armee bereits das Projekt einer Flugmaschine »schwerer als die Luft«. Der französische elektro-Ingenieur *Clément Ader* hatte im Jahre 1886 einen dampfgetriebenen, fledermausähnlichen Flugapparat gebaut, den er »Aeole« oder »Avion I« nannte. Im Jahre 1889 war die Aeole fertig. Sie hatte zusammenfaltbare Flügel von 14 m Spannweite, und eine 20 PS leistende Dampfmaschine trieb einen Propeller an, das Gewicht betrug 500 kg. 1890 soll die Aeole in Armainvilliers sogar über eine Strecke von 50 m keine Bodenberührung gehabt haben. Das französische Kriegsministerium sah in dem Apparat *Ader's* ein neues Kriegsmittel und unterstützte geschlossen dessen Pläne. Mit einer Finanzhilfe von 500 000 Franc baute *Ader* darauf unter größter Geheimhaltung das erste Militärflugzeug der Welt, den Avion II. Es wurde ein Mißerfolg. *Ader* und seine Auftraggeber gaben jedoch nicht auf und stellten nach erneuter harter Arbeit den Avion III fertig. Bei dem ersten Flugversuch am 14. Oktober 1897 auf dem Exerzierplatz von Sartory, vor einer Kommission des Kriegsministeriums, wurde der Flugapparat total zerstört. Danach stellte das Kriegsministerium seine Unterstützung ein, nachdem die erfolglosen Versuche annähernd eine Million Franc verschlungen hatten.

Obwohl es undurchführbar erschien, mit einer Dampfmaschine einen Flugapparat anzutreiben, weil diese Kraftquelle zu schwer oder bei erträglichem Gewicht die Leistungsfähigkeit zu gering war, baute in England im Jahre 1893 *Sir Hiram Maxim*, der Erfinder des nach ihm benannten Maxim-Maschinengewehrs, in seinen riesigen Drachenflieger zwei Dampfmaschinen ein. Die Maschinen besaßen je einen Hoch- und einen Niederdruckzylinder und leisteten bei einem Dampfdruck von 19 bis 22 Atmosphären je 180 PS bei nur 145 kg Gewicht. Die Spannweite dieser Mehrdeckerkonstruktion betrug 31,5 m und das Fluggewicht 3600 kg. *Maxim* ereilte 1894 das gleiche Schicksal wie *Ader*. Der Drachenflieger war, zwischen Zwangsschienen laufend, zwar einige Zentimeter vom Boden losgekommen, wurde aber nach zirka 300 m aus der Bahn gerissen und zerbrach. Die Britische Regierung, die diesem Drachenflieger, der immerhin mit einem Kostenaufwand von 408 000,- Mark gebaut worden war, finanziell förderte, war enttäuscht und strich die Unterstützungen.

Interessant ist, daß *Maxim* von Anfang an in dem Flugapparat eine Waffe sah, was sich besonders deutlich bei seiner Stellungnahme anläßlich des Aufstiegs des ersten Zeppelins zeigte, wo er bemerkte: »Trotzdem wird es in nächster Zeit Flugmaschinen geben, ihre vornehmste Verwendung sollen sie jedoch im Kriege finden, gar nicht zu reden von der Möglichkeit, an geeigneten Punkten Bomben fallen zu lassen. Flugmaschinen und automatische Gewehre .... räumen also der Macht, welche Geld besitzt und ausreichende Geschicklichkeit im Maschinenbau entfaltet, große Vorteile ein«.

In Amerika befaßte sich seit 1886 *Professor Samuel Pierpont Langley* mit dem Flugproblem. 1891 veröffentlichte er die Ergebnisse seiner Experimente und baute bemerkenswerte Flugmodelle, die er »Aerodrome« nannte. 1896 erzielte *Langley* erste Erfolge mit den durch Dampfkraft angetriebenen Aerodromen Nr. 5 und 6. Für den Bau einer manntragenden Flugmaschine wurden ihm anfangs die benötigten Geldmittel abgelehnt. Erst aufgrund des Krieges zwischen den Vereinigten Staaten und Spanien im Jahre 1898 interessierte sich das U.S.Kriegsministerium für die steuerbare, motorgetriebene Flugmaschine und erwirkte vom Kongreß für *Langleys* Arbeiten eine angemessene Unterstützung in Höhe von 50 000,- Dollar. Inzwischen war *Langley* zu der Überzeugung gelangt, daß ein Benzinmotor mehr Aussicht auf Erfolg versprach als eine Dampfmaschine. *Langley* war in der glücklichen Lage als Assistent *Charles M. Manley*, ein typisch amerikanisches Erfindertalent, zu beschäftigen. *Manley* wählte als Antrieb den ersten, ausschließlich für Flugzwecke bestimmten, benzingetriebenen Sternmotor in der Geschichte der Luftfahrt. Dieser fünfzylindrige Motor, eine Konstruktion des New Yorkers *Stephen Balzer*, leistete 52 PS bei einem Ge-

Sir Hiram Maxims Drachenflieger mit Dampfmaschinenantrieb. Bei Rollversuchen auf einer 550 m langen Schienenbahn hob der Flugapparat bei etwa 50 km/h ab. Alle vier Laufräder fanden Kontakt mit den oberen Führungsschienen der Zwangsschienenbahn. Nach ungefähr 300 Metern verbog sich unter dem hohen Auftrieb die Achse einer Führungsrolle, wodurch der Flugapparat aus seiner Bahn gerissen und beschädigt wurde.

wicht von 57 kg. Trotz der strengen Geheimhaltung gab es genügend Augenzeugen, die berichteten, daß bei den beiden einzigen Startversuchen am

Professor Samuel P. Langleys »Aerodrome« auf der Abgleitvorrichtung seines Hangars im Potomacfluß bei Washington im Jahre 1903.

7. Oktober und 8. Dezember 1903 jedesmal die Katapultvorrichtung versagte, und das Aerodrom kopfüber in den Potomac stürzte. *Professor Langley* war danach so sehr dem Spott der Presse ausgesetzt, daß der Kongreß die Bewilligung von Geldern für weitere Versuche ablehnte. Das Aerodrom landete im Museum, sein Erbauer erlitt einen Nervenzusammenbruch und starb im Jahre 1906. *Glenn Curtiss* holte die Flugmaschine *Professor Langleys* 1914 aus dem Museum, setzte sie auf Schwimmer und flog damit fünfzehn Minuten.

## Die Anfänge der Militärfliegerei

Die ersten Ansätze des Fliegens mit Maschinen »schwerer als die Luft« waren im Grunde nichts anderes, als die Auswertungen der Vorarbeiten der *Brüder Lilienthal. Otto Lilienthal* war 1890 soweit gekommen, daß er seine theoretischen Gleit- und Segelflugstudien auf eine praktische Basis stellen und wechselseitig Theorie und Praxis anwenden konnte. Er entdeckte die überraschende Wirkung gewölbter Tragflächen und veröffentlichte 1889 in seinem Werk: »Der Vogelflug als Grundlage der Fliegekunst« maßgebende Profilformen für Tragflügel, die das spätere Fliegen bemannter »Drachenflieger« erst ermöglichten. 1896 stürzte er bei einem seiner Gleitflüge in den Rhinower Bergen in der Mark ab und erlag seinen Verletzungen in der Nacht vom 10. zum 11. August 1896. Dieser Unfall schreckte in Deutschland davon ab, die Versuche fortzusetzen. Anders im Ausland. Dort fanden sich überall Anhänger, die die *Lilienthal'schen* Arbeiten begeistert aufnahmen und weiterführten.

In Amerika waren es die *Brüder Wilbur* und *Orville Wright,* die unter Zugrundelegung der *Lilienthal'schen,* aber auch der *Chanute'schen* Studien, im Jahre 1900 mit der Ausführung von Gleitversuchen begannen, die sie in den folgenden Jahren mit schrittweise verbesserten Apparatetypen fortsetzten. Nach dreijähriger Übung gingen die *Brüder*

**Otto Lilienthal im Flug mit seinem 1893 gebauten Hängegleiter.**

*Wright* dazu über, ihre Gleitmaschinen mit einem in eigener Werkstatt hergestellten, 12 PS leistenden, wassergekühlten Vierzylinder-Viertakt-Motor auszurüsten. So entstand aus dem Gleitflugapparat der Drachenflieger. – Am 17. Dezember 1903 war es dann soweit. In den Sanddünen von Kitty Hawk in North Carolina gelangen den *Brüdern Wright* die ersten freien Motorflüge, von denen der erste 12 Sekunden dauerte. Weitere und längere Flüge folgten, und am 5. Oktober 1905 legten sie schon in einem 38 Minuten dauernden Flug eine Strecke von 39 km zurück.

Unabhängig von den *Brüdern Wright* versuchten in Europa *Jacob Ellehammer, Alberto Santos-Dumont,* die *Brüder Gabriel* und *Charles Voisin, Leon Delagrange* und *Louis Blériot,* um nur einige Namen zu nennen, den Motorflug, doch reichten sie alle anfangs nicht ganz an die Leistungen der *Wrights* heran. Erst am 9. November 1907 blieb *Henri Farman* mit einem Voisin-Farman I Flugapparat 1 Minute und 14 Sekunden in der Luft, und ein Jahr danach, am 2. Oktober 1908, gelang ihm ein Flug von 44 Minuten und 31 Sekunden. Dagegen schaffte *Wilbur Wright* in Frankreich bei einem Vorführungsflug, am 21. September 1908, schon 1 Stunde 31 Minuten und 25 Sekunden, und am 31. Dezember des gleichen Jahres konnte er die Flugdauer auf 2 Stunden 20 Minuten und 23 Sekunden ausdehnen und stellte damit einen Dauerweltrekord auf.

Aber zurück in die Jahre 1905 und 06. Die Leistungen der *Brüder Wright* fanden zu Anfang in Europa keine besondere Beachtung, da nur unzulängliche Mitteilungen an die Öffentlichkeit drangen, und die Art der Berichterstattung nicht immer überzeugend war. Dennoch wurden alle eingehenden Nachrichten über die Tätigkeit der *Brüder Wright* von den deutschen militärischen Dienststellen mit Aufmerksamkeit verfolgt. Zu Beginn des Jahres 1906 lehnte naturgemäß, wegen des wenig verbürgten Nachrichtenmaterials, der Inspekteur der Verkehrstruppen *Generalleutnant von Werneburg* die Flugmaschine der *Brüder Wrights* ab, da sie wie es wörtlich hieß: »gegenwärtig von einer militärischen Verwendbarkeit noch ungleich weiter entfernt sei als das lenkbare Luftschiff«. Am 12. April 1906 ließ sich der Kaiser aufgrund weiterer Erfolge der Wrightschen Flugmaschine und wegen erhaltener Mitteilungen des deutschen Militärattachés in Washington, Vortrag halten über die Erfindung der *Brüder Wright*.

Zwei Tage danach, am 14. April 1906, boten die *Brüder Wright* dem deutschen Kriegsministerium in einem Schreiben ein für Heereszwecke verwendbares Flugzeug an, das, »schwerer als die Luft«, einen Menschen und Brennstoff über 160 km, mit einer Geschwindigkeit von mehr als 32 km/h, durch die Luft tragen sollte. Das Kriegsministerium war aber zu dieser Zeit mit dem Bau eines ersten Versuchsluftschiffes beschäftigt, und der Inspekteur vertrat grundsätzlich die Auffassung, daß auf dem Wege des Luftschiffbaues für Deutschland schneller ein Ausgleich der französischen Überlegenheit in der Luft zu erreichen wäre, als durch Erwerb des neuen Luftfahrzeuges. Gestützt auf dieses Gutachten lehnte daher das Kriegsministerium am 15. Juni 1906 dieses erste Angebot der Brüder Wright ab, denn allgemein waren alle verantwortlichen Dienststellen übereingekommen, »daß der Erwerb bzw. Bau von Flugmaschinen zunächst für die Militärbehörde nicht in Betracht komme«. Erst wenn Weiterentwicklungen und gesteigerte Leistungen des Flugwesens neue und günstigere Gesichtspunkte für eine militärische Verwertung erbringen sollten, war eine Änderung dieser Einstellung zu erwarten.

Dies trat jedoch schon bald ein, denn angesichts der immer größeren Leistungen, die das Flugzeug im

Ausland erzielte, war das Kriegsministerium nun bereit, alle eingehenden Flugzeugobjekte erschöpfend fachmännisch beurteilen zu lassen, um mit aussichtsreichen Erfindungen jederzeit praktische Versuche anstellen zu können. Doch stieß dieses Bestreben wegen der Bevorzugung des Luftschiffwesens auf Schwierigkeiten. Der damalige *Hauptmann Hermann Thomsen-v. d. Lieth* erklärte: »daß es für Deutschland ein bedenklicher Standpunkt sei, nur den Zuschauer auf dem Gebiet der Flugtechnik zu spielen, während andere Staaten ihr bereits volle Aufmerksamkeit schenkten!« Auch der damalige *Oberleutnant de le Roi* berichtete nach seiner, auf eigene Kosten durchgeführten Frankreichreise, wo er sich von den Fortschritten des Flugzeugbaus im Ausland überzeugt hatte, der Inspektion der Verkehrstruppen: »daß Deutschland aus der abwartenden Stellung heraustreten und mit praktischen Versuchen beginnen müsse«. Daraufhin wurde vom Kriegsministerium im Mai 1907 ein vom Luftschiffer-Bataillon völlig unabhängiges Sachgebiet für Luftschiffwesen[1]) bei der Versuchs-Abteilung der Verkehrstruppen geschaffen und mit *Hauptmann de le Roi* besetzt. Damit war eine erhöhte Berücksichtigung flugtechnischer Neuerungen angebahnt und die ersten bescheidenen Anfänge im Hinblick auf eine künftige Militärfliegerei in Deutschland gemacht.

Im Sommer 1907 kam es zu einem erneuten Angebot der *Wrights* in Berlin, das auch diesesmal keine Unterstützung bei der Inspektion der Verkehrstruppen fand. Nun erschienen die Forderungen *Wilbur Wrights* zu hoch. Die Ablehnung wurde damit begründet, daß die Kosten des Flugapparates in keinem Verhältnis zu dem militärischen Nutzen stünden. Jedoch wurden bei dieser Gelegenheit durch das Luftschiffer-Bataillon Leistungs- und Abnahmebedingungen für Flugzeuge zusammengestellt, welche die damaligen Begriffe von der militärischen Verwendbarkeit wiedergaben, und die in ihrer Gesamtheit als die »ersten amtlichen Vorschriften des Flugwesens« angesehen werden müssen.

Diese am 20. August 1907 aufgestellten militärischen Leistungsbedingungen und Vorschriften beinhalteten u. a., »daß eine Flugmaschine stets zwei Personen tragen müsse, von denen nur eine mit der Bedienung des Apparates zu tun hätte, während die andere Person (ein Offizier) lediglich mit der Lösung einer militärischen Aufgabe zu betrauen sei. Diese Person müsse so in dem Apparat untergebracht sein, daß sie ihre Erkundungstätigkeit sicher und gut ausführen könne. Weiter müsse die Maschine transportabel sein, einen Flug von wenigstens 50 km Länge ausführen können. Ihre Eigenbewegung solle wenigstens 60 km/Std. betragen und zur Sicherung gegen Beschießung eine Höhe von 1000 m ersteigen können«. Verständlicherweise gab es noch keine Andeutungen hinsichtlich der Mitnahme irgendwelcher Waffen. Unabhängig von diesen ersten in Deutschland aufgestellten Leistungsbedingungen wurden in Amerika gegen Ende des Jahres 1907 Ausschreibungsunterlagen »zur Erlan-

**Orville Wright über dem Exerzierplatz von Fort Myer am 12. September 1908, wobei er 1 Std. 14 min 20 sek lang in der Luft blieb.**

---

[1]) Damals wurde unter dem Begriff Luftschiffwesen der gesamte Bereich der Luftfahrt verstanden.

gung einer Flugmaschine für den Militärgebrauch« vom Signalkorps der Bundesarmee ausgearbeitet und vom Staatsdepartement für das Heereswesen im Februar 1908 erlassen. Sie lauteten: – Tragkraft 2 Personen, – Gesamtgewicht 350 Pfund, – Geschwindigkeit mindestens 40 Meilen in der Stunde und – eine Flugweite von 100 Meilen.

Anders in Frankreich, hier ließ man die Erfinder und Konstrukteure einfach drauflosbauen und förderte ihre Aktivität durch eine große Zahl bedeutender Preise sowie durch Wettbewerbsausschreibungen. Dadurch erwarb sich Frankreich schließlich seine fliegerische Leistungsüberlegenheit. Doch trug auch die Tatsache dazu bei, daß sich Frankreich vom Jahre 1907 an vom Luftschiff- dem Flugzeugbau zuwandte, was als ein Wendepunkt in der Geschichte der französischen Militärluftfahrt angesehen werden kann.

Weitere beachtenswerte Erfolge errangen die französischen Flieger im Jahre 1908. Auch auf dem Gebiete der Entwicklung des Leichtmotors wurde in Frankreich zuerst die Initiative ergriffen. *Levavasseur* baute den von *Gottlieb Daimler* und *Carl Benz* entwickelten Automobilmotor zu einem Flugmotor mit entsprechendem Leistungsgewicht um, und *Séguin* schuf den ersten brauchbaren Umlaufmotor. In Deutschland dagegen wurde erst im Jahre 1909 durch die Firma Argus ein Automobilmotor für Flugzwecke brauchbar gemacht.

Die Leistungen Frankreichs im Jahre 1908 veranlaßten in Deutschland nun auch die maßgebenden Stellen, mehr für den Bau von Flugapparaten zu tun. Durch Aussetzen von Preisen wurde ein gewisser Anreiz geschaffen, und gegen Ende des Jahres konnten an etwa zehn Stellen Bau- und Konstruktionsversuche von Flugmaschinen festgestellt werden.

Zur gleichen Zeit erfüllte in Amerika, am 9. September 1908, *Orville Wright* mit seinem zweisitzigen »Typ A« Militärflugapparat im Fort Myer, vor Vertretern des Signalkorps, die vorgeschriebenen Abnahmebedingungen, wobei vier Flüge länger als eine Stunde dauerten. Bei dem zehnten Vorführungsflug am 17. September 1908 stürzte das Flugzeug infolge Propellerbruchs ab, *Orville Wright* wurde schwer verletzt und sein Begleiter *Leutnant Thomas E. Selfridge* getötet. Zehn Monate später führte *Orville Wright* erneut seinen »Military Flyer« vor, woraufhin die Maschine für die Armee als »Signal Corps No. 1« angeschafft wurde.

Auch in England lagen zu dieser Zeit die ersten praktischen Versuche mit Flugmaschinen in militärischer Hand. Die erste im Auftrag der Militärverwaltung gebaute Flugmaschine machte im Sommer 1908 unter ihrem Konstrukteur, dem Aviatiker *Cody*, Versuchsflüge, die jedoch mit der Zerstörung des Apparates endeten. *Cody* wurde darauf mit dem Neubau der Maschine beauftragt.

Die erste Betätigung der russischen Heeresverwaltung auf flugtechnischem Gebiet erfolgte ebenfalls im Frühjahr 1908, als sie einen Flugapparat von *Voisin* in Frankreich bestellte.

Trotz der dominierenden Rolle des Luftschiffbaus in Deutschland, beauftragte das Kriegsministerium im Januar 1909 den Stuttgarter *Regierungsbaumeister W. S. Hoffmann* mit dem Entwurf eines Flugzeugs. Am 18. Februar 1909 ließ sich der Kaiser über die Bauart des Hoffmannschen Flugzeugprojektes Vortrag halten. Der Kaiser genehmigte das Projekt und wünschte, diesen ersten Militärdoppeldecker beim Kaisermanöver 1909 verwendet zu sehen. Daraufhin wurde unverzüglich, in den Werkstätten der Versuchsabteilung der Verkehrstruppen in Berlin-Schöneberg, mit dem Bau begonnen. Aber erst im Frühjahr 1910 gelang die Fertigstellung, und am 1. März 1910 konnte hinter den Kasernen des Eisenbahn-Regiments Nr. 3 auf dem Tempelhofer Feld, mit *Hauptmann de le Roi* am Steuer, der erste Versuchsflug stattfinden. Die Maschine kam nach kurzem Anlauf auf etwa 3,50 m Höhe, sackte dann durch und erlitt bei der harten Landung Beschädigungen am linken Tragflügel. Ein weiterer erfolgloser Versuch wurde am 18. des gleichen Monats unternommen. Nach Reparatur und Umbauten machte *Hoffmann* dann mit dem Apparat am 9. und 10. August noch einige Rollversuche, kam aber nicht vom Boden hoch. Damit hatte sich der vom Kriegsministerium unternommene Versuch, ein Flugzeug besonderer Konstruktion in heereseigener Werkstätte zu bauen, als Fehlschlag erwiesen. Als

Regierungsbaumeister W. S. Hoffmann konstruierte und baute das erste deutsche Militärflugzeug. Das Bild zeigt den Militärdoppeldecker bei der Vorbereitung zu einem seiner vergeblichen Flugversuche auf dem Tempelhofer Feld im Jahre 1910 mit Hauptmann de le Roi am Steuer.

Folge davon wurde der Bau von Flugzeugen in fiskalischen Betrieben nicht mehr in Erwägung gezogen, da man zu der Ansicht gekommen war, daß nur der freie Wettbewerb leistungsfähiger Betriebe entsprechende Flugzeuge entwickeln würde.

Ungeachtet dieses Mißerfolges mit dem Bau des ersten deutschen Militärflugzeuges, erkannte der damalige Chef der Aufmarschabteilung des Generalstabes, *Oberstleutnant Ludendorff,* klar vorausschauend die künftige Bedeutung des Flugzeuges und befürwortete in Übereinstimmung mit dem Chef des Generalstabes der Armee, *General von Moltke,* den Aufbau des Flugwesens nach militärischen Gesichtspunkten.

Der erste Schritt in dieser Hinsicht war nun die Einrichtung der »Provisorischen Fliegerschule« in Döberitz unter dem Kommando von *Hauptmann de le Roi* am 1. Mai 1910, der eigentlichen Geburtsstunde der deutschen Militärfliegerei. An dieser Schule wurde ab 4. Juli des gleichen Jahres mit der Ausbildung von zunächst vier Offizieren, dem *Hauptmann de le Roi,* dem *Oberleutnant Geerdtz* und den *Leutnanten Mackenthun* und *von Tarnòczy,* durch Passagierschulflüge unter der Leitung des von Albatros gestellten Fluglehrers *Simon Brunnhuber,* begonnen.

Allgemein kann das Jahr 1910 als das tatsächlich erste Ausbildungs-, Beschaffungs- und Betätigungsjahr im Militärflugwesen der Großmächte betrachtet werden. Und es spricht genügend für die stürmische militärische Aufwärtsentwicklung des Fluggeräts, wenn man die nur einige wenige Apparate umfassenden damaligen Heeresbestände mit der beachtenswerten Anzahl von Flugzeugen vergleicht, die in rund drei Jahren, bis zum Ausbruch des Ersten Weltkrieges, gefertigt wurden.

Provisorische Fliegerschule in Döberitz 1910. Die ersten deutschen Fliegeroffiziere mit einem Farman-Doppeldecker. Von links nach rechts: Oberleutnant v. Tiedemann, Leutnant Mackenthun, Oberleutnant Geerdtz, Hauptmann de le Roi, Leutnant v. Tarnòczy und der Fluglehrer Simon Brunnhuber.

## Erste Einsätze von motorgetriebenen Luftfahrzeugen als neues Kampfmittel

In klarer Erkenntnis über die zukünftige Einsatzmöglichkeit des Flugzeugs im militärischen Bereich, referierte *Hauptmann de le Roi,* anläßlich einer Besichtigung der »Provisorischen Fliegerschule« im September 1910 vor dem Inspekteur der Verkehrstruppen, *Generalleutnant Freiherr von Lyncker,* über die Entwicklung des Flugwesens, wobei er u. a. ausführte, »daß die Flugzeuge in erster Linie der Erkundung dienen müßten, dann aber auch dem Kampf gegen Luftschiffe und letztlich der Herstellung der Verbindung zwischen den Truppenstäben untereinander und mit dem Heerführer«.

So kam es übrigens zu den eingangs zitierten Worten des *Major Groß,* als er von *General v. Lyncker* nach seiner Ansicht über *de le Rois* Referat gefragt wurde.

Darüber hinaus stellte *de le Roi* fest, »daß es im Laufe der kommenden Zeit denkbar wäre, daß ein oder mehrere Flugzeugtypen in große Höhen aufsteigen, um einem an Geschwindigkeit im Fluge unterlegenes Luftschiff nahe zu kommen, und durch Begießen mit Säure oder Fallenlassen kleiner Explosivstoffe es außer Gefecht zu setzen«.

Es waren praktisch in Deutschland die ersten Voraussagen, die auf eine zukünftige Verwendung des Kraftflugzeugs als Kampfmittel hindeuteten. Weitaus konkretere Möglichkeiten zeichneten sich dagegen bei den Luftschiffen ab. In dem Abschlußbericht, der erstmals im Oktober 1909 unter dem Vorsitz von *General v. Lyncker* zusammengetretenen »Kölner Kommission«, wurde bereits die Möglichkeit und Notwendigkeit, die Luftschiffe zu Kampfmitteln auszugestalten, anerkannt. Darin hieß es: »Neben der Aufklärungstätigkeit steht die Kampftätigkeit der Luftschiffe. Sie müssen in der Lage sein, durch Sprenggeschosse Luftschiffhallen (schon unmittelbar nach Ausspruch der Mobilmachung), Bahnhofsanlagen und Brücken des Feindes zu zerstören, größere Biwaks oder Truppenbereitstellungen, auch größere Stäbe, Forts, Park- und Magazin-Anlagen pp. zu beschießen. Zur Vernichtung feindlicher Luftschiffe und zur eigenen Verteidigung in der Luft und auf der Erde (auch im Falle einer Zwischenlandung) sind sie mit entsprechenden Kampfmitteln auszurüsten.« Diese Forderungen ließen ohne Zweifel die operative Verwendung der Luftschiffe in einem zukünftigen Luftkrieg erkennen.

Als Kampfmittel zur Bekämpfung feindlicher Luftschiffe und zur eigenen Verteidigung sah man neben der Ausrüstung der Besatzung mit Handfeuerwaffen Maschinengewehre in besonderer Lafettierung vor. Obwohl zu dieser Zeit der Wert der Maschinengewehre noch recht umstritten war, ordnete die Heeresverwaltung umfangreiche Versuche an, die in Verbindung mit der Gewehr-Prüfungs-Kommission, dem Militär-Versuchsamt und anderen einschlägigen Stellen durchgeführt wurden. Die Gefahr beim Schießen aus den Luftschiffgondeln konnte bald beseitigt werden; Schwierigkeiten traten auf beim Feuern von den Plattformen vom Rücken der Luftschiffe, wegen Knallgasexplosionsgefahr durch Mündungsfeuer und herausgeschleuderter Pulverteilchen. Durch Änderung der Munition und durch eine andere Art der Gasabführung im Luftschiff sollte Abhilfe geschaffen werden. Da die Bekämpfung feindlicher, von oben angreifender Luftfahrzeuge, nur von den beiden Plattformen aus erfolgen konnte, blieb nichts anderes übrig, als im Ernstfall eine gewisse Gefahr für das eigene Schiff beim Schießen bewußt mit in Kauf zu nehmen[1].

Die durch die »Kölner Kommission« geforderten

---

[1] Auf die vorgesehenen und schließlich verwendeten Maschinengewehre zur Armierung der Luftschiffe wird später eingegangen.

**Maschinengewehrstand auf der Plattform des SL 3 Luftschiffes.**

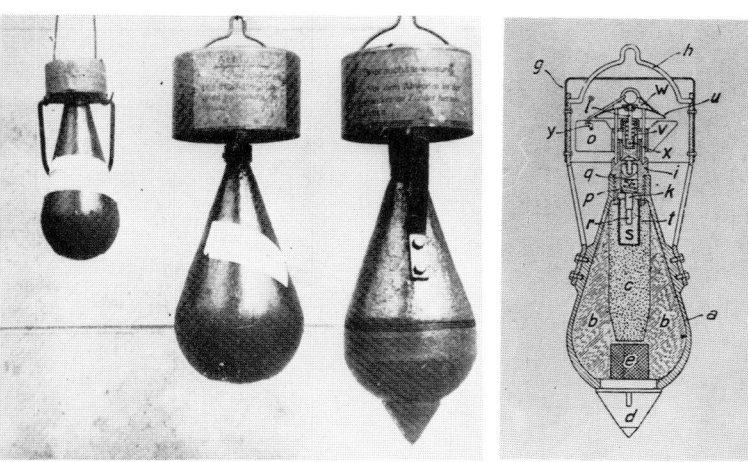

**Carbonit-Bomben. Von links nach rechts: 4½ kg (ältere Form), 10 kg (ältere Form), 10 kg (endgültige Form), 10 kg Bombe im Schnitt:**
a) Mantel, b) Sprengladung, c) Initiale, d) Bodenschraube, e) Rauchsatz, h) Aufhängebügel, i) Zündergehäuse, k) Zündhütchen, l) Sicherungsbolzen, o) Windflügel der Windflügelsicherung, p) Schlagbolzenfeder, q) Schlagbolzen, r) Sprengkapsel, s) Zündladung, t) Zündladungskapsel, w) Vorstecker mit Ring und y) Plombe.

Zerstörungsaufgaben der Luftschiffe hatten die Entwicklung geeigneter Abwurfmunition zur Folge. Es mußte eine speziell für Luftfahrzeuge geeignete Abwurfmunition geschaffen werden, die bei größter Sprengwirkung gegen feste Ziele ein möglichst geringes Eigengewicht besaß, um die Mitnahme genügender Mengen zu ermöglichen. Dieses war munitionsfertigungstechnisches Neuland, denn die zu dieser Zeit zur Verfügung stehende Artilleriemunition, wie die 15 cm Granate 96 mit 40 kg oder die 21 cm Granate 96 mit 120 kg Gewicht, eignete sich in mehrfacher Hinsicht nicht für diesen Zweck und wurde nur als Notbehelf betrachtet. In eingehenden Versuchen entwickelte ab 1909/10 die Artillerie-Prüfungs-Kommission eine Reihe von Sprengbomben mit Gewichten bis zu 300 kg und in verschiedenen Formen, wie Kugel- bzw. Eiform, dabei konzentrierte sich die Hauptarbeit auf Abwurfmunition bis zu einem Gewicht von 150 kg[1]). Bei den Abwürfen, die im allgemeinen aus Höhen von 1500 bis 2000 m stattfanden, wurde neben der Wirkung der Bomben im Ziel, die Festigkeit der Bombenhüllen und die Einwirkung der Detonation auf die Luftschiffe selbst festgestellt. Dies führte zu dem Ergebnis, daß Gefahr bei den im Ernstfall in Frage kommenden Fahrthöhen für die Schiffe nicht bestand. Gleichzeitig entwickelte man entsprechende Geschoßaufhänge- und Abwurfvorrichtungen sowie Zielgeräte. Mit der in Verbindung mit der optischen Industrie geschaffenen Pendelfernrohr-Zieleinrichtung verbesserte sich zusehends die Treffsicherheit beim Bombenwurf.

Unabhängig von den Versuchen der Artillerie-Prüfungs-Kommission mit Abwurfmunition für die Heeresluftschiffe, entwickelten die Carbonit-Sprengstoff-Werke in Schlebusch die ersten Abwurfgeschosse für Flugzeuge. Der Leiter der Munitions-Abteilung *Richard Machenbach* soll hierzu die Anregung von dem damaligen *Leutnant Mackenthun*, während eines gemeinsamen Rundgangs durch die Internationale Luftfahrtausstellung (ILA) in Frankfurt am Main im Jahre 1909, bekommen haben. In Schlebusch ging man unverzüglich an die Entwicklung derartiger Abwurfgeschosse, wie man damals die Fliegerbomben nannte. Eines der Probleme dieser Entwicklung war auch hier die äußere Form dieser neuartigen Geschosse. Fallversuche mit den verschiedensten Körperformen, die zuerst von einem Feuerwehrturm der Fabrik und später aus einem eigens zu diesem Zweck gemieteten Fesselballon, mit Holzattrappen angestellt wurden, führten schließlich zu einem tropfenförmigen Fallgeschoß. Zwei Jahre dauerten diese Arbeiten, und im Jahre 1911 konnte dann die erste 3,5 kg schwere Bombe in Döberitz aus dem Flugzeug von *Machenbach* abgeworfen werden. Der Flugzeugführer dieses, für die späteren Bombenflieger historischen Ereignisses, war *Leutnant Mackenthun*. Die Vorführung hinterließ bei den anwesenden Militärs einen so überzeugenden Eindruck, daß nur wenige Tage danach der erste Auftrag zur Herstellung dieser kleinen Fliegerbomben erteilt wurde[2]).

Beachtenswert in diesem Zusammenhang ist, daß

---

[1]) Für Flugzeuge: A.P.K.-Kugelbomben nur in Gewichten von 5 bis 10 kg, die aber wegen ihrer geringen Wirkung keine weitere Verwendung fanden

[2]) Die Carbonit-Bomben wurden in den Gewichten von 4½, 10 und 20 kg an die Fliegertruppe geliefert

im Januar 1911, also noch vor der Döberitzer-Demonstration, die endgültige Fassung des Berichts der »Kölner Kommission«, – zur Prüfung und Feststellung der militärischen Brauchbarkeit der deutschen Flugzeuge – erstmals die Forderung nach einer Bewaffnung, und zwar der Mitnahme von Abwurfmunition, enthielt. Es hieß wörtlich unter der Ziffer 3 des Berichts:

»Für ein deutsches Militär-Flugzeug sind künftig nachstehende Forderungen zu stellen:

a) Das Flugzeug soll tragen: 1 Führer, 1 Beobachter, Betriebsstoffe für mindestens 4 Stunden, außerdem 40 kg für Bewaffnung, Gerät, usw.
b) Die Durchschnittsgeschwindigkeit hat mindestens 60 km/Std. zu betragen.
c) Einfache Bedienung, gute Beobachtungsmöglichkeit, kurzer Anlauf ohne Hilfsmannschaften, schnelles Montieren und Demontieren, Fahrbarmachung auf Untergestell. Wünschenswert für ein Militärflugzeug ist Ausrüstung mit 2 Motoren, derart, daß beim Aussetzen eines Motors der Weiterflug möglich ist.«

In der Ziffer 5 wird weiter gefordert, daß die Versuchs-Abteilung der Verkehrstruppen baldigst in Versuche, betreffend Armierung der Flugzeuge und Verwendung der Photographie, einzutreten habe.

Aber erst 1913, anläßlich der Kieler Woche, fanden vor der breiten Öffentlichkeit erste Abwurfversuche gegen ein verankertes Ziel aus 500 m Höhe statt. Wie sehr zunächst die Wirkungen von Bombenwürfen aus Flugzeugen im Kriegsministerium bezweifelt wurden, geht aus einem Bericht des Kommandeurs der Marine-Fliegerabteilung »über die beim Manöver mit Flugzeugen gesammelten Erfahrungen« hervor, der gegen Ende 1913 dem Staatssekretär vorgelegt wurde. Darin hieß es u. a.: »daß er sich von Bombenwüfen in größerer Menge zwar keine große materielle, aber eine stark moralische Wirkung, besonders in der ersten Phase der Schlacht verspreche«. Hierzu lautete die Randbemerkung des Staatssekretärs: »Ich glaube nicht recht daran.« – Eine Überzeugung, die im Ministerium allgemein vertreten wurde, denn zur damaligen Zeit konnten Flugzeuge nur eine geringe Anzahl kleinerer Bomben mit sich führen, und es gab noch keine brauchbaren Zielgeräte für den Bombenwurf. Alle bei Übungswürfen auch noch so nah ans Ziel gebrachten Bomben wurden als reine Zufallstreffer angesehen. Selbst die im Ausland inzwischen im Kriegseinsatz erzielten Leistungen mit Flugzeugen änderten nichts an dieser Haltung.

In Amerika zeichnete sich die Tendenz für eine militärische Verwendung des Flugzeugs schon sehr bald ab. Zu Anfang des Jahres 1910 fand in Los Angeles der erste Aviatikerwettbewerb, nach Art der »Reims'er Flugwoche«, statt. Dieser Wettbewerb war insofern von besonderer Bedeutung, weil hier zum ersten Male Versuche unternommen wurden, vom Aeroplan aus mit Wurfgeschoßattrappen bestimmte, auf dem Erdboden bezeichnete Stellen, zu treffen. Darüber hinaus ersah man auch aus dieser Vorführung, daß eine Bekämpfung von Luftschiffen mit Bomben in absehbarer Zeit nicht mehr ausgeschlossen werden konnte. Hierzu gab auch der bei diesem Flugwettbewerb aufgestellte Höhenweltrekord von 1269 m des französischen Fliegers *Louis Paulhan* Anlaß. Über diese Flugwoche von Los Angeles kabelte der deutsche Militärattaché am 18. Februar 1910 aus Washington dann auch einen Bericht nach Berlin, in dem es u. a. hieß: »Die militärische Bedeutung derartiger Flughöhen liegt nach Ansicht des *Generals Allen* vom Signalkorps der Bundesarmee weniger in der erreichten Schußsicherheit in Verbindung mit dem Aufklärungsdienst, als vielmehr in der jetzt gegebenen Möglichkeit, die Aeroplane als Angriffswaffe gegen die in großer Höhe sich bewegenden Luftschiffe zu verwenden.«

Noch im gleichen Jahr konnte sich das Flugzeug als neuartiges Kriegsmittel bewähren. Zum ersten Male in der Geschichte des Luftkrieges wurden während der Kämpfe gegen das Diaz-Regime in Mexiko von Amerika gekaufte und mit zivilen Piloten besetzte Flugapparate zu Patrouillen- und Aufklärungsflügen, insbesondere zum Aufspüren von Guerilla-Einheiten in dem zerklüfteten Berggelände, mit Erfolg eingesetzt. Ein Jahr darauf, während des amerikanisch/mexikanischen Grenzzwischenfalls, konnte von seiten des amerikanischen Heeres wieder kein Flugzeug bereitgestellt werden. Um dennoch auf die wertvollen Aufklärungs- und Verbindungsflüge

Am 7. Januar 1911 warf Leutnant Myron S. Crissy (links) die erste Bombe von einem Flugzeug aus. Den Wright-Doppeldecker bei dieser Demonstration steuerte Philip O. Parmalee.

nicht verzichten zu müssen, stellte schließlich der Präsident des Aero-Clubs von Amerika *Robert J. Collier* der Regierung seinen privaten Wright-Flugapparat leihweise zur Verfügung. Mit diesem Flugzeug unternahmen Leutnant *B. D. Foulois,* zusammen mit dem Zivilisten *Mr. P. O. Parmalee,* eine Anzahl wertvoller Patrouillenflüge entlang der Grenze und überbrachten dringende Meldungen zu den einzelnen Hauptquartieren.

Den ersten versuchsweisen Abwurf einer kleinen scharfen Bombe vom Flugzeug aus führte am 7. Januar 1911 *Leutnant Myron S. Crissy* in der Bucht von San Francisco durch, aber erst ab 1912 wurde auf dem Versuchsgelände des amerikanischen Heeres, dem College Park, der Bombenwurf systematisch erprobt. Hier entwickelte auch *Leutnant R. E. Scott* eine Vorrichtung für zielgenaues Bombenwerfen. Schon im Oktober 1911 experimentierte Scott mit Bombenwürfen vom Flugzeug aus. Sein Pilot dabei war *Leutnant T. DeWitt Milling.* Die Vorrichtung bestand aus einem Fernrohr, das nach dem Prinzip des Pendelfernrohres um 90 Grad geschwenkt werden konnte, und einer Stoppuhr. Mit dieser Vorrichtung bestimmte er schnell die Geschwindigkeit seines Flugzeuges über Grund und die Abtrift, dann ging er mit der bekannten Flughöhe in eine Tabelle, aus der er den entsprechenden Vorhaltewinkel für das Fernrohr zum Bombenwurf entnahm. Damit hatte *Scott* in der Tat das erste Bombenzielgerät geschaffen. Viele hunderte von Bombenwürfen führte *Scott* durch und stellte Tabellen für alle möglichen Flughöhen und Geschwindigkeiten auf. Nachdem das Zielgerät praktisch truppenreif war, wurde von seiten des Heeres die Weiterentwicklung aus finanziellen Gründen eingestellt. *Scott* war darüber so enttäuscht, daß er mit seiner Vorrichtung nach Europa ging, wo dieser Erfindung großes Interesse entgegengebracht wurde.

Die rasche Entwicklung der Flugzeuge und die Steigerung ihrer Reichweite und Tragfähigkeit veranlaßten die Militärs in Frankreich, schon im Sommer 1910, die ersten Versuche mit Fallgeschossen aufzunehmen. Dieses waren Bomben in Kugelform von 15 cm Durchmesser, die mit der Hand abgeworfen wurden. Diese teils sehr gelungenen Versuche hatten im Juli 1911 die Herausgabe einer ersten Bombenabwurf-Vorschrift für Flugzeugführer zur Folge. Darin wurde gefordert, daß Abwurfübungen aus immer größeren Höhen gegen Bodenziele aller Art, darunter gegen Bodenscheiben in Luftschiffform, ferner Schießübungen gegen Fesselballone und auf Schienen bewegte Flugzeugscheiben abgehalten werden sollten. Besonders der Chef des französischen Generalstabes, *General Joffre,* ging von der Erwartung aus, den Aufmarsch des Gegners durch Bombenabwürfe auf Brücken und Eisenbahnknotenpunkte stark zu erschweren. Um die Bombenabwurfübungen zu intensivieren, stiftete im Spätsommer 1911 der französische Großindustrielle *Michelin* den »Prix Michelin«. Dieser Preis sollte demjenigen Flieger zuerkannt werden, der eine bestimmte Anzahl von nicht scharf gemachten Abwurfgeschossen, auf einen auf dem Erdboden abgesteckten Kreis mit einem bestimmten Durchmesser, aus einer gleichfalls bestimmten Mindesthöhe, abwarf. Be-

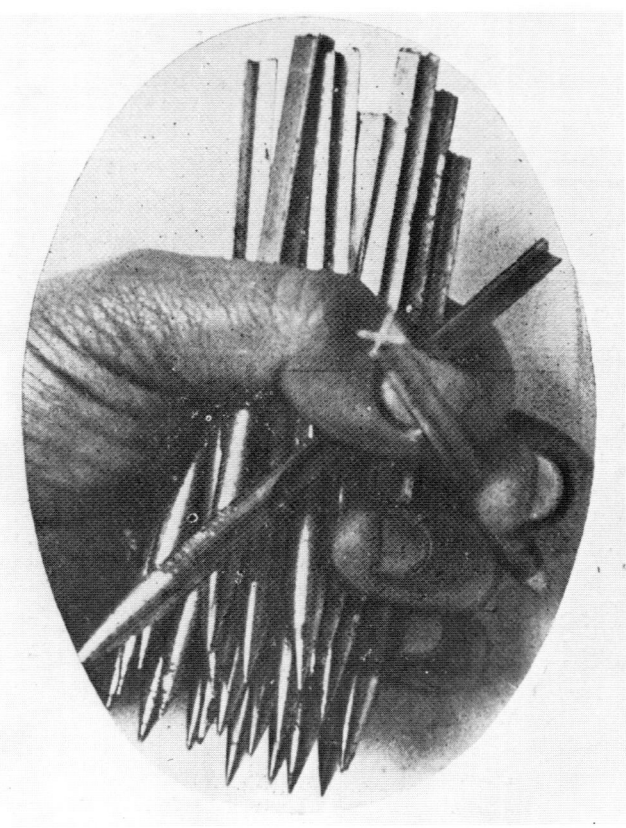 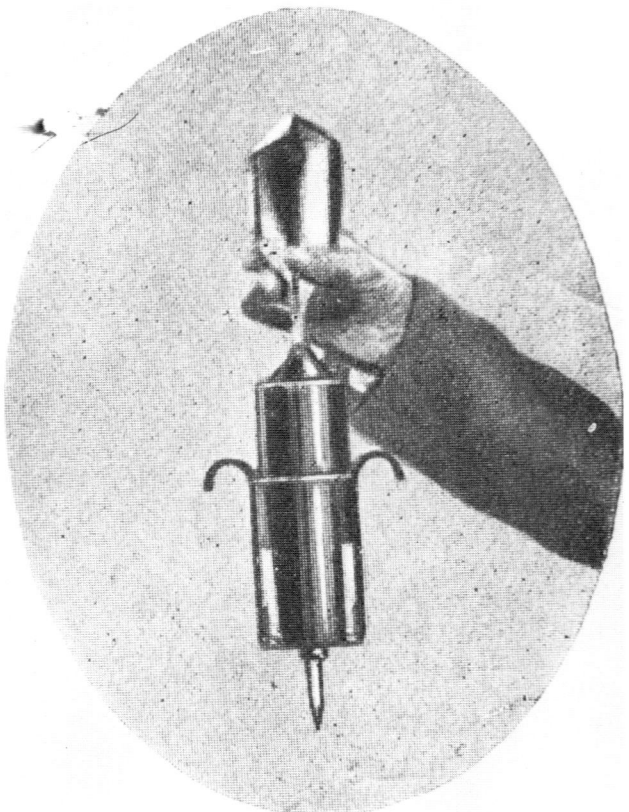 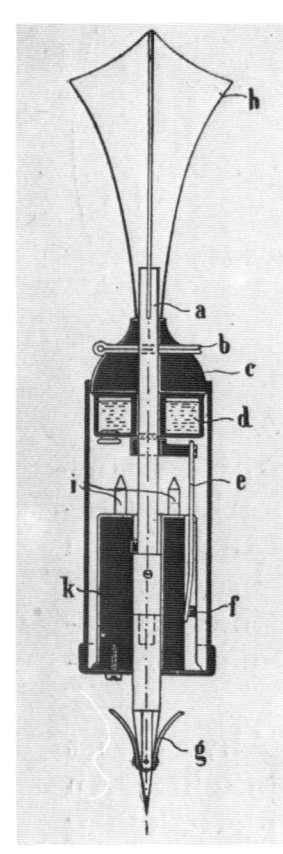

**Fliegerpfeile**

**Fliegerbrandpfeil des französischen Leutnants Guerre. Links der abwurfbereite Brandpfeil mit Widerhaken und Stabilisierungsflächen. Rechts der Brandpfeil im Schnitt (Erläuterung, siehe Text).**

merkenswert ist, daß der Amerikaner *Scott* mit seinem Zielgerät auf Anhieb den ersten, mit 30 000 Dollar dotierten, Preis, dieses Wettbewerbs gewann. Er warf aus 200 m Höhe die Bombenattrappe $1^1/_2$ m vom Mittelpunkt des 20 m im Durchmesser messenden Zielkreises entfernt und traf auch weiterhin das Ziel bis aus der letzten Wettbewerbshöhe von 1000 Metern.

Die vorgesehene operative Verwendung der im Aufbau begriffenen französischen Luftstreitkräfte bedingten neben der Weiterentwicklung geeigneter Abwurfgeschosse gleichzeitig erste Versuche hinsichtlich der Armierung der Flugzeuge mit Mitrailleusen. Dabei ließ man sich von dem Gedanken leiten, daß die Vernichtung eines feindlichen, zur Aufklärung entsandten Luftschiffes oder Flugzeugs viel wichtiger sein kann, als die Aufklärung für die eigene Truppe selbst. Weil aber die Experimente der Bewaffnung eines Flugzeugs mit der viel zu schweren Mitrailleuse anfangs zu keinem Erfolg führten, sah man auch die Möglichkeit der Bekämpfung von Luftzielen mit Wurfkörpern vor.

Völlig neuartige Abwurfkörper entwickelte im Jahre 1911 der französische *Hauptmann Sazerac de Forge* und führte sie während eines Manövers im Jahr darauf vor. Hierbei handelte es sich um sogenannte Wurf-Pfeile, die später als die berüchtigten Fliegerpfeile noch bis in den Ersten Weltkireg hinein verwendet wurden. Diese Pfeile waren 120 mm lang, hatten eine Stärke von 8 mm und wogen zirka 20 Gramm. Die Spitzen bestanden aus Preßstahl und waren langkonisch gedreht, das hintere Ende dieses armbrustähnlichen Pfeiles war als kreuzförmige Kielfläche ausgebildet. Dadurch, daß das untere Drittel massiv war und die oberen zwei Drittel aus dem kreuzförmigen Kiel bestanden, fielen die Pfeile immer mit der Spitze nach vorne in die Tiefe. Die Pfeile wurden bündelweise mittels eines speziellen, auch von *Sazerac de Forge* erfundenen Lancierapparates, abgeworfen und erreichten bis zum Auftreffen je nach Abwurfhöhe eine Aufschlaggeschwindigkeit von nahezu 200 m/sek. Sie verteilten sich infolge der Geschwindigkeit des Flugzeugs über eine Fläche, wie sie von ungefähr drei Infanterie-Kompanien eingenommen wurde. Berichten zufolge trafen von 50 Pfeilen 33%, wenn sie in dichtgedrängte, vor allem liegende Abteilungen von Soldaten fielen, wobei sie hauptsächlich Verwundungen verursachten. Ihr Einsatz gegen Luftschiffe oder Flugzeuge erwies sich jedoch als nicht erfolgreich.

Etwa zur gleichen Zeit experimentierte der aus Lyon stammende *Leutnant Guerre* mit seinen Brand-Pfeilen. Sie waren die Vorläufer der späteren Brandbomben. Die aus Flugzeugen abgeworfenen Brand-Pfeile sollten sowohl Flugzeuge und Luftschiffe als auch Gebäude, Brücken, Befestigungen usw. in Brand setzen. Die Länge dieser Brandbombe betrug 40 cm, ihr Durchmesser 8 cm und ihr Gewicht, einschließlich $1/5$ Liter Benzin, zirka 1 Kilogramm. Der Mechanismus dieser Bombe bestand aus einem Mittelschaft, der mit dem Behälterträger durch einen dünnen Scherstift verbunden war. An der Unterseite dieses Trägers war der Benzinbehälter angelötet. Beim Aufschlagen gegen das Ziel scherte der Stift ab, wodurch der Benzinbehälter in eine Spitze fiel, die ihn durchschlug und die Brennflüssigkeit freigab. Das Benzin floß dann in den unteren Teil der Bombe. Gleichzeitig wurde die Zündvorrichtung ausgelöst. Dabei gab ein Hebelmechanismus, ein mit einem Schlüssel aufgezogenes Zahnradgetriebe frei, welches ein Schleifrädchen in schnelle Umdrehungen versetzte, das an einem Cereisenstift einen starken Funkenregen auslöste, der einen Docht entzündete. Inzwischen war das aus dem Behälter ausgeflossene Benzin zu dem brennenden Docht gelangt, worauf nach Entzündung der Flüssigkeit eine Explosion der äußeren Körperhülle erfolgte und das Ziel des Pfeiles in Brand gesetzt wurde. – Die Stabilisierung des Brandabwurfkörpers erfolgte nach dem Abwurf, wie bei den Wurfpfeilen, durch eine kreuzförmige Kielfläche. Der Körper war an der Unterseite zugespitzt und mit Widerhaken versehen. Bei Verwendung dieser Brandbombe gegen Luftschiffe und Ballons wurde an Stelle der Widerhaken ein sechsarmiger Kranz von Fangkrallen aufgesetzt, die sich in der Ballonhülle verfangen und die Bombe in der beschriebenen Weise zur Entzündung bringen sollten. Aber auch diese Versuche gegen Luftziele führten nicht zu den erwarteten Ergebnissen. Dagegen bewährten sich die Guerre'schen Brandpfeile gegen Bodenziele recht gut. Vor Vertretern der französischen Militärverwaltung führte *Guerre* seine Brandpfeile mit sichtbarem Erfolg vom Eiffelturm aus vor. Von der ersten Turmplattform aus schleuderte er seine Brandkörper auf einen extra für diese Vorführung hergerichteten Brandherd. Dabei wurde durch einen einzigen Wurf eine Lage starker Eichenbohlen, mit Zwischenlagen von Stroh, in Brand gesetzt. Ähnliche Brandpfeile wurden auch in Österreich hergestellt. Anstelle einer brennbaren Flüssigkeit enthielt diese 1 kg schwere Brandbombe eine Brandmasse, die durch zwei Leuchtsterne entzündet wurde. Der plump wirkende Körper besaß noch keine Stabilisierungsflächen. Er wurde ebenfalls mit der Hand aus dem Flugzeug abgeworfen, nachdem vorher ein Sicherungsband gelöst und ein Reißzünder abgerissen wurde, der nach zirka 10 sek. Verzögerung die Leuchtsterne zündete.

**Der italienische Leutnant Alessandro Guidoni war der erste Flieger, der von einem Flugzeug aus ein Torpedo abwarf. Der erfolgreiche Versuch fand im Jahre 1912 statt.**

Den ersten Aufklärungsflug im italienisch-türkischen Krieg führte am 23. Oktober 1911 Hauptmann Carlo Piazza durch. Das Bild zeigt Cap. Piazza vor seinem Blériot-Eindecker.

Völliges Neuland war damals der Abwurf größerer und schwererer Körper aus einem Flugzeug. Man vertrat die Theorie, daß ein Flugzeug seine stabile Fluglage beim Abwurf eines schweren Gegenstands nicht beibehalten und abstürzen würde. So ist es auch erklärlich, warum die ersten Abwurfkörper immer nur ein paar Kilogramm schwer waren. Diese Theorie wurde jedoch schon sehr früh von den Italienern widerlegt. Bereits 1911/12 wurden in Italien in dieser Hinsicht geheime Versuche durchgeführt. *Alessandro Guidoni,* Offizier der königl. italienischen Marine, war der erste Flieger, der auf Anregung des italienischen Rechtsgelehrten *Pateras Pescara,* ein 160 kg schweres Torpedo von einem in England gebauten Farman-Wasserflugzeug erfolgreich abwarf. *Guidoni* war schon nach kurzer Zeit so perfekt in dieser Abwurftechnik, daß er von 10 Würfen, neun in ein 2,5 km entferntes Ziel bringen konnte.

Die Italiener waren es auch, die zuerst das Flugzeug als neues Kriegsmittel einsetzten. Am 20. August 1911 kündigte die italienische Regierung die militärische Besetzung, der unter türkischer Oberhoheit stehenden nordafrikanischen Besitzung Tripolitanien (Cyrenaika) an, am 29. September folgte die Kriegserklärung. Zu diesen Auseinandersetzungen wurden zum ersten Male in der Kriegsgeschichte Landflugzeuge und Heeresluftschiffe entsandt. Die zunächst aus neun (2 Blériot-, 3 Nieuport-, 2 Farman- und 2 Etrich-)Flugzeugen bestehende »Erste Flugzeugflottille (Prima Flottiglia di Aeroplani) war schon am 17. Oktober einsatzbereit vor Tripolis. Am 23. Oktober fand der erste italienische Aufklärungsflug unmittelbar in der Nähe der Stadt Tripolis statt. Er wurde von *Hauptmann Carlo Piazza* mit einem Blériot Eindecker durchgeführt und dauerte $1^1/_4$ Stunden; dabei konnten Stellungen des Gegners aufgeklärt werden. Es war gleichzeitig der erste Beweis dafür, daß das Flugzeug über dem Gefechtsfeld, trotz der Wirkung feindlichen Infanteriefeuers, verwendungsfähig war. Weitere Flüge bis zu $2^1/_2$ Stunden Dauer folgten, und am 1. November 1911 warf *Leutnant Giulio Gavotti* die ersten Bomben aus einer Etrich-Taube auf eine feindliche Marschkolonne. Im Verlauf der Operationen erwiesen sich die Flugzeuge in zunehmendem Maße als wertvolle Hilfsmittel im Dienste der Führung. Neben der Aufklärungstätigkeit erfolgte zum ersten Male in der Luftkriegsgeschichte, am 18. Januar 1912, der Abwurf von Propagandaschriften in Form von Flugblättern über den feindlichen Eingeborenen-Siedlungen, und fünf Wochen später gelangen dem *Hauptmann Piazza* am 24. Februar 1912 die ersten Fliegeraufnahmen aus der Luft. Als Abwurfgeschosse wurden die mit 1 kg Sprengstoff gefüllten *Cipelli-Cagni-Granaten* in Kugelform und die zylindrischen *Bontempelli-Bomben*[1] verwendet. Insgesamt haben die Fliegerverbände des italienischen Expeditionskorps, in der Zeit vom 17. Oktober 1911 bis 20. Oktober 1912, zusammen 316 Feindflüge, zum

---

[1] Eine Erfindung *Leutnant Bontempelli's*

**Leutnant Giulio Gavotti vor seiner Etrich-Taube, mit der er am 1. November 1911 den ersten Bombenangriff der Luftkriegsgeschichte flog. Sein Angriffsziel war eine feindliche Marschkolonne.**

Teil unter ungünstigen Witterungsbedingungen wie Wüstensturm und glühender Hitze, durchgeführt. Es hatte sich gezeigt, daß sowohl Flugzeuge wie Luftschiffe hervorragende Leistungen bei der Fern- und Nahaufklärung erzielen konnten, die für die Führung um so wertvoller waren, als die Erkundungstätigkeit der Kavallerie im Wüstengelände teilweise versagt hatte. Die Bombenwürfe, es wurden immerhin um die 340 Bomben über dem Feind abgeworfen, hatten infolge der geringen Sprengwirkung der Bomben lediglich eine moralische Wirkung. Man hatte auch die Erfahrung gemacht, daß nicht Einsitzer, sondern nur mit Flugzeugführer und Beobachter bemannte Zweisitzer zur Aufklärung geeignet waren. Der italienische *General A. A. Felice Porro* urteilte zusammenfassend: »Italien hat im Italienisch-Türkischen Krieg eine erstmalige Welthöchstleistung vollbracht, nämlich den erstmaligen Einsatz der Luftwaffe als neuartiges Kampfmittel.« Der später weit über die Grenzen Italiens bekannt gewordene *General Douhet* sprach schon kurz nach Beendigung des Tripoliskrieges die in die Zukunft weisenden Worte: »Eine neue Waffe ist entstanden: die Luftwaffe! Ein neues Schlachtfeld ist erschlossen: der Luftraum! Ein neues Prinzip ist in der Kriegsgeschichte eingeführt: das Prinzip des Luftkrieges!«

Wie recht *General Giulio Douhet* haben sollte, zeigte sich darin, daß bei den nun folgenden Auseinandersetzungen das Flugzeug als Luftkampfmittel nicht mehr entbehrlich war. Noch im Frühjahr 1911 wurde die Entsendung von Flugzeugen zur Unterstützung der Kämpfe in Marokko vom französischen Kriegsminister *Berteaux* als »wahnsinniges Vorhaben« entschieden abgelehnt. Die Erfahrungen der Italiener im Tripoliskriege veranlaßten das Kriegsministerium jedoch, eine »Section« bestehend aus vier Offizieren und vier einsitzigen

**Cipelli-Kugelbombe, wie sie am 1. November 1911 von Lt. Gavotti verwendet wurde.**

Durch das Lanzierrohr an einem italienischen H.-Farman-Doppeldecker konnten die kleinen Bontempelli-Bomben ungehindert abgeworfen werden.

Blériot-Eindeckern nach Casablanca zu entsenden. Nachdem die üblichen Anfangsschwierigkeiten überwunden waren, konnte sich ab November 1912 eine lebhafte Verbindungs- und Aufklärungstätigkeit entwickeln. Auch konnten die ersten praktischen Versuche mit den neuen Abwurfgeschossen am Gegner gemacht werden.

Ähnliche Erfolge erzielten auch die Bulgaren mit ihren Flugzeugen im ersten Balkankrieg ab Mitte Oktober 1912. Aufgrund einer Meldung eines bulgarischen Fliegers am 16. Oktober 1912, die besagte, daß die Türken nördlich von Adrianopel (dem heutigen Edirne) Truppen in Stärke von zwei Regimentern zum Angriff bereitgestellt hätten, konnten noch rechtzeitige Gegenmaßnahmen getroffen werden. Genau drei Monate später meldete ein anderer Aufklärungsflieger die Landung türkischer Truppen auf der Halbinsel Gallipoli zum Entsatz der in Adrianopel eingeschlossenen türkischen Kräfte. Zum zweiten Male konnte die bulgarische Führung durch den Bericht eines Aufklärungsfliegers Gegenmaßnahmen einleiten, die den geplanten Vorstoß der Türken auf Adrianopel verhinderten. Gleichzeitig wurden bei Aufklärungsflügen Bomben und Propagandamaterial über der belagerten Festung abgeworfen, um den moralischen Widerstand des Gegners und der Bevölkerung in Adrianopel zu schwächen. Von den Fliegerbomben gelangten zwei verschiedene Arten zur Anwendung. Die einen waren bulgarischen Ursprungs und dienten zur Bekämpfung lebender Ziele und zur Zerstörung von Bauten, die anderen waren russischer Herkunft und dienten nur zur Vernichtung lebender Objekte. Beide Bombenarten waren nur wenig größer, als die von den Italienern verwendeten, und wurden von Hand abgeworfen.

**Startvorbereitung zu einem Bomben- und Aufklärungsflug am 31. Januar 1912 während des italienisch-türkischen Krieges. Vorn der Pilot Leutnant G. Rossi, auf dem Rücksitz sein Kampfbeobachter Hauptmann Montù mit zwei um den Nacken gehängten Bontempelli-Bomben. Deutlich ist das Bombenlanzierrohr unterhalb des rechten Fußes von Cap. Montù zu erkennen.**

Obwohl sich auch in Rußland schon in den Jahren 1912 und 1913 eine Bevorzugung des Militärflugzeugs gegenüber dem Militärluftschiff abzeichnete, fand, nicht zuletzt wegen der anerkannten Vorzüge der Luftschiffe hinsichtlich ihres großen Fahrbereiches und ihrer bedeutenden Tragfähigkeit, im Jahre 1913, nach dem Vorbild des Michelin-Preises, ein »Wettbewerb zur Verwendung von Luftschiffen im Bombenwurf« statt. In der Ausschreibung zu diesem Wettbewerb wurde die Möglichkeit zum Abwurf von kleinen Bomben bis zu 15 kg und von großen Bomben von 20 bis 30 kg Gewicht verlangt. Gefordert wurde der Abwurf von fünf großen Bomben, aus einem in 700 bis 1000 m Höhe befindlichen Luftschiff, auf feststehende Ziele, wie Brücken und Bahnhofsanlagen, und auf ein bewegliches Ziel. Gewertet wurden die Genauigkeit der Zielgeräte sowie die Einfachheit der Konstruktion und Anbringungsmöglichkeit von Bombenabwurfgeräten am Luftschiff. Nach wie vor war aber auch in Rußland die Hauptaufgabe der »Luftkreuzer ersten und zweiten Ranges«, wie die Luftschiffe dort eingeteilt waren, die strategische Aufklärung und in politischen Spannungszeiten Erkundung und Überwachung der Grenzgebiete. Zu diesem Zweck waren die russischen Fliegerverbände bereits im erheblichen Umfange mit Luftbildgeräten ausgerüstet. Erwähnenswert in diesem Zusammenhang ist, daß schon Ende 1913 der russische *Oberstleutnant Uljanin* einen Luftbildapparat erfand, bei dem automatisch auf den Aufnahmen die jeweilige Aufnahmezeit und die Flughöhe verzeichnet wurden.

In den letzten Vorkriegsjahren zeigte sich allgemein, daß die Militärluftfahrt als neues Luftkampfmittel, immer mehr an Bedeutung gewann. Dazu trugen die erwiesenen Leistungen als Aufklärungsmittel in den großen Manövern und während der erwähnten kriegerischen Auseinandersetzungen sowie die überall erfolgreich praktizierten Bombenabwürfe bei. Angesichts dieser Tatsachen setzte sich in Deutschland der Große Generalstab etwa Mitte 1913 nachdrücklich dafür ein, die Flieger-Abteilungen mit $4^{1}/_{2}$ und 10 kg Carbonit-Bomben auszurüsten, zumal inzwischen durch *Oberleutnant Werner von Beaulieu* das Transportproblem der Bomben im

**Auch während des Balkan-Krieges 1912/13 wurden von bulgarischen Fliegern kleine Bomben auf türkische Truppen bei Adrianopel abgeworfen.**

Flugzeug, durch eine Vorrichtung auf einfachste Weise, gelöst worden war. *Oberleutnant von Beaulieu* entwickelte sich neben *Leutnant Mackenthum* zu einem Bombenspezialisten, der in ständiger Zusammenarbeit mit *Machenbach* und den Carbonit-

**Das erste deutsche Bombenflugzeug war eine Militärtaube, bei der bis zu fünf kleine Carbonit-Bomben in Drahtkörben unter dem Rumpf mitgeführt werden konnten.**

Werken, um weitere Verbesserungen der Abwurfgeschosse und -vorrichtungen bemüht war. Auf seine Anregung hin entstand die erste Bombenschleuder, eine Abwurfvorrichtung, die aus einem einfachen Drahtkorb bestand, der unter dem Rumpf einer »Militär-Taube« befestigt wurde, und in dem ein paar kleine Bomben, senkrecht angeordnet, mitgeführt werden konnten, die durch das Öffnen einer Sperre mit einem Bowdenzug ausgelöst wurden. Da noch keine brauchbare Zielvorrichtung für Flugzeuge vorhanden war, wurden die Bomben nach Gefühl geworfen, was natürlich zu dementsprechenden Resultaten führte.

So standen zu Anfang des Ersten Weltkrieges wenigstens ein paar »Militär-Tauben« für erste Bombenflüge bereit und schon am 3. August 1914, dem Tage der Kriegserklärung des Deutschen Reiches an Frankreich, erfolgte der erste Bombenwurf mit einer »Militär-Taube« auf die Festung Lunéville. 3 Wochen später, am 29. August, warf *Hermann Dreßler* mit seiner Taube »Magenda« die ersten beiden Bomben auf Paris, von denen eine ein Blindgänger war.

## Erste Versuche der Ausrüstung von Flugmaschinen mit Schußwaffen

Unter Berücksichtigung der Tatsache, daß im Jahre 1910, die im In- und Ausland vorhandenen Flugzeuge mit ihren verhältnismäßig schwachen Motoren gerade zwei Personen mit der notdürftigsten Ausrüstung tragen konnten, wird die Schwierigkeit ersichtlich, zu diesem Zeitpunkt an eine Ausrüstung der Flugzeuge mit Schußwaffen zu denken. Trotzdem stellte am 15. März 1910 die Versuchsabteilung in einer Denkschrift »über die Entwicklung des Flugwesens und seiner Nutzbarmachung für das Heer«, die dem Kriegsministerium überreicht wurde, fest, »daß das leichte und schnelle Kraftflugzeug schon jetzt als brauchbares militärisches Nachrichtenmittel angesehen werden könnte, und sie es ferner nicht für ausgeschlossen hielten, daß das

Mit einer Maschinengewehr-Attrappe im Bug des Druckschrauben-Doppeldeckers vom Typ »Gelber Hund« veranschaulichte August Euler sein Patent vom 23. Juni 1910, den starren Einbau eines nach vorn schießenden Maschinengewehrs.

Kraftflugzeug, bei weiterer Entwicklung seiner Steigfähigkeit, zur Bekämpfung des langsamer fliegenden Luftschiffes verwendet werden könnte«. Es sollte aber nicht mehr lange dauern, bis die ersten Anstrengungen in dieser Hinsicht unternommen wurden.

Als erster aller Flugzeugbauer befaßte sich *August Euler*, Inhaber des deutschen Pilotenscheines Nr. 1, ernsthaft mit der Möglichkeit, ein Flugzeug zu bewaffnen. Seine Überlegungen sahen den Einbau eines, in den Bug der Gondel seines Flugapparates mit Druckpropeller, starr nach vorn schießenden Maschinengewehres vor, wobei die Waffe durch Zielen mit dem ganzen Flugzeug auf den zu bekämpfenden Gegner ausgerichtet werden mußte. Diese Einbauanordnung einer Waffe in ein Flugzeug, hat noch heute ihre Gültigkeit, und muß als die »klassische« Einbauart von Offensiv-Bordwaffen in Flugzeugen überhaupt angesehen werden. Am 23. Juli 1910 erhielt *August Euler* auf seine geniale Idee das Deutsche Reichspatent D.R.P. Nr. 248601. Später montierte *Euler* den Mantel eines luftgekühlten Maschinengewehrs in die Gondel seines Flugzeugs vom Typ »Gelber Hund« und demonstrierte damit die praktische Durchführbarkeit seiner Idee.

Aus welchem Grund auch immer, *Eulers* Angebot an das Preußische Kriegsministerium, das Patent weiter auszuwerten, wurde abgelehnt.

1912 zeigte dann *Euler* auf der in Berlin veranstalteten »Allgemeinen Luftfahrtausstellung« die Attrappe des ersten deutschen »Luftschiffzerstörers« mit starr eingebautem Maschinengewehr im Rumpfbug. Auf Wunsch der kaiserlichen Militärbehörden mußte aber dieses »heiße Exponat« entfernt werden, um keine Zweifel an der unbestrittenen militärischen Verwendbarkeit von Luftschiffen aufkommen zu lassen.

Fast zur gleichen Zeit, als sich *Euler* seine Idee patentieren ließ, wurde im August 1910 einer erstaunten Menge in der Sheepshead-Bay-Rennbahn auf Long Island, N.Y. in Amerika eine für die damalige Zeit ungewöhnliche Schau geboten. An einigen Nachmittagen startete der amerikanische Flugpionier *Glenn Curtiss* mit seinem »Golden Flyer«, zusammen mit dem 27 Jahre alten *Second Lt. Jacob E. Fickel,* der sich als Scharfschütze in seiner militärischen Laufbahn einen ansehnlichen Ruf erworben hatte. *Lt. Fickel* hatte die Absicht, den ersten Schuß von einem fliegenden Flugzeug aus auf ein Bodenziel abzufeuern. Hierzu verwendete er ein Kaliber .30 inch (7,7 mm) Springfield-Infanterie-Gewehr. Nach Erreichen einer Flughöhe von ungefähr 100 Metern feuerte *Fickel* vier Schüsse ab, von denen gleich beim ersten Flug zwei mitten ins Ziel trafen. Während die Zuschauer Flieger und Schützen begeistert feierten, blieben die Militärs skeptisch. Sie führten anhand exakter mathematischer Berechnungen den Beweis, daß ein paar Einzelschüsse mit einem Gewehr gerade noch von einem Flugzeug aus abgefeuert werden könnten, wogegen eine Folge von schnell aufeinanderfolgenden Schüssen die Flugmaschine aus ihrer Bahn werfen und zum Absturz bringen würde.

Angeregt durch *Eulers* Patent und die aus Amerika gekabelten Pressemeldungen über die Ereignisse in der Sheepshead-Bay-Rennbahn, baute als erster in Frankreich der Flugzeugbauer *Gabriel Voisin* in eines seiner Flugzeuge eine Waffe ein. Im Oktober 1910 stellte er dann auf dem »Salon de l'Aéronautique« diesen Doppeldecker mit Heckmotor und Druckpropeller aus, der zum Erstaunen aller Fachleute mit einer Hotchkiss-Kanone vom Kaliber 37 mm im vorderen Teil der Gondel ausgerüstet war. Sicherlich war bei diesem »Aviation Canon« die Idee das Primäre, denn der Apparat mit seinem ungefähr 80 PS leistenden Motor, konnte mit einer derart schweren Waffe noch nicht fliegen. *Voisin* begann dann auch erst im Jahre 1912 mit den praktischen Versuchen. In einem wesentlich verbesserten Doppeldecker baute er wiederum eine 37 mm Hotchkiss-Kanone des Modells 1885 ein, und wollte feststellen, ob die gondelartige Rumpfkonstruktion robust genug war, die beim Schießen auftretenden

**Leutnant Jacob E. Fickel feuerte am 20. August 1910 mit einem Infanterie-Gewehr den ersten Schuß vom Flugzeug aus auf ein Bodenziel. Dabei saß er neben dem Piloten auf der Flügelvorderkante eines Curtiss »Golden Flyer«.**

**Einbau einer 37 mm Hotchkiss-Kanone in den Bug eines Voisin-Doppeldeckers. (Hier in einen Voisin IV im Jahre 1915).**

zusätzlichen Beanspruchungen ohne Schaden aufnehmen zu können. Unter strengster Geheimhaltung fand der Schießversuch auf dem Flugfeld von Issyles-Moulineaux statt. Der Voisin-Doppeldecker stand am Boden verankert, und es wurde ein Schuß mit einer Übungsgranate aus der Kanone abgefeuert. Es kam, wie es kommen mußte; die Granate verirrte sich ausgerechnet in das Zimmer eines Engländers, der am Rande des Flugfeldes ein Bauernhaus bewohnte. Glücklicherweise richtete der Irrläufer keinen allzu großen Schaden an. Nur ein findiger Reporter hörte von der Sache und lüftete das bis dahin streng gehütete Geheimnis. Von Anfang an waren die Leistungen der Kanone zufriedenstellend, und Voisin konnte den Beweis führen, daß die Struktur der Flugzeugzelle allen Belastungen gewachsen war. Aber erst im Juni 1914 gelang es einem gepanzerten Voisin-Doppeldecker, mit einer 37 mm Kanone im Rumpfbug zu starten.

In England ahmte im Jahre 1911 *Major Brooke-Popham* das amerikanische Beispiel nach. Er befestigte ein Infanterie-Gewehr an einen Blériot-Eindecker, mußte es jedoch auf Befehl seines Vorgesetzten umgehend wieder abmontieren, ohne seine Idee praktisch ausprobieren zu können. Der nächste Versuchseinbau einer Waffe in ein Flugzeug erfolgte erst über ein Jahr später in einen F.E. 2 (Farman Experimental No. 2) Doppeldecker mit hinten liegendem 50 PS Gnôme-Umlaufmotor, der im September 1911 aus den Trümmern der zu Bruch gegangenen F.E. 1, einer Konstruktion *Sir Geoffrey de Havillands,* gebaut wurde. Dieses Flugzeug erschien im August 1912 auf dem Britischen-Militär-Versuchsgelände von Salisbury mit einem in der Rumpfgondel, auf einem Drehzapfen befestigten, .303 inch (7,62 mm) Maxim-Maschinengewehr. Die Waffe war aus Schwerpunktgründen nicht im Rumpfbug montiert, sondern zur Mitte der Gondel hin versetzt worden, und zwar so, daß die Laufmündung gerade auf dem vorderen Rand der Gondel zu liegen kam. Sie konnte wohl frei nach den Seiten und nach vorn oben, jedoch nur in einem begrenzten Winkel nach vorn unten geschwenkt werden. Allem Anschein nach ist die F.E. 2 in dieser Ausführung nie geflogen. An anderer Stelle wird berichtet, daß im Oktober 1912, auf dem Truppenübungsplatz Aldershot, ein erfolgreiches Versuchsschießen mit einem Maschinengewehr von einem Zweidecker stattfand. Hierbei soll aus einer Höhe von 600 bis 800 m auf drei rechteckige Leinwandstreifen, etwa 9×3 m groß, geschossen worden sein. Zwei Streifen sollen flach auf dem Boden gelegen haben, der dritte halb aufgerichtet gewesen sein. Flugzeugführer und Schütze waren dem Vernehmen nach Angehörige des Royal Flying Corps. Weiter hieß es, daß man zu dieser Zeit häufig Übungen im Abwerfen von Bomben aus Flugzeugen durchgeführt hätte.

Unterdessen konstruierte in Amerika *Oberst Isaac Newton Lewis,* der bei der Küstenartillerie seinen Dienst leistete, für die Automatic Arms Co., in Buffalo, N.Y. ein neues Maschinengewehr. *Lewis* ging von der Voraussetzung aus, die Waffe müsse so fortschrittlich entwickelt werden, um sie nicht nur bei der Infanterie, sondern auch im Flugzeug verwenden zu können. 1911 führte er die neue Waffe dem Oberbefehlshaber *General Wood* in Fort Myer vor und versuchte danach vom Beschaffungsamt der Armee einen Produktionsauftrag zu erhalten. Das neue Maschinengewehr war mit einem Gewicht von 11,50 kg leichter als alle bisherigen Modelle und darüber hinaus beweglicher, weil die Patronen nicht durch einen Gurt, sondern durch ein flaches Trommelmagazin zugeführt wurden. Die Magazintrommel enthielt 47 Schuß .30-06 inch (7,7 mm) Infanteriemunition und war oberhalb der Zuführung, auf der Waffe, angebracht.

Im Juni 1912, nachdem vom Beschaffungsamt noch immer kein Bescheid vorlag, gewann Lewis den Leiter der amerikanischen Versuchsfliegerei im College Park bei Washington, *Hauptmann Charles DeForest Chandler,* für seine Idee, trotz aller Bedenken der Mathematiker, mit dem Maschinengewehr vom Flugzeug aus auf ein Bodenziel zu schießen. Vorsichtshalber setzte Lewis für diesen Versuch die Kadenz seines Maschinengewehrs von 750 Schuß auf 500 Schuß in der Minute herab, was einem Feuerstoß von 6 sek. entsprach. Die Waffe hatte noch keine Zieleinrichtung, und man mußte einfach entlang des ungewöhnlich dicken Aluminium-Mantels des Laufes sehen. Nachdem *Lewis Chandler* in die Handhabung der Waffe eingewiesen und ihm die Betätigung des Abzuges und etwaige Störbehebungen bei vollautomatischem Gebrauch der Waffe gezeigt hatte, konnte der einzigartige Versuch stattfinden. Das Maschinengewehr wurde an eine für Pilot und Beobachter als Fußstütze dienende Querstange eines Wright »Type B« Doppeldeckers mit Druckpropellern montiert. Als Zielscheibe diente ein auf dem Boden ausgelegtes 1,8 × 2,1 m großes Käsetuch. Lewis berechnete, daß das Flugzeug sich nur $1/10$ sek. über dem Ziel befinden würde und daß drei Anflüge gemacht werden müßten. Im Interesse der Sicherheit sollte aus einer niedrigen Höhe geschossen werden. Am 7. Juni 1912 konnte das erste Experiment dieser Art in der Geschichte der Luftfahrt durchgeführt werden. Der Pilot war *Leutnant T. DeWitt Milling,* und als Beobachter flog *Hauptmann Chandler.* Das Maschinengewehr war so befestigt, daß *Chandler* es zwischen seinen Beinen nur wenig schwenken konnte. *Milling* überflog in knapp 80 m Höhe, mit einer Geschwindigkeit von 72 km/h, das Ziel dreimal, wobei *Chandler* jedesmal einen kurzen Feuerstoß abgeben konnte. Da *Chandler* während des Schießens die Trefferlage nicht erkannte, richtete er das Maschinengewehr auf die an das Flugfeld angrenzenden Fischteiche und verschoß die letzte sich noch in der Trommel befindliche Munition ins Wasser. Dabei beobachtete er die Einschläge der Gewehrkugeln durch das aufspritzende Wasser und konnte so auch den Abstand zwischen zwei Einschlägen gut ausmachen. Nach der Landung zählten sie 5 Treffer und mehrere Einschläge vor dem Tuch.

Am nächsten Tage wurde der Versuch wiederholt. Hierzu legten sie ein größeres Ziel von 1,8 m Breite und 16,4 m Länge aus und wieder starteten die beiden Offiziere *Chandler* und *Milling.* Aufgrund der Ergebnisse des Vortages entschied man sich für

**Am 7. Juni 1912 schoß Capt. Charles de Forest Chandler als erster Schütze mit einem Maschinengewehr von einem Flugzeug aus. Sein Pilot war Thomas DeWitt Milling. Das Bild zeigt Chandler mit seinem Lewis-Maschinengewehr und den Piloten Lt. Kirkland, der für den abwesenden DeWitt Milling den Platz als Pilot für dieses historische Foto einnahm.**

eine Flughöhe von 170 m. Wieder wurde das Ziel dreimal angeflogen, wobei sie diesesmal 14 Treffer von 44 abgegebenen Schüssen erzielten. Die restlichen Treffer lagen alle sehr nahe um das Ziel verstreut.
Kurz darauf, *Leutnant Milling* befand sich gerade auf Dienstreise, wurde dieses waffentechnisch historische Ereignis von Mr. MacCartee fotografiert, wobei als Pilot *Leutnant Kirkland* für *Milling* posierte.
Nun waren Zeitungen und Magazine voll von diesem Ereignis, überall erschien das Bild und begleitende Artikel berichteten über die Zukunft des Flugzeugs als Kriegswaffe. Es war bewiesen, daß durch das Schießen die Stabilität des Flugzeuges in keiner Weise beeinflußt wurde. Aufgrund dieser Ereignisse befragten Journalisten den Sprecher des Generalstabs, der ihnen klar zur Antwort gab, daß es nicht vorgesehen sei, die Flugzeuge zu bewaffnen, sondern sie lediglich als Erkundungsmittel einzusetzen! – Im übrigen wurde die Angelegenheit von den Militärs so behandelt, als hätte sie nicht stattgefunden. Im Gegenteil, man versuchte den Enthusiasmus von *Lewis* in jeder Beziehung zu dämpfen, übersah aber dabei, daß der Oberst nicht der Typ war, der leicht aufgab. Ohne Rücksicht auf seine Person, Rang und Position, lehnte er sich gegen alle auf, die nicht die Möglichkeiten seiner Erfindung erkennen wollten.
*Lewis* forderte vom »Board of Ordnance« seine vier Maschinengewehre zurück, quittierte seinen Dienst und ging nach Europa. Noch im Dezember 1912 konnte er in Belgien, vor einer Sachverständigengruppe, den in Amerika unternommenen Schießversuch wiederholen. Im Militär-Fliegerzentrum Brasschaet wurde sein Maschinengewehr an der Gondel eines Farman-Druckschrauben-Doppeldeckers befestigt. Dann schoß man aus der Luft auf ein aus dem Magazin des Camps organisiertes Bettlaken, das zum Bodenziel umfunktioniert worden war. Es war die erste offizielle Demonstration dieser Art in Europa. Dieses Mal überzeugte *Lewis.* 1913 baute er in Lüttich eine eigene Fabrik auf, die »Armes Automatiques Lewis«, um dort seine Waffe herzustellen. Kurze Zeit darauf übernahm die englische Firma »British Small Arms Co.« (BSA) in Birmingham; der zur damaligen Zeit größte Hersteller der Welt von leichten Waffen, die gesamte Fertigung.
Nachdem man *August Eulers* Bemühungen, ein Flugzeug zu bewaffnen, nicht weiter fortgesetzt hatte, fing man 1912 in Deutschland erneut damit an, einen Flugapparat mit einem Maschinengewehr auszurüsten. Auf wessen Veranlassung hin es dieses Mal geschah, läßt sich heute nicht mehr feststellen. Die für Bewaffnungsfragen zuständige Gewehr-Prüfungs-Kommission schied aus, da sie vollends mit der Ausrüstung der Luftschiffe mit Abwehrwaffen beschäftigt war. Darüber hinaus lag auch vor dem Frühjahr 1913 in Deutschland noch kein, für den Einbau in Flugzeuge geeignetes Maschinengewehr, vor. Da es offensichtlich war, daß sich in Deutschland einmal das Flugzeug mit vorn liegendem Motor durchsetzen würde, baute man nun die Waffe in den Beobachtersitz einer »Militär-Taube« ein. Jedoch verhinderten nach vorn der Propeller, nach den Seiten die Verspannungskabel, nach rückwärts der Flugzeugführer und nach unten die Tragflügel das Schießen so sehr, daß die Waffe ohne größere Erprobung wieder ausgebaut wurde. Der Versuch führte, wie zu erwarten gewesen war, keinen Schritt weiter.
Die Vorschläge zur »kraftvollen Ausnutzung der Flugzeuge für Kriegszwecke« blieben auch weiterhin nur Theorie. Man konnte sich auch nicht dazu entschließen, die Entwicklung des Luftschiffwesens zugunsten des Flugwesens einzuschränken. Nach Ansicht des Generalstabes dienten Luftschiffe und Flugzeuge so verschiedenen und getrennten Zwecken, daß der Ersatz der einen durch die anderen in absehbarer Zeit nicht möglich schien.
Immerhin hatten sich die Flugzeuge im Kaisermanöver hervorragend bewährt. Es hatte sich gezeigt, daß mit dem Flugzeug die Grenzen der taktischen Luftaufklärung überschritten wurden, und daß es als Mittel der strategischen Aufklärung auch in die Tiefe des Feindraumes eindringen konnte. Diese Tatsachen ließen den Generalstab zwei Forderungen erheben, einmal die Aufstellung von 34 Feldflieger Abteilungen bis zum 1. April 1914, und zum anderen verlangten sie das Militärflugwesen selbständig zu machen, und es von der Generalinspek-

**Der auf Vorschlag Franz Schneiders von Daimler entwickelte Flugmotor E4uF mit hängenden Zylindern und einem nach oben wirkenden Untersetzungsgetriebe, um mit einem oberhalb des Motors starr angeordneten Maschinengewehr nach vorn durch die hohle Propellerwelle schießen zu können.**

tion des Militär-Verkehrswesens zu lösen.

Am 1. Oktober 1912 wurden daher alle provisorischen Maßnahmen aufgehoben und die Königlich-Preußische Fliegertruppe etatmäßig aufgestellt. Dennoch wurde die Aufbaubarkeit stark behindert, da trotz vieler Verhandlungen eine zusätzliche Bereitstellung von Geldmitteln für die neuen Fliegereinheiten nicht erreicht werden konnte. Es mußten immer wieder neue Verhandlungen geführt werden, um zumindest die Gelder für den dringendsten Bedarf frei zu bekommen. So war es auch zu dieser

**Einzelskizzen aus Franz Schneiders Patentschriften von verschiedenen starren Maschinengewehr-Einbaumöglichkeiten in Flugzeugen mit vorn liegenden Motoren.**

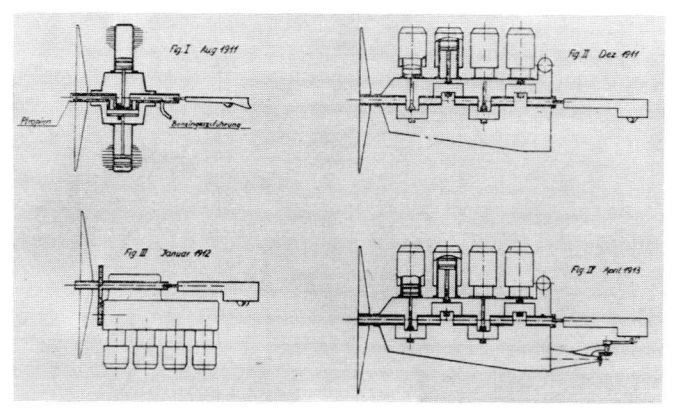

Zeit nicht möglich, den Vorsprung Frankreichs auszugleichen.

Besorgt verfolgte der inzwischen neutralisierte und in Deutschland lebende *Franz Schneider* die ständigen Fortschritte Frankreichs, deren Anfänge er eine Zeitlang direkt miterlebt hatte. *Schneider* versuchte 1911, neben seiner eigentlichen Aufgabe als Chefkonstrukteur einer Flugzeugfabrik, eine Methode zu finden, wie man mit einer starr in einem Flugzeug mit Zugpropeller eingebauten Waffe nach vorn schießen kann, ohne durch die Propellerebene behindert zu werden.

*Franz Schneider,* 1871 in Konstanz/Schweiz geboren, hatte Feinmechanik und Elektrotechnik gelernt und war über verschiedene Arbeitsplätze schließlich zur Firma Nieuport in Frankreich gelangt. Dieser Firma verhalf er durch die Konstruktion neuer Zündapparate zu Weltruf. Später baute er mit *Nieuport* zusammen eine Reihe ausgezeichneter Flugzeuge. Nach dem tödlichen Absturz *Charles Nieuports* im Jahre 1911 ging *Schneider* nach Deutschland und übernahm die Stellung des technischen Direktors und Chefkonstrukteurs bei der neugegründeten Luft-Verkehrs-Gesellschaft (L.V.G.) in Berlin-Johannisthal. Hier brachte ihn ein Zufall der Realisierung seines Problems näher.

Eines Tages, als *Schneider* den Verschluß der Welle eines umlaufenden Gnôme-Motors abschraubte, stellte er fest, daß man frei durch die hohle Antriebswelle hindurchsehen konnte; was ihn auf den Gedanken brachte, daß man eigentlich auch durch diese Öffnung mit einer Waffe hindurchschießen könnte. *Schneider* brachte seine Idee zu Papier, mußte aber bald erkennen, daß sich die Anordnung in dieser Form nicht verwirklichen ließ. Grund dafür waren die sich in dem Motorgehäuse ansammelnden Benzindämpfe, die durch das Mündungsfeuer der Waffe entzündet und explodiert wären.

*Schneider* ließ die Lösung dieses Problems nicht mehr los, und noch im gleichen Jahr entwarf er eine ähnliche Anbringung der Waffe bei einem Reihenmotor. Aber auch hier galt es die Schwierigkeiten zu überwinden, die sich schon bei der ersten Anordnung gestellt hatten. Dann aber schien das Problem gelöst zu sein.

Im Januar 1912 setzte sich *Franz Schneider* mit *Paul Daimler,* dem Sohn des am 6. März 1900 verstorbenen *Gottlieb Daimler,* mit dem Vorschlag in Verbindung, einen Flugmotor mit einer hängenden Zylinderreihe zu entwickeln und den Propeller nicht direkt, sondern über ein nach oben wirkendes Untersetzungsgetriebe anzutreiben. Durch diese Konstruktion wäre es möglich, eine Waffe oberhalb des Motorgehäuses anzuordnen, und sie nach vorn durch die hohle Propellerwelle feuern zu lassen. *Daimler* ging ohne zu zögern auf dieses Angebot ein. Zusammen mit seinem Ingenieur *Fritz* baute er den geforderten Motor und sicherte sich für diese, für die damalige Zeit ungewöhnliche Konstruktion das Deutsche Reichspatent Nr. 290 120. Der Flugmotor erhielt die Baubezeichnung E4uF. Obwohl *Daimler* mit diesem Motor bei dem erstmalig 1912 ausgeschriebenen Kaiserpreis-Wettbewerb am 27. Januar 1913 bei der DVL[1]) in Adlershof von 43 angelieferten Flugmotoren den vierten Platz erreichte, ging das Baumuster nicht in Serie. Ständig veröltte Zündkerzen, und nur teilweise gelöste Probleme mit der Schmierung der hängenden Zylinder, verhinderten ein störungsfreies Laufen des Motors. So scheiterte auch diese vielversprechende Maschinengewehranordnung; dieses Mal wegen konstruktiv bedingter Schwierigkeiten seitens der Motorenherstellung.

Etwa zur gleichen Zeit, als *Schneider* nach einer Lösung der Bewaffnung von Flugzeugen suchte, schrieb die englische Admiralität über die Ausrüstung von Flugzeugen mit automatischen Waffen Spezifikationen aus. Aufgrund dieser Ausschreibung begannen Konstrukteure der Firma Vickers Ltd. mit der Entwicklung eines bewaffneten Militärapparates, der die Werksbezeichnung No. 18 erhielt. Es war der Vorläufer der später so berühmt gewordenen englischen »Gunbus«[2]) Flugzeuge. Wie bereits von *Euler* praktiziert, handelte es sich bei der Vickers No. 18 um eine Doppeldecker-Konstruktion mit Heckmotor und Druckpropeller, jedoch für zwei Mann Besatzung. In dem Bug der Gondel, welche den vornsitzenden Beobachter, der gleichzeitig die Waffe zu bedienen hatte, und den dahintersitzenden Flugzeugführer aufnahm, wurde ein .303 inch (7,62 mm) Vickers-Maxim-Maschinengewehr so eingebaut, daß es mitsamt seiner Munitionszuführung, die durch einen Gurt erfolgte, um zirka 60 Grad in der Höhe und zur Seite geschwenkt werden konnte. Als »Destroyer«[1]) wurde diese Gitterschwanz-Konstruktion im Februar 1913 auf der »Olympia Aero Show« in London ausgestellt und somit der breiten Öffentlichkeit erstmals ein bewaffnetes Flugzeug präsentiert; was dann auch das sicherlich beabsichtigte, weltweite Echo in der Presse auslöste. Allerdings hatten die Engländer mit ihrem »Destroyer« kein Glück. Der Flugapparat, der inzwischen die Bezeichnung E.F.B. 1 (Experimental Fighter Biplane No. 1)[2]) erhalten hatte, war durch den Maschinengewehreinbau so kopflastig geworden, daß er noch vor dem Abheben zum ersten Flug auf den Kopf und zu Bruch ging.

Die Nachfolgekonstruktion der Vickers No. 18, die 18A, ging im Oktober 1913 in Bognor zu Bruch, und erst die zweite 18A brachte der Firma den ersten

---

[1]) destroyer = Zerstörer
[2]) E.F.B. 1 = Versuchs-Jagd-Doppeldecker Nr. 1

**Der aus den Trümmern des Farman Experimental No. 1 gebaute F.E. 2 Druckschrauben-Doppeldecker mit einem im Bug auf einer Gabelstütze montierten .303 inch (7,62 mm)-Maxim-Maschinengewehr auf dem Truppenübungsplatz von Salisbury im August 1912.**

---

[1]) Deutsche Versuchsanstalt für Luftfahrt
[2]) gunbus = Kanonen-Flugzeug (»bus« ist ein Slang-Ausdruck für Flugzeug)

bescheidenen Erfolg, der dann, durch die wesentlich verbesserten mit Maschinengewehr ausgerüsteten Versuchsmuster 18B, allmählich ausgebaut werden konnte.

Bevor jedoch Vickers mit der Entwicklung der 18er Reihe begann, experimentierte die Firma mit der No. 14B, ebenfalls einer Gitterschwanzkonstruktion, die mit einer 1$^1/_2$ Pfünder[1]) Kanone von Vickers armiert werden sollte. Das Projekt konnte wegen des hohen Gewichts der Waffe von 120 kg, und des viel zu schwachen 80 PS Motors, nicht realisiert werden. Noch kurz vor Ausbruch des Ersten Weltkrieges wurde die Kanone vorübergehend in die Sopwith No. 127, einem Gitterschwanz-Seedoppeldecker mit rückwärts liegendem Motor, eingebaut, um schließlich in der Short S.81 No. 126, einem Zweischwimmerflugzeug mit Heckmotor, installiert zu werden. Bei den ersten Schießversuchen mit der Kanone sollen sowohl auf Boden- wie auch auf Luftziele brauchbare Ergebnisse erreicht worden sein.

Aber zurück in das Jahr 1913, dem Jahr, als man in England begann, sich systematisch mit Flugzeugbewaffungsfragen und den damit verbundenen Problemen zu beschäftigen. Als erstes ging das R.F.C.[2]) daran, die Auswahl eines für den Gebrauch im Flugzeug geeigneten Maschinengewehrs zu treffen. Aus dem großen Angebot an automatischen Waffen zogen sie das mittelschwere, luftgekühlte .303 inch Lewis Maschinengewehr in die engere Wahl. Diese Waffe hatte sich inzwischen als äußerst zuverlässig erwiesen, nicht zuletzt durch die bei B.S.A. vorgenommenen Abänderungen, insbesondere durch Verjüngung des Kühlmantels um den Lauf und in anderer funktionstechnischer Hinsicht.

Der Schießversuch fand am 27. November 1913 in Bisley statt. Das Flugzeug, ein Graham-White XI Doppeldecker mit hinten liegendem Motor, wurde von dem Zivilpiloten *Marcus D. Manton* gesteuert. Der Schütze saß, um ungehindert nach vorn unten schießen zu können, mit dem Lewis-Maschinengewehr auf einer zwischen dem Piloten und dem

---
[1]) 1$^1/_2$ Pfünder, zirka 3,7 cm Geschoß
[2]) R.F.C. Royal Flying Corps

**Schießversuch mit einem Lewis-Maschinengewehr von einem Grahame-White-Doppeldecker in Bisley/England am 27. November 1913.**

Fahrwerk von *John D. North* provisorisch angebrachten Plattform. Trotz seiner unglücklichen Sitzposition soll es dem Schützen gelungen sein, eine beachtliche Trefferzahl auf dem Bodenziel erreicht zu haben.

Ermutigt durch dieses Ergebnis mit dem Lewis-Maschinengewehr wurden zwei Henri Farman Doppeldecker und zwei Blériot Eindecker mit der Waffe ausgerüstet. Im Februar 1914 wurden auf dem Truppenübungsplatz von Hythe mit diesen vier Flugzeugen eingehende Schießversuche durchgeführt. Zusätzlich wurde der inzwischen vollständig umgebaute und mit einem 80 PS Renault Motor versehene F.E. 2 Doppeldecker zu den Versuchen hinzugezogen. Allerdings war nicht beabsichtigt dieses

Flugzeug mit dem leichten Lewis-Maschinengewehr zu bestücken, sondern im Rumpfbug sollte eine Kanone mit einem Gesamtgewicht bis zu 135 kg installiert werden, was wie zu erwarten war, nicht realisiert worden ist, denn kurz nach den Versuchen stürzte die Maschine am 23. Februar 1914 in der Nähe der Ortschaft Wittering in Mittelengland ab, wobei der Pilot *Roland Kemp* schwer verletzt und sein Begleiter, der technische Zeichner *E. T. Haynes* getötet wurden. Während dieses tragischen Unfalls war das Flugzeug unbewaffnet.

An die Bewaffnung eines Flugzeugs mit Zugpropeller, etwa des bewährten Doppeldeckers B.E. 2, wurde in England, im Gegensatz zu *Schneiders* Vorstellungen, nicht gedacht. Die englische Ansicht war in diesem Punkt mit der französischen fast identisch. Allgemein vertraten die Militärs die Meinung, daß automatische Waffen an Bord von Flugzeugen ausschließlich zur Bekämpfung von Bodenzielen und nicht gegen feindliche Flugzeuge eingesetzt werden sollten. Diese Ansicht teilte der damalige Waffenoffizier der Naval Wing, *Leutnant Clark-Hall,* jedoch nicht. Zielstrebig führte er seine Versuche, unabhängig von denen des Royal Flying Corps, unter dem Gesichtspunkt weiter, die bewaffneten Flugzeuge auch gegen jegliche Art von Luftzielen einsetzen zu können. Obwohl alle diese Versuche nur wenige Monate vor Ausbruch des Ersten Weltkrieges stattfanden waren lediglich zwei Seeflugzeuge vom Royal Navy Air Service bei Beginn der Feindseligkeiten mit Maschinengewehren ausgerüstet, und selbst diese waren nicht ständig aufmontiert. Alle vom Royal Flying Corps nach Frankreich entsandten Flugzeuge waren nicht bewaffnet, als der erste britische Pilot den Kanal am 13. August 1914 überquerte.

An dieser Tatsache haben letztlich auch die absurden und zeitraubenden Flugzeug-Bewaffnungsversuche mit einer 1½ Pfünder Kanone Schuld. Dieses war auf die, von den verantwortlichen Militärs vertretene Auffassung zurückzuführen, nur Bodenziele zu bekämpfen, auf die eine Kanone nachhaltiger einwirken könne, als ein gewehrkalibriges Maschinengewehr. Sicherlich mögen derartige Überlegungen in Frankreich auch *Gabriel*

**Eine weitere Möglichkeit, um nach vorn über den Propellerkreis hinwegschießen zu können, erdachten im Jahre 1912 die Franzosen. Sie montierten ein Maschinengewehr auf ein besonderes Gestell über den vor dem Flugzeugführer angeordneten Sitz, in dem der Schütze aufrecht stehend das Maschinengewehr bedienen mußte.**

*Voisin* veranlaßt haben, in seinen schweren Doppeldecker gleich eine Kanone einzubauen.

Nachdem sich Frankreich vom Jahre 1907 ab vom Luftschiff- dem Flugzeugbau zugewandt hatte, was einen Wendepunkt in der Geschichte der französischen Militärluftfahrt bedeutete, forderte schon im Jahre 1910 *Oberst Hirschauer,* alle Flugzeuge möglichst mit Waffen und Funkgeräten auszurüsten. Dies führte dazu, daß sich der Durchführung dieser Aufgabe, neben den Kommissionen und wissenschaftlichen Versuchsanstalten, auch zahlreiche Offiziere und Erfinder widmeten. Im Oktober 1912 wurde vom General-Inspekteur ein Ausschuß zur Bearbeitung des Bewaffnungsproblems gegründet. Schon 1911 soll *Blériot* versucht haben, wie *Schneider* in Deutschland, eine Möglichkeit zu finden, mit einem Gewehr durch die hohle Propellernabe nach vorn schießen zu können. 1912 wurde ein Deperdussin-Eindecker mit einem Benét-Mercié Maschinengewehr ausgerüstet, das auf einem Gestell vor dem Piloten angebracht war. Der Beobachter, der das Maschinengewehr bedienen sollte, stand auf seinem Sitz und konnte mit der Waffe nach vorn über den Propellerkreis hinweg schießen. Diese Erfindung machte *M. Loiseau,* ein Mitarbeiter *Deperdussins.* Der Aufbau war für das leichte Flugzeug mit seinem schwachen Motor zu schwer und konnte vorerst nicht erprobt werden.

Zur gleichen Zeit wurden einige Doppeldecker, der inzwischen in Billancourt zusammengelegten Firmen der *Gebrüder Henri* und *Maurice Farman,* mit dem 8 mm Hotchkiss-Portative-Maschinengewehr ausgerüstet. Eine Waffe, die gegenüber der Lewis-Konstruktion, und wegen der Munitionszuführung durch einen Ladestreifen von 25 Schuß, für die Flugzeugbewaffnung weniger geeignet war. Die in Frage kommenden französischen Maschinengewehre waren alles Infanterie-Modelle und weit entfernt von einer wirklichen Flugzeugwaffe. Die wenigen Versuche zeigten bereits, daß das Lewis- dem Hotchkiss-Gewehr überlegen war; dennoch experimentierte man mit beiden Modellen weiter.

Im Gegensatz zum Ausland, wo von seiten der Militärs bereits spezielle Forderungen hinsichtlich der Bewaffnung von Flugzeugen ausgearbeitet und erste Versuche eingeleitet worden waren, tat sich in Deutschland in dieser Hinsicht verhältnismäßig wenig. Daß überhaupt auf diesem Gebiet etwas unternommen wurde, war vor allem der persönlichen Initiative einiger weniger zuzuschreiben.

Hierzu gehörte unumstritten *Franz Schneider,* der allen Schwierigkeiten und Rückschlägen zum Trotz nach immer neuen Möglichkeiten suchte, um seine Probleme dennoch lösen zu können. Seine feste Überzeugung und seine harte Arbeit führten ihn um die Jahresmitte 1913 endlich zu brauchbaren Ergebnissen. Wenn er das Problem, mit einer Waffe durch die hohle Propellernabe eines vorn liegenden Motors hindurchschießen zu können, nicht unbedingt gelöst hatte, so gab es für ihn nur noch die eine Möglichkeit, bei Lagerung des Maschinengewehrs oberhalb des Motorblocks oder auf dem Rumpf des Flugzeuges unmittelbar hinter dem Motor, einfach nach vorn durch den Propellerkreis hindurchzufeuern. Die Schwierigkeit dieser Anordnung bestand aber darin, die Schußwaffe mit dem Motor so aufeinander abzustimmen, daß sie immer in dem Augenblick blockiert wurde, wenn ein Propellerblatt die Waffenmündung passierte; auf diese Weise kann kein Geschoß den Propeller verletzen. *Schneider* konstruierte einen Synchronisations-Mechanismus, durch den die Waffe direkt vom Motor über Nocken und Wellen so gesteuert wurde, daß sich immer zu den kritischen Zeitpunkten keine Schüsse lösen konnten. Bei richtiger Berechnung und Einstellung dieser vom Motor betätigten mechanischen Sperre funktionierte die Anlage bei jeder beliebigen Drehzahl.

Am 15. Juli 1913 wurde *Franz Schneider* das Deutsche Reichspatent auf diese Erfindung erteilt. Der eingereichte Originaltext, der erstmals in der Zeitschrift »Flugsport Nr. 20«, Jahrgang VI, am 30. September 1914 veröffentlicht wurde, lautete wie folgt:

*»Abfeuerungsvorrichtung für Schußwaffen auf Flugzeugen v. Franz Schneider in Johannisthal bei Berlin D.R.P. Nr. 276396 v. 15. Juli 1913*

Gegenstand der Erfindung ist eine Vorrichtung zur Ermöglichung des Schießens zwischen den Propellerflügeln hindurch, ohne sie zu verletzen. Zu diesem Zweck ist die Schußwaffe unmittelbar vor dem Führer und hinter dem Propeller angebracht, und zwar kann dieselbe innerhalb bestimmter Grenzen drehbar angeordnet sein.

Um nun eine Schädigung des Propellers zu verhindern, ist ein Sperrmechanismus für den Abzug vorgesehen. Diese Sperrvorrichtung wird von der Propellerwelle aus beim Fahren fortwährend in Umdrehungen versetzt und sperrt den Abzug der Schußwaffe immer in dem Augenblick, wo sich einer der Propellerflügel vor der Mündung der

Schußwaffe befindet. Demnach kann das Abfeuern der Waffe nur zwischen den Propellerflügeln hindurch stattfinden.

Auf der Zeichnung ist ein Ausführungsbeispiel der Erfindung dargestellt. Abb. 1 stellt den Vorderteil des Flugzeuges in Seitenansicht dar, während Abb. 2 eine Ansicht der Sperrkurvenscheibe veranschaulicht.

Die im vorliegenden Fall als Gewehr ausgebildete Schußwaffe ist in irgendeiner geeigneten Weise vorteilhaft auf einem am Motor befestigten Lager angebracht und kann innerhalb bestimmter Grenzen seitlich und nach oben und unten gedreht werden. Hinter den Abzug der Waffe greift ein in einem festen Lager ›f‹ drehbarer Hebel ›e‹, dessen unteres Ende sich gegen eine Kurvenscheibe ›d‹ (siehe Abb. 2) legt. Diese Kurvenscheibe wird von der Propellerwelle ›a‹ aus mittels konischer Zahnräder ›b‹ und der senkrechten Welle ›c‹ angetrieben und ist so gestaltet, daß sie den Hebel ›e‹ so lange gegen den Abzug drückt, als sich ein Flügel des Propellers vor der Gewehrmündung befindet. In dem Augenblick, wo die Propellerflügel an der Mündung vorbeigegangen sind, kann die Schußwaffe abgefeuert werden.

Es ist selbstverständlich, daß die Sperrung des Abzugs noch in mancherlei anderer Weise erfolgen kann, und die Erfindung keineswegs auf die beschriebene Anordnung beschränkt ist.

*Patent-Ansprüche*

1. Abfeuerungsvorrichtung für Schußwaffen auf Flugzeugen, gekennzeichnet durch eine Sperrvorrichtung für den Abzug der hinter der Bewegungsbahn der Propellerflügel liegenden Schußwaffe, welche durch eine von der Propellerwelle angetriebene Vorrichtung mit dem Abzug in Eingriff gehalten wird, solange ein Propellerflügel sich vor der Mündung der Schußwaffe befindet.

2. Vorrichtung nach Anspruch 1, dadurch gekennzeichnet, daß die Vorrichtung aus einer von der Propellerwelle aus angetriebenen Kurvenscheibe ›d‹ besteht, die den Abzug der Schußwaffe mittels eines Sperrhebels ›e‹ so lange verhindert, als ein Propellerflügel sich vor der Mündung der Schußwaffe befindet.«

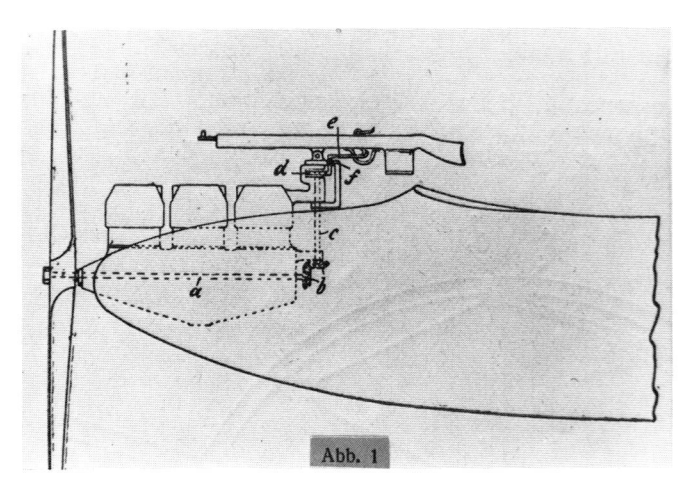

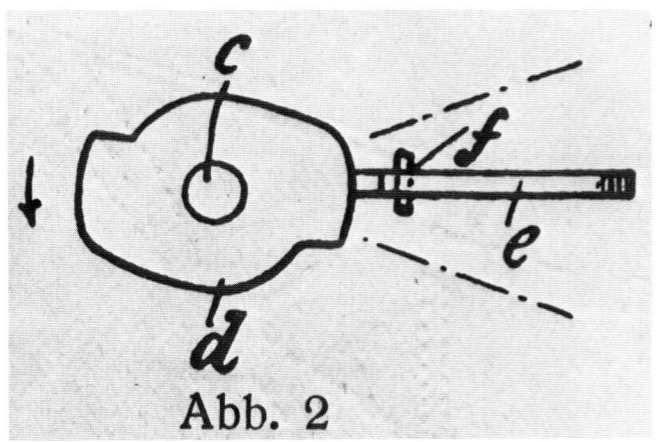

**Abb. 1 u. 2 (zu Schneiders Patentschrift, die Erläuterung zu Abb. 1 u. Abb. 2 sind in der Patentschrift)**

*Schneider* hatte sein Ziel erreicht. Seine Erfindung war die klassische Lösung der Probleme, die sich bei der Bewaffnung eines Flugzeugs gestellt hatten. Er hatte das Flugzeug zu einer effektiven Waffe gemacht, das von diesem Zeitpunkt an bereits zu dem epochemachenden Angriffsmittel hätte ausgebaut werden können, wenn die verantwortlichen Stellen auch nur annähernd das Revolutionäre dieser Erfindung erkannt hätten. Die Ignoranz ging dann sogar soweit, daß *Schneider* nicht einmal ein Maschinengewehr für die praktische Erprobung seiner Erfindung zur Verfügung gestellt bekam, dies wurde ihm mit der Begründung abgelehnt, daß das Maschinengewehr »geheim« sei und es daher Privatleuten nicht zugänglich gemacht werden dürfte. So scheiterten alle Versuche diese bahnbrechende Vorrichtung bei der deutschen Fliegertruppe zeitgerecht einzuführen, oder sie auf ihre praktische Brauchbarkeit zu erproben; eine Kurzsichtigkeit der maßgebenden Stellen, die später vielen erfahrenen Flugzeugbesatzungen das Leben kosten sollte.

Im Grunde wurde das Flugzeug weiterhin als eine Hilfswaffe zur Unterstützung der Aufklärung angesehen. Selbst die ersten Abwurfübungen leichter Bomben, bzw. die Erfolge der Italiener im Tripoliskrieg, konnten an dieser Tatsache nichts ändern. Wer zu dieser Zeit von »Luftkrieg« sprach, wurde als Narr abgetan. Diese allgemeine Ansicht beeinflußte die Entwicklung der deutschen Militärfliegerei in ihrer Gesamtheit. Trotz der Erfolge in den anderen Ländern, vollzogen sich die Aufstellungsvorhaben schleppend. Man glaubte durch das bessere deutsche Flugzeugmaterial und die vorzügliche Beobachterausbildung den Vorsprung der anderen ausgleichen zu können.

Gegen Ende des Jahres 1913 hatte die Organisation des Militärflugwesens bei allen Großmächten feste Formen angenommen, und Frankreich lag eindeutig damit am weitesten vorn. In Deutschland wurden am 1. Oktober vier preußische Flieger-Bataillone und ein bayerisches Bataillon aufgestellt. *Oberst von Eberhardt* leitete die neu errichtete Preußische Inspektion der Fliegertruppe als Teil des Militärverkehrswesens. Die Leistungen der Flieger fanden ihre Würdigung in dem Schlußbericht des Kaisermanövers, bei dem 36 Flugzeuge in 65 Flügen 3300 km zurückgelegt hatten, und in der Schlußbesprechung des Herbstmanövers des XVIII Armeekorps. Endlich konnten wertvolle Aufschlüsse über den taktischen Einsatz der Flieger erbracht werden. In der Schlußbesprechung des Großen Generalstabes hieß es dann auch: »Nicht Kavallerieaufklärung oder Luftaufklärung, sondern beide gemeinsam, sich ergänzend, werden künftig berufen sein, der Truppenführung die Grundlage für ihre Entschlüsse zu liefern.«

Die Umwandlung des Flugzeugs zum Kampfflugzeug durch Panzerung, Ausstattung mit Handfeuerwaffen und Abwurfgeschossen trat mehr und mehr in den Vordergrund. Auch hierin war der Vorsprung Frankreichs unverkennbar. Obwohl die Bewaffnungsfrage, ausgehend von den Nachrichten über französische mit Panzerschutz und Maschinengewehr ausgerüstete Flugzeuge, erhöhte Bedeutung gewann, konnte die Gewehr-Prüfungs-Kommission in ihrer Denkschrift vom 16. Mai 1914 lediglich feststellen, »daß die Bewaffnungsfrage der Flugzeuge zur Zeit als noch nicht gelöst betrachtet werden kann«. – Und dies in Deutschland, wo es einen *Franz Schneider* gab!

Aber war es verwunderlich? Wenn selbst ein so fortschrittlich denkender Offizier wie *Major Siegert* einerseits mit Nachdruck die Ausrüstung der Flugzeuge mit automatischen Waffen forderte und andererseits der Schneider'schen Erfindung keinen Glauben schenkte, wie er es wörtlich in seiner bedeutungsvollen Denkschrift vom 1. Januar 1914 »über die voraussichtliche Weiterentwicklung der Militär-Flugzeug-Typen und Motore« u. a. zum Ausdruck brachte: ». . . Ein Nachteil haftet allen Doppeldeckern mit vorn liegendem Motor an . . . die große Schwierigkeit des Gebrauchs einer automatischen Waffe. Dieser Nachteil ist so groß, daß im Hinblick auf die unhaltsame Entwicklung der Dinge die Konstruktion dieser Type als für Kampfzwecke verfehlt bezeichnet werden muß. Nach vorn verhindert der Propeller das Schießen, nach den Seiten die Verspannungskabel, nach rückwärts der Führer, nach oben und unten die Tragdecks.

Die ganz geringen freien Sektoren würden eine Vorübung im Schießen und ein Zusammenwirken mit dem Führer bedingen, wie sie praktisch nicht erreichbar ist.

Die Führung eines Maschinengewehrs innerhalb der Propellernabe ist eine Künstelei, desgleichen die zwangsläufige Kuppelung zwischen Abfeuerungsmechanismus und Tourenzahl, welche ermöglichen könnte, die Geschosse stets beim geeigneten Propellerstand an diesen vorbeizuführen. Gegen die Führung des Laufes in der Propellernabe spricht wie gegen jede ›starre‹ Lagerung des Gewehrs in der Längsachse des Flugzeuges der Umstand, daß

ich zum Feuern gezwungen bin, in der Richtung auf den Feind zu fliegen. Gerade dies kann nach der Gesamtlage sehr unerwünscht sein.
Überlegene Geschwindigkeiten werden durch diese Art des Einbaus von Gewehren beim Waffengebrauch illusorisch.«...
Hier irrte *Major Siegert,* und es ist bezeichnend, daß zu dieser Zeit ein Kurvenkampf in der Luft einfach nicht vorstellbar war. Die im Flugzeug geforderte Waffe sollte beweglich sein und vom Beobachter bedient werden, einmal zur Selbstverteidigung bei der Erkundungstätigkeit und zum anderen, um einen Feind am Erkunden zu hindern. *Major Siegert* fährt dann auch wie folgt in seiner Denkschrift fort:
»Auf den Waffengebrauch kann aber aus folgenden Gründen nicht verzichtet werden:
Jeder Erkundungsflug wird ein Zusammentreffen mit feindlichen Flugzeugen ergeben.
Vom Rammstoß der Flugzeuge untereinander wird zweifellos kein Gebrauch gemacht werden.
Wohl aber ist ein Flugzeug im Vorteil, welches imstande ist, im Passieren, An- und Abflug, Überholen, Über- und Unterfliegen auf wenige hundert Meter ein gegnerisches Flugzeug zu beschießen, und zwar um so mehr, je wehrloser der Feind ist.... Die gegebene Waffe ist ein leichtes Maschinengewehr von 16 bis 18 kg, wie sie in den Modellen ›Hotchkiß‹, ›Madsen‹ und ›Lewis‹ existieren.«...
Hier spricht *Major Siegert* zweifellos die einzigen damals als Flugzeugbewaffnung in Frage kommenden Maschinengewehre und das nicht zu überschreitende Gesamtgewicht einer Bordwaffe an.
Was *Siegert* für die deutsche Fliegertruppe forderte, war in Frankreich bereits Realität. Am 11. Februar 1914 waren die Franzosen so weit, den mit einem, über den Luftschraubenkreis nach vorn schießenden Hotchkiss-Maschinengewehr ausgerüsteten Deperdussin-Eindecker, vorzuführen. Das Schießexperiment fand in Villacoubly bei Paris vor hohen Militärs statt. *Maurice Prévost* steuerte das Flugzeug, sein Beobachter und Maschinengewehr-Schütze war *Loiseau,* der Erfinder dieser Anordnung. In einer Höhe von 200 m gab *Loiseau* jeweils einige Feuerstöße ab. Gleichzeitig sollten die Versuche zeigen, daß die Stabilität des Flugzeuges durch das Feuern der automatischen Waffe nicht beeinträchtigt wurde. Später wurde der aufrechtstehende Beobachter zusätzlich durch eine 3 bzw. 2 mm Panzerung geschützt. Auch sollen zu dieser Zeit Versuche mit einem Nieuport-Doppeldecker durchgeführt worden sein, wobei der Beobachter in seinem Sitz stehend, die Ellenbogen auf der oberen Tragfläche abgestützt, mit einer Repetierwaffe bzw. Armeegewehr nach vorn über den Propellerkreis hinweggeschossen hat.
Dieses Verlangen nach freiem Schußfeld, d. h. einem effektiven Waffengebrauch vom Flugzeug aus, wurde in Frankreich schon früh in der militärischen Forderung an die Industrie, bei der Entwicklung und dem Bau zukünftiger Kampfflugzeuge berücksichtigt. Dieser Angelegenheit konnten sich die planenden Militärs und auch die Industrie voll widmen, da sie sich bei ihrem Vorhaben nur auf die Leistungssteigerung des Flugzeugs zu konzentrieren brauchten. Hier erhebt sich nun die Frage, ob in Deutschland nicht der Dualismus zwischen Luftschiff und Flugzeug, welcher der ganzen deutschen Luftrüstung der Vorkriegszeit das Gepräge gab, die Unbefangenheit des Blickes für die Einsatzmöglichkeiten des Flugzeuges beeinträchtigt und dazu geführt hat, die Eigengesetzlichkeit der Entwicklung des Flugzeugs erst spät zu erkennen. Ansichten, wie sie von *Major Siegert* über die kommende Bedeutung des Flugwesens und der Fliegertruppe als zukünftige Kampftruppe, vertreten wurden, wurden erst von wenigen geteilt. Weit vorausschauend stellte er in seinem Bericht vom 1. Januar 1914 weiter fest: »Es wird diejenige Armee im Vorteil sein, der es mit Hilfe der Feuerwaffen gelingt, die Luftaufklärungsmittel des Feindes aus dem Felde zu schlagen.« Und an anderer Stelle: »Die Forderung nach einem Kampfflugzeug muß aber bald gestellt werden. Denn, daß Waffenwirkung aus dem Flugzeug im Laufe der Zeit nicht nur gegen die anderen Luftaufklärungsorgane gefordert werden wird, sondern auch gegen die kämpfenden Truppen, ist jetzt schon zu übersehen. Die Unterstützung eines Infanterieangriffs aus Flugzeugen liegt näher wie man denkt. Es bietet sich ferner Aussicht, hinter die Schutzschilde der Artillerie zu feuern.

Diese Erkenntnis muß zum Bau von Flugzeugen führen, welche den Waffengebrauch in möglichst großem Sektor nach oben, unten und den beiden Seiten gestatten.

Daß diese Erkenntnis sich in anderen Staaten schon Bahn gebrochen hat, beweist das zähe Festhalten Frankreichs am Farman-Typ, und der Bau von Flugzeugen in England nach den Konstruktionen von Graham White.

Der Niederschlag dieser Erkenntnis war auch an allen Typen der Pariser Ausstellung[1]) deutlich erkennbar. In allen Eindeckern mit vorn liegendem Motor ist der Beobachtersitz nach rückwärts verlegt. Im Doppeldecker mit rückwärts liegendem Motor sitzt der Beobachter vorn. Auch Versuche, die Sitze nebeneinander zu legen, sind sichtbar. Das wurde durch den, mit einem Maschinengewehr ausgestellten Borel-Eindecker mit Druckpropeller veranschaulicht.«

[1]) Aero Salon 1913

**Bewaffneter französischer Borel-Eindecker auf dem Aero Salon in Paris im Jahre 1913.**

**Vorführungsflug des mit einem nach vorn über den Propellerkreis schießenden Maschinengewehr ausgerüsteten Deperdussin-Eindeckers in Villacoubly bei Paris am 11. Februar 1914.**

Aber nicht nur *Major Siegert* forderte so nachdrücklich das Flugzeug zu einer brauchbaren Kampfwaffe zu machen, auch wies der Inspekteur der Fliegertruppen, *Oberst von Eberhardt,* am Schluß seines an die General-Inspektion gerichteten Berichts im Juni 1914, auf die wichtigste Aufgabe der Zukunft hin, »der Verwendung von Maschinengewehren mit möglichst großem Aktionswinkel aus dem Flugzeug Bahn zu brechen«.

Als Folge dieser Forderung forderte zum ersten Male in der deutschen Militärluftfahrtgeschichte das Reichs-Marine-Amt, bei der am 24. April 1914 bei den Ago-Flugzeugwerken bestellten Serie von fünf Flugzeugen mit 150 PS Argus-Motor, Raum, zum Einbau für ein Maschinengewehr. *Großadmiral von Tirpitz* hielt jedoch eine Ausrüstung mit Maschinengewehren für entbehrlich. Er befürchtete, daß nach dem damaligen Stande des Flugzeugbaues das für die Bewaffnung erforderliche Mehrgewicht dem Hauptzweck des Flugzeugs, nämlich der Aufklärung, zu starken Abbruch tun würde. So erhielt die Serie vorerst noch kein Maschinengewehr. Der Großadmiral machte auch in einem Bericht des *Oberleutnant zur See von Arnauld de la Perière* (Friedrich), vom 1. Juni 1914 über das Friedrichshafen-Flugboot, bei Erwähnung des möglichen Einbaues eines Maschinengewehrs, die Randbemerkung, »überflüssig«.

Hier zeigte sich ganz klar, daß selbst die höchsten militärischen Führungsstellen das Flugzeug in technischer Hinsicht als für noch nicht befähigt ansahen, außer der Erkundung noch andere Aufgaben zu erfüllen. Man konnte sich einfach noch nicht mit den der Entwicklung weit vorauseilenden Gedankengängen eines *Major Siegert*, des *Oberst von Eberhardt* aber auch eines *Generalleutnant von Brug* vertraut machen, denen es darum ging, die vielseitigen und neuartigen militärischen Verwendungsmöglichkeiten des Flugzeugs in das weite Feld der Gesamtkriegsführung einzufügen.

Doch erst der Weltkrieg, in dessen Verlauf die Fliegertruppen zu einer starken kampffähigen Waffe, sowohl im Dienste großer Operationen als auch des engsten Zusammenwirkens mit der kämpfenden Truppe ausgebaut wurden, ließ die volle Bedeutung der Luftwaffe für die Kriegsführung sichtbar werden.

Als der Weltkrieg ausbrach, waren die Pläne der obersten deutschen Behörden für die Luftrüstung noch keineswegs verwirklicht. Aber die Fliegertruppen hatten sich in der kurzen Zeit ihres Bestehens aus dem kleinen improvisierten Fliegerkommando zu einer festgefügten, mehrere Bataillone starken Truppe, entwickelt.

## Beginn einer planmäßigen Flugzeugbewaffnung als Folge des Kriegsausbruchs 1914

Zu Beginn des Ersten Weltkrieges besaß Deutschland rund 500 Front- bzw. Schul- oder Übungsflugzeuge, Frankreich etwa über 600, England über 160 und Rußland über 400. Mit einem Bestand von 228 kriegsverwendungsfähigen Heeres- und 13[1]) Marine-Flugzeugen ging die junge deutsche Fliegertruppe in den Krieg[1]). Die ausschließlich zweisitzigen Maschinen hatten weder Funkgeräte an Bord, noch besaßen sie Luftbildkameras, auch waren ihre Bombenziel- und -abwurfapparate, soweit vorhanden, mehr als primitiv. Alle Flugzeuge waren außerdem unbewaffnet. Auch den Franzosen, deren Kriegsministerium sich schon sehr früh mit der Flugzeugbewaffnungsfrage befaßt hatte, und wo bereits erfolgreiche Schießversuche stattgefunden hatten, war es bis zum Kriegsausbruch 1914 nicht gelungen, ihre Flugzeuge kriegsmäßig zu bewaffnen. Der Hauptgrund lag darin, daß die in Frage kommenden automatischen Waffen noch zu schwer waren. Abgesehen von einigen englischen, mit Lewis-Maschinengewehren armierten Farman-Doppeldeckern, war es keiner Nation gelungen, mit Maschinengewehren ausgerüsteten Flugzeugen in die Auseinandersetzungen einzugreifen.

Nach der vom Generalstab im Februar 1914 ausgegebenen Weisung »Flugzeuge im Heeresdienst«, begannen die deutschen Fliegertruppen ihre Aufgaben zu erfüllen. Die Weisungen sahen einen Einsatz der Flugzeuge im Kriegsfalle zu Aufklärungszwecken, zur Nachrichtenübermittlung und zu

---
[1]) Hinzukommen 12 Heeres- und 1 Marineluftschiff

**Zu Beginn des Ersten Weltkrieges waren die Militärflugzeuge, trotz vorangegangener Bemühungen zur Ausrüstung der Flugzeuge mit Schußwaffen, noch alle unbewaffnet und die Flieger benutzten zu ihrer Verteidigung lediglich Pistolen.**

---
[1]) 12 Wasser- und 1 Landflugzeug

Kampf- und Zerstörungszwecken durch Bombenwurf vor. Nachrichtenübermittlung und Bombenabwurf hatte man als Nebenaufgabe eingestuft. Die wichtigste Aufgabe war die Aufklärungstätigkeit, die sich entsprechend der »Eigenart der Luftaufklärung«, auf Feststellung der feindlichen Gruppierung weit nach der Tiefe zu erstrecken hatte. – Dagegen enthielten die Weisungen keine Richtlinien über das Verhalten der Besatzungen, wenn sie bei der Durchführung ihres Auftrages durch feindliche Flugzeuge behindert oder sogar mit Schußwaffen angegriffen würden. Die noch im Januar 1914 niedergeschriebenen Gedankengänge *Major Siegerts,* in denen er, der Entwicklung des Kriegsflugzeugs weit vorausschauend, prophezeite, daß »diejenige Armee im Vorteil sein werde, der es mit Hilfe der Feuerwaffen gelingt, die Luftaufklärungsmittel des Feindes aus dem Felde zu schlagen«, fanden in dieser Weisung keine Berücksichtigung. Eine wirklichkeitsfremde Denkweise maßgebender Stellen, die sich schon in den ersten Kriegstagen änderte, als die Flieger plötzlich um ihre Erkundungsergebnisse kämpfen mußten, und sich nun die Notwendigkeit nach einer Bewaffnung mit einer automatischen Waffe herausstellte. Anfangs bewaffneten sich die Flieger hüben wie drüben mit Pistolen, und es begannen die ersten Duelle in der Luft. Als sich das Pistolenschießen als zu wirkungslos erwies, bekamen die deutschen Flieger ein Mauser-Selbstladegewehr, das unter der Bezeichnung »Flieger-Selbstladekarabiner Mauser« eingeführt wurde. Es war ein wesentlich handlicheres und leichteres Modell des von Mauser entwickelten Festungsladers mit verkürztem Lauf. Daneben sollte ein weiteres Selbstladegewehr zur Einführung gelangen, das bei der Schweizerischen Industriegesellschaft (SIG) in Neuhausen, nach Entwürfen des mexikanischen *Generals Manuel Mondragon,* entwickelt, und in einer Stückzahl von 4000 Gewehren für die mexikanische Armee gefertigt worden war. Regierungswechsel und politische Wirren in Mexiko verzögerten die Auslieferung der Gewehre bis in den Ersten Weltkrieg hinein, worauf sich schließlich das deutsche Kriegsministerium entschloß, diese Mondragon-Gewehre anzukaufen, bevor sie von der Entente erworben würden. Aufgrund einer Forderung der Gewehr-Prüfungs-Kommission wurde das 10schüssige Magazin durch ein größeres Magazin, zur Aufnahme von 30 Schuß ersetzt, wodurch die Waffe zur Mitnahme im Flugzeug effektiver werden sollte, trotzdem blieb das Ganze ein Notbehelf. Als »Flieger-Selbstladekarabiner 1915« sollte er an die Fliegertruppe ausgegeben werden, was aber wegen der bevorstehenden Ausrüstung der Flugzeuge mit einem Maschinengewehr nicht mehr durchgeführt wurde. Schließlich gelangten die Gewehre wegen Waffenmangels zu den Bodentruppen.

**Als sich die Pistolenduelle in der Luft als zu wirkungslos erwiesen, erhielten die deutschen Flieger den »Flieger-Selbstladekarabiner« von Mauser (oben) sowie das in der Schweiz hergestellte Selbstladegewehr »Mondragon« (unten).**

Auf alliierter Seite waren die Briten am Anfang genauso primitiv bewaffnet, wie die deutschen Flieger. Lee-Enfield Gewehre, Webley Fosberg Revolver und Mauser-Pistolen, Stahlpfeile, Ranken Darts, Gewehr- und Handgranaten, auch an Seilen nachgezogene Fanghaken und Schrapnells u. a. m. sollten die deutschen Flugzeuge und Luftschiffe zum Absturz bringen. Der Phantasie waren keine Grenzen gesetzt, und wenn dem einen oder anderen Flieger ein Zufallstreffer gelang, glaubte man auf dem richtigen Wege zu sein. Wie mühselig es war, ein mit einem Maschinengewehr ausgerüstetes Flugzeug in eine günstige Schußposition zu manövrieren, zeigte der Versuch des britischen *Leutnants L. A. Strange* vom R.F.C., am 22. August 1914, mit einem armierten

Das von Leutnant Strange seitlich des Rumpfes angebrachte Lewis-Maschinengewehr, womit er schräg nach vorn an dem Propellerkreis vorbeischießen konnte. Mit einem so ausgerüsteten Bristol »Scout C« schoß Capt. Lanoe G. Hawker am 25. Juli 1915 auf einem bewaffneten Aufklärungsflug nacheinander drei deutsche Flugzeuge ab (Bild unten).

Farman Doppeldecker ein deutsches Aufklärungsflugzeug abzuschießen. Die in 1200 m Höhe fliegende deutsche Albatros entkam, weil die Farman »Schießmaschine« nicht höher als 1000 m steigen konnte. Kaum gelandet, mußte *Strange* auf allerhöchste Order das Maschinengewehr sofort wieder ausbauen, weil man annahm, daß nur das Gewicht der Waffe Schuld an dieser Unterlegenheit gewesen wäre. Schon drei Tage danach, am 25. August 1914, konnte der erste offizielle britische Abschuß einer deutschen Taube, durch die Besatzung *Leutnant C. W. Wilson* und *C. E. C. Rabagliatti* mit dem Avro 504 Doppeldecker No. 398, erzielt werden. Bei diesem Aufklärer war, wie bei den deutschen, der Platz des Beobachters vor dem Flugzeugführer angeordnet, was nicht nur die Erkundungstätigkeit behinderte, sondern auch das Schußfeld erheblich einschränkte. Aus einer seitlich versetzten und etwas erhöhten Position konnte *Rabagliatti,* mit einigen gezielten Schüssen aus seinem Karabiner, die Taube außer Gefecht setzen.

Hinsichtlich der Montage eines Maschinengewehrs an ein Flugzeug mit vorn liegendem Motor dachten sich die beiden britischen Offiziere *Leutnant L. A. Strange* und *Hauptmann L. de C. Penn-Gaskell* etwas ganz besonderes aus. Sie montierten einfach, die bestehende Order ignorierend, von einem flugunklaren Henri Farmann-Doppeldecker das Lewis-Maschinengewehr ab und befestigten es an der Avro 504, No. 383 seitlich des Rumpfes so, daß es in einem Winkel von zirka 25 Grad zur Flugrichtung nach vorn an dem Propellerkreis vorbeischießen konnte.

Nach einigen mißglückten Einsätzen gelang es *Leutnant F. G. Small* schließlich, am 22. November 1914, einen deutschen Aviatik-Aufklärer abzuschießen. Dies war der erste Abschuß eines Flugzeugs mit einem Lewis-Maschinengewehr in der Geschichte des Luftkrieges. Dennoch wurden vom britischen Oberkommando weiterhin derartige unorthodoxe Praktiken gestoppt, mit der Maßgabe, Aufklärung zu betreiben und nicht nach anderen Flugzeugen Ausschau zu halten! Dieser Befehl konnte jedoch angesichts der zunehmenden Bedrohung durch deutsche Flieger nicht aufrechterhalten werden, und man ließ nun, da nichts anderes vorhanden war, eine ganze Reihe britischer Flugzeugmuster mit der von *Leutnant L. A. Strange* entworfenen Maschinengewehranordnung ausrüsten, die dann auch mit mehr oder weniger Erfolg eine Zeitlang an der Front eingesetzt wurden.

Die Franzosen dagegen, deren Bemühungen in bezug auf eine Ausrüstung ihrer Militärflugzeuge mit automatischen Waffen schon vor Ausbruch des Krieges am weitesten fortgeschritten waren, errangen ihren ersten Luftsieg über die Deutschen am 5. Oktober 1914 mit einem 8 mm Hotchkiss-Maschinengewehr durch die Besatzung des Voisin Type III-Doppeldeckers V. 89, *Sergent Joseph Frantz* und *Caporal Louis Quènault*.

Der noch kurz vor dem Kriege in Villacoubly erprobte Maschinengewehraufbau in einem Deperdussin-Eindecker, wobei der Schütze in einem Gestell vor dem Flugzeugführer stehend mit der Waffe nach vorn über den Propellerkreis hinwegschießen konnte, kam nicht in Einsatz. *Deperdussin* hatte sich die Anordnung unter der Reg. No. 475080, am 16. 1. 1914 patentrechtlich schützen lassen. Daneben arbeitete er an einer elektrisch gesteuerten Vorrichtung zum Schießen mit einer Waffe durch den Propellerkreis, die am 22. 1. 1914, unter der Patent No. 475151 registriert wurde. Es gibt hierüber keine näheren Aufzeichnungen, nur soviel ist bekannt, daß *Deperdussin* in Hinblick auf ein Versagen der Steuerung, den Schutz der Propellerblätter mit einer leichten Panzerung in Höhe der Geschoßbahn vorgesehen hatte.

Drei Wochen später wurde in Italien, am 24. Februar 1914, durch die Firma Società anonima Nieuport Macchi, eine Waffensteuerung unter der No. 477786 zum Patent angemeldet, die etwas besser durchkonstruiert war, als die von *Deperdussin*. Hierbei steuerte eine vom Motor synchron getriebene Welle, über verschränkte Zahnräder und Stangen, mit einem Nocken den Abzug eines starr eingebauten Maschinengewehrs. Es ist nicht bekannt, wie weit man mit dieser Vorrichtung in praktische Versuche eingestiegen ist.

Unter der No. 475940 erhielt der bekannte Franzose *Robert Esnault-Pelterie,* am 26. 3. 1914, ein Patent

**Voisin-Druckschraubendoppeldecker mit 8 mm Hotchkiss-Maschinengewehr.**

für sein »Avion de Guerre«[1]), einem zweisitzigen mit zwei Maschinengewehren bewaffneten Hochdecker. Dabei sollte die eine Waffe, starr eingebaut, nach vorn durch den Propellerkreis schießen und die andere, bewegliche, vom hinten sitzenden Beobachter bedient werden. Das Ganze war für die damalige Zeit das fortschrittlichste Modell seiner Art. Das charakteristischste Merkmal dieser Idee war ein horizontal angeordneter Rotationsmotor im Bug des Flugzeugs, der über ein Kegelgetriebe einmal die Luftschraube antrieb, und zum anderen, über ein Gestänge, den Abschußmechanismus einer Waffe steuern konnte.

Inzwischen war auch bei der französischen Flugzeugfirma Morane-Saulnier ein synchronisiertes Steuergetriebe unter der Leitung von *Louis Peyret* fertiggestellt worden. Die ersten praktischen Versuche wurden im April 1914 auf dem Schießstand der Hotchkiss Werke, nahe dem Eiffelturm, in Gegenwart des Firmendirektors *Oberst de Boigne* durchgeführt. Die Vorrichtung arbeitete bei einer Drehzahl von 1200 Umdrehungen in der Minute einwandfrei. Selbst Drehzahlschwankungen wirkten

---

[1]) Avion de Guerre = Kriegsflugzeug

sich nur unbedeutend auf die Feuerstöße aus; dennoch wurden die Versuche abgebrochen, weil die vorhandene Munition derartige Versager aufwies, daß eine Steuerung nicht möglich war, und die Propellerblätter immer wieder zerschossen wurden.

Nun entfernte *Raymond Saulnier* unverzüglich das Steuergestänge zwischen Motor und dem Abzugsmechanismus und feuerte danach einen ganzen Ladestreifen Munition bei laufendem Motor durch den Propellerkreis hindurch, nachdem er zuvor die beiden Propellerblätter, in Höhe der Laufmündung des Maschinengewehrs, mit dreieckförmigen Beschlägen aus Stahlblech geschützt hatte. Jetzt funktionierte das System. Geschosse, die das Propellerblatt trafen, prallten an dem Stahlblech ab, ohne den Propeller zu beschädigen, was nicht zuletzt auch durch die Verwendung von Kupfergeschossen begünstigt wurde. Die Sache war denkbar einfach und versprach trotzdem recht wirksam zu werden. *Saulnier* hatte für seinen Versuch drei verschiedene Exemplare dieser dreieckförmigen Geschoßabweiser angefertigt, mußte aber eigenartigerweise seine Versuche zu Beginn des Krieges abbrechen, weil das ihm zur Verfügung gestellte Hotchkiss-Maschinengewehr bei der Truppe dringender benötigt wurde. So schien es, als ob auch dieses einfache, aber vielversprechende System in Vergessenheit geraten würde.

Im Spätherbst 1914 wurden in England ähnliche Versuche durchgeführt, wobei man herausfand, daß nur 2% aller Geschosse eines ungesteuert durch den Propellerkreis schießenden Maschinengewehrs, die Propellerblätter treffen würden, und daß es eine ganze Anzahl .303 inch Geschosse erfordern würde, um einen Propeller völlig zu zerschießen. Aufgrund dieser Theorie wurden einige Flugzeuge mit Maschinengewehren ausgerüstet. Weder eine Waffensteuerung noch mit Stahlblech geschützte Propeller hatte man hierfür vorgesehen. Die Waffe sollte nur im Notfall benutzt werden, was aber zur Folge hatte, daß alle Piloten, die in eine derartige Situation gerieten, von dem Ausnahmefall Gebrauch machten und dies zur Regel werden ließen. Es mehrten sich die Fälle, wo Piloten mit ihren an- und zerschossenen Propellerblättern den Heimatplatz nicht mehr erreichen konnten und irgendwo notlanden mußten, was meistens zum Totalschaden der Flugzeuge führte. Man ließ daher schnell die Waffen wieder ausbauen.

Sicherlich hatte *Roland Garros,* einer der erfolgreichsten französischen Vorkriegsflieger[1]), von diesen und von den inzwischen eingestellten Versuchen *Raymond Saulniers* gehört. *Garros* hatte sich zu Anfang des Krieges zur Fliegertruppe gemeldet und flog als Leutnant an allen Frontabschnitten. Im November 1914 verlegte die Escadrille MS. 26, der *Garros* angehörte, nach Le Bourget. Hier ergab sich nun für ihn die Gelegenheit *Raymond Saulnier* in Villacoubly des öfteren zu besuchen, um gemeinsam mit ihm die Lösung zu finden, mit einem starren, ungesteuerten Maschinengewehr, parallel zur Flugzeuglängsachse nach vorn durch den Propellerkreis zu schießen, ohne dabei das eigene Flugzeug zu gefährden. Die Angelegenheit wurde inzwischen so dringend, daß *Garros* von *Commandant*[2]) *Barès,* dem Directeur de l'Aéronautique aux Armées, die Erlaubnis erhielt, die von *Saulnier* entwickelten Geschoßabweiser zu erproben. *Garros* bekam hierfür einen Morane-Saulnier-Eindecker, dessen Propeller mit den Geschoßabweisern versehen waren und ein 8 mm Hotchkiss-Portative-Maschinengewehr, zur Verfügung gestellt. Sein Mechaniker *Jules Hue* montierte alles zu einer brauchbaren Einheit zusammen. Aber schon bei den ersten Versuchsschießen zeigten sich große Mängel.

*Garros* setzte sich nun mit den Firmen Chauvière und Panhard in Verbindung, die ihm einen Propeller mit Abweisern nach seinen Angaben herstellten. Er hatte nämlich bei Experimenten herausgefunden, daß die Propellerblätter zu breit und der Schutzbeschlag mit den dreieckigen Abweisern zu groß und daher zu schwer wurde, was in einigen Fällen eine Unwucht der Propeller zur Folge hatte. *Garros* entwickelte nun einen Propeller, bei dem die Blattiefe an den Befestigungspunkten der Abweiser stark reduziert wurde, wodurch die Stahlabweiser selbst

---

[1]) Erste Überquerung des Mittelmeeres im Flugzeug am 23. 9. 1913 von Frankreich nach Nordafrika
[2]) Commandant = Major

**Roland Garros in seinem bewaffneten Morane-Saulnier L Hochdecker (Parasol).**

wesentlich verkleinert werden konnten. Schließlich wurden noch die Ablenkflächen steiler ausgeführt, so daß jetzt ein aufschlagendes Kupfergeschoß exakt abgelenkt werden konnte. Die nun folgenden umfangreichen Versuche, am Boden und in der Luft, bewiesen schließlich die Brauchbarkeit des Systems. Am 5. Februar 1915 erhielten die Société des Aéroplanes Morane-Saulnier unter der No. 477530 die Patentrechte, wozu *Roland Garros* und nicht zuletzt sein Mechaniker *Jules Hue* zweifellos die wesentlichsten Beiträge geleistet hatten.

An die Front zurückgekehrt, gelang es *Garros* in der ersten Zeit nicht, mit seiner armierten Morane-Saulnier Type L einen deutschen Flieger zu stellen. Tagelanges schlechtes Wetter verhinderte jegliches Fliegen, und schließlich wurde die kleine Morane-Saulnier am Boden durch einen Sturm völlig zerstört. Doch das hinderte *Jules Hue* nicht daran, von den neu angelieferten »Parasol« Flugzeugen, eines für *Garros* mit einem Maschinengewehr entsprechend aufzurüsten. Zusätzlich baute er nach *Garros'* Angaben eine Halterung und Abwurfvorrichtung, zur Mitnahme von zwei 155 mm Bomben, in den hinteren Sitz ein. So ausgerüstet startete *Garros,* am 1. April 1915, von Dünkirchen aus zu einem Bombenflug hinter die deutschen Linien, als er plötzlich einen deutschen Aufklärer entdeckte.

Kurz entschlossen griff er das deutsche Flugzeug an und schoß es mit drei Magazinen brennend ab. Zwei Wochen später, am 15. April, errang er einen weiteren Luftsieg, und am 18. April, fiel in der Nähe von Langemarck eine Albatros seinem Hotchkiss-Maschinengewehr zum Opfer. Damit war das Jagdflugzeug geboren, und das neue Zeitalter des Kurvenkampfes in der Luft von *Roland Garros* durch den starren Einbau eines durch den Propellerkreis schießenden Maschinengewehrs eingeleitet worden.

Am späten Nachmittag des 19. April 1915 griff *Garros* eine Bahnstation südwestlich von Ingelmünster an und ging zum Abwurf der Bomben von 2000 auf 700 m herunter, wobei er in das Abwehrfeuer einer Bahnschutzwache[1] geriet, und sein Motor einige Gewehrtreffer erhielt. *Garros* mußte notlanden und versuchte sein Flugzeug in Brand zu setzen, was ihm nur teilweise gelang. Obwohl *Garros* sich noch von der Absturzstelle entfernen

---

[1] *Feldwebelleutnant Schlenstedt* von der 1. Komp. des Landsturmbataillons Wurzen

**Rekonstruktion des starren Maschinengewehr-Einbaus mit den erbeuteten Teilen von Garros abgeschossener Morane-Saulnier L. Luftschraube mit Geschoßabweiser, 90 PS Le-Rhône Umlaufmotor und 8 mm Hotchkiss-MG.**

konnte, wurde er kurze Zeit später von zwei Landsturmmännern[1]) gefangengenommen und *Hauptmann Palmer,* dem Führer der Feldfliegerabteilung 3, zum ersten Verhör vorgeführt. Aber seine Aussagen waren unbedeutend gegenüber dem halbverkohlten Flugzeug, das für die deutschen Flieger in waffentechnischer Hinsicht eine Sensation darstellte. Die Überreste der Morane-Saulnier L, samt Maschinengewehr und dem mit Stahlabweisern beschlagenen Propeller, wurden unverzüglich nach Iseghem transportiert und einer ersten Bewertung unterzogen. Damit fiel das streng gehütete Geheimnis der Franzosen schon nach kurzem Einsatz in deutsche Hände.

Anfang 1915 wurde die taktische Aufklärung der deutschen Flieger schon empfindlich gestört und zeitweilig sogar völlig unterbunden. Die deutsche Unterlegenheit in der Luft, die sich bereits bei Beginn des Stellungskrieges geltend machte, wurde immer augenscheinlicher. Die französischen Flieger konnten nahezu ungefährdet mit ihren eingebauten Maschinengewehren in den Luftkampf gehen, und die langsamen, schwerfälligen und primitiv bewaffneten deutschen Aufklärungsflugzeuge wurden ihnen eine leichte Beute. In dieser schweren Zeit wurde endlich die Verbindung der Flieger mit den Verkehrstruppen gelöst, und am 11. März 1915, die Dienststelle des »Chefs des Flugwesens« geschaffen. Feldflugchef wurde der *Major im Generalstab Hermann Thomsen-v. d. Lieth,* sein Vertreter als Stabsoffizier der Flieger *Major Siegert.*

Der Feldflugchef stand nun bei der Übernahme seines Amtes, hinsichtlich der Bewaffnung, einer Aufgabe gegenüber, die eine schnelle Lösung erforderte. Was lag da näher, als das System des kleinen Morane-Saulnier »Parasols« zu kopieren, denn zweifellos war dieses Flugzeug einer der Gründe für die bedrohliche Krise im Luftkrieg, die sich auf alle Operationen des deutschen Heeres an der Westfront auszuwirken begann. Das Maschinengewehr, der Gnôme-Motor und der mit den stählernen Abweisern geschützte Propeller wurden auf dem schnellsten Wege auf Anweisung der Inspektion der

---

[1]) *Broemme* und *Arnold I*

**Anthony Fokker in seinem M5K/MG-Eindecker, dem ersten Flugzeug der Luftkriegsgeschichte, das mit einem gesteuert durch den Propellerkreis schießenden Maschinengewehr ausgerüstet war. Das »Parabellum«-M.G. besaß hierbei noch den Anschlagkolben, und zum ruhigeren Zielen war hinter dem Piloten eine Kopfstütze angebracht (Aufnahme: Mai 1915).**

Fliegertruppen (IdFlieg) zur Prüfanstalt und Werft (PuW) nach Adlershof bei Berlin gebracht und hier in Anwesenheit von *Simon Brunnhuber* einer eingehenden Prüfung unterzogen. Trotz des allgemein negativen Ergebnisses dieser Untersuchung über die Maschinengewehr-Anordnung, baute man das System nach. Das Hotchkiss-Maschinengewehr wurde durch das neue deutsche »Parabellum« ersetzt, und schon bei den ersten Versuchen stellte sich heraus, daß die verwendeten deutschen Chromnickelstahlmantelgeschosse die Luftschrauben-Abweiser glatt durchschlugen und nicht wie die französischen Kupfergeschosse abgelenkt wurden. Der Gedanke, daß man nun auch Kupfergeschosse verwenden solle, wurde verworfen, auch konnten die Propeller mit keiner stärkeren Panzerung, wegen der dadurch auftretenden größeren Zentrifugalkräfte, beschlagen werden und es schien fast so, als wären alle Anstrengungen umsonst gewesen. In dieser Situation lud der Adjutant des Feldflugchefs, *Hauptmann Helmut Forster,* den Flugzeugkonstrukteur *Anthony H. G. Fokker,* dessen Flugzeugwerke sich damals in Schwerin befanden, nach Döberitz ein, um ihn mit dem entstandenen Problem vertraut zu machen. Warum nun gerade die Wahl auf *Fokker* fiel und nicht auf *Franz Schneider,* gab zu vielen Spekulationen Anlaß, die nie ganz geklärt wurden. *Fokker* reiste nach Berlin und erkannte sofort den großen Nachteil der französischen Bewaffnungseinrichtung, die ihm wie eine Art »Russisches Roulette« vorkam. Er ging daher einen Schritt weiter und riet zum Einbau eines gesteuerten Maschinengewehrs, um von vornherein jedes Risiko für den Piloten und sein Flugzeug auszuschließen.

*Fokker* erhielt den Auftrag und fuhr, mit dem neuen deutschen „Parabellum"-Maschinengewehr im Reisegepäck nach Schwerin zurück. Da er die Arbeitsweise einer solchen Waffe nicht kannte, zerlegte er sie in ihre Einzelteile und studierte die Konstruktionsmerkmale so lange, bis er exakt das Zusammenwirken aller Teile herausgefunden hatte. Darauf entwickelte er, gemeinsam mit seinem Waffenfachmann *Heinrich Lübbe* und einigen technischen Mitarbeitern, unter Anwendung der Patente von *Franz Schneider* und *August Euler,* innerhalb von 48 Stunden eine Steuerung, die beim Schießen durch den Propellerkreis die Schußfolge immer dann sperrte, sobald ein Propellerblatt vor die Maschinengewehrmündung trat. Der Gleichlauf wurde über Nocken und einem Gestängemechanismus zwischen Motor und Abzugsvorrichtung hergestellt, und sobald der Pilot das Gestänge durch Knopfdruck einkuppelte, wurde das Maschinengewehr direkt vom Motor abgefeuert. Fokker baute die ganze Vorrichtung in einen seiner M5K Eindecker[1]) ein und erprobte sie am Boden und in der Luft. Dann hängte er das Flugzeug mit dem Sporn an seinen Wagen und zog es über die Landstraße nach dem 200 km entfernten Döberitz bei Berlin. Ganze drei Tage lagen zwischen der Auftragserteilung und der erfolgreichen Demonstration in Döberitz vor maßgeblichen Offizieren der Inspektion der Fliegertruppen. *Fokker* überzeugte, und kurze Zeit darauf wurde der Auftrag zur Serienherstellung des ersten Jagdflugzeugs in der Geschichte der jungen deutschen Militärluftfahrt, an die Fokker-Flugzeugwerke erteilt. Das Synchronisationsgetriebe machte *Fokker* über Nacht weltberühmt. Hinter den Kulissen aber entbrannte nun ein langjähriger Patentprozeß, zwischen *Fokker* einerseits und *Franz Schneider* und *August Euler* andererseits, der bis ans Reichsgericht ging. *Fokker* wurde schließlich durch Entscheidung des 1. Zivilsenats des Reichsgerichts, vom 15. Oktober 1919, zur Rechnungslegung und Zahlung von Schadenersatz an die Patentinhaber verurteilt. Doch zu dieser Zeit war *Fokker* bereits in Holland, es bleibt ihm jedoch das Verdienst, als erster ein Flugzeug mit synchronisiertem Maschinengewehr und damit das erste kriegsbrauchbare Jagdflugzeug für Deutschland hergestellt zu haben.

Die bewaffneten M5K Flugzeuge[1]) erhielten die Werkbezeichnung M5K/MG, wobei das MG für Maschinengewehr stand. Ihre militärische Bezeichnung lautete E I, die als Fokker-Jagdeinsitzer in die Luftfahrtgeschichte eingingen. Die Erprobung dieses Kampfeinsitzers wurde von den beiden *Leutnanten Waldemar von Buttlar* und *Kurt Wintgens* in Mannheim durchgeführt. Danach wurde *Wintgens* mit der E I 2/15 zur Bayrischen Flieger-Abteilung 6b abgestellt, um als Kampfflieger, wie man die Jagdflieger damals nannte, gegen die ständig nach Südwestdeutschland einfliegenden französischen Bombenflugzeuge eingesetzt zu werden. Am 1. Juli 1915, gegen 18.00 Uhr, sichtete *Wintgens* auf einem Patrouillenflug östlich von Lunéville einen ebenfalls bewaffneten Morane-Saulnier »Parasol« der Type L. Beide Maschinen griffen sich sofort an, und es entwickelte sich ein regelrechter Kurvenkampf in der Luft, aus dem *Wintgens* nach hartem Gefecht schließlich als Sieger hervorging. *Leutnant Kurt Wintgens* Luftsieg war zugleich die Geburtsstunde der deutschen Jagdfliegerei.

Es spricht wohl für *Franz Schneider,* daß er sich trotz der ablehnenden Haltung seitens der militärischen Behörden seinen Erfindungen gegenüber, nicht entmutigen ließ. Ende 1914 baute er in einen

---
[1]) M5K = Werk-Nr. 216

[1]) M5K (Kurze Tragfläche), militärische Bezeichnung A III
M5L (Lange Tragfläche), militärische Bezeichnung A II
beide Muster wurden als Artilleriebeobachtungsflugzeuge mit weniger Erfolg eingesetzt

zweisitzigen Versuchseindecker[1]), nach seinem Reichspatent vom 15. 7. 1913, ein starres, durch den Luftschraubenkreis gesteuert schießendes Maschinengewehr für den Piloten ein, und in den hinteren Sitz ein auf einen Drehkranz montiertes bewegliches Maschinengewehr für den Beobachter. Für diesen Waffendrehring wurde ihm, am 16. September 1914, das Deutsche Reichspatent Nr. 306439 zugesprochen. Es war *Schneiders* großes Pech, daß dieses erfolgversprechende und bewaffnungstechnisch sensationelle Versuchsflugzeug, Anfang 1915, beim Überführungsflug zur Fronterprobung wegen Flügelbruchs abstürzte, und der Synchronisations-Mechanismus im scharfen Einsatz nicht mehr getestet werden konnte. Niemand nahm hiervon Kenntnis, und *Schneiders* gesteuertes Maschinengewehr geriet in Vergessenheit, ganz im Gegensatz zu dem drehbaren Waffenring.

Noch im Frühjahr 1915 wurde *Oberleutnant Hugo W. Geyer* vom 1. Bombengeschwader auf Befehl seines Kommandeurs *Major Siegert* zur Firma Aviatik beordert, um dort den Einbau eines Maschinengewehrs im Beobachtersitz zu beaufsichtigen. Zuvor mußte er aber erst in Berlin unter allen Umständen bei der Waffenfabrik[1]) das neue »Parabellum«-Maschinengewehr herausholen. In *Werner von Langsdorffs* Buch, »Flieger am Feind«, erzählt *Hugo Geyer* diese Angelegenheit, wie sie treffender nicht beschrieben werden kann: ... »Nach hartem Kampf wurde mir auch tatsächlich das erste, aber noch nicht als frontreif erklärte Maschinengewehr in die Hände gedrückt[2]), und ich reiste mit ihm zur Fabrik nach Freiburg. Über die Art des Einbaues hatten sich weder die Inspektion noch die Fabrik ernstlich den Kopf zerbrochen; zum mindesten lag noch keine Erfahrung vor. Man munkelte etwas von einem Drehkranz an dem rückwärtigen Sitz, aber das erschien mir eine phantastische Erfindung, zumal sie nur ein Schießen nach rückwärts gestattete, während ein Schutzflugzeug für ein Bombengeschwader doch den Gegner angreifen muß. Wir kamen deshalb bei Aviatik auf eine andere Lösung. Wir erweiterten den Beobachtersitz so, daß man darin stehen bzw. auf den nun seitlich angeordneten Benzintanks knien konnte, bauten zwei Zapfen ein, einen links vorn und einen rechts hinten. Der ›Franz‹[3]) lernte es auch schnell, das Maschinengewehr im Fluge von einem Zapfen auf den anderen zu setzen. Ein Bügel schützte den Propeller vor Schußverletzungen. ... Der Einbau hatte sich grundsätzlich bewährt, die Zapfen wurden verschiebbar ausgebildet, es wurde ein zweites Maschinengewehr eingesetzt und es gelang uns auch, nach weiteren Probeflügen und Probeluftkämpfen mit dem ersten an der Front eingesetzten Maschinengewehr den ersten Abschuß eines französischen Bombers aus einer Staffel heraus[4]) ... zu melden.«

Diese recht einfache Anordnung der Firma Aviatik

---

[1]) nach Lange: E 600/15

**Dieser Aviatik P15b (B. 192a/13-)Doppeldecker war das erste deutsche Militärflugzeug, das mit einem »Parabellum«-Flieger-M.G. Mod. 1914 ausgerüstet wurde. Die Besatzung Lt. Geyer/Oblt. Kühn schossen damit am 28. April 1915 bei Altkirch einen Voisin-Doppeldecker aus einer Dreier-Formation ab. Kühn verschoß dabei 370 Schuß auf seinen Gegner.**

---

[1]) Deutsche Waffen- und Munitionsfabriken (DWM)
[2]) am 4. Januar 1915
[3]) in der Fliegersprache ist »Emil« der Flugzeugführer und »Franz« der Beobachter
[4]) am 28. April 1915 schoß die Besatzung Lt. Geyer/Oblt. Kühn mit ihrer Aviatik P15b (B. 192a/13) einen Voisin-Doppeldecker in der Nähe von Altkirch ab. Kühn verfeuerte dabei 370 Schuß aus seinem »Parabellum«-M.G. auf den Gegner.

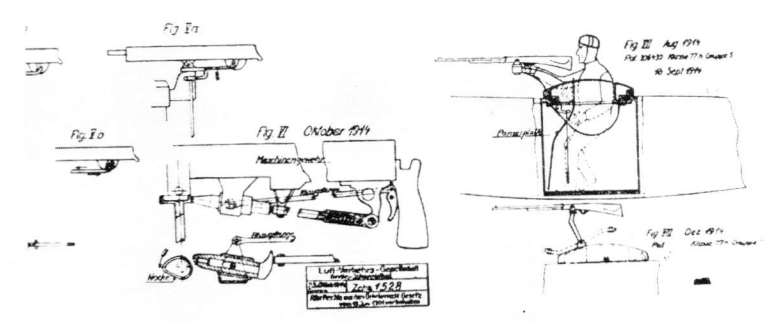

französischen Vorbildern nachgebaut und mit erbeuteten leichten automatischen Waffen ausgerüstet hatte. Hierunter fielen auch die turmartigen Gestellaufbauten, bei denen der Beobachter im Sitz stehend nach allen Seiten und vorn über den Propellerkreis schießen konnte, wie sie vereinzelt von den DFW, Euler- und Gotha-Flugzeugwerken gefertigt wurden.

Ab April 1915 fing man an, Fliegerabteilungen mit Doppeldeckern zu ergänzen, die mit dem *Schneider'schen* Waffenring ausgerüstet waren. Den ersten Abschuß eines Feindflugzeuges im Luft-

**Auch in Deutschland baute man Maschinengewehre so auf die obere Tragfläche, daß ein stehender Schütze damit nach vorn über den Propellerkreis hinwegschießen konnte. Die Abb. zeigt einen solchen M.G.-Einbau in einem Gotha WD 2 Wasserflugzeug.**

**Oben: »Parabellum«-Maschinengewehr Mod. 1914 auf Schneiderschem Waffenring (bzw. Drehkranz) einer Albatros C V.**
**Unten: Die Skizze des Waffenrings (Fig. VII Aug. 1914 Pat. 306439 Klasse 77 h Gruppe 5 16 Sept. 1914) aus der Patentschrift.**

konnte sich jedoch nicht lange gegenüber der wirklich fortschrittlichen *Schneider'schen* Erfindung behaupten. Sein Drehkranz war ohne Anschlag um 360 Grad drehbar, und der Beobachter konnte das in einer gabelförmigen Halterung gelagerte Maschinengewehr, sitzend beim Hochschuß, oder stehend beim Horizontal- bzw. Tiefschuß, mühelos bedienen. Es dauerte gar nicht lange, bis dieser drehbare Waffenring zur Standardausrüstung aller mehrsitzigen deutschen Kriegsflugzeuge wurde, wodurch alle provisorischen Maschinengewehreinbauten in B-Flugzeugen[1]) hinfällig wurden, die man teilweise

---

[1]) Bezeichnungssystem deutscher Militärflugzeuge (auszugsweise)
- A = unbewaffnete Eindecker (einmotorig)
- B = unbewaffnete Doppeldecker (einmotorig)
- C = bewaffneter Doppeldecker (einmotorig)
- D = bewaffneter einsitziger Doppeldecker (einmotorig)
- E = bewaffneter einsitziger Eindecker (einmotorig)
- G = bewaffneter Doppeldecker (mehrmotorig)
- Dr = bewaffneter einsitziger Dreidecker (einmotorig)

**Um in Flugrichtung an dem Propellerkreis vorbeischießen zu können, montierte der Werkmeister Stamm die beiden l.M.G. 08 an zwei großen Auslegern zu beiden Seiten des Rumpfes eines Albatros B III Doppeldeckers als Sperrflugzeug.**

kampf, erzielte laut Heeresbericht ein bewaffnetes deutsches Aufklärungsflugzeug, bereits am 10. Mai 1915, süwestlich von Lille. Weitere Abschüsse durch diese C-Flugzeuge erfolgten immer häufiger, und es gelang in überraschend kurzer Zeit zunächst wenigstens, die Gleichgewichtslage in der Luft wiederherzustellen.

Ähnlich provisorische Bewaffnungsversuche von B-Flugzeugen mit beweglichen Maschinengewehren wurden vereinzelt auch mit starren Maschinengewehreinbauten vorgenommen, nachdem von den deutschen Waffenfabriken, Anfang 1915, entsprechende leichte Flugzeugmaschinengewehre geliefert werden konnten. Einmal wurden an einer Albatros B III, an zwei Auslegern rechts und links des Rumpfes, parallel zur Flugzeuglängsachse, zwei Maschinengewehre so befestigt, daß sie am Propellerkreis vorbeischießen konnten. Eine Vorrichtung, die der Werkmeister *Stamm* von der Feldflieger-Abteilung 13 entwarf. Doch wegen Schwierigkeiten mit der Munitionszuführung, bei der Beseitigung von Ladehemmungen und wegen des hohen Luftwiderstandes, wurde diese Anordnung nicht weiter verfolgt. Und ein anderes Mal montierte man ein »Parabellum«-Maschinengewehr auf die obere

**Die versuchsweise Montage eines starren, fernbedienten »Parabellum«-M.G.s Mod. 1914 auf den oberen Tragflügel eines Albatros-Doppeldeckers, zum ungesteuerten Schießen nach vorn über den Propellerkreis hinweg.**

**In Serie wurde nach dem Versuchseinbau mit einem »Parabellum«-M.G. alle Fokker-Kampfeinsitzer anfangs mit einem l.M.G. 08 (Fok. E I, E II und E III) wie die Abb. zeigt und später mit zwei l.M.G. 08 (Fok. E III u. E IV) ausgerüstet.**

Tragfläche eines Albatros-Doppeldeckers so, daß auch hier die Laufmündung außerhalb des Propellerkreises lag. All diese Vorrichtungen dienten nur dem einen Zweck, daß der Pilot in Flugrichtung seiner Maschine zielen und schießen konnte. Mit dem Erscheinen der Fokker E I waren alle Probleme mit einem Schlage gelöst. Das Flugzeug war eine fliegende Maschinengewehr-Plattform geworden, und setzte als ausgesprochenes Angriffsmittel neue Maßstäbe im Luftkampf.

Seine erste M5K/MG (Werk-Nr. 216) E I/15 hatte Fokker mit dem »Parabellum«-Flugzeugmaschinengewehr Mod. 1914 mit Anschlagkolben und Pistolengriff sowie mit einer Kopfstütze zum ruhigeren Zielen ausgerüstet. Die zweite M5K (Werk-Nr. 258) erhielt bereits das schwerere l.M.G. 08. Mit diesem l.M.G. 08 wurden alle weiteren Fokker-Eindecker ausgerüstet, da es sich besonders gut zum starren Einbau, um synchronisiert durch den Propellerkreis zu schießen, eignete. Da nun der Generalstab von der neuen Waffe noch nicht restlos überzeugt war, beauftragte er *Fokker*, die Maschine selbst im Kampfeinsatz an der Front zu erproben. *Fokker* lehnte ab, startete aber schließlich nach Klärung gewisser Fragen, zusammen mit *Leutnant Otto Perschau,* vom 23. Mai bis 12. Juli 1915, mit den E I 1/15 und E I 3/15 Kampfeinsitzern die Demonstrationstour nach Stenay zum Hauptquartier des Deutschen Kronprinzen und nach Douai, dem Feldflugplatz der Flieger-Abt. 62, die unter dem Kommando von *Hauptmann Hermann Kastner* stand. Hier unterwies *Fokker* zirka 9 Piloten in der Handhabung des kleinen Kampfeinsitzers bei den verschiedensten Geschwindigkeiten und Flugfiguren sowie dem Schießen mit dem starren, motorgesteuerten Maschinengewehr. Danach ließ *Fokker* die E I 3/15 in Douai zurück, auf der dann die *Leutnante Max Immelmann* am 1. August 1915 und *Oswald Boelcke* am 19. August 1915 ihre ersten anerkannten Abschüsse erzielten. Dies war der Anfang des nun immer härter werdenden Luftkrieges. Immer mehr Fokker-Kampfeinsitzer wurden den Feldflieger-Abteilungen zugeführt, und die Prototypen durch verbesserte Maschinen mit stärkeren Triebwerken ergänzt. Bald gelang es, statt mit einem, mit zwei gesteuerten Maschinengewehren durch den Propellerkreis zu feuern, wodurch die Kampfkraft erheblich gesteigert werden konnte. *Immelmann* ließ sich auf einer Fok E I V (Werk-Nr. 385) noch ein drittes starres Maschinengewehr einbauen. Und nach und nach erhielten

**Max Immelmann ließ sich einen Fokker-Kampfeinsitzer mit einem zusätzlichen dritten l.M.G. 08 bauen. Das Flugzeug war eine Fok. E IV mit der Werk-Nr. 385.**

**Die Überreste des bei Douai abgestürzten Kampfeinsitzers von Oberleutnant Immelmann, unter denen deutlich der durch Eigentreffer zerschossene Propeller zu erkennen ist.**

auch die C-Flugzeuge ein starres Maschinengewehr für den Piloten. Dank *Fokkers* Erfindung konnten die deutschen Luftstreitkräfte erstmals an der Westfront die uneingeschränkte Luftüberlegenheit gewinnen und diese ein Jahr lang sichern, so daß die Flieger der Entente bald von einer "Fokkerscource« (Fokker-Geißel) sprachen, der ihre besten Flugzeugbesatzungen zum Opfer fielen.

Wie bei vielen technischen Neuerungen, arbeiteten anfangs auch die Synchronisations-Vorrichtungen nicht fehlerfrei. Es kam immer häufiger vor, daß die Propellerblätter durch Selbstschüsse getroffen, ja sogar regelrecht abgesägt wurden. Mancher Luftkampf mußte aus diesem Grunde abgebrochen werden. Oftmals gelang dem betroffenen Piloten noch eine Notlandung, einige fanden den Tod, wie *Oberleutnant Max Immelmann,* der nach 15 Luftsiegen, am 18. Juni 1916, während eines Luftkampfes mit der F.E. 2b Besatzung *Leutnant G. R. McCubbin* und *Corporal J. H. Waller,* sich den Propeller zerschoß und tödlich abstürzte. Als Folge davon wurde nur noch die verbesserte Maschinengewehr-Steuerung eingebaut. Dabei wurde das alte und recht störanfällige Gestängesystem durch ein biegsames Stahlrohr ersetzt, in dem ein Stoßdraht von einem M.G.-Geber am Flugmotor zur Abzugsvorrichtung geführt wurde, der nur arbeitete, wenn durch den Kupplungshebel am Steuerknüppel der M.G.-Geber eingeschaltet wurde.

Die Alliierten waren waffentechnisch noch keinen Schritt weitergekommen, und immer mehr Flugzeuge wurden Opfer der deutschen Kampfeinsitzer. So war es auch verständlich, daß die Deutschen alles taten, um das Geheimnis der Maschinengewehr-Steuerung zu wahren, und es nicht riskieren wollten, durch Luftkämpfe über feindlichem Gebiet eine Maschine, und damit das Geheimnis ihrer Überlegenheit, zu verlieren. Die Alliierten versuchten, ihren Nachteil durch bessere Flugzeuge zu kompensieren. Die Franzosen ersetzten ihre Morane-Saulnier L durch den Eindecker vom Typ N, der wiederum anfangs nur mit einem Hotchkiss-Maschinengewehr ungesteuert durch den Luftschraubenkreis schoß; darüber hinaus hatte dieses M.G. den großen Nachteil, daß nach jeweils 25 Schuß der Luftkampf abgebrochen werden mußte, um ein neues Stangenmagazin einzuführen. Als weiteres Flugzeug erschien am 5. Januar 1916 erstmals der einsitzige Doppeldecker Nieuport 11[1]), einer der hervorragendsten Jäger jener Zeit, mit vorn liegendem Motor, der auf der oberen Tragfläche ein ungesteuertes nach vorn schießendes Lewis-M.G. trug. Die Briten schickten zwei neue Gitterschwanzdoppeldecker mit Druckpropeller, die D.H. 2 und F. E. 2 in den Kampf, deren Bewaffnung aus einem starren nach vorn gerichteten und einem zweiten beweglichen, auf einer Teleskop-Stütze angeordneten, nach hinten oben gerichteten Lewis-Maschinengewehr bestand. Alle vier neuen Flugzeuge waren den Fokker-Einsitzern ebenbürtig, und es gelang den Alliierten damit, langsam die verlorengegangene Luftüberlegenheit zurückzugewinnen.

Zu dieser Zeit fiel auch noch unglücklicherweise den Briten der erste Fokker-Kampfeinsitzer, intakt und mit voller Bewaffnung, in die Hände. Am 8. April 1916 hatte sich ein Gefreiter[2]) beim Überführungsflug der Fok E III 210/15 verflogen und war wegen Motorschadens auf gegnerischem Gebiet gelandet. Damit war das waffentechnische Geheimnis gelüftet, und es dauerte nicht allzulange, bis von den Alliierten die ersten Jagdflugzeuge, mit durch den Luftschraubenkreis schießenden Maschinengewehren, eingesetzt wurden.

Natürlich wurde auf alliierter Seite mit großer Dringlichkeit an der Lösung des Bewaffnungsproblems gearbeitet und verschiedene Entwicklungen von Vorrichtungen für gesteuerte Maschinengewehre aufgenommen. Im Dezember 1915 entwarf *George H. Challenger,* der Konstrukteur des Vickers »Gunbus«, eine Synchronisiereinrichtung, den »Vickers Trigger Actuator«, mit dem einige der bewährten Bristol »Scout«-Aufklärer ausgerüstet wurden. Am 25. März 1916 erschienen sie zum ersten Mal an der Front. Zur selben Zeit entwickelten bei Sopwith der Australier *H. A. Kauper* eine Synchronisations- und der Engländer *Ross* eine Unterbrechervorrichtung, die einmal als »Sopwith-Kauper Synchronizing Gear« und zum anderen als »Ross Interrupter« in einigen 130 PS Sopwith 1½ Strutter eingebaut wurden. Eine weitere Vorrichtung schuf Anfang 1916 der Kommandeur des Aeroplane Repair Section of No. 1 Aircraft Depot, *Major A. V. Bettington,* vom R.F.C. in Frankreich, die als »ARSIAD-Synchronizer« bekannt wurde. Die Bezeichnung setzte sich aus den Anfangsbuchstaben der Dienststelle *Bettingtons* zusammen. Diese Erfindung und das Ross-Unterbrechergetriebe wurden zugunsten der Vickers Synchronisationseinrichtung nicht weiter verfolgt.

Neben diesen Entwicklungen für das R.F.C. schufen *Leutnant Victor V. Diborsky* von der kaiserlich russischen Marine zusammen mit dem *Warrant Officer*

---

[1]) Beinamen »Bébé«, weil er so klein war

[2]) Gefr. Mohr

**Anordnung des starren, ungesteuert in Flugrichtung durch den Propellerkreis schießenden 8 mm Hotchkiss-Maschinengewehrs eines Morane-Saulnier N Eindeckers. Gut zu erkennen sind ein Geschoßabweiser an dem Propellerblatt sowie die beiden Auflageflächen zur Führung des 24schüssigen Streifenmagazins an der V-Strebe.**

**Bei der Nieuport 11 »Bébé« war das Lewis-M.G. auf einem Gestell so hoch auf dem Oberflügel montiert, daß es über den Luftschraubenkreis hinwegschießen konnte. Das Bild zeigt die Nieuport im Musée de L'Air bei Paris.**

*Frederick William Scarff* vom R.N.A.S. ihren »Scarff-Diborsky Synchronizer«, der in größerer Anzahl ab Mitte 1916 in Sopwith 1¹/₂ Strutter des R.N.A.S. eingebaut wurde. *Warrant Officer Scarff* aber machte in waffentechnischer Hinsicht Luftfahrtgeschichte durch seine Erfindung eines Waffenrings zur Halterung eines beweglichen Maschinengewehrs, der die ersten primitiven Teleskop-Halterungen ersetzte und so fortschrittlich war, daß er bis in die 30er Jahre bei vielen Luftstreitkräften Verwendung fand. Die Beobachter bzw. M.G.-Schützen konnten nun ihr Lewis-Maschinengewehr im »Scarff No. 2 Mounting« leicht um 360 Grad und nach oben und unten schwenken sowie es in jeder beliebigen Stellung einrasten. Er war dem Schneider'schen Waffenring, der ein Jahr vorher herauskam, in vielerlei Hinsicht überlegen, und es dauerte dann auch nicht lange, bis dieser mit Hilfe kopierter Scarff-Konstruktionsdetails verbessert werden konnte. Durch die Kombination eines starren, gesteuert durch den Luftschraubenkreis schießenden Vickers- und eines beweglichen Lewis-Maschinengewehrs der Engländer, war nun das Gleichgewicht gegenüber den deutschen C-Flugzeugen wiederhergestellt.

Schließlich bauten auch die Franzosen ihren eigenen Steuerungsmechanismus, den der *Sergent-Mechanic Alkan* zunächst zur Synchronisation eines Lewis-Maschinengewehrs entwickelte. Als aber kurz vor Fertigstellung der Vorrichtung Vickers-Maschinengewehre zur Ausrüstung der Flugzeuge nach Frankreich geliefert wurden, mußte *Alkan* seine Entwicklung überarbeiten, um sie diesen M.G.s anzupassen. Die Arbeiten konnten noch rechtzeitig zur Indienststellung der Nieuport 17 fertiggestellt werden. Diese wurden im Frühjahr 1916 als erste französische Jagdmaschinen mit den Alkan-Steuerungen ausgestattet, und von amerikanischen Piloten der berühmten »Escadrille Lafayette« erfolgreich eingesetzt. Durch die Einführung der Vickers-Maschinengewehre, bei denen die Zuführung der Munition durch einen Gurt erfolgte, der bis zu 250 Schuß aufnehmen konnte, verschwanden in Frank-

**F.E. 2 d mit einem starren und zwei beweglichen Lewis .303 inch Mk 2 Maschinengewehren.**

**Ein mit zwei Lewis .303 inch Mk 3 Maschinengewehren bestückter Scarff-Ring.**

reich allmählich die Hotchkiss-Maschinengewehre, die mit ihren 25 Schuß Ladestreifen für den Luftkampf in keiner Weise mehr geeignet waren. Wie bei den Engländern, zeichnete sich als Standard-Bewaffnung der Zweisitzer, ebenfalls die Kombination, starres Vickers- und bewegliches Lewis-Maschinengewehr, immer mehr ab. Mit der neuen Bewaffnung konnten sich die Alliierten in kürzester Zeit ihre verlorengegangene Handlungsfreiheit in der Luft zurückerobern und schon im Juli 1916 die absolute Luftüberlegenheit an der Westfront wiedergewinnen.

Diese Vorherrschaft dauerte jedoch nicht lange, denn schon im September 1916 erschienen die deutschen Flieger mit neuen Jagdeinsitzern an der Front, die den gegnerischen Maschinen an Steigvermögen und Feuerkraft weit überlegen waren. Diese Albatros D I und D II Doppeldecker trugen als serienmäßige Standard-Bewaffnung zwei synchronisiert durch den Luftschraubenkreis feuernde Spandau-Maschinengewehre, die auf dem Rumpf oberhalb des 160 PS Mercedes-Benz-Reihenmotor angeordnet waren. Der Jasta 2 unter Führung von *Hauptmann Oswald Boelcke* gelang es innerhalb weniger Wochen, mit diesen neuen Jagdflugzeugen die Überlegenheit in der Luft erneut zurückzugewinnen.

Es war aber nicht die Feuerkraft allein, die diese Wende brachte; vielmehr hatte man Lehren aus der Vergangenheit gezogen und war unter dem zunehmenden Druck des Gegners in der Luft, im August 1916, aus der Defensive zur Offensive übergegangen. Als taktisch einheitlich geschlossene Kampfverbände wurden die ersten Jagdstaffeln aufgestellt, mit den fest umrissenen Aufgaben: den Schutz der eigenen, über feindlichem Gebiet operierenden Flugzeuge zu übernehmen, und die Abwehr gegnerischer Durchbruchsversuche im eigenen Luftraum zu gewährleisten. Diesen Aufgaben entsprechend folgte endlich am 8. Oktober 1916 die Schaffung der Dienststelle des »Kommandierenden Generals der Luftstreitkräfte« (Kogenluft), dem alle Fliegerverbände, mit Ausnahme der Marineflieger und der bayerischen Verbände in der Heimat unterstellt wurden. Kommandierender General der Luftstreitkräfte wurde *Generalleutnant Ernst von Hoeppner* und sein Chef des Generalstabes, *Oberstleutnant Thomsen*. Die Jagdstaffeln wurden später auf Vorschlag des *Rittmeisters Freiherr Manfred von Richthofen* zu Jagdgeschwadern zusammengefaßt, und aus den Kampfgeschwadern der Obersten Heeresleitung entstanden die Bombengeschwader der O.H.L. (Bogohl). Organisatorisch fanden bei der Fliegertruppe bis zum Kriegsende keine Veränderungen mehr statt.

Die ab Herbst 1916 eingeführte Standard-Bewaffnung der deutschen Jäger mit zwei zentral über dem Motor angeordneten synchronisierten Maschinengewehren, deren Feuerkraft gegenüber den vergleichbaren alliierten Flugzeugen das Doppelte betrug, forderte den Gegner erneut zu erhöhten Anstrengungen zur Lösung ihrer Flugzeugbewaffnungsprobleme heraus. Um aber eine annähernd gleiche Feuerdichte wie die deutschen Jäger zu erzielen, behielten sie als zusätzliche Waffe das zentral auf dem Oberflügel-Mittelteil gelagerte und nach vorn über den Propeller hinweg feuernde Lewis-Maschinengewehr bei. Erste Abhilfe wurde durch die Einführung einer 97 Schuß fassenden Doppeltrommel, anstelle der 47 Schuß Standard-Trommel für das Lewis-Maschinengewehr geschaffen, wodurch einmal die Magazinwechsel-Intervalle um die Hälfte reduziert werden konnten, und zum anderen dem Piloten ein Gefühl der Sicherheit gegeben wurde, dadurch, daß er ausreichend Munition an Bord hatte. Eine weitere Verbesserung erfuhr die Waffe durch die »Foster-Cooper Gun Mount«, einer Maschinengewehr-Lafettierung, wobei auf einer gebogenen Schiene sich das Lewis-Maschinengewehr von der oberen Tragfläche soweit herunterziehen ließ, daß die Munitionstrommeln während des Fluges mühelos ausgewechselt, und Ladehemmungen leicht beseitigt werden konnten. Auch war ein Schießen nach vorn oben möglich, da sich die Waffe in jeder Stellung einrasten ließ. Entwickelt wurde diese Halterung von dem *Sergeanten Foster* unter Mitarbeit von *Captain H. A. Cooper* der Squadron No. 11 des R.F.C. Schon im Oktober 1916 konnten die ersten Nieuports mit dieser kombinierten Bewaffnung, einem synchronisierten Vickers- und einem Lewis-Maschinengewehr in Foster-Aufhängung, mit großem Erfolg eingesetzt werden. Die Foster-Halterung bewährte sich so hervorragend, daß sie bei einigen Flugzeugmustern bis zum Ende

**Montage eines Lewis-M.G.s in Foster-Cooper Gun Mount. Bei dieser Halterung ruhte das M.G. auf einer gebogenen Schiene, so daß entweder in Flugrichtung oder schräg nach vorn oben geschossen werden konnte. Zum Wechseln des 97schüssigen Trommelmagazins wurde die Waffe auf der Schiene zum Führersitz heruntergezogen.**

des Krieges beibehalten wurde. Trotzdem bleib das Ganze eine Notlösung, denn das Maschinengewehr stellte im freien Luftstrom einen zu großen aerodynamischen Widerstand dar und es vereiste auch sehr schnell bei Kälte und in großen Höhen.

Welch hoher Wert einer effektiven Flugzeugbewaffnung beigemessen wurde, zeigten die vielen Entwicklungen zur Lösung des Synchronisations-Problems. Alle bisherigen Systeme bedienten sich mechanischer Mittel zur Betätigung des Abzuges. Das Hauptprinzip war recht einfach. Ein Nocken auf der Propellerwelle bewegte über einen Hebel ein Gestänge, das mit dem Abzug verbunden war und diesen nur dann betätigte, wenn die Geschoßbahn frei war, d. h. kein Propellerblatt sich vor der Laufmündung befand. Die Mechanik wurde von dem Piloten ein- und ausgekuppelt. Obwohl diese Vorrichtungen recht wirksam waren, arbeiteten sie nicht immer störungsfrei und zuverlässig. Der Grund hierfür lag in der Justierung des Gestänges, was außerordentlich genau durchgeführt werden mußte, zumal das ständige Schießen die Original-Justierung beträchtlich verschob. Diesem Nachteil abzuhelfen, gelang dem in England lebenden rumänischen *Ingenieur Georg Constantinesco* und *Major C. C. Colley*. Sie entwickelten zusammen im Mai 1916 ein Synchronisationsgetriebe, das auf einem älteren Patent, eines hydraulisch arbeitenden Steinbohrers, von *Constantinesco* basierte. Ein Nocken an der Propellerachse betätigte über einen Geber den Kolben im Geberzylinder in dem Augenblick, wenn die Hinterkante des Propellerblatts die Laufmündung passiert hatte. Vom Geberzylinder wurde darauf durch die Hydraulikflüssigkeit, in diesem Falle Öl, der Druck über eine Leitung auf den Kolben des Drückerzylinders übertragen, der mit der Abzugsvorrichtung verbunden war. Der Druck hielt so lange an, bis sich die Vorderkante des Propellerblatts der Laufmündung näherte. In diesem Augenblick glitt der Geber von dem Nocken, der Druck fiel ab und gab den Abzugshebel frei, wodurch der Feuerstoß gestoppt wurde. Über Nacht waren durch diese Erfindung alle anderen Vorrichtungen veraltet und die Serienproduktion des Constantinesco/Colley-Synchronisations-Systems, kurz »CC-Gear« genannt,

**Bei der Marineversion der Sopwith Camel 2F.1 wurde das rechte Vickers-M.G. durch ein Lewis-M.G. ersetzt, das ungesteuert in Flugrichtung bzw. nach vorn oben durch eine Aussparung im Mittelflügel schoß.**

bei der Firma Vickers aufgenommen. Im August 1916 wurde das »CC-Gear« in einem B.E. 2c Doppeldecker erprobt. Die erste Staffel, deren Flugzeuge mit dem neuen CC-Synchronisations-System ausgerüstet waren, traf am 6. März 1917 auf dem Kontinent ein. Sie bestand aus den erfolgreichen D.H. 4 Mehrzweckflugzeugen. Zwei Tage später wurden zwei Staffeln mit diesem Synchronisations-System ausgestattete Bristol F. 2 »Fighter« in den Kampf geschickt. Weitere Maschinen folgten in regelmäßigen Intervallen. Von einigen Defekten abgesehen war die CC-Vorrichtung von Anfang an erfolgreich. Allein zwischen März und Dezember 1917 wurden über 6000 Stück in britischen Flugzeugen eingebaut und weitere 20000 zwischen Januar und Oktober 1918.

Die Steigerung der Feuerkraft auf beiden Seiten intensivierte die Luftkriegsführung allgemein. Die Luftkämpfe nahmen an Härte ständig zu, und die Tage, an denen sich Freund und Feind bei Aufklärungsflügen noch zuwinkten, waren endgültig vorbei. Die deutschen Flieger konnten ihre Gegner vom Himmel verjagen, wo immer sie diese stellten, und schließlich im April 1917 die Luftherrschaft zurückgewinnen. Dieser Monat ging als »blutiger April« in die Luftkriegsgeschichte der Alliierten ein. Damals hatten die Engländer für die Schlacht um Arras in 25 Staffeln 365 Flugzeuge, davon ein Drittel Jagdeinsitzer, bereitgestellt. Ihnen standen 195 deutsche Flugzeuge, meistens Fokker-Kampfeinsitzer, gegenüber. In den ersten 5 Tagen der Luftschlacht verlor das R.F.C. 75 Flugzeuge und 105 Mann fliegendes Personal, weitere 56 Flugzeuge mußten wegen schwerer Beschädigungen und Bruchlandungen abgeschrieben werden. Dieser Erfolg der deutschen Flieger sollte sich jedoch im weiteren Verlauf des Krieges nie mehr wiederholen. Die zahlenmäßige und technische Überlegenheit der Alliierten konnte von Deutschland nicht mehr ausgeglichen werden. Besonders in waffentechnischer Hinsicht gelang es den Engländern, den deutschen Standard zu erreichen. Anfangs war die Constantinesco-Synchronisations-Vorrichtung nur zur Auslösung eines Ma-

**Ab Herbst 1916 gehörten, wie hier bei dem von Leutnant d. Res. Frommherz geflogenen Fokker Dr. I Dreidecker, zwei synchronisierte l.M.G. 08/15 zur Standardbewaffnung deutscher Jäger.**

schinengewehrs entwickelt, aber nach kurzer Zeit konnten damit auch zwei M.G.s gesteuert werden, die zentral nebeneinander oberhalb des Rumpfes zwischen Propeller und Pilotensitz befestigt waren. Das erste damit ausgerüstete Flugzeug war eine Sopwith »Camel«. Ihre Feuerdichte lag jetzt zwischen 1000 bis 1100 Schuß in der Minute, oder anders ausgedrückt, theoretisch konnten 11,3 bis 12,5 kg Geschoßgewicht in der Minute bzw. bis zu 700 Gramm in einem 3 Sekunden dauernden Feuerstoß auf den Gegner einwirken. Damit hatten die Engländer ähnliche Voraussetzungen zur Erhöhung ihrer Trefferwahrscheinlichkeit getroffen, wie die Deutschen 10 Monate zuvor. Im Juli 1917 erschienen die Sopwith »Camel« in dieser Konfiguration an der Front, einen Monat später folgten die Franzosen mit der SPAD[1]) XIII nach, beides waren ausgesprochene Jagdflugzeuge. Hinzu kam Anfang 1918 die S.E. 5 der Royal Aircraft Factory. Auf deutscher Seite standen diesen Flugzeugen gleichwertig die Albatros D III und V, Pfalz D III und die beiden Fokker D VII und Dr I bis zum Ende des Krieges gegenüber.

Generell hatte die Flugzeugbewaffnungsentwicklung im Ersten Weltkrieg bei den Jagdflugzeugen zur Verwendung von zwei starr nach vorn durch den Luftschraubenkreis gesteuert schießenden Maschinengewehren als Angriffsbewaffnung geführt. Die Mehrzweckflugzeuge dagegen rüstete man mit einem starren, gesteuert schießenden, und zusätzlich einem (bzw. zwei) beweglichen, in einem Waffenring gelagerten Maschinengewehr als Abwehrbewaffnung aus. Nun lag es bei den Flugzeugkonstrukteuren dem Gegner gegenüber Vorteile durch Geschwindigkeitserhöhung, und den damit verbundenen Verbesserungen der Steigfähigkeit und Wendigkeit, zu schaffen, ohne jedoch die Bewaffnung und damit die Kampffähigkeit zu vernachlässigen.

---

[1]) SPAD = Société pour les Appareils Deperdussin, gegründet 1910 von *Armand Deperdussin,* nach Übernahme der Firma durch *Louis Blériot,* umbenannt in Société pour Aviation et ses Dérivés.

## Ausbau einer autonomen Flugzeugwaffentechnik

Mit der Standardisierung der Flugzeugbewaffnung, in der zweiten Hälfte des Ersten Weltkrieges, trat weder in Deutschland noch bei den Alliierten eine Stagnation in der Waffenentwicklung ein. Auf beiden Seiten wurde zielstrebig an den Möglichkeiten gearbeitet, die Leistungen der Flugzeugbordwaffen allgemein zu steigern. Bei den Luftkämpfen hatte sich nämlich herausgestellt, daß sowohl die Bedingungen, unter denen die Flugzeugwaffen arbeiten mußten, als auch die Forderungen, die an sie gestellt wurden, andere waren, als bei den Waffen der Erdtruppen. Die Bedingungen waren für Flugzeugwaffen zum Teil schwerer, die Forderungen an die Leistungen höher. Damit zeichnete sich die Entstehung einer eigenen Fliegerwaffentechnik ab, die erstmals speziell für die Fliegertruppe Bordwaffen zu entwickeln und zu bauen hatte, mit denen in erster Linie Flugzeuge bekämpft werden sollten, und die darüber hinaus auch wirkungsvoll gegen erdgebundene Ziele, wie Truppen, Fahrzeuge, Tanks und Seefahrzeuge eingesetzt werden konnten. In diesem Zusammenhang wurde im April 1917, auf Veranlassung des Feldflugchefs vom Kriegsministerium eine Versuchsabteilung für Fliegerwaffen bei der Idflieg. geschaffen, um von diesem Zeitpunkt an alle mit der Flugzeugbewaffnung zusammenhängenden Fragen dort bearbeiten und die notwendigen Versuche nicht mehr von der G.P.K., sondern in eigener Zuständigkeit durchführen zu können.

Es war nun die Hauptaufgabe der Waffentechniker, die Feuerkraft der Bordwaffen, und damit den Wert des Flugzeugs als Kriegsmittel zu steigern. Hierzu gab es verschiedene Möglichkeiten: Zum Beispiel, durch den zusätzlichen Einbau weiterer Waffen oder durch Erhöhung der Schußfolge der bisher verwendeten Waffen, durch Verwendung anderer Munition, durch Vergrößerung des Kalibers und schließlich durch andere Bordwaffen. Die Hauptforderung an eine Borfwaffe war nach wie vor, das gegnerische Flugzeug in möglichst kurzer Zeit möglichst oft zu treffen, d. h. kampfunfähig zu machen. Bei Betrachtung des extremsten Falles im Luftkampf, nämlich beim Vorbeiflug, müßte die Mindestschußfolge der Maschinengewehre beispielsweise einer Fokker D VII zirka 1080 Schuß in der Minute betragen, damit eine (5,70 Meter lange) Sopwith »Camel« nicht gerade zwischen zwei Schüssen hindurchfliegen konnte, ohne mindestens von einem Geschoß getroffen zu werden. Dieser Wert lag höher, als er von den eingeführten Maschinengewehren erreicht wurde. Es galt darum, die Geschoßdichte zu erhöhen. Versuche, ein zusätzliches drittes, nach vorn schießendes Maschinengewehr gleicher Type einzubauen, scheiterten an der damit verbundenen Gewichtszunahme, die eine Herabsetzung der fliegerischen Leistungen des Flugzeugs zur Folge hatten. So blieb zunächst die Steigerung der Feuergeschwindigkeit der Einzelwaffe über. In England gelang es dem *Lt. Comdr. George Hazelton* von der Marine, die Kadenz, d. h. die Schußfolge des Vickers-Maschinengewehrs auf 1000 Schuß in der Minute zu erhöhen. Bei der Erprobung verschoß diese Waffe 14000 Schuß, bevor die erste Störung auftrat. Nach Abwägen aller Vor- und Nachteile wurde die Kadenz schließlich auf 850 Schuß in der Minute festgelegt. Die Entwicklung wurde sehr geheim gehalten, und die britischen Piloten, die Flugzeuge mit diesen neuen Maschinengewehren im scharfen Einsatz erproben sollten, erhielten strengste Order, nicht über feindlichem Gebiet zu fliegen. Es sollte unter allen Umständen verhindert werden, daß den Deutschen eines dieser Versuchsflugzeuge in die Hände fiel, denn zu sehr waren noch die Erinnerungen an *Roland Garros'* Abschuß, und die darauf entstandenen Folgen für die Alliierten, wach. Neben *Hazelton* entwickelte auch *Leutnant Dibovsky* von der russischen Marine eine ähnliche Vorrichtung zur Erhöhung der Feuergeschwindigkeit. Jedoch war die Fertigung der Einzelteile hierfür so schwierig, daß sich Vickers für die Herstellung der Hazelton-Entwicklung entschied.

Im Zuge der Leistungssteigerung des Vickers-Maschinengewehrs konnte auch die Munitionszuführung wesentlich verbessert, und damit funktionssicherer gemacht werden. Ursprünglich bestanden die verwendeten Patronengurte aus starkem Segeltuch, die jedoch beim Luftkampf den Nachteil hatten, daß ihr Ende nach dem Leerschießen entweder dem Piloten vor dem Gesicht herumschlug, oder daß es sich in den Verspannungskabeln des Flugzeugs verfing. Diesem Problem konnte mit einem Zerfallgurt aus Metall abgeholfen werden. Ein Zerfallgurt setzte sich aus einzelnen, lose verbundenen Gliedern zusammen, in denen die Patronen gehalten wurden. Wenn nun aus einem solchen Gurt die Patronen herausgezogen und in das Patronenlager des Laufes geführt wurden, trennte sich die Patronenhalterung als Einzelglied vom übrigen Gurt ab und fiel in einen Auffangbeutel. Diese einzigartige aber praktische Methode der Munitionszuführung wurde 1917 von *William de Courcey Prideaux* erfunden, einem Franzosen, der zu dieser Zeit in Weymonth/England lebte. Einer der großen Vorteile dieser Erfindung war, daß alle Vickers-Maschinengewehre auf den Zerfallgurt umgerüstet werden konnten, wobei nur zwei Teile des Zuführungssystems ausgetauscht werden mußten.

Wie bereits erwähnt, diente die Anordnung von Zwillingsmaschinengewehren auch bei den beweglichen Waffen zur Erhöhung der Feuerdichte und damit der Feuerkraft. Hierzu eignete sich besonders gut, wegen seiner kurzen Baulänge und seines geringen Gewichts, das Lewis-Maschinengewehr. Um dieses noch effektiver und somit für den Schützen handlicher zu machen, wurde während der Sommeroffensive 1916, kurz nach Einführung der großen federlosen Munitionstrommel, der Schaft der Waffe durch ein Griffstück ersetzt. Auch erleichterte diese Modifizierung die Montage des Maschinengewehrs im Schwerpunkt. Obwohl durch die Verwendung einer Munitionstrommel die Waffe in allen nur möglichen Winkeln in Anschlag gebracht werden konnte, ohne Gefahr zu laufen, daß die Patronenzuführung wie es bei der Gurtzuführung der Fall war, störend wirken könnte, traten beim Auswurf der Hülsen Schwierigkeiten auf. Im freien Luftstrom, während des Schießens, legte sich der aus Segeltuch bestehende Hülsensack vor den Hülsenauswerfer, wodurch ein einwandfreies Auswerfen der leeren Patronenhülsen verhindert wurde und dies oft zu Ladehemmungen führte. Der Segeltuchbeutel

**Das Lewis .303 inch (7,62 mm) Mk 2 war für die damalige Zeit ein schon hoch entwickeltes Flieger-M.G. Die Waffe zeichnete sich besonders durch kurze Baulänge und kleines Gewicht aus.**

wurde durch einen Aluminiumbehälter ersetzt, und so die Störung schnell beseitigt. Ferner erhielt die neue 96 Schuß fassende Trommel eine einfache Schußanzahl-Kontrolle, so daß der Schütze jetzt leicht feststellen konnte, wieviele Patronen sich noch in der Trommel befanden; und schließlich führte die Entwicklung eines speziellen Mündungsverstärkers zur Erhöhung der Kadenz von 500 auf 850 Schuß in der Minute. Da der Verschluß vor dem Schuß in der gespannten, d. h. hinteren Position gehalten wurde, war das Lewis-Maschinengewehr konstruktiv eine zuschießende Waffe und konnte nicht als starre synchronisierte Schußwaffe verwendet werden, was seine Einbaumöglichkeit in dieser Hinsicht begrenzte.

Trotz der Massenherstellung[1] der bewährten Spandau-(L.M.G. 08/15) und »Parabellum«-(l.M.G. 14)-

---

[1] Bis zum 1. 12. 15 waren 1138 Maschinengewehre an die Fliegertruppe ausgeliefert worden. Vom April 1916 an betrug die monatliche Fertigung: zwischen 300 bis 400 L.M.G. 08/15 und 130 l.M.G. 14

---

**Eines der fortschrittlichsten Flieger-M.G.s des Ersten Weltkrieges war das deutsche Gast-MG im Kal. 7,92 mm. Die Konstruktion war ein Beispiel dafür, wie auf neuen Wegen erhöhte Waffenwirkung erreicht werden konnte.**

Maschinengewehre, die beide von den deutschen Luftstreitkräften als Standard-Flugzeugbewaffnung verwendet wurden, arbeitete man während des ganzen Krieges an der weiteren technischen Durchbildung und Vervollkommnung dieser M.G.s. Wie bei den Waffen der Alliierten waren auch hier die Stoffmunitionsgurte Anlaß vieler Ladehemmungen, insbesondere wegen ihrer großen Empfindlichkeit gegen Witterungseinflüsse. Die späteren Gurte aus Mischgewebe hatten diese Nachteile noch verstärkt. Aus diesem Grunde wurden die ersten Versuche mit Metallpatronengurte eingeleitet, die aber nicht mehr zur Frontreife gelangten[1]. Dagegen konnten die Nachteile der Patronenzuführung aus einem Kastenmagazin bei dem beweglichen »Parabellum«-M.G., durch eine seitlich am Maschinengewehr angesetzte Gurttrommel verbessert werden. Im Vordergrund aller Anstrengungen stand aber die weitere Erhöhung der Feuergeschwindigkeit. Außer Versuchen mit den beiden Standard-Maschinengewehren, hoffte man durch Neuentwicklungen der Lösung dieses Problems näher zu kommen. Die erste dieser Entwicklungen, welche die Feuerkraft der Flugzeuge ganz erheblich gesteigert hätte, war das Maschinengewehr des *Ingenieurs Karl Gast* aus dem Jahre 1916. An dieser, bei der Firma Vorwerk u. Co. in Barmen gefertigten Waffe, sah man deutlich das Bestreben, auf neuen Wegen erhöhte Waffenleistung zu erreichen. Das Gast-Maschinengewehr besaß zwei Läufe und zwei Verschlüsse, die so angeordnet waren, daß der Rückstoß des einen Waffensystems das Laden und Abfeuern des anderen bewirkte. Das Gewicht von 28 kg war im Verhältnis zu der hohen Feuergeschwindigkeit von 1600 bis 1800 Schuß in der Minute relativ klein. Die Zuführung der Patronen erfolgte durch zwei etwas ungünstig angebrachte, je 180 Schuß fassende, Trommelmagazine. Die Waffenentwicklung wurde unter strengster Geheimhaltung durchgeführt und nach erfolgreicher Demonstration, am 22. August 1917 mit höchstmöglicher Dringlichkeitsstufe in Auftrag gegeben. Man glaubte mit dieser revolutionierenden

---

[1] Erst im Jahre 1930 wurde der Metallgurt für die bei der Reichswehr verwendeten 08 und 08/15 Maschinengewehre eingeführt

Konstruktion die Waffe in Händen zu haben, welche die verzweifelte Lage der eigenen Luftstreitkräfte an der Westfront hätte ändern können. Trotz aller Anstrengungen konnten 1918 nur einige wenige Gast-Maschinengewehre als Flugzeugbordwaffen an der Front eingesetzt werden. Hier, und als Fliegerabwehr-M.G., haben sie sich gleich vom ersten Tage an erfolgreich bewährt.

Die andere Entwicklung war ein motorgesteuertes Maschinengewehr der Flugzeugbau-Abteilung der Siemens-Schuckert-Werke in Berlin-Siemensstadt. *Max Immelmanns* Bruder schrieb darüber in seinem Buch »Der Adler von Lille«, daß die Waffe eine direkte Steuerung erhalten sollte. Es hieß dort wörtlich: „Die Ladung des M.G. erfolgt nicht mehr durch den Rückstoß des Schusses, sondern die Drehbewegung des Propellers bzw. der Motorachse wurde hierzu nutzbar gemacht. Der Erfolg war, daß die Schußgeschwindigkeit sich verdoppelte und so die gleiche Wirkung eintrat, als ob sechs M.G. eingebaut seien. Gleichzeitig wurde der Umlaufmotor durch einen Standmotor ersetzt, bei dem ohne Schaden ein Propellerflügel abfliegen konnte...«. Dieses, von den beiden Ingenieuren *Dinlage* und *Wolff* konstruierte Maschinengewehr erreichte die Feuergeschwindigkeit von 1000 Schuß in der Minute und wurde 1918 noch versuchsweise in einigen SSW D IV und Albatros D V Jagdeinsitzern eingebaut. Diese Waffe mit Fremdantrieb hatte sich allerdings nicht bewährt.

Um einem Flugzeug größere Vortriebskraft bei gleicher Motorleistung zu verleihen, wurden neben den zweiblättrigen- auch vierblättrige Luftschrauben verwendet. Hierdurch konnte man zweifellos deren Wirkungsgrad und damit die Leistungsdaten des betreffenden Flugzeugmusters allgemein erhöhen, stand aber gleichzeitig einer wesentlich schwierigeren Maschinengewehr-Synchronisation gegenüber. Abhilfe sollte die Jaray-Luftschraube schaffen, deren vier Propellerblätter nicht in rechten Winkeln, sondern in Scheitelwinkeln von 65 und 115 Grad zueinander angeordnet waren, wodurch sich der Schießwinkel gegenüber der zweiblättrigen Luftschraube um mehr als 40% verkleinerte. Es war immerhin eine Lösung, die sich aber letzten Endes zum Nachteil der Feuerkraft auswirkte.

Das amerikanische Signal Corps ging noch einen Schritt weiter. Es forderte einen Synchronisationsmechanismus, mit dem sowohl im Einzelschuß, als auch im Dauerfeuer durch den Luftschraubenkreis eines Vierblatt-Propellers geschossen werden konnte. Darüber hinaus sollte die Steuerung hydraulisch und mechanisch arbeiten können. Die Firma Marlin-Rockwell Corporation nahm sich dieser Forderung an. Sie hatte sich unter der Leitung von *Carl G. Swebilius* zu Anfang des Ersten Weltkriegs auf die Modifizierungen der alten Colt-Browning-Maschinengewehre des Modells 1895 spezialisiert. Durch Ersetzen des schwingenden Bügels unter dem Lauf gegen einen Gasdruckkolben sowie weiterer Verfeinerungen dieses Gasdruckladers, entwickelte *Swebilius* das Marlin-Flieger-Maschinengewehr Mod. 1917 mit einer Kadenz von 850 bis 1000 Schuß .30-06 Munition in der Minute. Der erste Versuch, durch den Luftschraubenkreis einer herkömmlichen vierblättrigen Luftschraube zu schießen, erfolgte am 27. Dezember 1917 mit einem Marlin-Flieger M.G. in Verbindung mit der neuen mechanischen Nelson-Synchronisationsvorrichtung. Gleichzeitig war von der Firma Marlin-Rockwell eine hydraulische Vorrichtung gebaut worden, die große Ähnlichkeit mit dem Constantinesco-Synchronizer hatte. Bei einem Schießwinkel von 63 Grad wurden damit Feuergeschwindigkeiten bis zu 630 Schuß in der Minute erreicht. Dies war der kleinste Schießwinkel und die präziseste Synchronisationsvorrichtung, die jemals in Amerika gebaut wurde. Im Laufe des Jahres 1918 erfolgte der Serienbau dieser Kombination, Marlin-Flieger-M.G.s Mod. 1917 bzw. 1918 in Verbindung mit dem hydraulisch und mechanisch arbeitenden Marlin-Synchronizer in D.H. 4, SPAD, Salmson und anderen Flugzeugmustern. Berichten zufolge waren die amerikanischen und französischen Piloten mit dieser Ausrüstung, die noch in Höhen von 20000 Fuß (6000 m) bei extremen Kältegraden einwandfrei gearbeitet haben soll, sehr zufrieden. Alle Marlin-Flieger-M.G.s konnten nach entsprechender Abänderung, sowohl mit der Nelson-, als auch mit der C.C.-Synchronisationsvorrichtung gekuppelt werden. Die Marlin-Flieger-M.G.s waren auch die ersten Gasdrucklader, mit denen synchronisiert durch den Luftschraubenkreis geschossen werden konnte.

Als im Jahre 1917 die deutschen Luftstreitkräfte ihre ersten gepanzerten Flugzeuge einsetzten, schienen die gewehrkalibrigen Maschinengewehre für alle Zeit veraltet zu sein. Neben den teilweise gepanzerten C, CL und J Schlachtflugzeugen, die zur unmittelbaren Bekämpfung der feindlichen und zur Unterstützung der eigenen Infanterie eingesetzt wurden, entwickelte die Gothaer Waggonfabrik ein Bombenflugzeug, das die zukünftigen Waffenkonstruktionen einmal sehr beeinflussen sollte. Diese zweimotorigen Großflugzeuge der G-Klasse schleppten eine 600 kg Bombenlast über 400 km weit. Ihre Defensiv-Bewaffnung bestand teilweise aus zwei »Parabellum«- und einem wassergekühlten Maschinengewehr. Das letztere war in einem kaum sichtbaren Stand, im hinteren unteren Teil des Rumpfes so angebracht, daß der Schütze ungehindert nach hinten und unten schießen konnte. Alle lebenswichtigen Teile der Triebwerke und die Besatzungssitze waren durch Panzerungen geschützt. Die ungewöhnliche Feuerstärke in Verbindung mit der Panzerung machten die »Gothas« zu einem gefürchteten Gegner. Die Alliierten verloren viele Flieger, die versucht hatten, den Bomber von unten her anzugreifen, und die dabei in das Schußfeld des hinteren Schützen gerieten, der mit seinem wassergekühlten Maschinengewehr beliebig lange Feuerstöße auf den Angreifer verfeuern konnte.

Einer dieser Piloten soll *Quentin Roosevelt,* Sohn des amerikanischen Präsidenten *Theodore Roosevelt* gewesen sein, der bei dem Versuch, von unten her einen Gotha-Bomber anzugreifen, getötet wurde. Zeugen des Kampfes wollen gesehen haben, daß viele Leuchtspurgeschosse *Roosevelts* den Bomber trafen, aber gegen die Panzerung nichts ausrichten konnten. Die alliierten Piloten unterlagen im Luftkampf, weil die leichten .30 inch Geschosse ihrer beiden Maschinengewehre gegen gepanzerte Flugzeuge nicht wirkungsvoll genug waren. Das veranlaßte die amerikanischen Waffenoffiziere, sofortige Maßnahmen zu fordern, um diesen deutschen Vorteil zu überwinden. Sie folgerten aus der

**Zeichnerische Darstellung der rückwärtigen Defensiv-Bewaffnung eines Gotha-Bombers. Die Skizze 3. veranschaulicht dabei den Blick des unteren Schützen durch den Schußkanal.**

scheinbaren Unverwundbarkeit der deutschen Bomber, daß das .30 inch Kaliber von diesem Zeitpunkt an endgültig unbrauchbar zur Flugzeugbekämpfung geworden war. Als erste Maßnahme sollte das panzerbrechende Thorsten Nordenfelt Geschoß weiterentwickelt werden, das bei Versuchsschießen zu Anfang des Jahrhunderts bei einer Mündungsgeschwindigkeit von 600 m/sek. auf 275 m Panzerstahl von 5 mm Dicke durchschlagen hatte. Das 7,6 mm Geschoß bestand aus einem harten Stahlkern mit weichem Messing- oder Kupfermantel, war aber trotz seiner fortschrittlichen Merkmale nicht mehr zum Einsatz gekommen.

Die zweite Maßnahme war die Entwicklung einer neuen automatischen Waffe mit größerem Kaliber. Nur wenige Tage nach *Quentin Roosevelts* Tod kabelte *General John J. Pershing,* der Befehlshaber des amerikanischen Expeditions Corps, dem Army Ordnance Department[1], unverzüglich die Entwicklung eines Maschinengewehrs einzuleiten, wobei er die Minimum-Spezifikationen der Waffe mit einer Bohrung von wenigstens einem halben Inch (12,7 mm) sowie eine Mündungsgeschwindigkeit von minimal 2700 Fuß/sek. (Vo = 825 m/sek.) forderte. Hieraus resultierte schließlich nach intensiver Entwicklungsarbeit, die nicht frei von Rückschlägen war, das Flieger-M.G. (Kaliber .5), das am 12. November 1918 erstmals zusammengebaut, aber erst 1923 offiziell unter der Bezeichnung Mod. 1921 (Flieger) von den amerikanischen Luftstreitkräften übernommen wurde. Die wassergekühlte Ausführung dieser Waffe erhielt die gleiche Bezeichnung. So wurde der für die Amerikaner angeblich so tragische Zwischenfall mit dem deutschen Gotha-Bomber, Anlaß zur Entwicklung eines der bewährtesten Maschinengewehre der amerikanischen Streitkräfte.

Etwa zu der gleichen Zeit, als die deutsche Fliegertruppe ihre Flugzeuge panzerte, um so der gefährlichen Beschußempfindlichkeit stärker und effektiver entgegenzuwirken, erschienen auf alliierter Seite die ersten Panzerwagen, damals »Tanks« genannt. Die deutsche Infanterie stand diesem neuen Kampfmittel fast hilflos gegenüber. Für den Beschuß gepanzerter Ziele gab es wohl die 7,9 mm S.m.K.[2] Munition, die aber auf 200 m Entfernung höchstens Panzerplatten bis zu 9 mm Stärke durchschlug und somit für eine wirkungsvolle »Tank«-Bekämpfung nicht geeignet war. Darüber hinaus waren auch die deutschen Bodentruppen den ständig wachsenden Angriffen aus der Luft fast schutzlos ausgesetzt. Hieraus ergab sich die dringende Notwendigkeit zur Entwicklung einer Waffe, mit der einmal »Tanks« und zum anderen Flugzeuge bekämpft werden konnten. Daraufhin wurde Anfang Oktober 1917 die Gewehr-Prüfungs-Kommission vom Kriegsministerium mit der Beschaffung einer entsprechenden großkalibrigen, voll automatischen Waffe zur wirkungsvollen Tank- und Flugzeugbekämpfung beauftragt, die schon im Frühjahr 1918 der Truppe zur Verfügung stehen sollte. Am 25. Oktober 1917 einigte man sich auf ein Kaliber von 13 mm. Das bald danach fertiggestellte S.m.K. Geschoß dieses Kalibers wog 47,2 Gramm, und es durchschlug, bei einer Mündungsgeschwindigkeit von 820 m/sek. Stahlplatten von 24 mm Stärke auf 100 m und von 18 mm Stärke auf 300 m Entfernung bei einem Auftreffwinkel von 90 Grad. Verschossen wurde diese Munition aus einem unhandlichen Tankgewehr, das in verhältnismäßig kurzer Zeit von Mauser entwickelt worden war, und dessen Massenproduktion bereits ab Januar 1918 eingeleitet werden konnte.

Inzwischen konnte der Auftrag zur Entwicklung des geforderten überschweren Maschinengewehrs, das von nun an als TuF – (Tank- und Flugzeug)M.G. bezeichnet wurde, an die Maschinenfabrik Augsburg–Nürnberg (MAN) vergeben werden, die den geeignetsten Konstruktionsvorschlag, nämlich ein entsprechend vergrößertes Maxim 08 Modell, eingereicht hatten. Das Maxim-Prinzip schien auch die logischste Lösung zu sein, da ein identischer Mechanismus sich bei der britischen 37 mm »Pom-Pom« seit langer Zeit bewährt hatte. Im Juli 1918 war das erste TuF-Maschinengewehr fertiggestellt und nach befriedigenden Erprobungsergebnissen im August 1918 ein Herstellungsauftrag von 50 Stück, die bis zum Ende Dezember 1918 ausgeliefert werden sollten, vergeben. Die Waffe bestand aus 250 Einzelteilen, die in 60 verschiedenen Firmen angefertigt und bei MAN zusammengesetzt wurden. Die Lieferung des hochwertigen Stahles erfolgte ausschließlich durch die Solinger Firma Siegen–Solingen-Gußstahl A.G. Trotz der hohen Dringlichkeitsstufe ist das TuF-Maschinengewehr dann wegen des Waffenstillstands nicht mehr an die Front gekommen.

Neben dieser Entwicklung gab es noch das Hochgeschwindigkeits-GAST-Fliegermaschinengewehr in einer 13 mm Ausführung, von dem nur ein Exem-

---
[1] Army Ordnance Department = Heeres-Waffenamt
[2] S.m.K. = Spitzgeschoß mit Stahlkern (aus gehärtetem Spezialstahl)

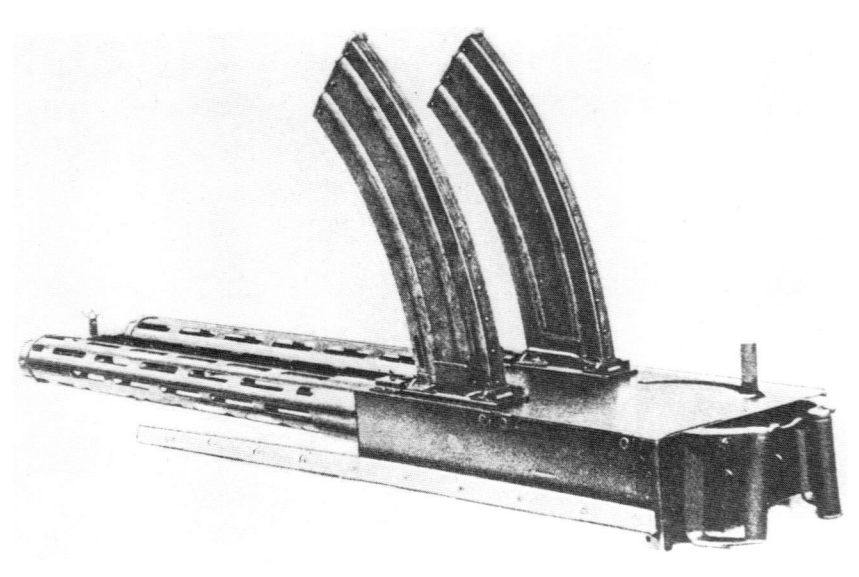

**Das Hochgeschwindigkeits Gast-Flieger-M.G. in der Kal. 13 mm Ausführung.**

plar gefertigt wurde. Amerikanischen Berichten zufolge, hätten sich die deutschen Flieger mit dieser Waffe, bei genügender und rechtzeitiger Bereitstellung, mühelos die Luftüberlegenheit zurückerkämpfen können.

Auch die Firma Rheinmetall beteiligte sich mit einem Mustermodell des Dreyse-Maschinengewehrs im Kaliber 13 mm an der Ausschreibung der Gewehr-Prüfungs-Kommission.

Der nächste Schritt zur Leistungssteigerung der Flugzeugbewaffnung führte direkt zur Bordkanone. Schon vor dem Ersten Weltkrieg wurde der Beweis erbracht, daß die Flugzeugzelle durchaus in der Lage war, Rückstoßkräfte einer kleinkalibrigen Kanone abzufangen und zu absorbieren, ohne dabei ernsthaft beschädigt oder gar zerstört zu werden. Wie bereits erwähnt, hatten dies Waffeningenieure der Firma Vickers durch umfangreiche Versuche herausgefunden. Als Folge dieser Erkenntnisse feuerte der britische Marineoffizier *Robert Clark Hall* als erster erfolgreich mit einer Kanone vom Flugzeug aus. Nach der Landung berichtete er: »Da war ein greller Feuerschein, und es schien, als würde das Flugzeug bei jedem Schuß in der Luft stehen bleiben.« An dem Flugzeug selbst wurden keinerlei Beschädigungen festgestellt. Von dieser Kanone, einem einfachen Decksgeschütz, liegen keine Beschreibungen vor. Man weiß nur, daß sie von Hand nachzuladen war. Ihr Platz in der Waffengeschichte ist einfach der, daß mit ihr zum ersten Male, ohne Unglücksfall, von einem Flugzeug aus geschossen wurde. Die Vereinigten Staaten zeigten großes Interesse an den Schießversuchen und entsandten einige Waffenspezialisten nach England, um sich bei einer Vorführung über diese Art der Bewaffnung zu informieren. Doch jetzt schlugen alle Versuche fehl, woraufhin die Experimente mit der Kanone eingestellt wurden, und zwar zugunsten einer vollautomatischen 37 mm Waffe, die sich zur damaligen Zeit gerade in einem experimentellen Entwicklungsstadium bei Coventry Ordnance Works in Coventry England befand. Diese, unter der Bezeichnung »C.O.W. Aircraft Gun« geführte Kanone, stellte ihre Eignung auf dem Versuchsschießstand von Shoeburyness, wo mit ihr aus allen nur möglichen Fluglagen geschossen wurde, unter Beweis. Ihre Kadenz betrug 100 Schuß in der Minute, die kleine Granate wog $1^1/_2$ Lbs (680 g), und die Munitionszuführung erfolgte durch einen Rahmen mit 5 Schuß. Ganz vereinzelt fand die C.O.W.-Kanone noch in den letzten Tagen des Ersten Weltkriegs bei der Britischen Marine Verwendung, blieb aber sonst fast unbekannt. In einem Fall wurde die Kanone in einen französischen Voisin-Druckschraubendoppeldecker eingebaut, von dem beim vierten Schuß die Flächen abmontierten, und das Flugzeug abstürzte, wobei die beiden Flieger getötet wurden. Dieser Unfall führte schließlich zur Einstellung einer weiteren Verwendung der Waffe. Auch die Ausrüstung der Flugzeuge mit der Vickers 1-Pfünder Pom-Pom Kanone wurde nicht weiter fortgeführt, nachdem zwei damit armierte F.E. 2b Doppeldecker der 100. Staffel, im April 1917, bei einigen Nachtangriffen auf den mit *v. Richthofens* Jagdstaffel belegten Platz Douai keinen Erfolg hatten.

Später rüsteten die Engländer einen ihrer in Dünkirchen stationierten Handley Page 0/400 Bomber, zur wirkungsvolleren Bekämpfung von Bodenzielen mit einer rückstoßfreien Davis-Kanone aus, die eine 6 pound (2,7 kg) schwere Sprenggranate verschoß.

Die Davis-Kanone war eine vollkommen neuartige Waffe, bei der zur Verminderung bzw. völligen Aufhebung des Rückstoßes eine dem Geschoß gleiche Masse nach hinten geschossen wurde. Dadurch schien die Kanone besonders gut zum Einbau in Flugzeugen geeignet zu sein. Schließlich erhöhte sich bei den herkömmlichen Waffenkonstruktionen der damaligen Zeit mit der Steigerung des Kalibers und damit des Geschoßgewichts gleichzeitig das Waffengewicht und die Rückstoßkräfte zirka im Quadrat, wodurch eine Begrenzung des Kalibers in bezug auf die Gesamtstruktur des Flugzeugs gegeben war. Außerdem verfolgte *Davis* mit seiner Kanone die Absicht, vom Flugzeug aus Sprenggranaten, deren Mindestgewicht durch die St. Petersburger Erklärungen von 1868 auf 400 Gramm festgesetzt war, verschießen zu können, denn durch die Verwendung von Explosivgeschossen konnte die Wirkung im Ziel um ein Vielfaches erhöht werden. Das führte damals bei vielen Nationen zu umfangreichen Versuchen. Als erstem gelang es B. B. Hotchkiss ein Geschoß in entsprechender Größe und Wirkung zu fertigen, das gerade noch den Spezifikationen der St. Petersburger Erklärungen entsprach. Das Kaliber betrug 37 mm.

Am 22. August 1911 veröffentlichte *Commander Cleland Davis* seine Idee über rückstoßfreie Geschütze mit elektrischer Zündung in einer Patentschrift, wobei er einleitend ausführte, daß die z. Zt. vorhandenen Flugzeuge überhaupt keinen Angriffswert hätten, und daß die hochexplosiven Sprengkörper zu klein seien, um beim Abwurf auf Panzerschiffe oder Festungen nennenswerte Zerstörungen anzurichten. Der militärische Wert eines Flugzeuges könne nur gesteigert werden, wenn es eine Waffe mitzuführen in der Lage wäre, die ein genügend großes Projektil mit einer so großen Mündungsgeschwindigkeit abfeuern könnte, um Panzerplatten zu durchschlagen. Er beschrieb dann die Vorrichtung und sagte abschließend, »daß der Rückstoß durch entgegengesetzt wirkende Kräfte aufgehoben werde, und es darum möglich sei, damit ein Flugzeug auszurüsten«.

Nach Modellversuchen wurde schließlich am 2. August 1917 eine von der Firma General Ordnance Co.

**Die rückstoßfreie Kanone des Amerikaners Cleland Davis mit gekoppeltem Lewis-M.G. als Richthilfe.**

in Derby, Conn. hergestellte, rückstoßfreie 75 mm Davis-Kanone in den Bug eines zweimotorigen Curtiss J-N Flugboots eingebaut. Die erfolgreich verlaufenden Schießversuche führten der Werk-Testpilot von Curtiss, *Carlstrom,* zusammen mit dem Schützen *F. B. Towle* durch.

Es war eine echte waffentechnische Pionierleistung, mit einer solch großen Kanone von einem Flugzeug aus zu schießen. Schon das Richten der Kanone war eine höchst ungewöhnliche Angelegenheit. Ein Lewis-Maschinengewehr war in der Mitte oberhalb des langen Rohres fest aufmontiert, und wenn der Pilot das Ziel ansteuerte, betätigte der Schütze den ersten Hebel eines Doppelabzuges. Dadurch feuerte das M.G., und der Schütze konnte aufgrund der Einschläge die Kanone richten. In dem Augenblick, wenn die Geschosse das Ziel trafen, wurde der zweite Abzugshebel durchgezogen und nach der elektrischen Zündung das große Geschoß aus der Davis-Kanone abgefeuert. Diese Art des Richtens wurde speziell zur U-Boot Bekämpfung angewandt. Die amerikanische Marine zeigte großes Interesse an der Kanone und ließ sie in drei verschiedenen Kalibern von 47, 65 und 75 mm bauen. Die Geschoßgewichte betrugen 6 bis 9 pound (2,7 bis 4 kg), und die Mündungsgeschwindigkeit lag bei 1175 Fuß/sek. (Vo = 355 m). Einige Kanonen kamen nach Frankreich und England zur Auslieferung und wurden gegen Ende des Ersten Weltkriegs nur noch ganz vereinzelt eingesetzt. Mit der in der Handley Page 0/400 eingebauten Kanone konnten während einiger Nachteinsätze keine Erfolge erzielt werden, so daß die Waffe schließlich, zugunsten der wirksameren Bombenabwürfe, wieder abmontiert wurde.

Die erste wirkliche Flugzeugkanone, bei der Größe, Kaliber und Handhabung aufeinander abgestimmt und den damaligen Flugzeugkonstruktionen angepaßt war, wurde in Deutschland gebaut. In Anbetracht der ständig wechselnden Situationen und des immer erbarmungsloser werdenden Luftkrieges erkannte das Waffenamt schon frühzeitig, daß die Abwehrbewaffnung der Großflugzeuge zu schwach war, um allein mit gewehrkalibrigen Maschinengewehren Angriffe erfolgreich abwehren zu können. Sie beauftragten *Rheinhold Becker* aus Krefeld, der sich 1914 eine leichte 20 mm Kanone hatte patentieren lassen, mit der Entwicklung und Fertigung einer den Forderungen entsprechenden Waffe. In seinem eigenen Werk in Willich im Rheinland baute Becker dann im Jahre 1917 die erste wirklich brauchbare, zur Montage auf dem Schneiderschen-Waffenring geeignete, luftgekühlte Flugzeugkanone des Ersten Weltkriegs. Sie war ein vollautomatischer Rückstoßlader mit einer Kadenz von 400 Schuß in der Minute. Die 20 mm Vollgeschosse wurden durch ein 12 Schuß fassendes Magazin zugeführt, das oben auf der Kanone angeordnet war, wodurch die Visiereinrichtung etwas seitlich versetzt werden mußte. Mit dieser Becker-Flugzeug-

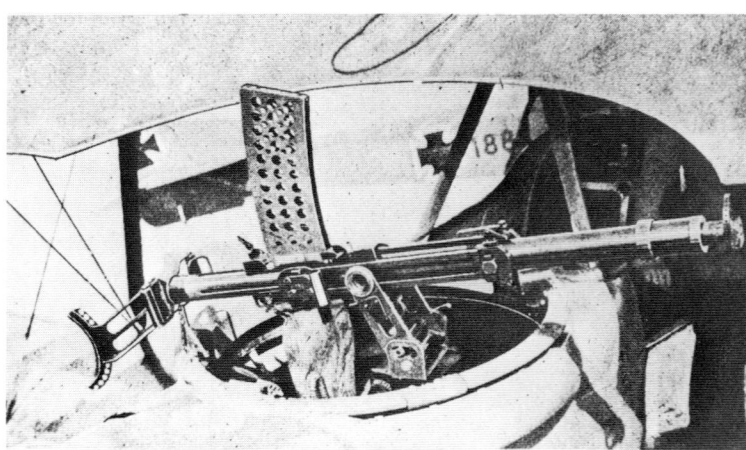

**2 cm Becker-Flugzeugkanone auf Dreifuß-Lafette für den Erdeinsatz und in Waffenring-Lafettierung als bewegliche Flugzeugbordwaffe.**

**2 cm Flugzeugkanone »Ehrhardt«.**

kanone konnten in den letzten Kriegsmonaten noch AEG- und Gotha Bombenflugzeuge ausgerüstet werden. Als Parallelentwicklung lag gegen Kriegsende außerdem der Prototyp einer weiteren erfolgversprechenden 20 mm Flugzeugkanone vor, die von *Heinrich Ehrhardt,* dem Direktor der Waffenfabrik Rheinmetall in Düsseldorf konstruiert worden war.

Die Franzosen ließen nichts unversucht, ihre mehr oder weniger erfolgreichen Flugzeugkanonen weiterzuentwickeln. Unter den zahlreichen Angeboten befand sich Anfang 1917 auch ein Entwurf des Chefingenieurs der Hispano Suiza Flugmotoren Werke *Marc Birkigt.* Seine Entwicklung sah den starren Einbau einer nach vorn durch die Propellernabe schießenden Kanone vor. Die ganze Einbauweise glich in vielem der Lösung, wie sie seinerzeit *Franz Schneider* in seiner Patentschrift niedergelegt hatte. Zum Einbau war eine halbautomatische 37 mm Kanone von Puteaux Arsenal ausgewählt worden. Die Kanone wurde oberhalb des Kurbelgehäuses zwischen den Zylindern eines Hispano-Suiza V-Motors so eingebaut, daß der Lauf durch das Untersetzungsgetriebe ragte. Der Rückstoß der Kanone warf die leere Hülse aus, spannte den Schlagbolzen, wobei das Verschlußstück in der hinteren Stellung einrastete, so daß der Pilot eine neue Granate nachladen konnte. Der Verschluß konnte danach entweder in der offenen Stellung bleiben oder aber auch nach vorn gedrückt werden, da sich die Kanone aus beiden Verschlußstellungen abfeuern ließ.

Die erste mit einer Motorkanone ausgerüstete SPAD XII[1]), wurde am 5. Juli 1917 dem französischen Jagdflieger-As *Captaine Georges Guynemer* zur Erprobung ausgeliefert, der mit dieser nicht einfach zu handhabenden Maschine seinen 49. bis 52. Luftsieg errang. Auch die Jagdflieger-Asse *René Fonck* und *Charles Nungesser* haben den Motorkanonen-SPAD geflogen und Erfolge gehabt, lehnten diese Bewaffnungsart jedoch zugunsten der schnellfeuernden Maschinengewehre ab. Allgemein fand die Kanone bei den Piloten keine Zustimmung, nicht

**Mit Le Prieur-Brandraketen ausgerüstetes Nieuport-Jagdflugzeug.**

allein wegen der vielen Störungen und Ladehemmungen, sondern auch wegen der beißenden Pulvergase, welche die Piloten ernsthaft gefährdeten.

Puteaux entwickelte daraufhin eine vollkommen neue vollautomatische 37 mm Schnellfeuerkanone, mit der am 17. November 1917 erstmals versuchsweise geschossen wurde. Die Feuergeschwindigkeit lag bei 60 Schuß in der Minute, die Munitionszuführung erfolgte durch ein Trommelmagazin. Im September 1918 war die Kanone frontreif. Zwei Exemplare gingen zur Erprobung in die Vereinigten Staaten und konnten dort erfolgreich getestet werden. Nach dem Waffenstillstand im November 1918 wurden alle Versuche abgebrochen und schließlich das Projekt aufgegeben.

Die spektakulärste Bordbewaffnung des Ersten Weltkriegs waren ohne Zweifel die Le Prieur-Brandraketen, eine Erfindung des französischen Marineoffiziers *Lt. Y. G. Le Prieur.* Sie wurden in erster Linie zur Bekämpfung von Fesselballons eingesetzt, weil die .303 inch Hartkerngeschosse gegen sie nicht wirksam und Brandmunition noch im Entwicklungsstadium war. Einen der bemerkenswertesten Erfolge mit diesen Raketen erreichten französische

---
[1]) Muster: SPAD XII.Ca 1 mit 200 PS Hispano-Suiza 8 C

Piloten einige Tage vor der großen Somme-Offensive am 25. Juni 1916, indem sie in weniger als einer halben Stunde vier von fünfzehn Beobachtungsballons zerstörten und damit der deutschen Artillerie einen Teil ihrer Feuerleitung ausschalteten.

Die kleinen Brandraketen wurden durch einen langen Stab stabilisiert, folgten zirka 360 m einer stabilen Flugbahn und gerieten danach ins Taumeln. Je drei bis fünf Raketen waren an den äußeren Tragstielen der Angriffsflugzeuge befestigt und konnten einzeln oder in einer Salve verschossen werden. Beim Angriff flog der Pilot aus einer überhöhten Position mit viel Fahrt in Richtung Ziel, unterschritt die Zielhöhe, um dann beim Hochziehen aus etwa 120 Metern die Raketen gegen den Ballon abzufeuern. Einem Bericht zufolge griffen *Captain Albert Ball* und *A. M. Walter* gemeinsam mit ihren raketenbestückten Nieuports einen L.V.G.-Doppeldecker an, wobei *Balls* Raketen das Ziel verfehlten und eine von *Walters* acht Raketen den Doppeldecker traf, der brennend in die Tiefe stürzte.

Eine weitere Möglichkeit, die Wirkung von Bordwaffen zu steigern, war die Entwicklung neuer Munition. Als die Flugzeuge erstmals mit Maschinengewehren ausgerüstet wurden, hatte man sich im allgemeinen darauf beschränkt, vorhandene Munition einzusetzen, ohne die Frage der Zieleigenschaft näher zu untersuchen. Da die Flugzeuge noch nicht gepanzert waren, reichte die Durchschlagsleistung der Vollkerngeschosse[1]) aus. Auch die Trefferwahrscheinlichkeit war aufgrund der Feuerfolge sowie der Zielgeschwindigkeit völlig ausreichend. Das änderte sich aber mit der Steigerung der Luftkampftätigkeit. Als erste Maßnahme wurden die Bleikerngeschosse durch solche mit gehärtetem Stahlkern ersetzt, wodurch die Durchschlagsleistung wesentlich gesteigert werden konnte. Danach erschienen zwei völlig neuartige Geschosse an der Front, einmal das Leuchtspur- und zum anderen das Brandgeschoß.

Das Leuchtspurgeschoß war eine englische Entwicklung, die vor dem Kriege gemacht worden war, aber erst im Juli 1916 unter der Bezeichnung »Sparklet« oder S.P.K.Mark VII.T zum Einsatz kam. Ab Juni 1917 wurde sie durch eine verbesserte Ausführung, der Mark VII.G ersetzt. Die Geschosse besaßen zur Sichtbarmachung ihrer Flugbahn einen Leuchtsatz, wodurch das Zielen im direkten Kampf erleichtert wurde. Der Leuchtsatz befand sich im Geschoßboden und basierte anfangs auf einer Bariumoxid/Magnesiumpulver Substanz, die bereits im Lauf zündete und dann mit sichtbarer Flamme über eine Entfernung von 500 Yards (460 m) verbrannte. Aber nicht nur diese Eigenschaft steigerte die Wirksamkeit der Munition, sondern die Geschosse setzten auch leicht entzündbare Stoffe der Flugzeuge in Brand. Es dauerte dann auch nicht lange, bis alle kriegführenden Nationen diese Munition verwendeten. Die von den deutschen Truppen eingesetzte Leuchtspurmunition erhielt die Bezeichnung 7,9 mm Patrone S.m.L'spur[1]), was soviel wie Spitzgeschoß mit Leuchtspur hieß.

Auch das Brandgeschoß wurde in England entwickelt. Der in London lebende *George Thomas Buckingham* suchte nach einer Möglichkeit, Beobachtungsballons und vor allem, die als unbesiegbar geltenden Zeppeline, wirkungsvoll bekämpfen zu können, was mit der herkömmlichen Munition fast ausgeschlossen war; denn wenn die verhältnismäßig kleinen Geschosse schon einmal die Gasbehälter der Zeppeline durchschlagen hatten, hinterließen sie relativ kleine Einschußlöcher, aus denen das Gas nur geringfügig entwich. Außerdem konnten diese Löcher schnell wieder geflickt werden. Diese Tatsache führte auch zu der Ansicht eines leidenschaftlichen Zeppelin-Befürworters, der versicherte, »daß ein Angriff eines Flugzeugs mit seiner begrenzten Bewaffnung auf einen Zeppelin das gleiche wäre, als wenn ein Paddelboot ein Schlachtschiff angreifen wollte«. In der Tat konnte der erste Zeppelin-Angriff am 19. Januar 1915 auf Great Yarmouth ohne die geringste Gegenwehr seitens der Engländer durchgeführt werden. Das führte zu einer großen Entrüstung der Bevölkerung, und zwar nicht etwa wegen des deutschen Bombardements, sondern einfach wegen des Mißerfolges ihrer eige-

---

[1]) auch Wuchtgeschosse genannt

[1]) S.m.K.-Geschoß mit 400 m Leuchtspur

**1916 wurden die Carbonit-Bomben durch die wesentlich verbesserten P. u. W.-Bomben, die von der Prüfanstalt und Werft der Fliegertruppe in Zusammenarbeit mit der Firma Goerz konstruiert wurden, abgelöst. Diese Abwurfmunition wurde in den Gewichten von 12,5, 50, 100, 300 und 1000 kg hergestellt. Die äußere Form der Bomben glich einem Torpedo, am Heck waren vier Stabilisierungsflächen angebracht. Alle Bomben waren mit einem Zünder mit Fliehkraft-Entsicherung ausgerüstet. Die Abb. zeigt das Beladen eines Gotha V-Bombenflugzeugs mit 50 und 100 kg P. u. W.-Bomben, bei denen der Zünder noch nicht aufgeschraubt worden ist.**

nen See- und Landstreitkräfte, die ihnen keinen Schutz bieten konnten. Diesem Mythos von der Unbesiegbarkeit der Luftschiffe setzte *Buckingham* mit seiner Brandmunition ein Ende. Sein Geschoß enthielt anstelle des Hartkerns einen Phosphorsatz, der beim Abschuß gezündet und durch kleine Bohrungen im Geschoßmantel aufgrund des Dralls (der Zentrifugalkräfte) nach außen gedrückt wurde, wobei er eine sichtbare Rauchfahne hinterließ. Die wirksame Entfernung reichte bis zu 350 Yards (320 m). Im Januar 1915 ließ sich *G. T. Buckingham* seine Erfindung patentieren, und im Dezember 1915 konnte die erste Brandmunition an das R.N.A.S. ausgeliefert werden. Damit war das Schicksal der Zeppeline endgültig besiegelt. Allein von den zwölf bei Angriffen auf London abgeschossenen Luftschiffen wurden zehn Abschüsse mit aus Lewis-Maschinengewehren verfeuerter Brandmunition erreicht. Mit einem Minimum an Aufwand konnte durch den Einsatz von Brandgeschossen ein Maximum an Wirkung erzielt werden! Und so kam das Brandgeschoß der Idealforderung an die Munition, nämlich mit einem Treffer die Totalzerstörung des gegnerischen Luftfahrzeuges zu erreichen, am nächsten. Kaum eingesetzt, wurde die Munition von allen anderen Ländern kopiert. Die deutsche Patrone erhielt die Bezeichnung 7,9 mm Pr-Patrone 7,9 mm Patrone P.m.K. (Phosphor mit Stahlkern).

Mit der Einführung der Brandmunition setzte schlagartig die Intensivierung der Luftschiff- und Fesselballonbekämpfung ein. Bald stellte sich aber heraus, daß die wirksame Kampfentfernung, und die im Geschoß enthaltene Phosphormenge zu gering waren, um noch aus einer größeren Distanz das Ziel nachhaltiger bekämpfen zu können. Das wiederum konnte nur durch ein größeres Brandgeschoß erreicht werden. Zuerst änderten die Franzosen im Jahre 1917 ein Vickers-Maschinengewehr auf ein Kaliber von 11 mm, womit sie ihr Desvignes-Brandgeschoß verfeuern konnten. Die Kadenz der Waffe betrug 600 Schuß in der Minute, und die wirksame Reichweite der neuen Munition vergrößerte sich auf 1700 m. Noch 1918 wurden eine Anzahl französischer Flugzeuge mit dem 11 mm Maschinengewehr ausgerüstet und erfolgreich eingesetzt. Auch die Belgier bauten in einigen Hanriots diese Waffe ein.

Die Russen setzten von Anfang an Vickers-Maschinengewehre mit größerem Kaliber als alle anderen Nationen ein, und diese Waffe ließ sich am einfachsten auf die 11 mm Bohrung der Franzosen modifizieren. Bei der Firma Colt's Patent Fire Arms Co. in Hartford/Conn. konnten noch im letzten Kriegsjahr einige tausend russischer Vickers-Maschinengewehre entsprechend abgeändert werden. Die amerikanischen Waffen- und Munitionsfabriken erhielten ebenfalls den Auftrag, die neue französische Brandmunition zu produzieren. Die Verwendung dieser Geschosse mit den überschweren Vickers-Maschinengewehren setzten im Luftkrieg neue Maßstäbe. Und das nicht nur, weil es einmal damit gelang der Luftschiffbedrohung endgültig Herr zu werden, und weil sich der Einsatz dieser großen Geschosse gegen die Kraftstoffbehälter der Flugzeuge als die wirksamste aller bisher verwendeten Waffen erwiesen hatte, sondern auch weil schon jetzt die Luftkriegsexperten erkannten, daß nur eine Waffe mit größerem als dem Infanteriekaliber, die zukünftige Bordwaffe im Luftkrieg sein würde.

Mit der Einführung der Leucht- und Brandmunition konnte auch die in ihren ersten Ansätzen bereits vorhandene Nachtjagd weiter verbessert werden. Sowohl die Alliierten, als auch die Deutschen, flogen immer häufiger des Nachts ihre Bombenangriffe. Beide Seiten setzten gegen diese Bomber Jagdflugzeuge ein, wobei der Gegner durch Scheinwerfer vom Boden aus angestrahlt, eine leichte Beute für die Jäger werden sollte. Neben dieser Angriffsmethode im Zusammenspiel mit der Flugabwehr, rüstete man auch Flugzeuge mit eigenen Scheinwerfern aus, um das Flugziel beim Angriff entsprechend ausleuchten zu können. Deutschlands erster Nachtjäger war der *Leutnant d. R. Fritz Thiede,* der spätere Führer der Jasta 38. Er traf im Frühjahr 1918 an der Balkan-Front mit *Gerhard Fieseler* von der Jasta 25 zusammen. Dieser hatte sich zusätzlich zu den beiden starr nach vorn schießenden M.G.s ein erbeutetes Lewis-Maschinengewehr in die Ausbuchtung der oberen Tragfläche, vor dem Führersitz seines Fokker D VII Jagdeinsitzers, so befestigt, daß er damit starr, schräg nach vorn oben schießen konnte. Diese Angriffstaktik, wobei Fieseler sich dicht unter seinen Gegner klemmte und ihn mit der eingebauten, schräg nach oben feuernden Waffe bekämpfte, ging als »Fiesilieren«

**Schrägbewaffnung im Ersten Weltkrieg. Zusätzlich zur Standard-Bewaffnung, den beiden synchronisierten l.M.G. 08/15, wurde dieser Roland D VI a-Jagdeinsitzer mit zwei italienischen Villar-Perosa-Maschinengewehren als »Schrägbewaffnung« ausgerüstet.**

in die Geschichte der Schrägbewaffnung ein. *Fritz Thiede* ließ sich sofort eine ähnliche starre Schrägbewaffnung in seine Jagdmaschine bauen. Er versprach sich von dieser Angriffsart bei seinen Nachteinsätzen mehr Erfolg, als von dem klassischen Direktangriff, bei dem gerade des nachts, durch die starke Blendung von dem Mündungsfeuer der Maschinengewehre, die Gefahr eines Rammstoßes nie ganz ausgeschlossen war. Wenn er aber den Gegner von hinten unten anflog, konnte er gegen den meistens etwas helleren Himmel die Silhouette des Bombers leichter erkennen. Er brauchte nur noch den Gegner voll in sein Visier zu bringen und dann den Abzugshebel der Waffe zu betätigen, wobei insbesondere die Leuchtspurgeschosse das Zielen wesentlich erleichterten.

Trotz aller Verbote und Erklärungen wurden in mehreren Ländern, schon vor dem Ersten Weltkrieg, neben Versuchen mit der Leuchtspurmunition auch Sprenggeschosse kleineren Kalibers entworfen. Im Laufe der Kampfhandlungen stellte sich immer mehr heraus, daß es keine Einheitsmunition gab, die für jedes Ziel optimal geeignet war. Zu den herkömmlichen Vollkerngeschossen waren inzwischen die Leuchtspur- und Brandgeschosse gekommen. Durch Erhöhung der Geschoßgeschwindigkeit und Verwendung eines härteren Kerns wurde die Durchschlagsleistung verbessert. Die Leuchtspurmunition erleichterte das Zielen, und gegen die leicht brennbaren Treibstoffe im Flugzeug wirkte das Brandgeschoß verheerend. Trotzdem begnügte man sich nicht mit diesen Munitionsarten sondern führte als weiteres Angriffsmittel die Sprengmunition ein, weil man annahm, daß eine Anzahl Splitter dem Flugzeug äußerst gefährlich werden könnte. Es waren Geschosse mit starker Wandung, kleiner Sprengladung und einem hochempfindlichen, unmittelbar beim Auftreffen ansprechenden Zünder. Mit einem solchen Geschoß konnte zum Beispiel ein Tragstiel schon bei einem Streifschuß in zwei Hälften zerrissen werden. In England wurden zwei verschiedene Sprenggeschosse entwickelt. Das eine von dem Commander *F. W. Brock* und das andere von *John Pomeroy*. Pomeroy begann mit seinen Arbeiten noch vor Ausbruch des Krieges, jedoch erschienen beide Entwicklungen erst im Mai 1915 an der Front. Wegen der hochempfindlichen Zünder war der Transport dieser Munition sehr schwierig; auch

**Auch die Engländer bekämpften, besonders in der Dämmerung, die deutschen Flugzeuge mit schräg nach vorn oben feuernden Waffen. Dieser Sopwith »Dolphin«-Jäger hatte dafür zusätzlich zwei Lewis-M.G.s an einem Befestigungsrahmen am Oberflügel montiert.**

durfte sie damals nicht für synchronisierte Maschinengewehre gegurtet werden, nachdem sich mehrere Unfälle mit tödlichem Ausgang ereignet hatten. Schließlich wurde die Munition nur noch von den Heimatschutz-Jagdstaffeln eingesetzt. Die Engländer versuchten anfangs ganz offiziell den Gebrauch von Sprenggeschossen gegen Flugzeuge zu verhindern, weil die vielen kleinen Geschoßsplitter den menschlichen Körper zu furchtbar verletzten. Aber keine der kriegführenden Mächte wollte letztlich auf den Einsatz dieser Munition verzichten.

Da die Wirkung einer Waffe von der Art des Zieles abhängt, berücksichtigte man dies durch eine entsprechend immer wiederkehrenden Folge verschiedener Munitionsarten beim Gurten. Eine typische Munitionsfolge für Fliegerbordwaffen war: drei normale Vollgeschosse mit Bleikern (3×S), ein Leuchtspurgeschoß (1×S.m.L'spur), ein Panzerbrechendes-Geschoß (1×S.m.K.) und ein Brandgeschoß (1×P.m.K.). Die Vollkerngeschosse sollten die Kraftstoffbehälter aufreißen, und die Entzündung des ausfließenden Benzins erfolgte entweder durch das Brand- oder aber auch durch das Leuchtspurgeschoß.

In den letzten Kriegsmonaten gelang es der Munitionsentwicklung dem Sprenggeschoß noch eine Brandwirkung zu geben. Damit wurde auf dem munitionstechnischen Gebiet ein weiterer Fortschritt erzielt. Diese Brandgeschosse wurden jedoch nur ganz vereinzelt eingesetzt, weil sie sich noch mehr oder weniger im Versuchsstadium befanden.

Der Erste Weltkrieg hat das Flugzeug leistungsfähig und als Träger von Feuerkraft zu einem der wirksamsten Kampfmittel gemacht. Die waffentechnisch größte Erfindung war, mit Maschinengewehren durch den Kreis einer laufenden Luftschraube gesteuert schießen zu können, wodurch die zentrale, starre Bewaffnung von einmotorigen Zugschraubenflugzeugen ermöglicht wurde. Mit dieser Bewaffnungsart wurde mit einem Schlage eine gewaltige Überlegenheit an Treffsicherheit gegenüber der beweglichen Bewaffnung erzielt, und damit die Grundlage für die besonders wirkungsvolle Anwendung im Kampfeinsitzer geboten. Der Krieg hatte

**Jäger in der klassischen Angriffsposition. Fokker D VII greift einen Farman F 40 an. (Nach einem Gemälde von A. B. Henninger.)**

aber auch bewiesen, daß es bei der Beurteilung eines Kriegsflugzeuges nicht allein auf seine flugtechnischen Eigenschaften ankam, sondern daß die »Art der Bewaffnung« sowohl beim Angriff eines Jägers, als auch bei der Verteidigung eines Bombers, eine größere Rolle spielte, als die Flugzeugbauer geneigt waren zuzugeben. Hierin zeichnete sich bereits eine grundlegende Abhängigkeit der Flugzeugkonstruktion von der Bewaffnung der Kriegsflugzeuge ab. Darum war die Hauptaufgabe der Waffenentwicklung einmal, das Bewährte zu verbessern, und zum anderen durch Schaffung neuen Gerätes, unter Berücksichtigung der fortschreitenden Entwicklung des Flugzeugbaus, allen veränderten Verhältnissen Rechnung zu tragen.

# Die Flugzeugbordwaffen im Ersten Weltkrieg

## Das Maxim-Maschinengewehr 08

Einer der Meilensteine in der Geschichte der Waffenentwicklung war die Schaffung selbsttätiger Schußwaffen in den 80er Jahren des vorigen Jahrhunderts. Bei diesen Waffen diente die Kraft der Pulverladung der Patrone nicht nur zum Forttreiben des Geschosses, sondern bewirkte in Verbindung mit dem Rückstoß das selbsttätige Ausziehen und Auswerfen der leeren Patronenhülse sowie das Zuführen, Laden und erneute Zünden der Patrone in ununterbrochener Folge so lange, wie der Abzugshebel betätigt wurde. Diese, für eine automatische Waffe kennzeichnenden Bewegungsabläufe, legte der amerikanische Ingenieur *Hiram Stevens Maxim,* im Jahre 1883, in der englischen Patentschrift No. 3493 nieder.

Nach Überwindung der üblichen technischen Anfangsschwierigkeiten verkaufte *Maxim* im Jahre 1884, die auf seine automatische Waffe erworbenen Patente an die englische Firma Vickers. Gleichzeitig gründete er die Maxim Gun Company in Crayford in der Grafschaft Kent, deren Direktor der Mitteilhaber *Albert Vickers* wurde. In dieser Waffenfabrik konnte dann nach harter Arbeit und vielen Änderungen der Grundkonzeption die Herstellung der Maxim-Maschinengewehre aufgenommen werden. Dieser Rückstoßlader mit beweglichem Lauf konnte in der Minute über 300 Schuß 11,4 mm Munition verfeuern. *Maxim* erregte mit seiner Erfindung, im Jahre 1887, auf der Industrie Ausstellung in South Kensington, wo er zum ersten Male seinen neuen »Automaten« der Öffentlichkeit vorstellte, ungeheures Aufsehen. Noch im gleichen Jahr erwarben die Engländer als erste die neue Waffe, andere Länder folgten, und auch in Deutschland fand im Jahre 1889 in der Festung Zorndorf bei Küstrin ein Vergleichsschießen mit vergleichbaren Maschinenwaffen vor der Gewehr-Prüfungs-Kommission statt. Dabei erwies sich das Maxim-Maschinengewehr allen anderen Waffen als überlegen. Aber trotz aller Bemühungen gelang es der G.P.K. nicht, das Maschinengewehr an die deutsche Patrone 88 vom Kaliber 7,9 mm anzupassen, so daß schließlich auf Befehl des Kriegsministeriums, im März 1892, alle Versuche mit dieser Waffe eingestellt wurden.

Fast volle zwei Jahre vergingen, bevor die Gewehr-Prüfungs-Kommission die Versuche wiederaufnahm, und dies nur, weil *Kaiser Wilhelm II,* bei einer Nordlandreise im Jahre 1894, zufällig durch den englischen *Admiral Commerell* ein verbessertes und leichteres Vickers-Maxim-Maschinengewehr vorgeführt bekam, was einwandfrei funktionierte. Das machte auf den Kaiser einen ungewöhnlichen Eindruck. Auf höchsten Befehl wurden daraufhin die Schießversuche mit dem neuen Maxim-Modell wieder aufgenommen. Inzwischen hatte die Waffenfirma *Ludwig Loewe* in Berlin-Spandau die Lizenzrechte zur Herstellung des Maxim-Maschinengewehrs für die Kaiserliche Marine erworben, und der

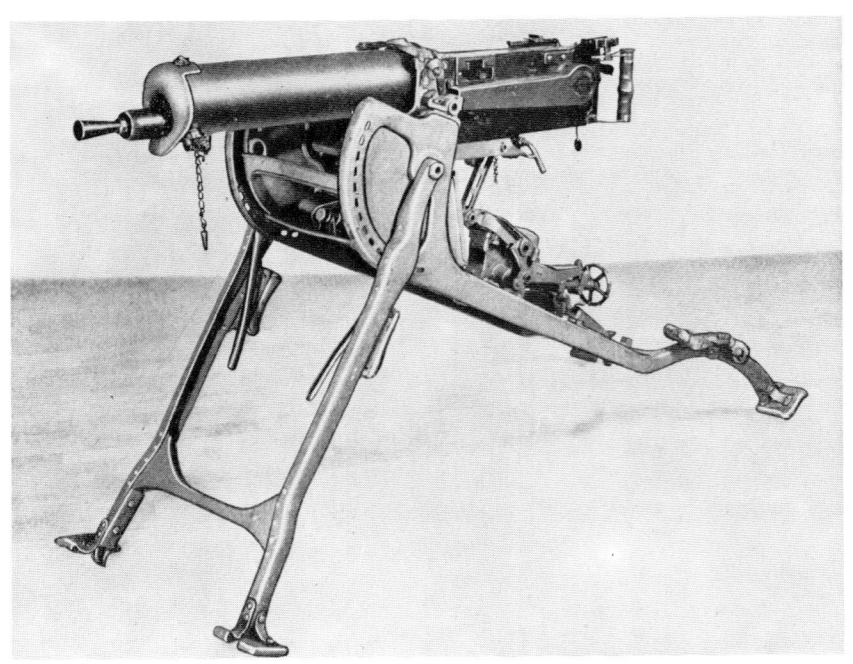

**Maxim-Maschinengewehr 08 deutscher Fertigung mit Rückstoßverstärker S und Mantelkopfschild auf Schlitten 08.**

G.P.K. war es gelungen, eine 88er-Patrone mit M.G.-Hülse, und etwas später die Einheitspatrone 88 mit E-Hülse für Gewehr und Maschinengewehr zu schaffen. Die Firma Loewe (später Deutsche Waffen- und Munitionsfabriken – DWM –) lieferte schon 1895 das erste Maxim-Maschinengewehr deutscher Fertigung aus, und im Jahre 1899 stellte das Heer zunächst sechs Maschinengewehr-Kompanien für Truppenversuche auf. Nach dem erfolgreichen Abschluß dieser Truppenerprobung wurden schließlich am 1. Oktober 1901 fünf M.G.-Abteilungen in dem Etat der preußischen Armee aufgenommen. Dadurch war das Maxim-Maschinengewehr offiziell im deutschen Heer eingeführt worden. Das M.G. 99 wurde durch das M.G. 01 ersetzt, und im Jahre 1903, konnte die Waffe weiter verbessert, und durch die Materialumstellung von Bronze auf Stahl noch leichter gemacht werden. Aber erst erneute technische Verbesserungen am M.G. und Schlitten 03, führten schließlich zu dem bewährten M.G. 08. Zu dieser Zeit wurden die Waffen allgemein nach dem Jahr, in dem die Konstruktion abgeschlossen war, bzw. nach dem Einführungsjahr, benannt.

Das Maschinengewehr 08 wog mit vier Liter Kühlflüssigkeit 26,5 kg und mit dem Schlitten 08, einschließlich des Zubehörs, zwischen 60 und 65 kg.

Die Feuergeschwindigkeit betrug zunächst 300 bis 350 Schuß in der Minute. Die Waffe hatte einen Kniegelenkverschluß und ein Etagenschloß. Beim Rücklauf des Verschlusses wurden erst eine Patrone aus dem Gurt und die leere Hülse aus dem Patronenlager des Laufes gezogen, um dann beim Vorlauf die neue Patrone in das Patronenlager einzuführen. Darauf ging der Patronenträger nach oben, streifte dabei die leere Hülse ab und erfaßte die nächste Patrone im Gurt. Erst dann konnte der Schlagbolzen nach vorn schnellen und die im Patronenlager befindliche Patrone zünden. Das Ganze war zwar kompliziert, funktionierte aber recht gut.

Fast 30 Jahre lang fand das M.G. 08 (s.M.G.)[1] beim deutschen Heer und später bei der Reichswehr Verwendung. Erst ab 1936 wurde es nach und nach bei der Wehrmacht durch das M.G. 34 ersetzt. Es liegen sich widersprechende Angaben vor, aber Deutschland ging mit weniger als 5000 dieser 08 Maschinengewehre in den Ersten Weltkrieg.

---

[1] s.M.G. = schweres Maschinengewehr

**Schweres wassergekühltes Maschinengewehr 08 auf Pivot montiert in der Gondel eines Zeppelin-Luftschiffes**

Die einzigen, mit diesem wassergekühlten, schweren Maschinengewehr ausgerüsteten Luftkampfmittel, waren bei Ausbruch des Krieges die deutschen Zeppeline. Für die damaligen Flugzeuge war das Gerät zu schwer. Bei den Zeppelinen befanden sich die Kampfstände oberhalb des Bugs und des Hecks, mit ausgezeichnetem Schußfeld nach allen Seiten. Hierzu kamen je zwei weitere Maschinengewehre in den Gondeln. Diese zusätzliche Kampflast stellte gewichtsmäßig kein Problem dar.

## Das »Parabellum« Maschinengewehr, Kaliber 7,92 mm

Das deutsche Kriegsministerium erteilte bereits fünf Jahre vor dem Ersten Weltkrieg den Deutschen Waffen- und Munitionsfabriken (vormals Ludwig Loewe) den Auftrag, ein Maschinengewehr zu entwickeln, das die gleiche Munition vom Kaliber 7,92 mm verschoß wie das schwere M.G. 08 und der

»Parabellum«-Flieger-M.G. Mod. 1914 (l.M.G. 14)

**Wassergekühltes »Parabellum«-Maschinengewehr Mod. 1913 als Defensiv-Bewaffnung eines Zeppelin-Luftschiffs**
(Nach einer Zeichnung von Felix Schwörnstadt, Leipziger Illustrierte Zeitung 1917)

Infanterie-Karabiner. Es sollte außer einer hohen Feuergeschwindigkeit, ein geringes Gewicht haben und leicht zu bedienen sein.

Die Deutschen Waffen- und Munitionsfabriken verfügten damals über bessere Waffenkonstrukteure als in jedem anderen Land. Ihr Chefkonstrukteur war der Oberingenieur *Hugo Borchardt,* Erfinder einer Pistole, die später sein Assistent und Nachfolger *Georg Luger* zur berühmten Parabellum-Pistole 08, einem Selbstlader mit verriegeltem Kniegelenkverschluß, weiterentwickelte. Anfang 1911 trat *Karl Heinemann* in die Waffenfirma ein. Ihm wurde die Aufgabe übertragen, durch entsprechende Verfeinerungen, wie Vereinfachung und Gewichtseinsparung unter Berücksichtigung der Kriterien für die Massenfertigung, aus dem Maxim-Maschinengewehr, die geforderte Waffe zu konstruieren. Diese Entwicklung wurde aus Gründen der Geheimhaltung, und zur Unterscheidung von den anderen Waffen, im Schriftverkehr der DWM unter der Bezeichnung »Parabellum«[1] geführt.

---

[1] Aus dem lateinischen Spruch abgeleitet: »Si vis pacem, para bellum«, zu deutsch: Willst Du den Frieden, sei bereit für den Krieg

**»Parabellum«-Flieger-M.G. Mod. 1914/17 (I.M.G. 14/17)**

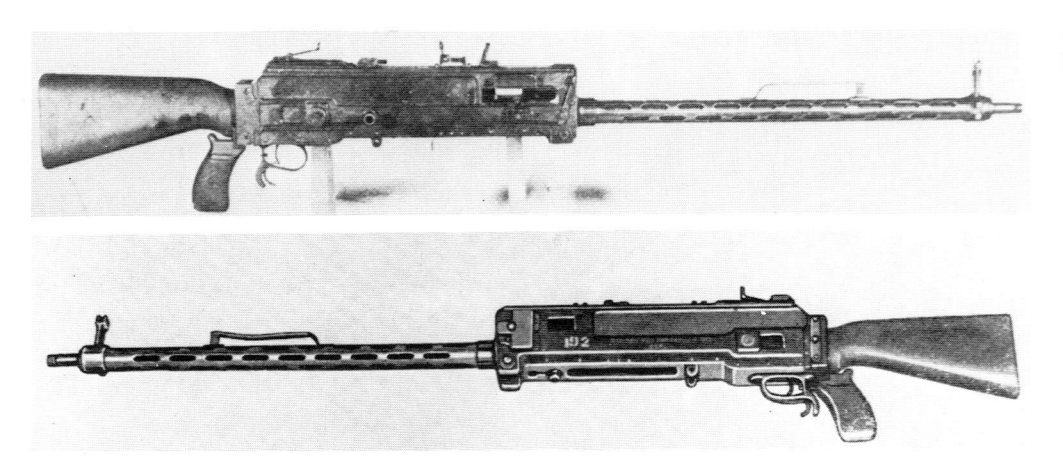

*Heinemann* bediente sich im wesentlichen bei seiner neuen Konstruktion des Maxim-Prinzips. Er drehte den Kniegelenkverschluß um, so daß er nach oben statt nach unten auslenkte, und lagerte die Rückholfeder zentral. Dann vereinfachte er vor allem die Patronenzuführung und erreichte durch diese Verfeinerung eine Feuergeschwindigkeit von 700 Schuß in der Minute. Die Patronen wurden in einem starken Hanfgewebegurt zugeführt, der auf einer an der rechten Seite des Maschinengewehrs angebrachten Trommel aufgerollt war, die bis zu 100[1]) Schuß faßte, wodurch sich die Waffe ungehindert nach allen Seiten schwenken ließ.

Das »Parabellum«-Maschinengewehr war insgesamt gesehen eine waffentechnische Meisterleistung *Heinemanns*. Da die Waffe ursprünglich als reine Defensivbewaffnung für Zeppeline vorgesehen war, war sie wassergekühlt, und als solche in den Zeppelingondeln eingebaut. Die Munitionszuführung erfolgte anfangs ebenfalls nicht aus einer Trommel, sondern aus einem an der Waffe eingehängten Gurtkasten. Das Maschinengewehr erwies sich für den Erdkampf als zu empfindlich gegen Verschmutzung, war aber geradezu ideal für den Einbau im Flugzeug. Hierzu wurde der Kühlwassermantel durch ein Mantelrohr mit länglichen Bohrungen ersetzt, so daß nun der Fahrtwind des Flugzeugs durch die Mantelrohrschlitze strömen und den Lauf einwandfrei kühlen konnte. Der Durchmesser dieses durchbrochenen Mantelrohres war beim »Parabellum«-Modell 1914 gleich dem des wassergekühlten Modells. 1917 wurde das durchbrochene Mantelrohr um mehr als die Hälfte verjüngt und der Lauf etwas verkürzt, was außer der Materialersparnis auch zur weiteren Gewichtsersparnis beitrug. Ohne Zubehör wog diese »Parabellum«-Ausführung[1]) zirka 10 kg und war somit das leichteste, auf dem Maxim-System beruhende Maschinengewehr, das es je gab.

Alle »Parabellum«-Modelle besaßen einen Anschlagkolben, der in Verbindung mit dem Pistolengriff zur besseren Handhabung der Waffe diente. Darüber hinaus wurden die Maschinengewehre teil-

---

[1]) Bei G- und R-Großflugzeugen sind auch 200 Schuß fassende Trommeln verwendet worden

**Bewaffnung eines L. V. G. C-Aufklärers mit zwei I.M.G. 14 mit Kastenmagazinen, einmal im rückwärtigen Beobachtersitz und zum anderen auf dem Oberflügel zum Schießen nach vorn oberhalb des Propellerkreises.**

---

[1]) I.M.G. 14/17

weise mit Mündungsverstärkern und Mündungsfeuerdämpfern ausgerüstet. Von 1915 an wurde dieses leichte, luftgekühlte »Parabellum«-Maschinengewehr, als bewegliches Fliegermaschinengewehr für Beobachter und Schützen auf Schneider-Waffenring montiert, zur Standard-Bewaffnung aller mehrsitzigen deutschen Kriegsflugzeuge.

Alle »Parabellum«-Modelle, sowohl das 1914er wie das 1914/17er, ließen sich zur Erhöhung der Feuerdichte durch entsprechende Montageänderungen als Zwillings-Maschinengewehre verwenden. Zu diesem Zweck waren die Waffen parallel zueinander angeordnet, jedoch um $1^1/_2$fache Patronentrommeltiefe versetzt. Da beide Trommeln an der rechten Waffe befestigt waren, mußte der Vollgurt für das linke Maschinengewehr über das rechte hinweggeführt werden. Für die Leergurtabführung sowie die leeren Patronenhülsen gab es noch keine besonderen Auffangvorrichtungen. Die beiden Abzugshebel waren miteinander gekoppelt, das Abfeuern beider Waffen erfolgte von der rechten Abzugsvorrichtung aus. Die Visiereinrichtung bestand aus einer ver-

**Montagearten des I.M.G. 14 als Zwillingswaffe.**

stellbaren Kimme und einem einfachen Kreis- bzw. einem Rahmenkorn. Die »Parabellum«-Maschinengewehre haben sich während der Dauer des Krieges hervorragend bewährt und waren den beweglichen Lewis-Maschinengewehren der Alliierten überlegen. Da die Waffe ein aufschießender Rückstoßlader mit

**Da bei diesen M.G.s die Munition nur von rechts zugeführt werden konnte, mußten der Zuführungshals für die jeweils linke Waffe einmal unterhalb des M.G.s herumgeführt und zum anderen oberhalb des rechten M.G.s herübergeführt werden**

**Versuchsmontage eines starren, fernbedienten I.M.G. 14 auf dem Oberflügel eines Albatros C I/1915 Doppeldeckers, um so in Flugrichtung nach vorn über den Propellerkreis hinwegschießen zu können.**

**I.M.G. 14/17 mit großer Munitionstrommel und Zielfernrohr.**

beweglichem Lauf war, eignete sie sich auch zum starren Einbau, um synchronisiert durch den Propellerkreis zu schießen. Fokkers M5K[1]) Eindecker mit der Werk-Nr. 216 war das erste Flugzeug, das

[1]) später umbenannt in E I 1/15

**I.M.G. 14/17 im Bug eines Friedrichshafen G III Bombenflugzeugs. Die Abb. zeigt den Besuch des Kaisers beim Bombengeschwader der Obersten Heeresleitung BOGOHL 1, in Bildmitte Kaiser Wilhelm II und Hptm. Keller.**

mit einem starren, synchronisiert durch den Propellerkreis schießenden »Parabellum«-Mod. 1914-Maschinengewehr ausgerüstet wurde, nachdem *Fokker* mit seinem Waffentechniker *Lübbe* und anderen Mitarbeitern, unter Anwendung der Patente von *Schneider* und *Euler,* eine Synchronisations-Vorrichtung entwickelt hatte. Die Waffe besaß noch den Anschlagkolben, der weit in den Führersitz ragte. Gezielt wurde mit dem ganzen Flugzeug über Kimme und Rahmenkorn; zum ruhigeren Zielen diente eine verstellbare Kopfstütze, die hinter dem Piloten angebracht war, später aber nicht mehr eingebaut wurde, weil die meisten Flugzeugführer sich dadurch behindert fühlten und sie abmontieren ließen. In dem zweiten M5K/MG Kampfeinsitzer, er trug die Werk-Nr. 258 und die spätere Bezeichnung E I 2/15, wurde dann schon ein I.M.G. 08 eingebaut.

## Das Maschinengewehr I.M.G. 08, Kaliber 7,92 mm

Wegen des steigenden Bedarfs an »Parabellum«-Maschinengewehren zur Ausrüstung der C-Flugzeuge mit einer beweglichen Waffe, konnten für die Armierung der Kampfeinsitzer mit einem starren Maschinengewehr nicht genügend »Parabellum«-Maschinengewehre bereitgestellt werden. Aus diesem Grunde griff man auf das alte M.G. 08 zurück, ersetzte den Kühlwassermantel durch ein durchbrochenes Mantelrohr, so daß auch hier der Fahrtwind des Flugzeugs zur Kühlung des Laufes ausgenutzt wurde, und stattete es für die Einhandbedienung mit einer Durchladeeinrichtung aus. Dieses Maschinengewehr erhielt die Bezeichnung I.M.G. 08, wobei das »I« für »luftgekühlt« stand. Anfangs lag die Feuergeschwindigkeit des Maschinengewehrs bei 350 Schuß in der Minute, die dann bei Verwendung des 1914 eingeführten, und im Jahre 1915 verbesserten Rückstoßverstärkers, auf 450 Schuß in der Minute gesteigert werden konnte. Zusätzlich erhielten die Maschinengewehre, zur Minderung der störenden Blendwirkung des Mün-

**Das luftgekühlte M.G. 08 (IMG 08) als Flieger-Maschinengewehr für den beweglichen Einbau.**

dungsfeuers, einen Mündungsfeuerdämpfer. Die Waffe war oberhalb des Rumpfes, zwischen dem Umlaufmotor und dem Führersitz, so gelagert, daß der Flugzeugführer mit der rechten Hand das Maschinengewehr durchladen und den Gurt erreichen konnte. Der Vollgurt wurde über eine verkleidete Führung vom Munitionsbehälter zur Waffe geführt, der Leergurt durch eine entsprechende Vorrichtung abgeleitet. Die Visierung erfolgte über das herkömmliche aufgeklappte Stangenvisier und einem Kreis- bzw. Rahmenkorn auf dem Kühlmantelkopf.

Obwohl das starr eingebaute, gesteuert durch den Propellerkreis schießende I.M.G. 08 waffentechnisch einen Durchbruch einleitete, stellte sich im harten Luftkampfeinsatz heraus, daß es nicht das ideale Fliegermaschinengewehr war. Im Winter und in größeren Höhen gefror das Schmierfett des Schlosses und der gleitenden Teile, wodurch der automatische Ladevorgang unterbrochen, und die Waffe außer Betrieb gesetzt wurde. Eine nachträglich angeflanschte elektrische Heizung sollte Abhilfe schaffen. Auch litt die Flexibilität des Hanfmunitionsgurtes sehr unter der Kälteeinwirkung, was das Ausziehen der Patronen beeinträchtigte und zu Ladehemmungen führte. Nicht selten gab es auch Hülsenreißer. Manchmal froren die Gelenke des Synchronisations-Mechanismus ein, so daß es zu gefährlichen Propellerschüssen kam. Unter normalen Witterungsbedingungen und bei Reisedrehzahl

**Das I.M.G. 08, die erste Standard-Waffe der deutschen Jagdflugzeuge, hier montiert auf Fokker E II Kampfeinsitzer.**

des Umlaufmotors arbeitete das Maschinengewehr mehr oder weniger zuverlässig. Vereinzelt wurde anfangs das I.M.G. 08 auch als bewegliche Waffe eingesetzt. Hierzu wurden am hinteren Teil des

**Einbau der beiden starren, gesteuert durch den Luftschraubenkreis schießenden I.M.G. 08 in einem Junkers-J-11-See-Aufklärer. Die zwei M.G.-Abzughebel sind am Steuerrad gut zu erkennen.**

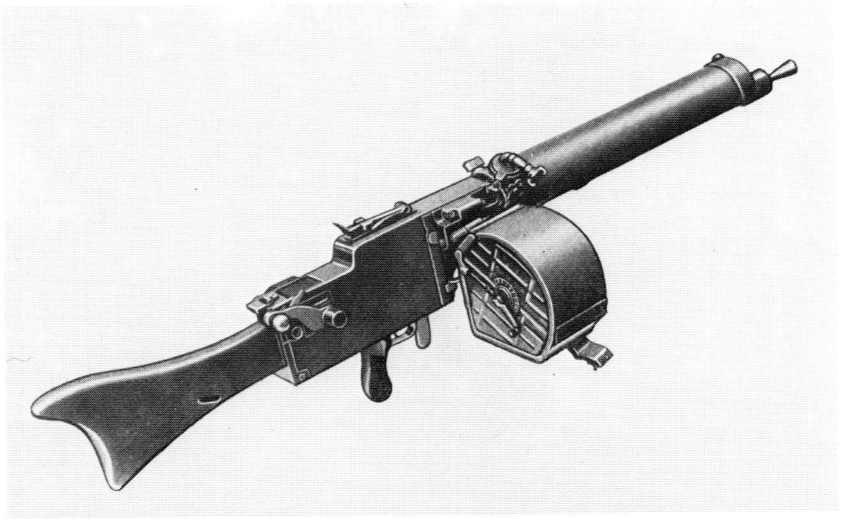

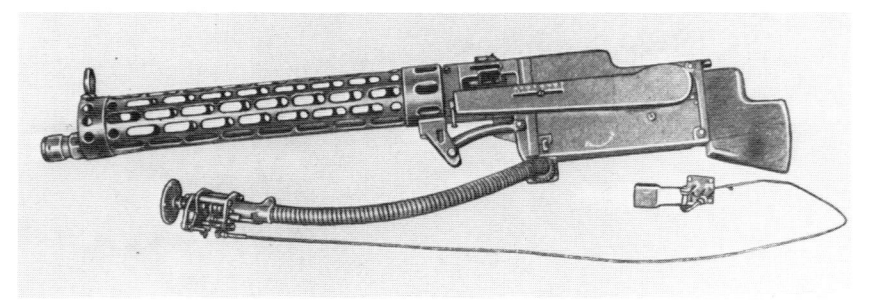

## Das Maschinengewehr L.M.G. 08/15, Kaliber 7,92 mm

Schon während der Kämpfe im Jahre 1915 stellte sich zunehmend heraus, daß das Maschinengewehr 08 allein nicht mehr alle Aufgaben im Erdkampf abdecken konnte. Es war zu schwer und zu unhandlich, um den wechselnden Situationen auf dem Schlachtfelde in jeder Hinsicht gewachsen zu sein. Stellungswechsel und in Stellung gehen erforderten viel Zeit und Mühe, es waren mindestens drei Mann dazu notwendig, und so konnten die schweren Maschinengewehre die Infanterie im Angriff und in der Verteidigung nur noch als Fernwaffe, von rückwärtigen Stellungen aus, unterstützen. Die Forderung nach einem leichten und handlichen Maschinengewehr wurde immer dringender, zumal vom Kriegsministerium über die Gewehr-Prüfungs-Kommission die Entwicklung einer solchen Waffe rechtzeitig in Auftrag gegeben worden war.

Wieder waren es *Karl Heinemann* und seine Mitarbeiter der Deutschen Waffen- und Munitionsfabriken, die nach Abschluß ihrer Arbeiten an dem »Parabellum«-Maschinengewehr, unter Beibehaltung der Maxim-Konstruktion, aus dem Maschinengewehr 08, das vom Landheer geforderte leichte Maschinengewehr entwickelten. Die neue Waffe wurde 1915 fertiggestellt und in dem darauffolgenden Jahr als M.G. 08/15 an der Front eingesetzt. Mitsamt der Gabelstütze für den Erdzielbeschuß, darüber hinaus gab es noch das Dreibein zum Beschießen von Flugzielen, wog das Maschinengewehr mit gefülltem 3-Liter-Wassermantel 19 kg. Im allgemeinen wurde das M.G. 08/15 von zwei, und bei Verwendung des 50 Schuß fassenden Trommelmagazins, von nur einem Mann bedient. Für eine bessere Handhabung und zum festen Einziehen besaß das Maschinengewehr einen Pistolenabzugsgriff und einen Anschlagkolben. Das M.G. 08/15 wurde zu dieser Zeit den Anforderungen der Truppe voll gerecht.

Dieses leichte Maschinengewehr ist dann in gleicher Weise, wie schon das M.G. 08, für den starren Einbau im Flugzeug, zum gesteuerten Schießen

**Das wassergekühlte, leichte Infanterie-Maschinengewehr 08/15 mit Anschlagkolben, Gurttrommel und Gabelstütze war die Ausgangswaffe für das Fliegermaschinengewehr l.M.G. 08/15.**

Kastens ein kurzer Anschlagkolben und ein Pistolengriff mit Abzugsvorrichtung am Kastenboden angebracht. An der rechten Seite des Maschinengewehres war der Patronenkasten angesetzt, so daß die Waffe auf Pivot montiert frei geschwenkt werden konnte. Trotz des vollständig mit Durchbrüchen versehenen Mantelrohres, war die Ausführung insgesamt zu schwer und auch recht unhandlich. Das Ganze blieb nichts weiter als eine Notlösung.

**Das l.M.G. 08/15-Fliegermaschinengewehr löste ab 1915/16 weitgehendst das l.M.G. 08 als starre Angriffswaffe der Jagdflugzeuge ab. Das »L« (Schreibweise auch «l«) stand für »luftgekühlt«. Nach dem Herstellungsort Spandau bei Berlin wurde das M.G. von den Alliierten als »Spandau-M.G.« bezeichnet. Die Abb. zeigt das M.G. mit der Synchronisationswelle und dem Bowdenzug mit dem M.G.-Abzughebel.**

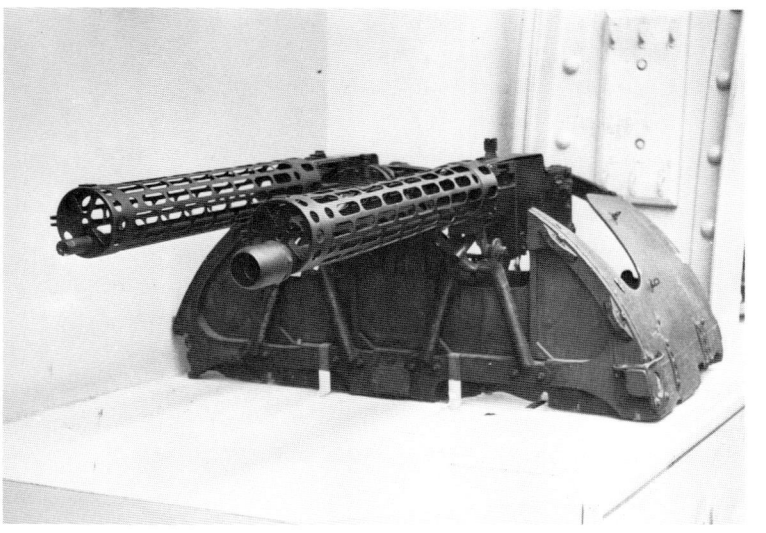

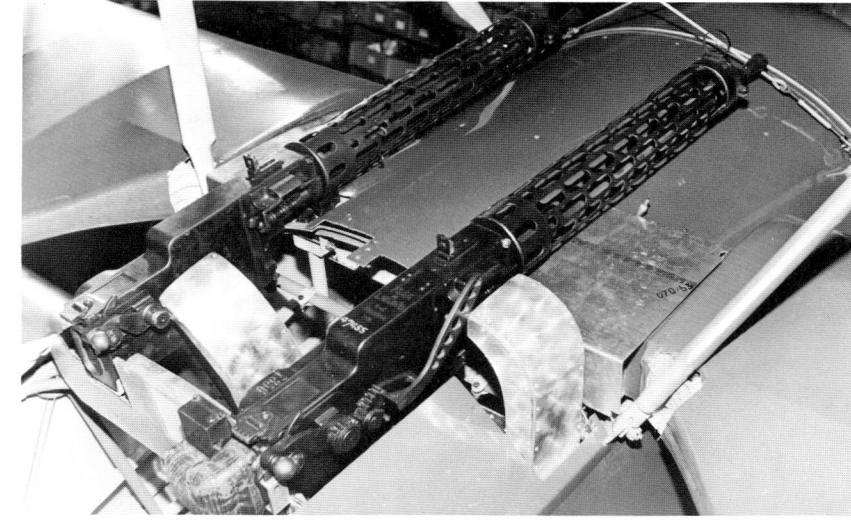

**Als Standard-Angriffswaffe wurde das I.M.G. 08/15 in Zwillingslafettierung in den Jagdflugzeugen montiert. Links die beiden M.G.s von vorn, rechts die M.G.s von hinten oben (hier in Fokker Dr. I Nachbau der Fa. Arthur Williams Flugzeugbau).**

durch den Propellerkreis, eingesetzt worden. Hierfür entfernte man den Anschlagkolben und ersetzte den Kühlwassermantel durch ein mit Längsbohrungen versehenes Mantelrohr gleichen Durchmessers. Der Kastenboden mit der Abzugsvorrichtung wurde für das synchronisierte Schießen abgeändert und schließlich an der rechten Seite des Kastens die Durchladevorrichtung angebracht. Die Waffe war zirka 117 cm lang und wog 16 kg. Sie erhielt die Bezeichnung L.M.G. 08/15, wobei auch hier wieder das »L« für »luftgekühlt« stand. Die Feuergeschwindigkeit konnte durch Verwendung des Schlosses 16, mit der dazugehörigen neuen Gleitvorrichtung, von 450 auf 600 Schuß in der Minute erhöht werden. Die Mündungsgeschwindigkeit betrug 755 m/sek. Ihre Montage war, wie bei den M.G.s 08 so, daß zwei Maschinengewehre parallel nebeneinander zwischen Luftschraube und dem Führersitz angeordnet wurden. Die Patronengurtzu- sowie die Leergurtabführung waren verkleidet, und die Durchladevorrichtung bequem vom Flugzeugführer zu handhaben. Gezielt wurde mit dem ganzen Flugzeug über Kimme und Kreis- bzw. Rahmenkorn. Gegen Ende des

Beachte: L.M.G. bzw. I.M.G. 08/15, beide Schreibweisen sind richtig. Auf der Waffe wurde das L (luftgekühlt) als großer Buchstabe eingestanzt

Krieges experimentierte man bereits versuchsweise mit einem Reflexvisier.

Diese L.M.G. 08/15, allgemein auch nach ihrem Herstellungsort »Spandau-M.G.s« genannt, wurden mit der »Fokker-Zentralsteuerung« zur starren Standard-Angrifswaffe aller deutschen Jagdflugzeuge des Ersten Weltkriegs, und sie fanden noch lange in

**Größenvergleich der Flieger-M.G.s I.M.G. 14 »Parabellum« (oben), Vickers (Mitte) und I.M.G. 08/15 (unten). Der Pfeil deutet auf das Ansatzstück für die Synchronisationswelle hin.**

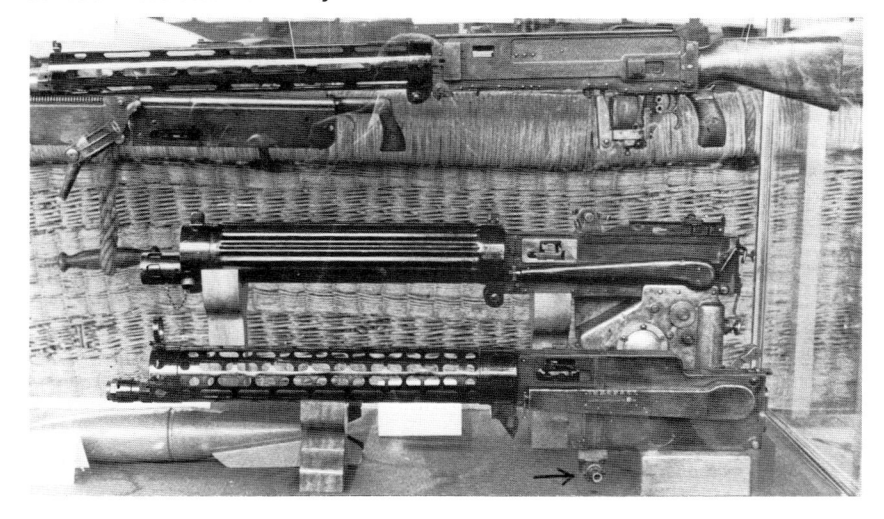

der Nachkriegszeit bei den geheimen Fliegerausbildungsstätten der Reichswehr sowie in den ersten Flugzeugen der neuen Luftwaffe Verwendung.

Im Rahmen des Notrüstungsprogramms der Reichswehr für den »A-Fall« fand die Erprobung einer entsprechenden Lafettierung dieser M.G.s an Junkers W 33 und W 34 Flugzeugen im Jahre 1930 bei Aktiebolaget Flyg-Industrie Junkers in Malmö statt. Anschließend wurden alle vorhandenen Flugzeuge dieser Muster bei Junkers in Dessau für eine Behelfsbewaffnung vorbereitet, und zwar so geschickt, daß alle Aussparungen und Öffnungen für die Waffen, äußerlich nicht erkennbar, verkleidet wurden. Die losen Teile für die Lafettierung lagerte man einfach als Nachrüstsatz für das jeweilige Flugzeug ein. Der Waffengruppe der Erprobungsstelle in Travemünde gelang es auch, die Schußfolge des L.M.G. 08/15 auf zirka 800 bis 1000 Schuß in der Minute zu steigern. Ebenso führte die Waffengruppe im Sommer 1931 in Lipezk, dem Erprobungszentrum der Reichswehr in Rußland, als Teil der taktischen Erprobung des Heinkel HD 38 Jagdflugzeuges mit zwei starr eingebauten L.M.G. 08/15, eine umfangreiche Waffenerprobung durch. Noch bis ins Jahr 1935 hinein konnte auf das L.M.G. 08/15 als starre Flugzeugbewaffnung nicht verzichtet werden, erst dann wurde der Veteran durch das M.G. 17 ersetzt.

**Gravur auf dem Kasten des l.M.G. 08/15.** An der rechten Seite des Kastens sind der Schloßhebel und die Sperrklinke und an der linken Seite das Zuggehäuse der Federeinrichtung gut zu erkennen.

## Das Maschinengewehr M.G. 08/18, Kaliber 7,92 mm

Die Weiterentwicklung des M.G. 08/15, das M.G. 08/18, war im Grunde nichts anderes als ein luftgekühltes M.G. 08/15 für die Bodentruppen. Es wurde gerade zum Kriegsende fertig und sollte bei Radfahr-Kompanien und bei der Kavallerie Verwendung finden. Bei diesem Maschinengewehr hatte man lediglich den Kühlwassermantel, dessen Durchmesser 914 mm betrug, durch ein durchbrochenes Mantelrohr von 477 mm Durchmesser ersetzt, wodurch sich das Gesamtgewicht der Waffe auf 12,5 kg verringerte. Die Mündungsgeschwindigkeit betrug 770 m/sek. und die Schußfolge 540 Schuß pro Minute. Die Gewichtsleistung lag bei 3,3 PS/kg. Dieses leichte, luftgekühlte Maschinengewehr fand beim Landheer keine Verwendung mehr, soll aber vereinzelt experimentell in Jagdflugzeugen eingebaut gewesen sein. Nach dem Kriege erhielt die Kavallerie der Reichswehr das Maschinengewehr, und auch die ersten Heinkel He 51 Jagdflugzeuge rüstete man mit diesem Maschinengewehr aus, bis es schließlich im Jahre 1936 von dem M.G. 17 der Firma Rheinmetall endgültig abgelöst wurde. Das M.G. 08/18 verschoß ein Geschoßgewicht von 0,115 kg/sek.

Versuchseinbau eines ersten Reflexvisiers in Fokker Dr. I bei Jasta 12.

Der Rückstoßverstärker 08/15 für I.M.G. 08/15.

Die beiden I.M.G. 08/15 waren in den Kampfflugzeugen so eingebaut, daß sie leicht bedient werden konnten, wie hier Friedrich Christiansen z. B. das Durchladen der Waffe gut demonstriert.

## Das GAST-Fliegermaschinengewehr, Kaliber 7,92 mm

Wie bereits erwähnt wurde, lag 1916 ein völlig neuartiges Maschinengewehr vor, das die Bewaffnung der Flugzeuge erheblich verstärken sollte. Es war ein von dem Ingenieur *Karl Gast* entwickeltes Fliegermaschinengewehr, das von der Firma Vorwerk und Co. in Barmen gefertigt wurde. Hierbei handelte es sich um ein luftgekühltes, doppelläufiges Maschinengewehr, das zwei gleiche Waffensysteme in einem gemeinsamen Verschlußkasten vereinigte und als Rückstoßlader mit kurzem Laufrücklauf arbeitete, wobei der Rückstoß des jeweils schießenden Systems das Laden und Abfeuern des anderen Systems bewirkte. Dieses Prinzip, ähnelte dem des Engländers *Bethel Burton,* das er sich am 22. März 1886 unter der No. 4008 patentieren ließ.

Über zwei an jeder Seite angebrachte, je 180 Schuß fassende Trommel-Magazine wurden die Patronen zugeführt, die in den Magazinen unter Federdruck

**Flugzeugmaschinengewehr »Gast«. Von oben n. unten: Seitenansicht ohne, Seitenansicht mit dem 180schüssigen Trommelmagazin, Ansicht von oben.**

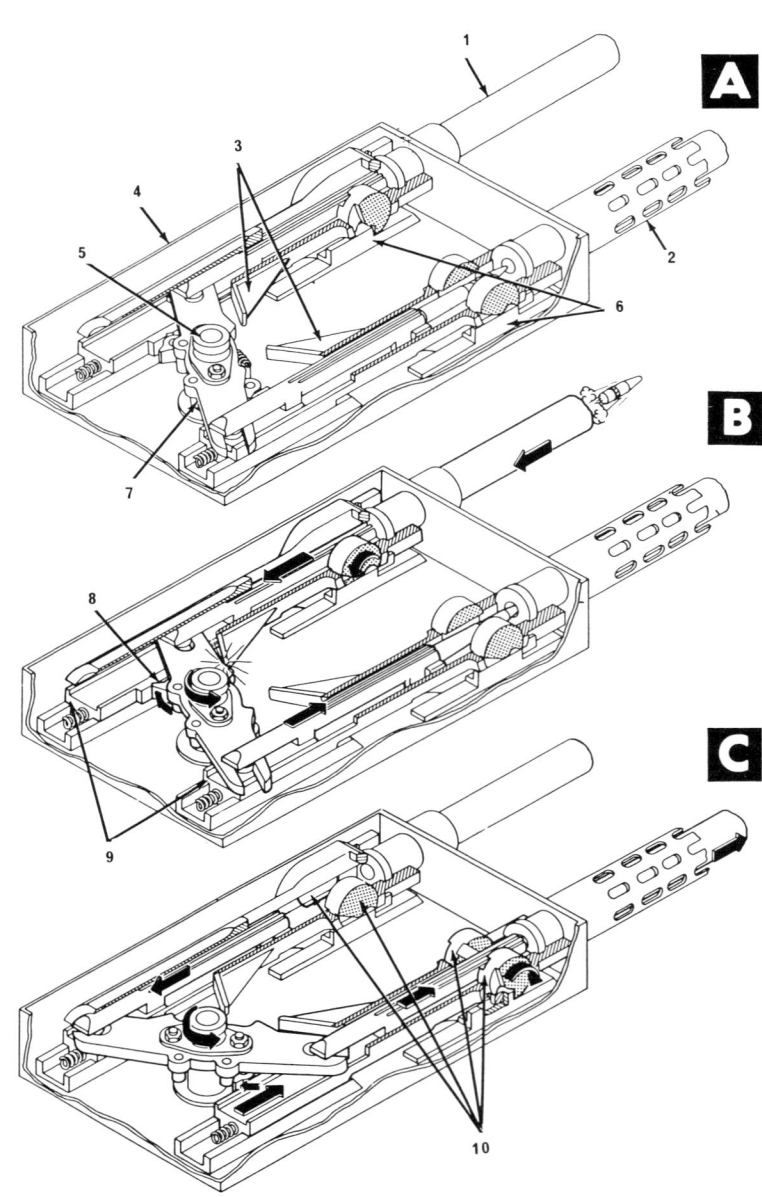

**Arbeitsweise des GAST-Fliegermaschinengewehrs**
1) Linker Lauf, 2) Rechter Lauf, 3) Beschleuniger, 4) Gehäuse, 5) Übertragungshebel-Drehpunkt, 6) Verriegelungs-Leitstege, 7) Übertragungshebel der beiden Laufverschlüsse, 8) Griff (Anschlag), 9) Lauf-Verlängerungs-Stück, 10) Verriegelungsstücke

so lagerten, daß die Verschlüsse die Patronen direkt erfassen und gradlinig in die Patronenlager der Läufe stoßen konnten. Dies war auch ein Grund für die enorme Schußleistung von 1600 bis 1800 Schuß in der Minute. Die Mündungsgeschwindigkeit lag

troll Kommission¹) in einem geheimen Versteck bei Königsberg 25 komplette GAST-Flieger-M.G.s mitsamt Munition und Konstruktionszeichnungen aufspürten und den gesamten Fund unverzüglich nach Frankreich und Amerika brachten. Dort wurden in umfangreichen Versuchen die Eigenschaften dieses Waffensystems erprobt und ausgewertet, nicht zuletzt um es eventuell für eigene Zwecke auszunutzen.

**Verschlußkasten des Gast-Flieger-M.G.s mit den beiden Laufverschlüssen und dem Übertragungshebel.**

um 885 m/sek. Es konnte wahlweise Einzel- oder Dauerfeuer geschossen werden, und wenn durch irgendwelche Fehler ein System ausfiel, arbeitete das andere dennoch weiter. Alle beweglichen Teile waren leicht zugänglich und konnten innerhalb einer Minute ausgewechselt werden. Ohne Munition wog die Waffe 27,2 kg. Im Flugzeug wurde das Maschinengewehr auf ein kräftiges Teleskop montiert und konnte so mühelos nach allen Seiten geschwenkt werden.

Nach einer Vorführung dieser Waffe, am 22. August 1917 in Barmen, wurden sofort 3000 Einheiten mit den entsprechenden Ersatzteilen und 10 Trommeln je Waffe mit höchster Dringlichkeitsstufe in Auftrag gegeben. Der Stückpreis betrug einschließlich der Munitionstrommeln 6800,- Reichsmark. Vorwerk sollte bis zum 1. Juni 1918 die ersten 100, von Juni bis September je Monat 100 und danach je Monat 500 Maschinengewehre ausliefern. Die wenigen Einheiten, die noch fertiggestellt wurden und an der Front zum Einsatz kamen, hatten sich hervorragend bewährt.

Die Waffenherstellung und das ganze Drum und Dran waren so geheim, daß erst drei Jahre nach Kriegsende Beamte der Interalliierten Militär Kon-

## Das Bergmann- und das Dreyse-Maschinengewehr, Kaliber 7,92 mm

Wegen des komplizierten Aufbaus des Maxim-Maschinengewehrs wurde die Massenfabrikation dieser Waffe nach Kriegsbeginn immer problematischer und man erkannte bald, daß ein Maschinengewehr nur dann als kriegsbrauchbar angesehen werden konnte, wenn es die Voraussetzungen zur Massenherstellung erfüllte. Aus diesem Grunde wa-

¹) IMKK

**Bergmann M.G. 15 n/A (I.M.G. 15) mit Gurttrommel und Gabelstütze.**

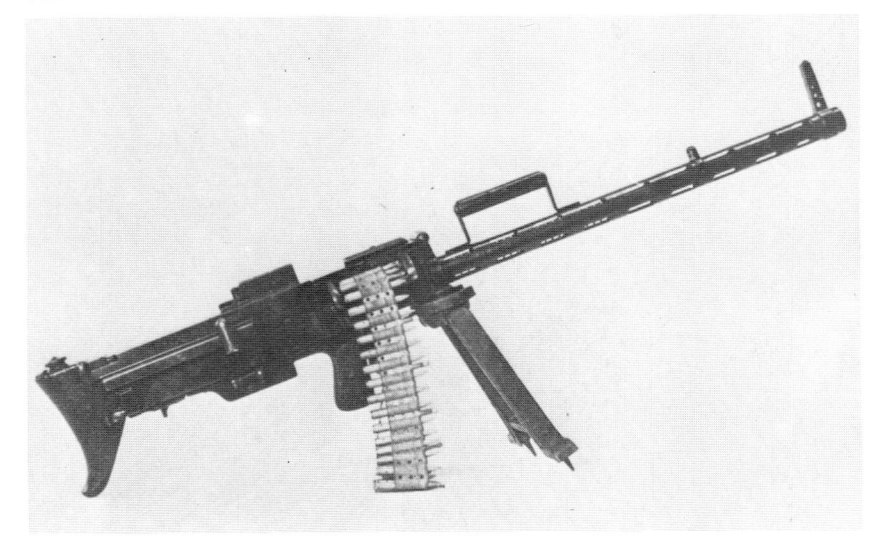

ren neben den D.W.M. auch andere Waffenfabrikationsstätten bemüht, entsprechend einfache, zur Massenfertigung geeignete Maschinengewehre, zu entwickeln. Bereits vor dem Ersten Weltkrieg hatten die Firmen Bergmann und Rheinmetall eigene Konstruktionen geschaffen und vergeblich versucht, sie gegen das Maxim-Maschinengewehr durchzusetzen. Als nun der Waffenbedarf der Truppe im Laufe der Kampfhandlungen immer größer wurde, und die Produktionssteigerungen bedenkliche Formen annahmen, griff die Oberste Heeresleitung auf die seinerzeit angebotenen Maschinengewehre zurück. Auf einer im Frühjahr 1915 einberufenen Waffenkonferenz, auf der die mit der Massenherstellung von Maschinengewehren aufgetretenen Probleme erörtert wurden, schlossen sich die Firmen Rheinische Metallwaren- und Maschinenfabrik in Düsseldorf sowie die Bergmann Industrie Werke, Abt. Waffenbau in Suhl, zu einer gemeinsamen Maschinengewehrentwicklung zusammen. Rheinmetall fertigte ein wassergekühltes, leichtes, sehr bewegliches M.G. für die Infanterie, während *Bergmann* die Herstellung eines entsprechenden luftgekühlten Flieger-M.G.s zur Verwendung als bewegliche Waffe übernahm.

Das Bergmann-Maschinengewehr war im Grunde eine verbesserte Ausführung, des von *Theodor Bergmann* im Jahre 1912 entwickelten wassergekühlten Maschinengewehrs, das wiederum auf seinen Patenten aus dem Jahre 1900 beruhte. Das neue leichte Maschinengewehr, M.G. 15n/A bezeichnet,

**Das wassergekühlte Dreyse Maschinengewehr, Modell 1915.**

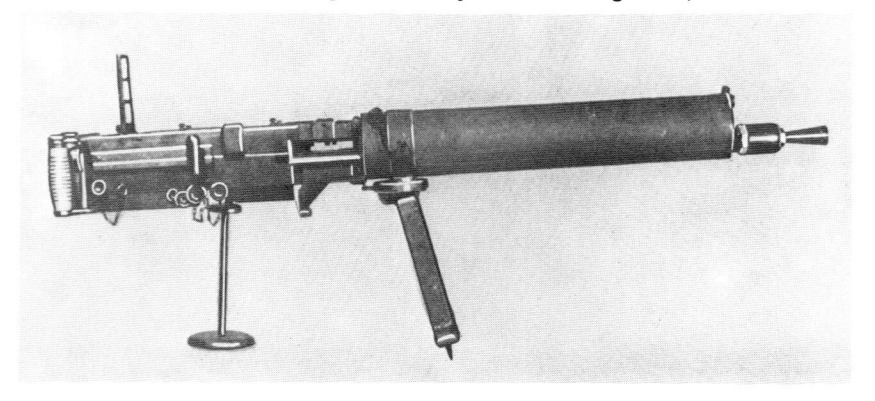

war luftgekühlt, besaß eine Schulterstütze und einen Pistolenabzugsgriff. Die Munition wurde wahlweise über Gurt oder Gurttrommel zugeführt. Auf Pivot montiert, konnte es als bewegliches Flieger-[1], und auf einer Gabelstütze als Infanterie-Maschinengewehr eingesetzt werden. Infolge seines geringen Gewichts von nur 12 kg, war es leicht zu handhaben und besaß erhebliche Vorteile gegenüber dem Maxim-Maschinengewehr, wurde aber aus Standardisierungs-Gründen nur als Behelfs-Waffe[2] verwendet. Die Feuerfolge lag zwischen 750 und 800 Schuß in der Minute bei einer Mündungsgeschwindigkeit von 900 m/sek.

Das Maschinengewehr der Firma Rheinmetall war eine Weiterentwicklung des wassergekühlten Dreyse-Modells 1912, das *Louis Schmeisser* konstruiert hatte. Bereits im Jahre 1907 hatte er der Firma Rheinmetall seine Patentrechte übereignet. Das neue Maschinengewehr wurde in der ehemaligen Waffenfabrik von *Nikolaus von Dreyse*, dem Erfinder des deutschen Zündnadelgewehres, in Sömmerda gebaut. Rheinmetall änderte die Einzelteile des alten Modells so, daß alles entsprechend kleiner und auch leichter wurde. Das neue Rheinmetall-Maschinengewehr behielt weiterhin den verdienstvollen Namen *Nikolaus von Dreyses* und wurde unter der Bezeichnung Dreyse Modell 1915 in etwa 3000 Exemplaren an der Palästinafront eingesetzt. Die Waffe war wassergekühlt, hatte eine Kadenz von 550 bis 600 Schuß in der Minute und eine Mündungsgeschwindigkeit von 900 m/sek. Ihr Gewicht betrug 17 kg.

Obgleich die beiden Maschinengewehr-Systeme sich auf den ersten Blick sehr ähnlich waren, waren sie doch grundsätzlich verschieden. Beides waren Rückstoßlader mit kurzem Laufrücklauf. Beim Bergmann-M.G. wurde der Verschluß durch einen senkrecht nach oben sich bewegenden Riegel abgestützt, während beim (Rheinmetall) Dreyse-M.G. der Verschlußzylinder um einen Zapfen drehte und

---

[1] I.M.G. 15
[2] Bis zum 1. 12. 1915 waren 249 I.M.G. 15 an die Fliegertruppe ausgeliefert worden, vom Frühjahr 1916 an wurde dann auf die weitere Beschaffung dieser M.G.s für die Fliegertruppe abgesehen

**Das luftgekühlte Dreyse-Maschinengewehr M.G. 13**, hier mit Munitionszuführung durch 75schüssige Anhänge-Doppeltrommel anstelle des 25schüssigen, leicht nach vorn gekrümmten Flachmagazins.

durch einen Kippriegel festgelegt wurde.
Wie sehr die Oberste Heeresleitung mit dem Einsatz dieser Waffen rechnete, bewies, daß von der IMKK nach Beendigung der Feindseligkeiten, über 1000 Bergmann-M.G. 15n/A in der Suhler Waffenfabrik vorgefunden wurden.
Während die Bergmann-Modelle mit dem luftgekühlten Flieger-M.G. 15n/A ihren Abschluß fanden, wurde von Rheinmetall das Dreyse-M.G. systematisch weiterentwickelt. Aus den wassergekühlten 1915- und 1918er Modellen entstand in jahrelanger Arbeit, unter Mitwirkung der Inspektion für Waffen und Gerät für die Reichswehr, nach Überwindung unzähliger Schwierigkeiten, ein leichtes luftgekühltes Maschinengewehr mit den fortschrittlichsten Konstruktionsmerkmalen. Oberingenieur *Louis Stange,* ehemaliger Lehrling *Louis Schmeissers,* entwickelte das neue Dreyse-Modell im Rheinmetall-Werk Sömmerda, das ab 1930 als M.G. 13 in das Bewaffnungsprogramm der Reichswehr aufgenommen und bei der Firma Simson u. Co., in Suhl gefertigt wurde.
Das M.G. 13 (Dreyse) war ein luftgekühlter Rückstoßlader mit gradlinig geführtem Zylinderverschluß und beweglichem Lauf, das bei einer Mündungsgeschwindigkeit von 838 m/sek. eine Kadenz von 1000 Schuß pro Minute besaß. Die Zuführung der Munition erfolgte durch ein 25 Schuß Magazin, das Gewicht der Waffe betrug 12 kg. Trotz aller Vorzüge wurde das Maschinengewehr aber schon bald von dem M.G. 34 der Firma Mauser abgelöst, das auf dem gleichen Konstruktionsprinzip aufgebaut worden war.

## Die Becker-Fliegerkanone, Kaliber 20 mm

Da die Wirkung der 7,9 mm Geschosse in dem Maße abnahm, wie Verbesserungen zum Schutze der lebenswichtigen Teile eines Flugzeugs vorgenommen wurden, leitete man noch im Laufe des Krieges auch auf deutscher Seite die Entwicklung großkalibriger Flugzeugbordwaffen ein. Eine der fortschrittlichsten Konstruktionen stammte von *Reinhold Becker* aus Krefeld.
Die 20 mm Kanone war ein luftgekühlter, unverriegelter Rückstoßlader und beruhte auf einem Becker-Patent aus dem Jahre 1914. Bei diesem Funktionssystem waren Lauf und Gehäuse fest verbunden, der einzige bewegliche Teil war der Verschluß, der gegen das Gehäuse durch eine starke Vorholfeder abgefedert wurde. Durch die Masse des vorlaufenden Verschlusses und die Kraft der Feder wurde der Lauf beim Schuß unverriegelt verschlossen. Die Zündung erfolgte während des Vorlaufs, noch bevor der Verschluß seine vorderste Stellung erreicht hatte, wodurch er durch die Kraft der rückwirkenden Pulvergase aufgefangen wurde und so die harten Stöße vermieden werden konnten. Dadurch schoß die Waffe besonders ruhig.
Die Munition wurde aus einem, von oben auf das Gehäuse aufgesetzten 12 Schuß Magazin zugeführt. Die Kanone verschoß 120 Gramm schwere Vollgeschosse ohne Sprengladung mit einer Kadenz zwischen 350 und 400 Schuß in der Minute und einer Mündungsgeschwindigkeit von 480 m/sek. Sie war verhältnismäßig leicht, ihr Gewicht betrug

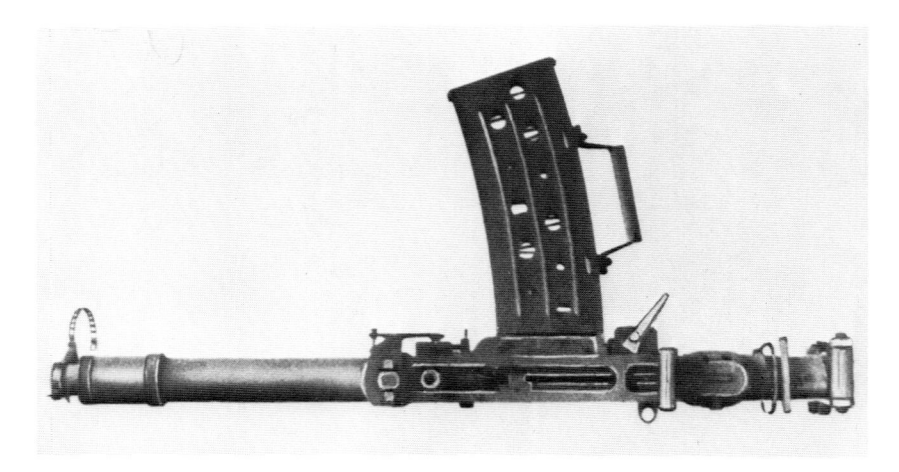

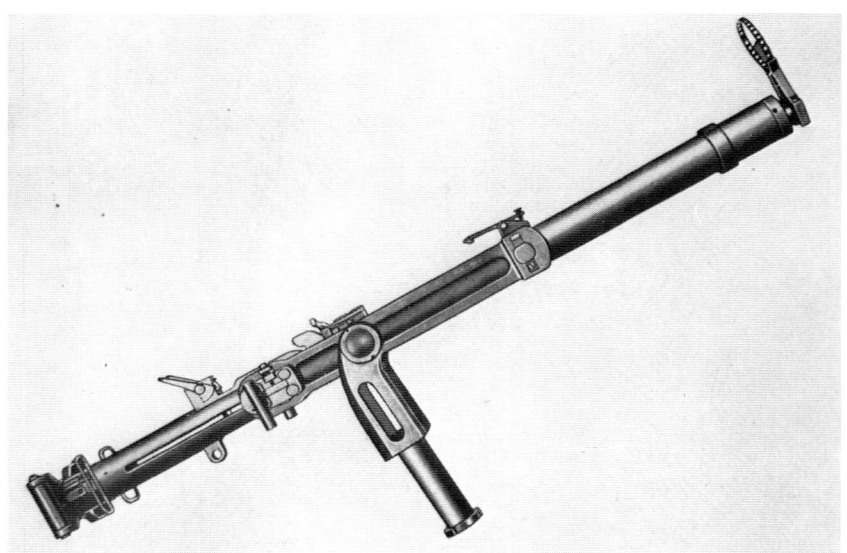

ganze 25 kg, und sie bewährte sich hervorragend als bewegliche Waffe auf Schneider-Drehringlafette. Ihre Herstellung erfolgte im Becker-Stahlwerk in Willich.

Die Alliierten zeigten nach dem Kriege großes Interesse an der Becker Kanone und führten mit ihr umfangreiche Schießversuche auf dem Gelände des französischen Puteaux-Arsenals durch, wobei sie erneut ihre unbestrittene Brauchbarkeit als bewegliche Flugzeug-Kanone unter Beweis stellen konnte. Am 31. März 1919 wurde eine Kanone mit der Werk-Nr. 1045 zur Erprobung in die Vereinigten Staaten gebracht, die noch heute im Museum von Aberdeen aufbewahrt wird.

**Die 20 mm Becker-Fliegerkanone. Oben: Die Waffe mit aufgesetztem 12schüssigen Magazin. Unten: Montage der Kanone in drehbarer Gabelstütze.**

# Die Weiterentwicklungen deutscher Flugzeugbordwaffen nach dem Ersten Weltkrieg

Durch den Vertrag von Versailles, der am 10. Januar 1920 in Kraft trat, verlor das Deutsche Reich das Recht, sein 100 000 Mann Heer mit Fliegerverbänden auszustatten, was selbstverständlich auch das Verbot der Herstellung jeglicher Art von Flugzeugbordwaffen einschloß. Die Einhaltung der Bestimmungen des Vertrages wurde durch die Organe[1]) der Siegermächte in Deutschland genauestens überwacht. Das hinderte jedoch die Reichswehrführung nicht, Mittel und Wege zu finden, um den Anschluß an den internationalen Rüstungs-Standard nicht zu verlieren, und Vorbereitungen für den geheimen Aufbau von Luftstreitkräften zu treffen. Aus diesem Grunde förderte und unterstützte die Reichswehrführung alle Maßnahmen der Weiterentwicklung deutscher Waffen im neutralen Ausland.

## Die SEMAG Kanone, Kaliber 20 mm

Als einer der ersten deutschen Waffenhersteller ging *Reinhold Becker* mit der Schweizer Seebach Maschinenbau A.G. bei Zürich eine Verbindung ein, um dort die Produktion und Weiterentwicklung seiner bewährten 20 mm Kanone fortzusetzen. Unter der Bezeichnung SEMAG[2]) 20 mm Kanone wurde die Waffe eine Zeitlang gebaut und vertrieben. 1921 entwickelte die Firma ihre eigene Version, die praktisch eine verbesserte Becker-Kanone war. Das Kaliber blieb 20 mm, jedoch waren der Lauf und die Patrone länger, wodurch eine höhere Mündungsgeschwindigkeit und damit höhere Durchschlagsleistung erreicht wurden. Ihr folgte eine 25 mm Kanone, die zur Armierung gepanzerter Fahrzeuge gedacht war, aber infolge ihres hohen Eigengewichts nicht den erwarteten Absatz fand, und es dauerte auch nicht lange bis die Firma ihre Produktion einstellen mußte.

**Die aus der Becker-Kanone weiterentwickelte 20 mm SEMAG-Bordkanone.**

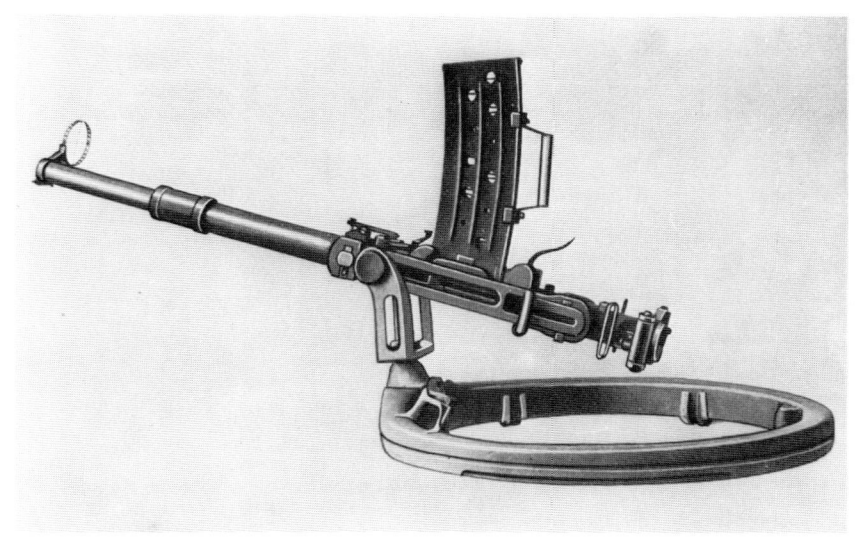

[1]) IMKK = Interalliierte Militär Kontroll Kommission
[2]) SEMAG = Seebach Maschinen AG

## Das Solothurn S 2–200 Maschinengewehr, Kaliber 8 mm

Auch Rheinmetall, die während des Ersten Weltkrieges Munition, eigene Waffen und in Lizenz das Maxim-M.G. 08 herstellten, wurden aufgrund der Artikel 168 u. 169 des Versailler Vertrages demontiert. Ein großer Teil der Firmeneinrichtungen, Werkzeuge, Drehbänke und Fräsmaschinen konnten nach Holland ausgelagert werden, wo man 1929 versuchte ein Zweigwerk unter dem Namen Holländische Industrie und Handelsgesellschaft (HIH) einzurichten, was sich aber als eine Fehlspekulation herausstellte. Daher erwarb die Firma im gleichen Jahr Eigentumsrechte an der Schweizer Waffenfabrik Solothurn A.G. in Solothurn, die seit dem Ersten Weltkrieg mehrere Male ihre Besitzer[1] gewechselt hatte und schließlich an den Österreicher *Fritz Mandel* aus Hirtenberg überging, der in Übereinstimmung mit dem Kaufvertrag Direktor der neuen Tochterfirma von Rheinmetall wurde.

Schon zwei Monate nachdem sich Rheinmetall mit 51% an der Solothurner Firma eingekauft hatte, konnte sie am 4. April 1929 ihr erstes Maschinengewehr, das Modell 29, den Militärmächten der Welt anbieten. Diese Waffe setzte völlig neue Maßstäbe und brachte den Solothurnern Facharbeitern Lob und Bewunderung ein.

---
[1] U. a. der ehemalige Direktor der DWM *Steiger*

**Das Solothurn Maschinengewehr, Modell 1929, Kaliber 7,92 mm.**

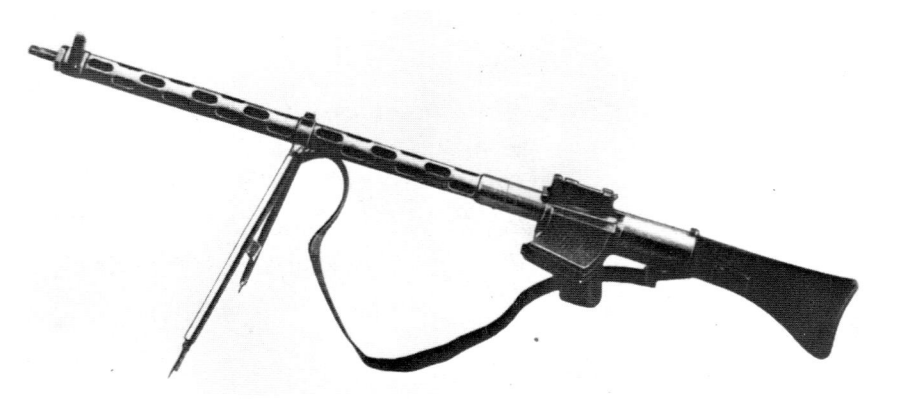

Die Waffe selbst war bei Rheinmetall von *Louis Stange* entwickelt worden, der zu den besten deutschen Konstrukteuren für automatische Waffen zählte. *Stange* arbeitete zuerst in *Theodor Bergmanns* Waffenfabrik als Lehrling von *Louis Schmeisser*. *Schmeisser* und auch *Stange* erwarben sich durch ihre zahlreichen Patente Firmenanteile bei Rheinmetall.

Zu dieser Zeit gehörten aber noch andere hochqualifizierte deutsche Waffenbauer zum Firmenstab von Rheinmetall, wie der Direktor *Heinrich Ehrhardt, Karl Heinemann, Hermann Henning, Fritz Herlach, Alfred Krum, Wolfgang Rossmanith* und *Karl Voller* aus den Düsseldorfer und Berliner Werken. Sie alle konnten auf ihren Spezialgebieten weiterarbeiten, und so entstanden außerhalb des Überwachungsbereiches der IMKK die fortschrittlichsten Waffen, die alle unter der Bezeichnung »Solothurn« erschienen, was in der damaligen Zeit bei den großen Waffenkonzernen höchste Verwunderung hervorrief.

Das 1929 fertiggestellte Solothurn Modell 1929 war ein von Oberingenieur *Louis Stange* entwickeltes leichtes, luftgekühltes Maschinengewehr, das Munition vom Kaliber 7,92 mm verschoß. Es arbeitete als Rückstoßlader mit einem Drehverschluß, die Munition wurde über ein 25 Schuß Magazin zugeführt. Nach Verfeuern der letzten Patrone, rastete der Verschluß in der hinteren Stellung ein, so daß nach Einführen eines vollen Magazins die Waffe sofort wieder schußbereit war, auch konnte mit ihr Einzel- oder Dauerfeuer geschossen werden. Ihr Gewicht betrug ganze 7,8 kg. Das M.G. war eine verhältnismäßig einfache, nur aus wenigen Teilen bestehende Konstruktion, deren Einzelteile erstmals weitgehend auf Drehbänken gefertigt wurden, wodurch der benötigte Maschinenpark, durch Fortfall der vielen Fräsmaschinen, wesentlich verringert werden konnte.

Eine weitere Verfeinerung dieses an und für sich sehr einfachen Modells führte zu der Ausführung S 2–200, die von der Reichswehr als Gerät 15 bezeichnet wurde. Österreich übernahm das Maschinengewehr als I.M.G. 30, während Ungarn es als M.G. 31 einführte. Beide Waffen verfeuerten die österreichische 8 mm Patrone M 30. Die Feuergeschwindigkeit betrug 750 Schuß in der Minute. Über 5000 Stück dieses Modells konnten innerhalb weniger Jahre an diese beiden Staaten ausgeliefert werden. Obwohl die Reichswehr mit dieser Waffe beim 100000 Schuß-Versuch sehr gute Ergebnisse erzielte und das Gerät gegenüber dem M.G. 13 (Dreyse) Vorteile aufwies, konnte es wegen der gerade angelaufenen Einführung des M.G. 13 aus finanziellen Gründen nicht übernommen werden.

Das S 2-200 Maschinengewehr wies nahezu die gleichen Konstruktionsmerkmale wie sein Vorläufer auf. Verfeinert wurde die Abzugseinrichtung für Einzel- und Dauerfeuer, so daß der Schütze beim Wechsel von einem zum anderen das Zielen nicht abzubrechen brauchte. Die Waffe war für Magazin- und Gurtzuführung eingerichtet, und im Bodenstück war ein Puffer eingearbeitet, der die harten Schläge des rücklaufenden Verschlusses auffing und darüber hinaus die Feuergeschwindigkeit erheblich steigerte. Das Wechseln des Laufes geschah auf die einfachste Weise durch Abnehmen des Schulterstücks.

## Das Flugzeugmaschinengewehr M.G. 15, Kaliber 7,92 mm

Die von der Reichswehr zur Jagdfliegerschulung auf der deutschen Militärfliegerschule in Lipezk/Rußland verwendeten Flugzeuge waren durchweg mit dem L.M.G. 08/15 ausgerüstet. Selbst die Prototypen, die aufgrund des Fliegerrüstungsprogramms des Reichswehrministeriums aus dem Jahre 1929 entwickelt worden waren, konnten anfangs nur mit den beiden alten Ersten Weltkriegs-Modellen, dem L.M.G. 08/15 und M.G. 08/18 ausgerüstet werden. Durch Verringerung der Überknickung des Kniegelenkverschlusses, und durch einen verbesserten Rückstoßverstärker, wäre bei diesen Waffen eine Steigerung der Feuergeschwindigkeit erreicht worden, doch entsprach sie bei weitem nicht den Vorstellungen der verantwortlichen Stellen.

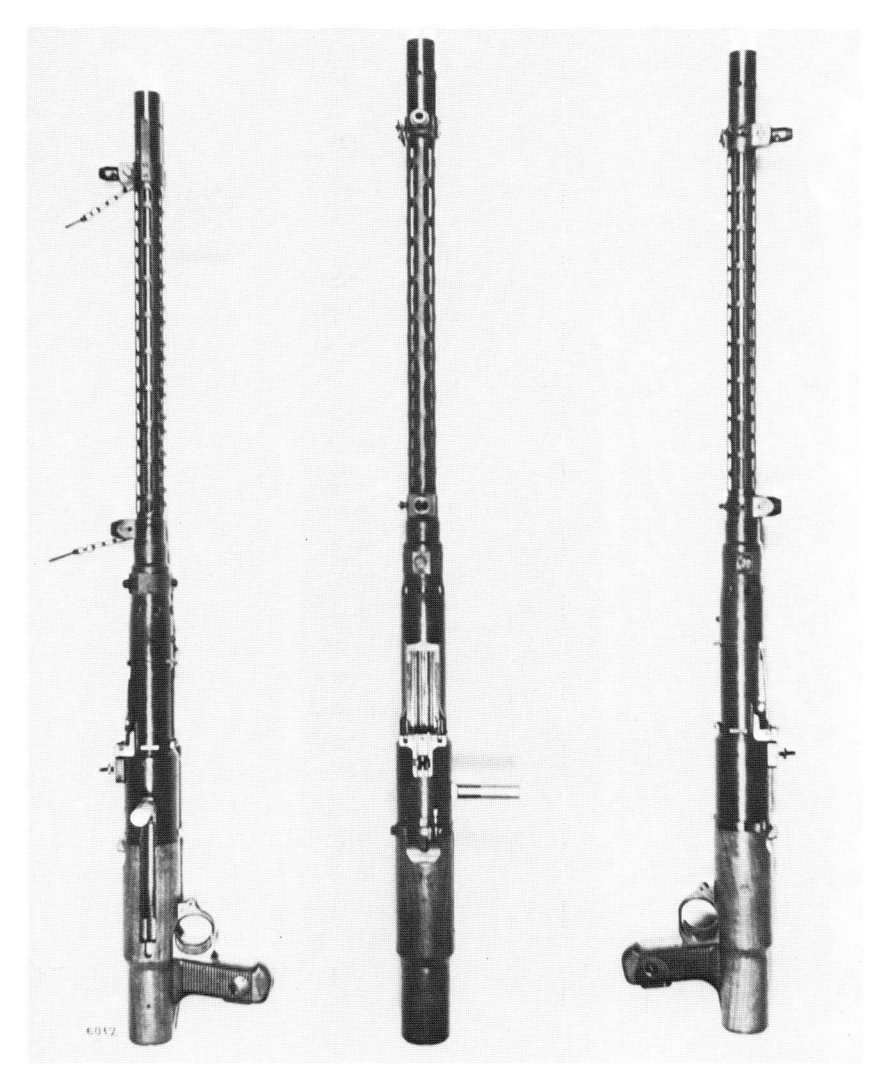

**Das luftgekühlte Flugzeugmaschinengewehr M.G. 15 in den Ansichten von rechts, von oben und von links, ohne Visiereinrichtung, Munitionstrommel und Hülsensack.**

**Das Solothurn Maschinengewehr, Modell 1930, Kaliber 7,92 mm. Auf der Abb. ist der Zweifunktionenabzug, dessen obere Hälfte bei Dauer- und untere Hälfte für Einzelfeuer betätigt wurde, gut zu erkennen.**

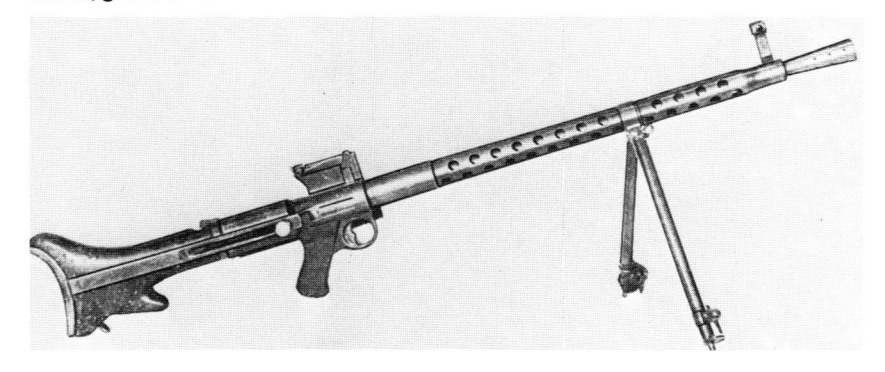

**M.G. 15 in Drehkranz D 30 mit Visiereinrichtung 15, bestehend aus dem Windfahnenkorn und der Kreiskimme.**

1932 bot Rheinmetall dem Reichswehrministerium zwei Flugzeugmaschinengewehre an, die aus dem M.G. 30 (S 2-200) hervorgegangen waren, das Modell T 6-200 für den starren und das Modell T 6-220 für den beweglichen Einbau. Im darauffolgenden Jahr wurden die Waffen zur Erprobung übernommen und anfangs unter der Bezeichnung M.G. 15 »starr« und M.G. 15 »beweglich« geführt.

Zu dieser Zeit hatte man aus Tarnungsgründen die Maschinengewehre nicht mehr nach ihrem Einführungsjahr benannt, sondern gab ihnen die Nummern, unter denen ihre Zeichnungen beim Heerestechnischen Büro oder bei der Zeichnungenverwaltung registriert waren.

Nur geringe Änderungen mußten vorgenommen werden, um das M.G. 30 zu einem brauchbaren Fliegermaschinengewehr zu machen. Bei näherer Betrachtung gab es auch keine grundsätzlichen Unterschiede des Gesamtmechanismus gegenüber dem vorhergegangenen Modell von *Stange*. Allerdings konnte durch eine verbesserte Rückstoßdüse die Feuergeschwindigkeit auf über 1000 Schuß in der Minute gesteigert werden. Der Anschlagkolben entfiel auch bei der beweglichen Waffe. Bei der starren Ausführung wurde die Munition über einen Stahlgurt, und bei der beweglichen über ein Doppeltrommelmagazin zugeführt. Wegen der ver-

**M.G. 15 mit Visiereinrichtung 65, bestehend aus dem Visierlager VL 266 als Träger der Kimme und dem Kreiskorn. Diese Visiereinrichtung fand Verwendung, wo wegen der räumlichen Verhältnisse die Kreiskimme auf dem Kimmenfuß nicht angebracht werden konnte.**

**M.G.-Lagerkugel auf M.G. 15. Die Lagerkugel diente zur kardanischen Lagerung der Waffe. Auf der Abb. ist vor der Kugel die Befestigung des Visierlagers VL 266 am Kimmenfuß gut zu erkennen.**

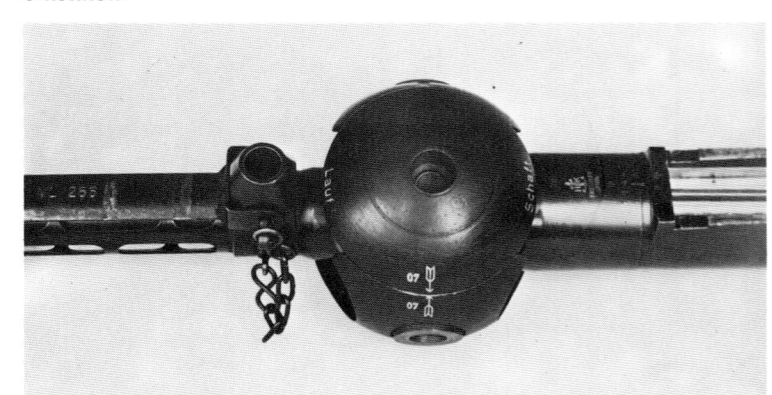

**M.G. 15 Hülsensack 15 (alter Art)** mit einem Fassungsvermögen von drei Doppeltrommeln. Sein Entleeren erfolgte durch Öffnen des Verschlusses an seinem unteren Ende. Die Abb. zeigt ein M.G.15 provisorisch auf Pivot montiert als zusätzliche Abwehrwaffe über dem Pilotensitz einer He 111.

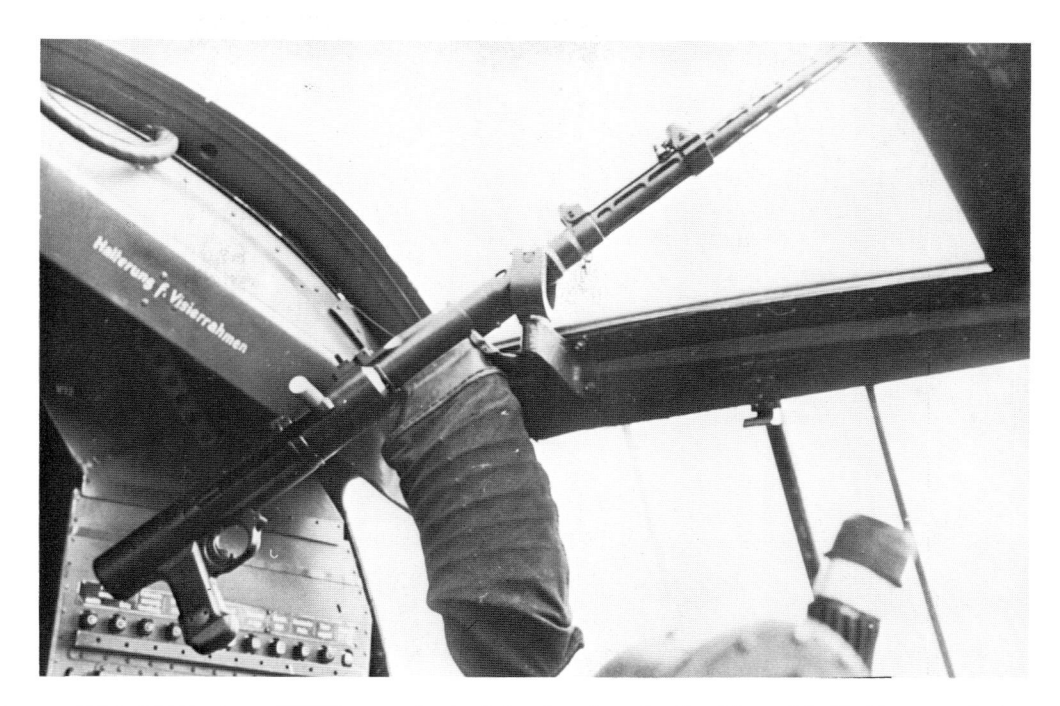

**M.G. 15 Hülsensack 15 nA (neuer Art).** Dieser Behälter besaß ein Fassungsvermögen von vier Doppeltrommeln, und er wurde wegen seiner verhältnismäßig flachen Form bei der M.G.-Lagerung in ungünstigen Raumverhältnissen verwendet. Entleert wurde der Behälter durch Öffnen des Reißverschlusses.

schiedenen Verwendungszwecke, und zur besseren Unterscheidung, wurde das starre Maschinengewehr, das Modell T 6-200, in M.G. 17 umbenannt.

Das bewegliche Flugzeugmaschinengewehr M.G. 15 (T 6-220) war ein Rückstoßlader mit kurzem Laufrücklauf und starr verriegeltem Verschluß, wobei sich der Lauf, die Verschlußhülse und der Verschlußriegel mit dem vollständigen Verschlußstück in fest verbundenem Zustand befanden. Es war eine offene oder zuschießende Waffe; d. h. wenn der Abzug gezogen wurde schnellte das Schloß aus der hinteren Fangstellung nach vorn, führte dabei eine Patrone zu und zündete diese sofort nach der Verriegelung. Daher zuschießend im Gegensatz zu den geschlossenen, nicht zuschießenden Waffen. Zuschießende Waffen konnten nicht synchronisiert werden. Als bewegliche Abwehrwaffe konnte das M.G. 15 in einer Vielzahl von Lafettenarten, deren Bauformen durch die örtliche Lage der Waffe im Flugzeug bestimmt wurde, eingebaut werden. Durch den am hinteren Teil der Waffe angebrachten Pistolenabzugsgriff war das Maschinengewehr sehr handlich und ließ sich schneller als mit Schulterstütze richten. Das Spannen der Waffe erfolgte mühelos, auch konnte die Doppeltrommel bequem im Windstrom ausgewechselt werden. Die Doppeltrommel enthielt 75 Patronen, deren Transport beim Schießen durch die beim Füllen gespannten Spiralfedern erfolgte. Die ausfallenden Patronenhülsen wurden in einem Hülsenbehälter unter der Waffe aufgefangen. Die Doppeltrommel war zweiteilig. Beim Schießen wurden beide Trommelhälften abwechselnd entleert, wodurch sich die Waffenschwerpunktlage nicht änderte. Die Visier-

M.G. 15 in Kuppellafette GD-A 114 im A-Stand einer He 111, die 1938 eingeführt wurde. Der Schußfeldkegel dieser Lafette hatte einen Öffnungswinkel von 120 Grad.

M.G. 15 in kleiner Linsenlafette LLK im C-Stand einer He 111. Ihr Schußfeldkegel hatte einen Öffnungswinkel, der zwischen 110 und 120 Grad lag, der Durchmesser betrug 457 mm. Die Abb. zeigt ein M.G. 15 mit dem Nachtsichtgerät »Katze« (Phosphorschicht-Empfänger) für UR-Strahlung, UR = Ultra-Rot, heute Infrarot.

M.G. 15 in Hecklafette mit elektrischem Schwenkantrieb (HL 15). Hier im Heck einer BV 141.

M.G. 15 im B 1-Stand der Ju 52/3 m. Oben: Die erste Ausführung war noch ein offener Waffenstand. Unten: Die endgültige Ausführung als geschlossener Waffenstand mit Plexiglaskuppel, vereinzelt auch »Condor-Haube« genannt. Auf den Abb. sind die Abweisbügel gut zu erkennen.

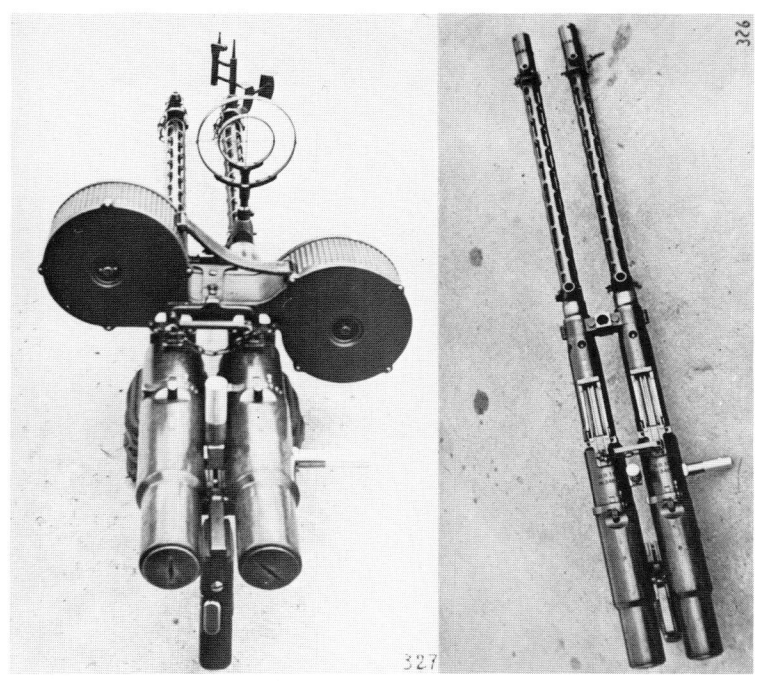

M.G. 15 Zwillingsmontage für Lafettierung in Drehkranz D 30 mit Munitionszuführung durch eine Doppeltrommel. Das rechte M.G trug die Visiereinrichtung 15.

Gestaffelte Montage zweier M.G. 15 in Arado-Kurbellafette mit Visiereinrichtung 65. Die Munitionszuführung erfuhr bei dieser Montage keine Änderung, und es konnten die normalen Doppeltrommeln verwendet werden. Zum ruhigeren Zielen war an dem rechten M.G. eine Schulterstütze angebracht.

M.G. 15-Einbau als starre ungesteuerte Waffe in den Tragflächen einiger Ju 88 Kampfflugzeuge des K.G. 51 durch den Technischen Offizier des Geschwaders Oberleutnant d. R. Dr. Stahl.

M.G. 15 in Arado-Kurbellafette mit Reflexvisier.

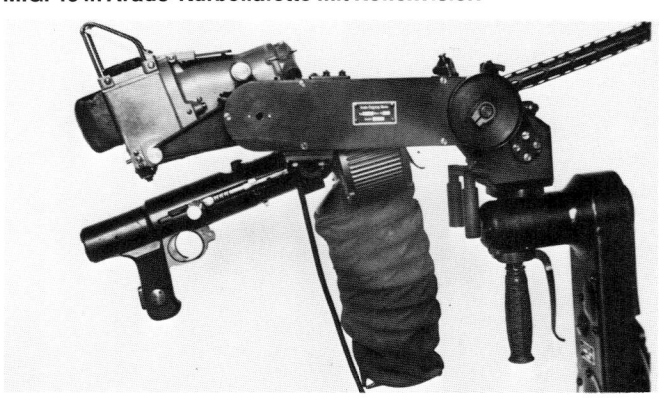

| | |
|---|---|
| Kaliber | 7,92 mm |
| Gewicht der Waffe mit Visier | 8,2 kg |
| Gewicht der leeren Doppeltrommel | 2,27 kg |
| Gewicht der vollen Doppeltrommel (75 Schuß) | 4,24 kg |
| Länge der Waffe | 1078 mm |
| Länge des Laufes | 600 mm |
| Schußleistung | 1050 Schuß/min |
| Gasdruck (p max) | zirka 3000 at |
| Mündungsgeschwindigkeit (Vo beim s. S.[1]-Geschoß) | 755 m/sek |
| Mündungsleistung | 0,36 mtr |
| Gewicht des s. S.[1]-Geschosses | 12,8 g |
| verschoß Geschoßgewicht (S.m.K.-v.)[2] | 0,202 kg/sek |
| Leistungszahl | 9,8 PS/kg |
| Einbauart | bewegl. |

[1] s.S. = schweres Spitzgeschoß
[2] S.m.K.-v. = Spitzgeschoß mit Stahlkern, verbessert

**M.G. 15 mit Zusatzgerät 15 für den Einsatz als Erdwaffe zur Bekämpfung von Erd- und Luftzielen. Hier mit Zweibein, Visiereinrichtung 15/38, Schulterstütze und Tragriemen.**

einrichtung bestand entweder aus einer Kreiskimme und einem Windfadenkorn, oder einer Kimme und einem Kreiskorn.

Das M.G. 15 wurde den ganzen Zweiten Weltkrieg über von der deutschen Luftwaffe ohne Änderungen, mit Ausnahme einer Verstärkung des vorderen Teiles des Laufes wegen Überhitzung, als bewegliches Flugzeugmaschinengewehr eingesetzt. Die durch moderne Flugzeug-Schußwaffen ersetzten und freigewordenen Maschinengewehre wurden behelfsmäßig mit provisorischem Visier, einer Schulterstütze und einem Zweibein abgeändert und von Luftwaffenangehörigen in den letzten Monaten des Krieges im Erdkampf als l.M.G. benutzt.

Das M.G. 15 hatte folgende technischen Daten:

## Das Flugzeugmaschinengewehr M.G. 17, Kaliber 7,92 mm

Aufgrund der hervorragenden Eigenschaften des M.G. 15 entschied man sich die Waffe so abzuändern, daß sie vorbehaltlos als starr eingebaute Schußwaffe gesteuert oder auch ungesteuert, verwendet werden konnte. Der Verschluß wurde im Prinzip beibehalten, mußte jedoch auf die Belange der Gurtzuführung und Synchronisation etwas abgeändert werden, denn gesteuert durch den Luftschraubenkreis schießende Waffen benötigen einen Spannhebel für den Schlagbolzen, der beim Vorlauf auf einen Steuerschieber auflief, den Schlagbolzen zurückhielt und damit die Feder spannte. Dieser Steuerschieber mußte über einen von der Nockenwelle gesteuerten Geber so gesteuert werden, daß der Schlagbolzenspannhebel nur dann den Schlagbolzen freigab, wenn der Verschluß verriegelt und der Steuerschieber in der hintersten Stellung war. In diesem Augenblick durften sich dann keine Luftschraubenblätter vor der Laufmündung befinden. Auch zur Fernbedienung der Waffe mußte eine Vorrichtung geschaffen werden. Mit diesen Problemen belastet, gingen Rheinmetalls Konstrukteure an die Arbeit, veränderten den Verschluß entsprechend, entwickelten eine elektropneumatische Durchladeeinrichtung und einen elektrischen Abzug. Das so entstandene Maschinengewehr wurde Ende 1934 nach harter Erprobung in Travemünde, unter Mitwirkung des zuständigen Entwicklungsreferenten Dipl.-Ing. und späteren *Oberst-Ing. Mix,* für beschaffungsreif erklärt und danach von der neuen deutschen Luftwaffe als M.G. 17 in Dienst gestellt. Durch die starre Lafettierung konnten zirka 200 Schuß pro Minute mehr abgefeuert werden, als mit dem beweglichen M.G. 15. Bevor jedoch die Elektrisch-Pneumatische-Abfeuerung- und Durch-

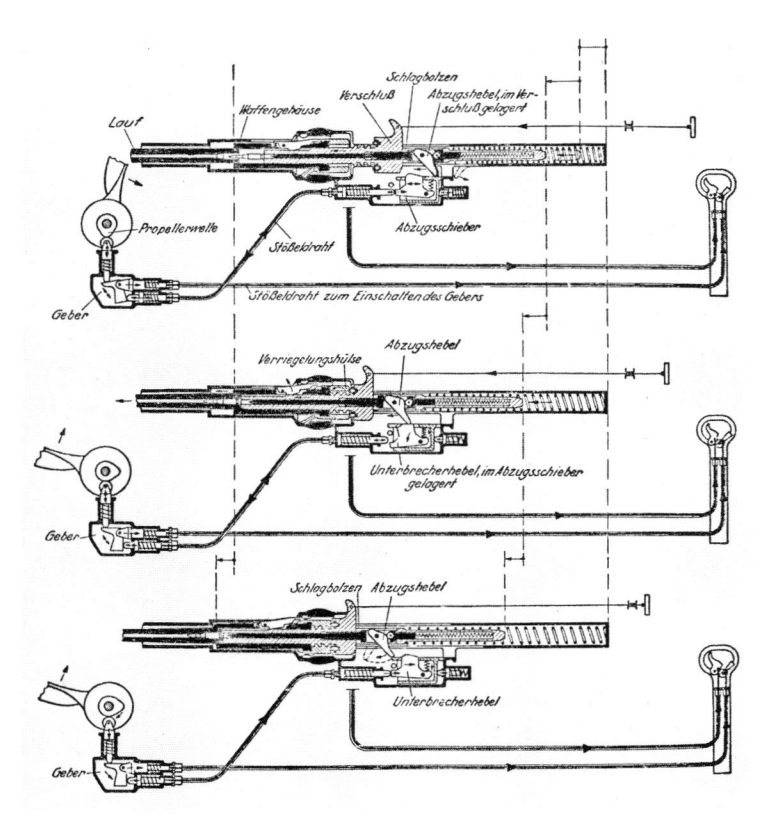

**Schema der Maschinengewehrsteuerung: oben: Vorlauf des Verschlusses, Mitte: das Steuern, unten: das Abfeuern.**

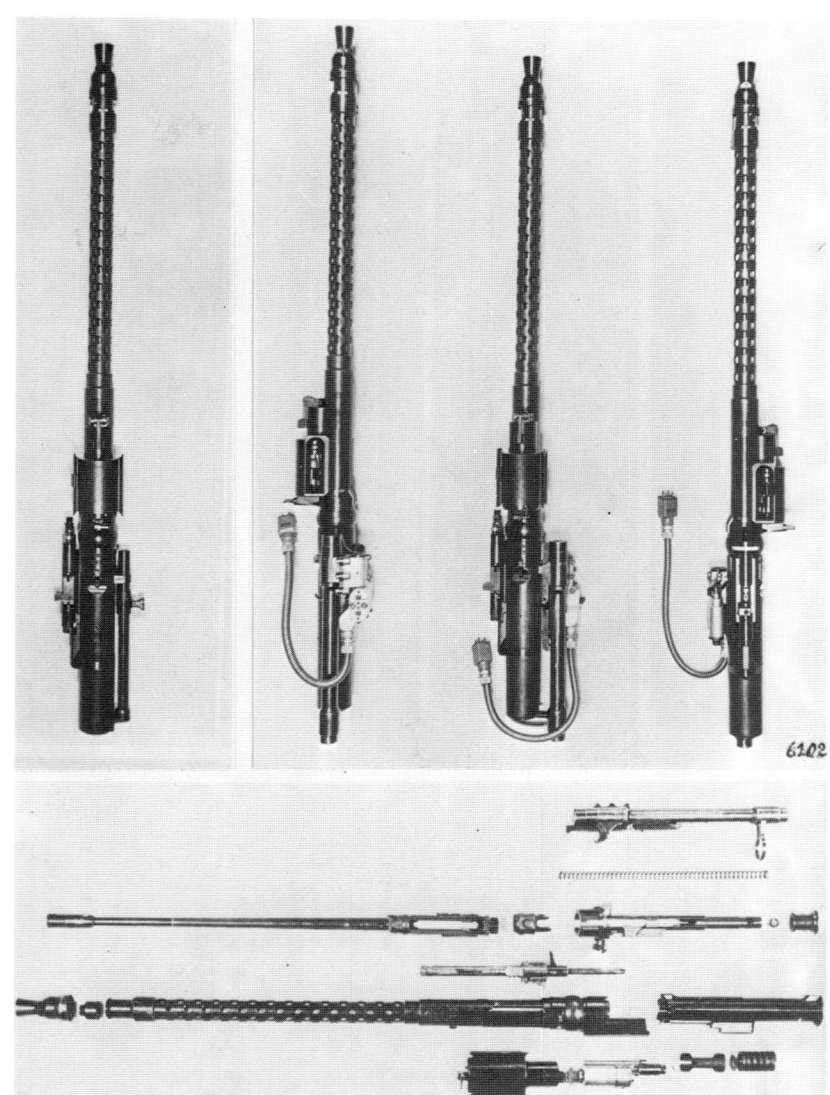

**Das Flugzeugmaschinengewehr M.G. 17 mit elektropneumatischer Durchladevorrichtung und elektrischem Abzug in den Ansichten von oben und von der Seite.
Unten: Die in ihre Hauptteile zerlegte Waffe.**

ladevorrichtung (EPAD 17) zur Fernbedienung der M.G. 17 ihre Einführungsreife erlangte, mußten die Waffen in den ersten Heinkel He 51 Jagdflugzeugen noch mühsam über Bowdenzüge und gesondert eingebaute Durchladegriffe mit Seilzügen vom Flugzeugführer bedient werden.

Das M.G. 17 war ein Rückstoßlader mit kurzem Lauf-

**Munitionszuführung beim M.G. 17.**

Oben: M.G. 17 auf starrer Lafette StL. 17, ausgebaut, bei Bodenschußversuchen. Unten: M.G. 17 auf starrer Lafette StL. 17, hier eingebaut als starre, gesteuerte Rumpf-M.G.s in einem Fw 190 Jagdflugzeug.

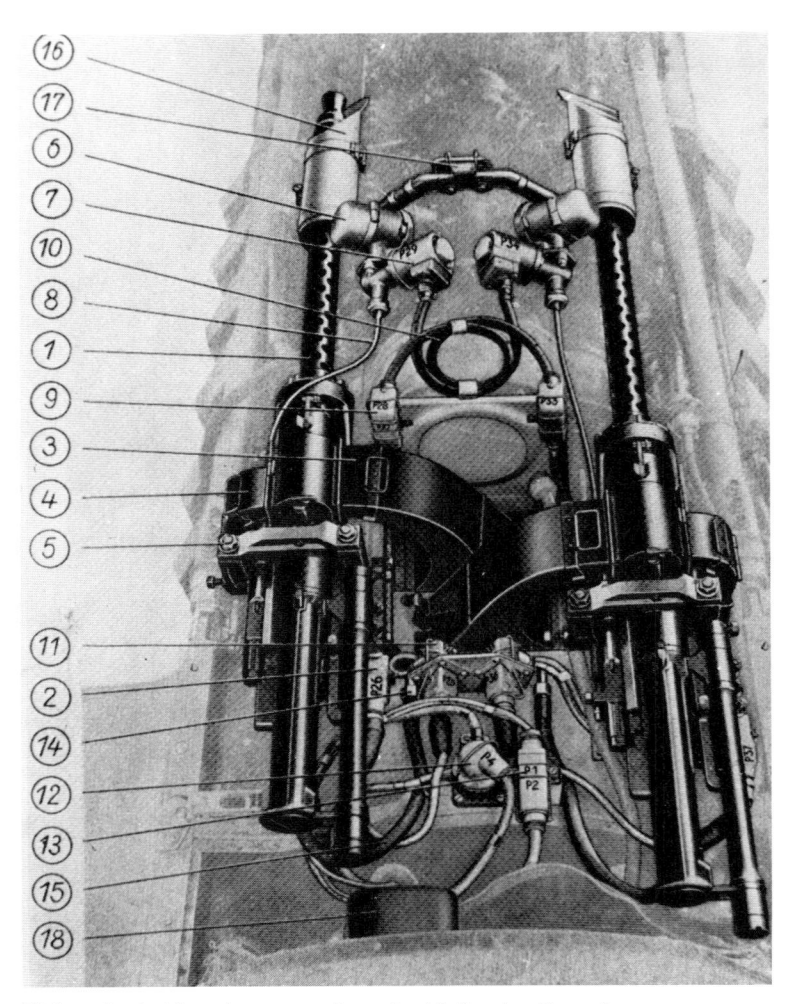

**Einbau der beiden starren, gesteuert schießenden Rumpf-M.G. 17 auf StL. 17 mit elektrisch-pneumatischer Fernbedienung in Bf 109 F-2.**
Es bedeuten: 1 = Linkes gesteuertes Rumpf-M.G. 17, 2 = EPAD 17, 3 = Zuführhals, 4 = Abführhals, 5 = Starre Lafette StL. 17, 6 = Steuerung 17 E Eku 17, 7 = Elt-Geberkupplung Eku 17, 8 = Stoßdrahtleitung, 9 = 2polige Eku-Steckerkupplung, 10 = Eku-Leitungen, beledert, 11 = 4polige EPAD-Steckerkupplung, 12 = Schaltkasten-Trennstelle, 10polig, 13 = Schaltkasten-Trennstelle, 2polig, 14 = Preßluft-Trennstelle auf der Rumpfdecke, 15 = Preßluftschlauch, 16 = Schutzrohr, 17 = Befestigung der Triebwerksverkleidung, 18 = Schalt-, Zähl- und Kontrollkasten SZKK 3.

rücklauf und zentraler Drehwarzenverriegelung. Zwei verschiedene Läufe konnten verwendet werden, ein 600 mm und ein 475 mm langer Lauf. An dem letzteren war ein 85 mm langer Mündungsfeuerdämpfer aufgeschraubt, wodurch die Blendwirkung bei den direkt vor dem Flugzeugführer eingebauten M.G.s, z. B. beim Einbau über dem Motorblock oder im Rumpfbug einer zweimotorigen

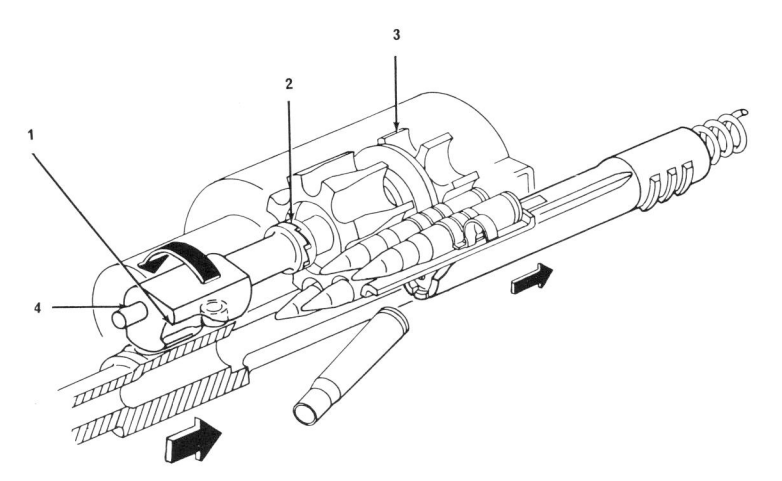

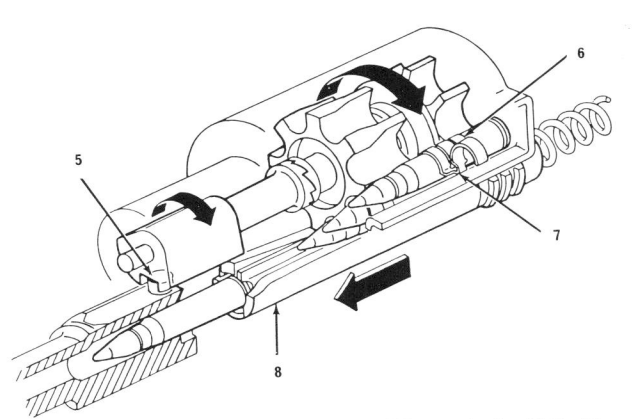

**Arbeitsweise der Munitionszuführung beim M.G. 17**
[1]) Transportkurven, [2]) Zuführer Sperrklinke, [3]) Förderstern,
[4]) Kurvenstück, [5]) Gleitrolle am Laufendstück,
[6]) Offener Metallgurt, bei dem die Patrone nach vorn
aus dem Gurtglied gestoßen wird, [7]) Durchlaufender Gelenkgurt,
[8]) Verschluß

Maschine, weitgehend reduziert wurde. Die Munition vom Kaliber 7,92 mm wurde der Waffe durch Stahlgurte zugeführt und konnte, entsprechend der militärischen Forderung an eine moderne Flugzeugschußwaffe, von rechts oder links erfolgen. Der zur Waffe gehörige Stahlgurt war ein offener Metallgurt, bei dem die Patronen durch das Verschlußstück der Waffe nach vorn ausgeschoben wurden. Er bestand aus einzelnen gelenkig miteinander verbundenen Gliedern, in denen die Patronen steckten. Je nach Einbaumöglichkeit im Flugzeug konnte der Gurt verlängert oder verkleinert werden. Die Gesamtlänge eines Gelenkgurtes für

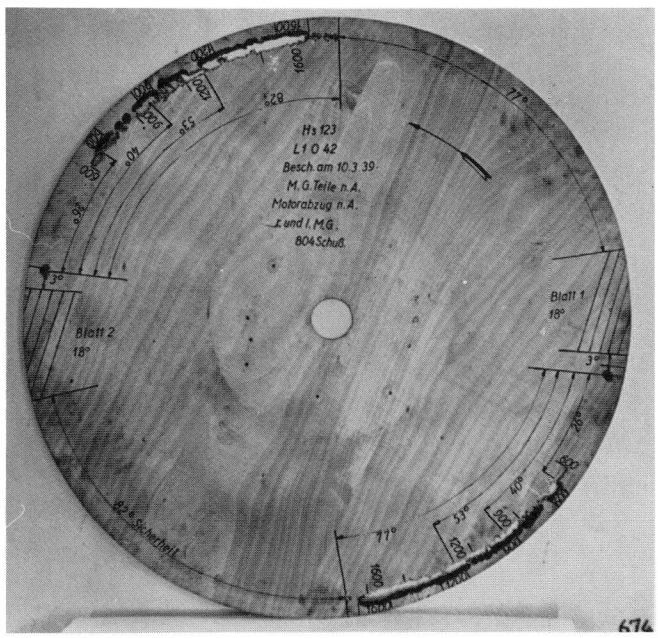

Oben: Auswanderungsscheibe nach dem Funktionsschießen der beiden starren, gesteuert durch den Luftschraubenkreis schießenden M.G. 17. Das Auswanderungsschießen erfolgte jeweils bei niedrigster und höchstzulässiger Motordrehzahl (hier von 600 bis 1600 U/min). Unten: Fw 190 mit aufgesetzter Auswanderungsscheibe zur Justierung der beiden Rumpf- und Flügelwurzel-M.G.s.

105

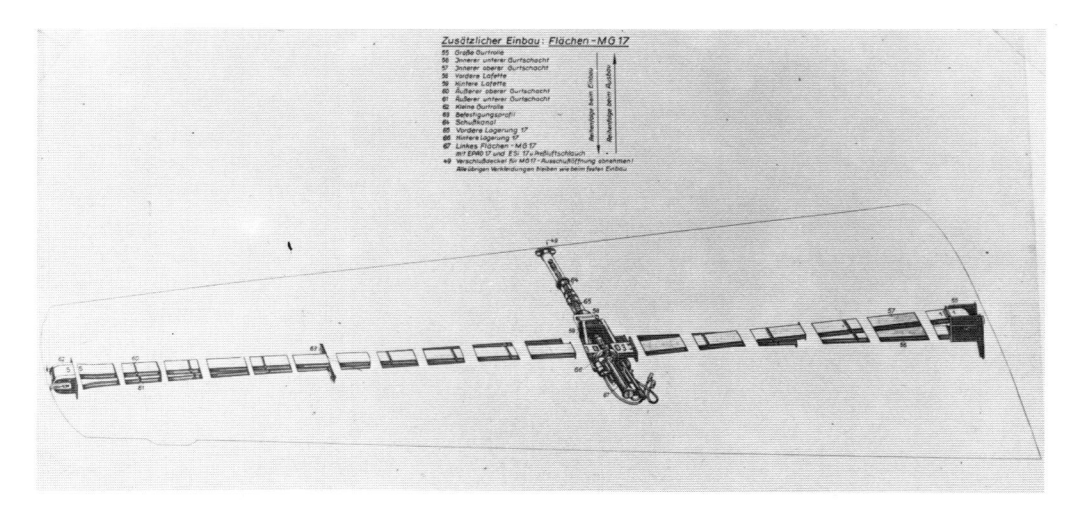

**Übersicht des Flächeneinbaues der starren Schußwaffe MG 17 in Bf 109 E mit Darstellung der Munitionszuführung des 500schüssigen Gurtes.**

250 Schuß mit Endgliedern betrug 4800 mm. Das Gewicht eines leeren Gelenkgurtes für 250 Schuß war 1,1 kg und eines vollen 250 Schuß Gurtes 7,4 kg. Dieser Gurt wurde später durch einen etwas leichteren Zerfallgurt ersetzt. Auf 100 m Entfernung durchschlug ein s.S.-Geschoß noch 5 mm starkes Panzerblech.

Das M.G. 17 hatte folgende technische Daten:

| | |
|---|---|
| Kaliber | 7,92 mm |
| Gewicht der Waffe | 10,2 kg |
| Länge der Waffe | 1175 mm |
| Länge des Laufes | 600 mm |
| Schußleistung | 1200 Schuß/min |
| Gasdruck (p max) | 3300 at |
| Mündungsgeschwindigkeit (Vo beim s.S.-Geschoß) | 755 m/sek |
| Mündungsleistung | 0,36 mtr |
| verschoß Geschoßgewicht (S.m.K.-v.) | 0,231 kg/sek |
| Leistungszahl | 9,5 PS/kg |
| Einbauart | starr: gesteuert ungesteuert |

Die Synchronisation des M.G. 17 erfolgte im Gegensatz zu den früheren Vorrichtungen, bei denen vorwiegend zwischen Motor und Waffe drehende Wellen mit mehreren Kardangelenken verwendet wurden, durch die Stoßdraht-Steuerung. Man mußte mit der Steigerung der Luftschraubendrehzahlen und den sich daraus ergebenden kürzeren Steuerzeiten, die alte Übertragungsart verlassen und neue Wege beschreiten. Bei einer mit 1500 U/min umlaufenden dreiflügeligen Luftschraube standen vom Zeitpunkt des Steuerungsbeginns bis zum Zeitpunkt des

**Waffenpack mit vier starren, ungesteuerten M.G. 17 als Rüstsatz R 3 für das Schlachtflugzeug Hs 129. Oben: Ansicht auf die vier je 250 Schuß enthaltenden Munitionskästen, die über den Waffen angeordnet waren. Unten: Ansicht des R 3-Rüstsatzes von hinten.**

Durchganges des Geschosses durch die Luftschraubenebene nur etwa 0,01 Sekunden zur Verfügung. Mit der neuen Stoßdraht-Steuerung MG St 6 war es nun möglich, bei Dreiblatt-Luftschrauben bis zu Drehzahlen von etwa 2200 U/min gesteuert schießen zu können, wobei noch eine ausreichende Sicherheit vorhanden war. Zerlegte man die Schußauswanderung (Schußauswanderung ist der Winkel, den die Luftschraube vom Zeitpunkt des Auslösebeginnens bis zum Zeitpunkt des Geschoßdurchganges durch den Luftschraubenkreis durch-

**Nachträglich ausgerüstete Ju 52/3m mit zwei starren, ungesteuerten M.G. 17. Oben: Einbau des M.G.s auf den linken Tragflügel der Ju 52 zwischen Rumpf und dem linken Triebwerk. Unten: Justier-Schießen auf dem Schießstand. Gezielt wurde dabei vom Flugzeugführer über Kimme und ein Kreiskorn.**

**Hs 129 B-1 ausgerüstet mit dem Rüstsatz R 3 mit vier M.G. 17. Die Standardbewaffnung der Hs 129 B-1 bestand aus zwei M.G. 17 im Rumpf unten und zwei M.G. 151/20 im Rumpf oben angeordnet.**

eilt) in ihre einzelnen Komponenten, Anteil der Steuerung, Anteil der Schlagbolzenbewegung, Entwicklungszeit und Flugzeit des Geschosses, so zeigte sich, daß die durch die Steuerung bedingte Auswanderung nur etwa 6% der Gesamtauswanderung betrug.

Die Fernbedienung der Waffen, d. h. Durchladen, Entsichern, Sichern und Abfeuern erfolgte durch die Preßluft der neu entwickelten Kraftzentrale St 6. Die Arbeitsleistung dieser Kraftzentrale ersetzte jegliche körperliche Anstrengung des Flugzeugführers. Für das Durchladen, das Sichern bzw. Entsichern und das Abfeuern war nur je ein Handgriff durchzuführen, ganz unabhängig von der Anzahl der verwendeten Waffen. Die Anordnung ermöglichte im besonderen erhöhte Gefechtsbereitschaft während des Kampfes und größtmögliche Sicherung der Waffen bei der Landung. Das Durchladen erforderte keinen Zeitaufwand, so daß die Waffen in kürzestem Zeitraum feuerbereit waren. Der Flugzeugführer konnte auf diese Weise jederzeit seine volle Feuerkraft ausnutzen. Das Entsichern bedeutete gleichzeitiges Vorwählen einer bestimmten Waffengruppe

**Einbau des M.G. 17 als starre Rückwärtsbewaffnung zur Verstärkung der Abwehrbewaffnung. Oben: Einbau der Waffe auf der Rumpfoberseite einer Do 17. Unten: Einbau der Schußwaffen in zwei beiderseits des Rumpfes angeordneten Mulden eines Bf 110 E-Aufklärers. Die Visierung erfolgte durch ein Rückblickfernrohr[1]). Die Abb. zeigt das rechte M.G. 17 in der Waffenmulde ohne Verkleidung. In größeren Serien wurden M.G. 17 als starre Abwehrwaffe nach hinten, vor allem in He 111 H-6 lafettiert.**

**Versuchslafettierung des M.G. 17 als bewegliche Bordwaffe. Oben: Einzelnes M.G. 17 auf Arado-Kurbellafette in Hs 126. Unten: M.G. 17 Zwillingsmontage auf Arado-Kurbellafette mit zentrisch angeordneter Visiereinrichtung 65.**

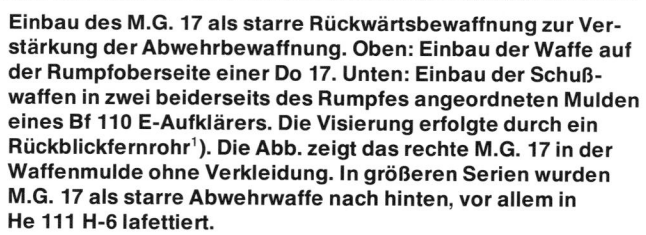

oder aller Waffen gemeinsam, so daß sich dadurch der Feuerplan schnell verändern ließ. Am Instrumentenbrett angebrachte Schußzähler ließen die vorhandene Munitionsmenge für jede Waffengruppe erkennen. Auch das Sichern sämtlicher Waffen erfolgte mit einem Handgriff, gleichviel welche Waffengruppe für den Feuerplan ausgewählt war. Zum Abfeuern genügte ein leichter Druck mit der Hand. Die Anzahl der gleichzeitig abzufeuernden Waffen spielte dabei keine Rolle. Die Steuerorgane des Flugzeugs wurden durch die Bedienung des Abfeuerungshebels nicht beeinflußt. Durch Abziehen bzw. Loslassen des Abfeuerungshebels wurde der Geber automatisch ein- bzw. ausgeschaltet. Die

---
[1]) RF1A

Kraftzentrale schaltete dabei den Geber so aus, daß bei Beendigung eines Feuerstoßes nie eine scharfe Patrone im Lauf blieb.

Der Abfeuerungshebel war integrierter Bestandteil des Knüppelgriffs. Die ersten mit M.G. 17 armierten Flugzeuge waren mit dem Knüppelgriff K.G. 11A ausgerüstet. An ihm waren der Kupplungshebel, der S-förmige Abfeuerungshebel, der elektrische Bomben-Auslösedruckknopf und der Sprechfunk-Druckknopf angeordnet. Mit dem Kupplungshebel wurden die Geber für die Maschinengewehre ein- bzw. ausgekuppelt und der Abfeuerungshebel ge- und entsichert. Der Knüppelgriff war 335 mm lang und wog einschließlich der Hebel und Druckknöpfe, aber ohne Kabel, zirka 1,42 kg.

Gezielt wurde mit dem ganzen Flugzeug, und zwar bis zur Einführung von Reflexvisieren, über Kreiskimme und Korn.

## Das schwere Flugzeugmaschinengewehr M.G.-FF, Kaliber 20 mm

Nachdem die SEMAG aus finanziellen Gründen ihre Produktion einstellen mußte, wurde die Konkursmasse von der Schweizer Werkzeug Maschinenfabrik Oerlikon übernommen, deren Fertigungsstätten in der Nähe von Zürich lagen. Auch in dieser Firma dominierten deutsches Management und Kapital. *Emil Bührle,* ein ehemaliger deutscher Offizier, leitete die Fabrik.

Nach Übernahme der SEMAG-Masse begann Oerlikon sogleich mit Entwicklungs- und experimentellen Arbeiten an einer 20 mm Kanone, die auf Becker-Patenten beruhte. Außerdem wurden noch zwei weitere Entwürfe bearbeitet, die auf Systemen von SEMAG und Oerlikon basierten. Die Kanonen erhielten zur besseren Unterscheidung eine entsprechende Bezeichnung.

Alle auf dem Becker-System beruhenden Konstruktionen wurden als »Typ F« bezeichnet, die auf SEMAG-Entwürfen basierenden als »Typ L« und

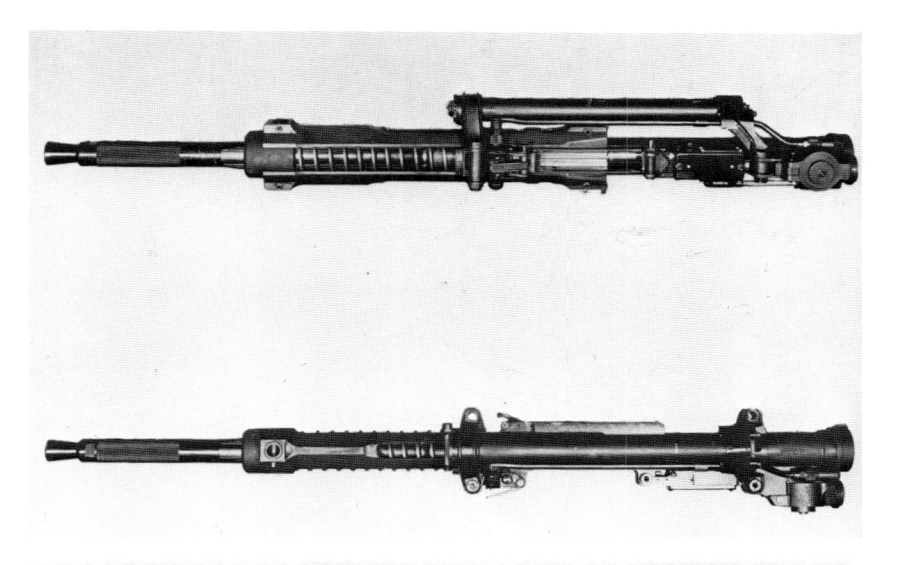

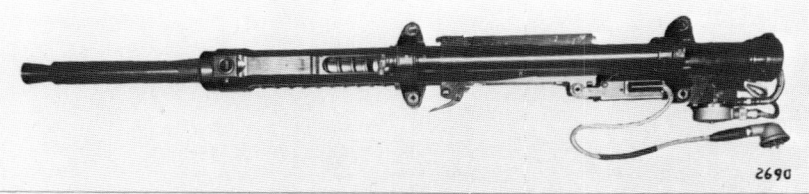

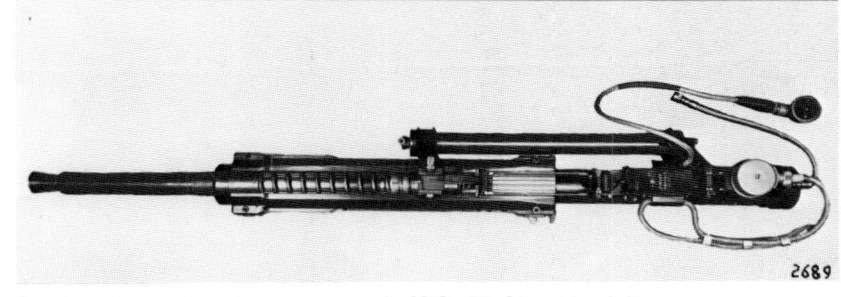

Schweres Flugzeugmaschinengewehr M.G.-FF. Oben: Ansicht von oben und von rechts der Ausführung »A« mit elektrisch-pneumatischer Abzugsvorrichtung. Unten: Die Ausführung »B« mit elektrischer Abzugsvorrichtung.

M.G.-FF/M mit Mündungsfeuerdämpfer für Nachteinsätze. Auf der Verschlußschiene ist das eingeschlagene M gut zu erkennen. Dies bedeutete, daß aus der Waffe »Minen-Geschoß-Patronen FFM« verschossen werden konnten.

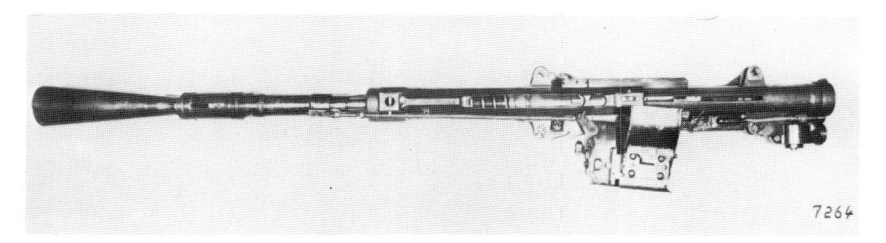

schließlich die Oerlikon-Entwicklungen als »Typ S«. Die einzelnen Waffencharakteristiken unterschieden sich grob wie nachstehend:

|  | »Typ F« | »Typ L« | »Typ S« |
|---|---|---|---|
| Mündungsgeschwindigkeit (Vo in m/sek) | 550–575 | 670–700 | 835–870 |
| Feuergeschwindigkeit (Schuß pro Min) | 450 | 350 | 280 |
| Rückstoßkraft (kg) | 60–70 | 115–120 | 140–150 |
| Gewicht (kg) | 30 | 43 | 62 |
| Rohr-Länge (mm) | 400 | 600 | 700 |

Die Entwürfe der drei Modelle waren Anfang 1935 fertig und erbrachten bei ersten Versuchsschießen weitgehend die den Konstruktionen zugrunde gelegten Forderungen. Das FFF-Modell wog komplett 28 kg einschließlich einer preßluftbetätigten Durchladeeinrichtung, die Feuergeschwindigkeit lag zwischen 520 und 540 Schuß in der Minute, und die Mündungsgeschwindigkeit betrug 600 m/sek. Die beiden anderen FFL- und FFS-Konstruktionen verfügten über entsprechend höhere Mündungsgeschwindigkeiten und Schußfolgen, waren dafür auch wesentlich schwerer und schieden gegenüber dem FFF-Modell als Flugzeugbordwaffe zu der damaligen Zeit aus.

Oerlikon hielt vorausschauend an dem einmal beschrittenen Weg der großkalibrigen Schußwaffenentwicklung fest, da auch bei der Firmenleitung die Ansicht vertreten wurde, daß die Tage der gewehrkalibrigen Flugzeugbordwaffen gezählt seien. Zu den ersten Abnehmern, die *Antoine Gazda*, Verkaufsdirektor von Oerlikon, für seine 20 mm Kanonen interessierte, gehörten England und Amerika. Die Engländer testeten im Jahre 1935 die Waffe in Enfield auf ihre Brauchbarkeit als Flugzeugbordwaffe, und die Amerikaner führten 1936 auf dem Versuchsgelände von Aberdeen und Dahlgren ähnliche Erprobungen durch. Daneben beschaffte die US Navy einen französischen Hispano-Suiza V-Motor, um mit der Waffe als Motorkanone Erfahrungen zu sammeln.

Auch Frankreich begann in mehreren Jagdflugzeugen die Oerlikon-Kanonen, in Verbindung mit dem Hispano-Suiza V-Motor, als Motorkanone einzubauen und damit zu experimentieren. Die Erprobungen brachten so gute Ergebnisse, daß Hispano-Suiza sich von Oerlikon die Lizenzrechte zur Herstellung der Kanone erwarb. Allein bis Ende 1938 waren bereits über 400 dieser Motorkanonen in der Waffenfabrik von Hispano-Suiza in der Nähe von Paris hergestellt und an die französischen Luftstreitkräfte ausgeliefert worden. Die Kanonen wurden in Frankreich unter der Bezeichnung Typ 7 und Typ 9 geführt. Daneben entwickelte Hispano-Suiza seine eigenen Motorkanonen-Konstruktionen weiter.

Nach einer ersten Bestellung, am 17. September 1935, über 32 Flugzeugkanonen vom Typ FF[1]) zur Installation in den Tragflächen der ersten 16 Mitsubishi A5M1a (Typ 96) Jagdflugzeuge, erwarb sich auch die japanische Firma Nippon Heiki Munitions-Werke, von Oerlikon Lizenzrechte zum Nachbau der Kanone. Hierfür wurde extra eine Waffenfabrik in Tamioka errichtet, deren Produktionsausstoß zu Anfang 200 Kanonen betrug.

Auch die neue deutsche Luftwaffe zeigte großes Interesse an dem M.G.-FF von Oerlikon, zumal die Waffe die inzwischen fortschrittlichste Weiterentwicklung der 20 mm Becker-Kanone war. Die Waffe wurde 1936 als Motorkanone zwischen den beiden in V-Form von 60 Grad hängenden Zylinderreihen eines Junkers Jumo 210 Ca Triebwerks so lafettiert, daß sie durch das Untersetzungsgetriebe und durch die Luftschraubennabe hindurchschießen konnte. Als Erprobungsträger diente das Arado Ar 80 V3 Jagdflugzeug mit dem Kennzeichen D-IPBN. Damit war zum ersten Male in Deutschland die *Schneidersche* Idee aus dem Jahre 1912 realisiert worden. Noch im gleichen Jahr wurde auch die erste Bf 109, die V3 (Werk-Nr. 760) D-IOQY, mit einem M.G.-FF als Motorkanone, und zusätzlich zwei M.G. 17 in den Tragflächen, ausgerüstet. Weitere Einbauten folgten in den Tragflächen außerhalb des Propellerkreises, da mit dem M.G.-FF nicht synchronisiert geschossen werden konnte. Als sich die gewehrkalibrigen, beweglichen Waffen in den Kampfflugzeugen im Laufe des Zweiten Weltkrieges als zu leistungs-

---

[1]) FF = flügelfest

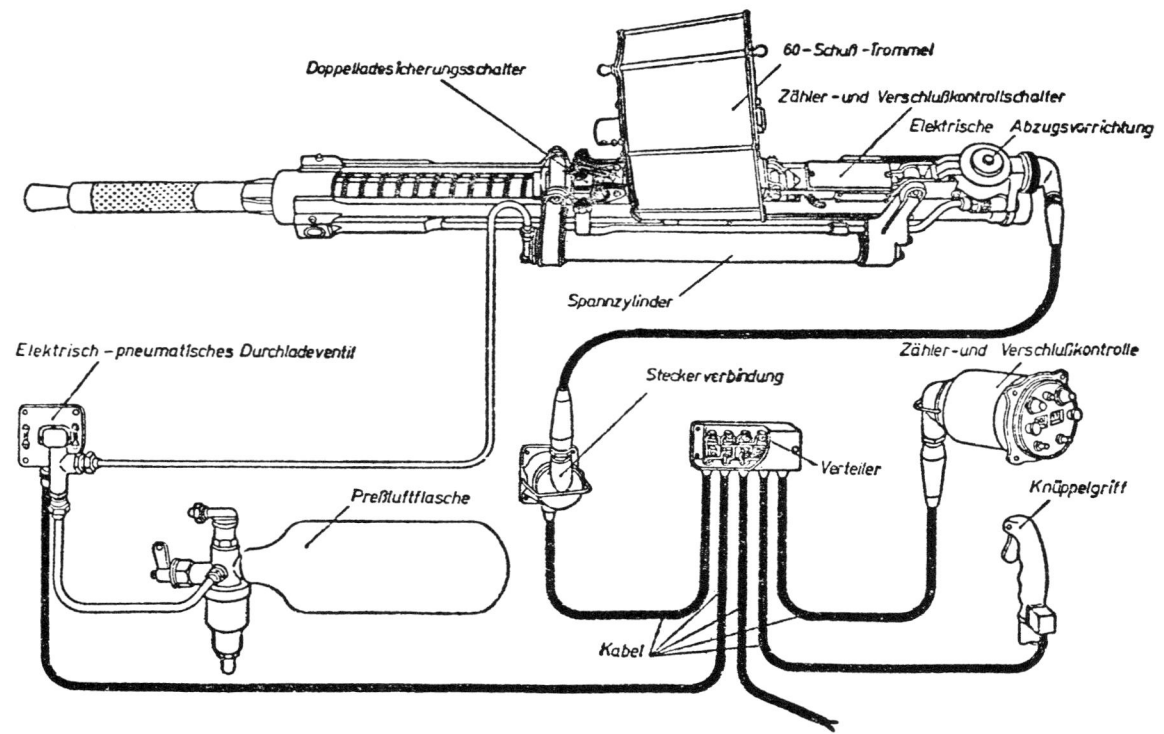

**Schema der Fernbedienung bei starrem Einbau des M.G.-FF**

schwach erwiesen, wurde das M.G.-FF auch als bewegliche Bordwaffe von der Luftwaffe eingesetzt.

Das M.G.-FF war ein unverriegelter, vollautomatischer Rückstoßlader mit feststehendem Lauf und Vorlaufzündung. Der Vorteil des Massenverschlusses lag außer in der einfachen Bauweise auch in der weichen Funktion. Die starken Vibrationen, die anfangs beim Schießen dennoch bei in den Tragflächen lafettierten Kanonen auftraten, konnten weitgehendst durch entsprechende Verstärkung der Gesamtstruktur der Tragflächen vermindert werden. Die Patronenzuführung erfolgte über Stangenmagazine zu 15 oder aufgesetzte Trommelmagazine zu 30, 45, 60 und 100 Schuß Fassungsvermögen. Die relativ schweren Trommeln mußten, wo einbautechnisch möglich, während des Fluges gewechselt werden; die in den Tragflächen installierten Kanonen waren wegen Einbauschwierigkeiten auf die 60 Schuß Trommeln begrenzt. Aus diesem Grunde wurde von der Firma Ikaria in Velten[1]) 1941 eine Gurtzuführung entwickelt, wobei anstelle der Trommel ein mit einer elektrisch angetriebenen Transportwalze ausgerüsteter Gurtzuführer aufgesetzt werden konnte. Die Erprobungen verliefen relativ zufriedenstellend, sogar die Schußfolge erhöhte sich durch diese Vorrichtung, doch es erfolgte keine Serienherstellung der Gurtzuführung mehr.

Die starr eingebauten M.G.-FF wurden über die neue »elektrisch-pneumatische Fernbedienungsanlage« bedient. Die Anlage bestand aus einem elektrischen und einem pneumatischen Teil. Der elektrische Teil diente zum Übermitteln sämtlicher Kommandos und zum Abfeuern. Der pneumatische Teil spannte die Waffe. Die Preßluft befand sich in einer Flasche mit einem Fassungsvermögen von 1 bzw. 2

---

[1]) Die Firma IKARIA Berlin war federführend für die Herstellung der Kanone

# RLM

## Änderungsanweisung
für abgenommenes Gerät

Baumuster und Baureihe **Ju 88 A-1, A-5**

**Nr. 283**

Seitenzahl: 9  Seite 3

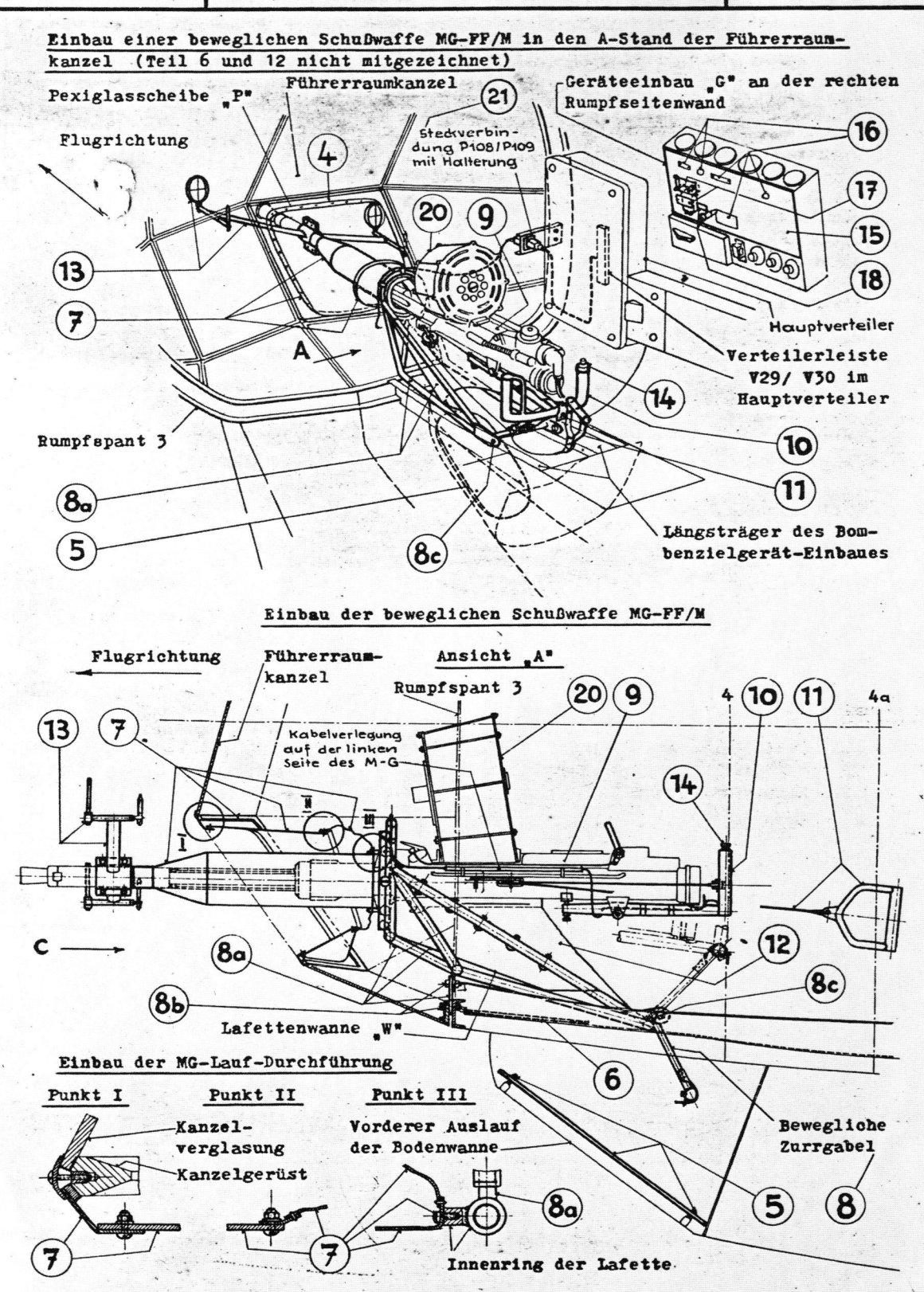

---

**Einbau einer beweglichen Schußwaffe MG-FF/M in den A-Stand der Führerraumkanzel** (Teil 6 und 12 nicht mitgezeichnet)

Pexiglasscheibe „P"  
Flugrichtung  
Führerraumkanzel  
Steckverbindung P108/P109 mit Halterung  
Geräteeinbau „G" an der rechten Rumpfseitenwand  
Rumpfspant 3  
Hauptverteiler  
Verteilerleiste V29/V30 im Hauptverteiler  
Längsträger des Bombenzielgerät-Einbaues

**Einbau der beweglichen Schußwaffe MG-FF/M**

Flugrichtung  
Führerraumkanzel  
Ansicht „A"  
Rumpfspant 3  
Kabelverlegung auf der linken Seite des M-G  
Lafettenwanne „W"  
Bewegliche Zurrgabel

**Einbau der MG-Lauf-Durchführung**

Punkt I — Kanzelverglasung, Kanzelgerüst  
Punkt II  
Punkt III — Vorderer Auslauf der Bodenwanne  
Innenring der Lafette

---

**Änderungsanweisung vom 28. 5. 41, für den nachträglichen Einbau eines beweglichen, elektrisch auszulösenden M. G.-FF/M in den A-Stand der Führerraumkanzel Ju 88 A-1, A-5.**

1–3) entfällt, 4) Kanzelverglasung, 5) Holzplatte zum Schutz der Sichtscheibe vor herabfallenden Hülsen, 6) Deckblech, das beim Sturzflug ein Herausrollen der Leerhülsen verhindert, 7) M. G.-Lauf-Durchführung durch den vorderen Teil der Führerkanzel, 8a) Lafette, 8b) Halterungsblech des Lafettengerüstes, 8c) hinterer Auflagepunkt, 9) Schußwaffe M. G.-FF, 10) Führungshandgriff, 11) Seilzug mit Handgriff zur Durchladung der Waffe, 12) Stoffverkleidung, 13) Visiereinrichtung, 14) elektrischer Auslöseknopf, 15–19) entfällt, 20) Trommel

Liter. Der Betriebsdruck konnte mit Hilfe eines Druckminderventils auf die benötigte Größe von etwa 30 at eingestellt werden. Vom Druckminderer gelangte die Preßluft zum Spannkopf (SpHAG). Dieser war im wesentlichen ein Preßluftventil, das durch einen Elektromagneten geöffnet wurde. Nach Einschalten des Stromes strömte die Preßluft vom Druckminderer zum Spannzylinder der Waffe und drückte den Verschluß durch einen Kolben nach hinten. Auf diese Weise wurde die Waffe durchgeladen. Dabei sicherte ein Doppelladesicherungsschalter die Waffe gegen das Zuführen einer neuen Patrone auf eine noch im Patronenlager befindliche Patrone oder Patronenhülse. Wurde der Elektromagnet ausgeschaltet, dann entwich die Luft aus dem Spannzylinder und der Kolben eilte durch Federdruck wieder in seine vordere Endlage zurück. Der Abfeuerungsdruckknopf war mit dem Knüppelgriff verbunden. Der Durchladeknopf und die beiden Selbstschalter wurden am Instrumentenbrett des Flugzeugs oder an ähnlichen Orten im Griffbereich des Flugzeugführers untergebracht. Hierzu gehörte auch der Hauptschalter, nach dessen Einschalten die Anlage betriebsbereit war. Wie funktionssicher die Waffe und die Anlage waren, zeigte eine Dauererprobung von vier im Bug einer Dornier Do 217 J installierten M.G.-FF, wobei 125000 Schuß ohne jede Störung verfeuert wurden.

In der Luftschlacht um England war das M.G.-FF die einzige Bordschußwaffe der deutschen Luftwaffe, die Sprenggranaten verfeuerte. Die Wirkung dieser Geschosse auf Flugzeuge moderner Bauart war geringer als erwartet. Erst die Einführung des M[1])-Geschosses brachte die angestrebte Wirkungssteigerung der Flugzeugkanone. Nach jahrelangen internen Versuchen beauftragte im Jahre 1937 das Technische Amt die Forschungsstelle der Deutschen Waffen- und Munitionswerke in Lübeck-Schlutrup mit der Entwicklung möglichst dünnwandiger Geschosse, die bei bewußtem Verzicht auf Splitterwirkung in erster Linie durch größtmögliche Sprengladung unmittelbar durch den Gasschlag wirken sollten. Kurz vor Kriegsausbruch lag das Ent-

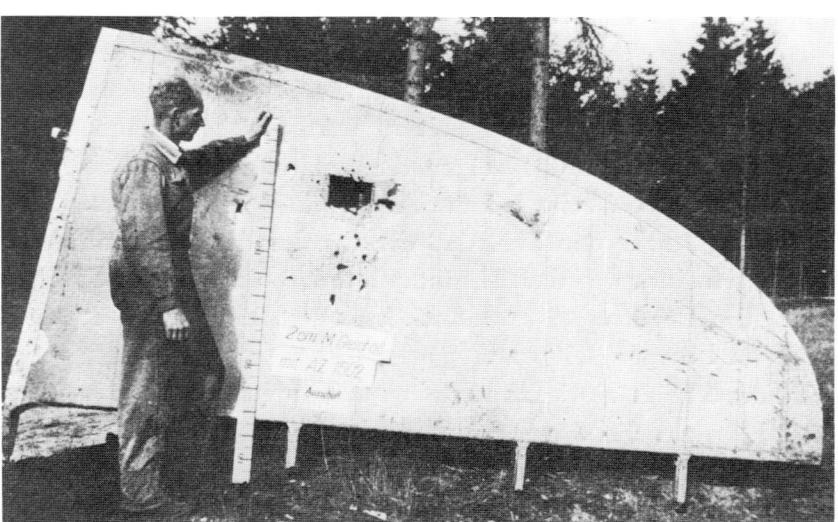

---
[1]) M-Geschoß = Minen-Geschoß

**Oben: Einschußloch, hervorgerufen durch eine 2 cm Minen-Geschoß-Patrone FFM ohne Zerleger mit normalem Aufschlagzünder (AZ 1502) und Duplexkapsel, bei sehr frühem Ansprechen des Zünders auf ein He 111-Leitwerkteil. Unten: Ausschußseite desselben Flugzeugteils wie oben.**

wicklungsergebnis in Form der 20 mm M-Geschosse für das M.G.-FF vor. Es gelang, den Wirkungsgrad des Geschosses durch sorgfältige Fortentwicklung seiner Einzelteile wesentlich zu verbessern. Zünder und Sprengkapseln mit Verzögerung brachten weitere Wirkungssteigerungen. Schließlich wurde das Nitropenta durch das als Minensprengstoff erheblich brisantere und ausge-

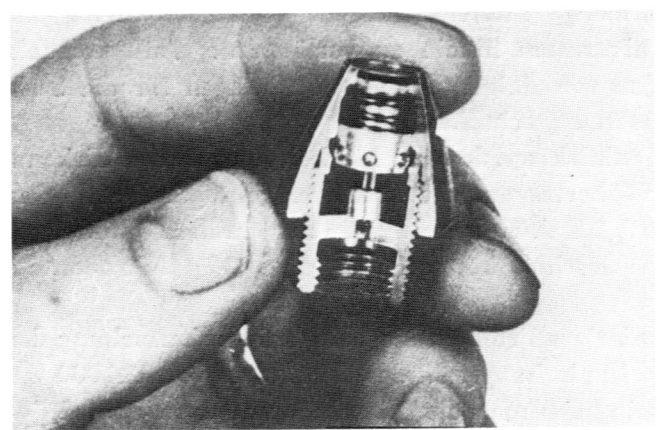

**Oben:** Zerstörung in demselben Flugzeugteil wie bei Abb. S. 113, jedoch mit 2 cm Minen-Geschoß-Patrone FFM mit Zerlegerzünder (ZZ 1505) und Duplexkapsel. **Unten:** Schnittmodell des Zerlegerzünders ZZ 1505. Das 2 cm M-Geschoß war mit 20 Gramm Nitropenta gefüllt und wog 92 Gramm, das Patronengewicht betrug 157 Gramm.

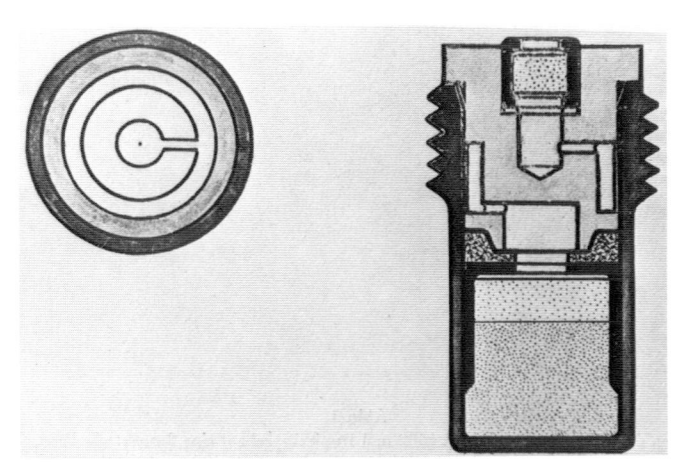

**Oben:** Wirkung eines 2 cm M-Geschosses mit Verzögerungskapsel auf einen Flugzeugflügel. **Unten:** Schnitt durch die Verzögerungskapsel VC, aus dem zu ersehen ist, daß von der Zündnadel eine kleine Zündkapsel angestochen und die Zündflamme durch verschiedene Kanäle dann auf die eigentliche Sprengkapsel gelenkt wurde, die dann mit der gewünschten Verzögerung zum Ansprechen kam. Mit dieser VC gelang es, die Verzögerung in allen Fällen, d. h. auch bei Flügeln mit starker Außenhaut, so groß zu machen, daß die gesamte Sprengladung im Innern des Flugzeugteiles zur Wirkung kam.

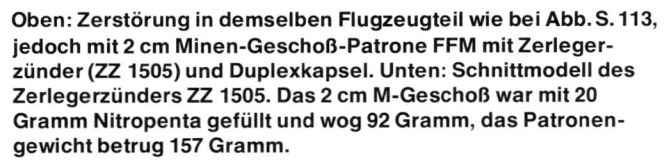

zeichnete Brandwirkung ergebende HA 41, einem Gemisch aus Hexogen und Aluminium-Pyroschliff, ersetzt. Mit diesem Geschoß lag endlich ein spezifisch gegen Leitwerk, Flächen und Zelle wirksames Angriffsmittel vor, das von den Jagdfliegern ausgezeichnet beurteilt wurde. Im weiteren Verlauf des Krieges gelang es der Munitionsentwicklung, auch der Sprenggranate eine gute Brandwirkung zu geben. Im allgemeinen wurden die Geschoßarten Sprgr.L'spur, Br.Sprgr.L'spur, Pzgr. und M.Geschoß an der Front gemischt aus dem M.G.-FF verschossen. Die Treffgenauigkeit war außerordentlich gut, auf eine Entfernung von 100 m lagen 50% aller abgefeuerten Schüsse auf einer Fläche von 15×15 cm. Außer dem starren, mit Schußrichtung parallel zur Flugzeuglängsachse nach vorn, und dem beweglichen Einbau, wurde das M.G.-FF auf Zwillingslafette

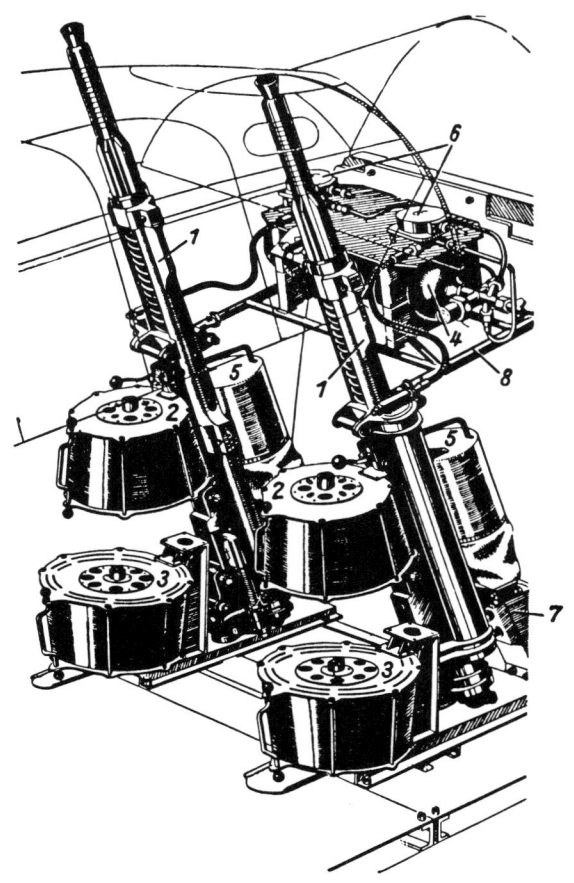

**Bf 110 G-4/R 8 Übersicht MG-FF/M Schrägeinbau**
1) MG FF/M, 2) Volltrommeln, 3) Reservetrommeln, 4) Preßluftflasche mit Druckminderer und Absperrventil, 5) Leerhülsenbehälter, 6) FPD und FF, 7) Waffenlagerung, 8) Waffenabstützung

mit einem Erhebungswinkel von zirka 70 Grad nach vorn oben als Schrägbewaffnung[1]) für Nachtjagdflugzeuge verwendet.

Man unterschied folgende M.G.-FF Ausführungen:
1. Ausführung »A« = mit elektrisch-pneumatischer Abzugseinrichtung, 2. Ausführung »B« = mit elektrischer Abzugseinrichtung, 3. In Motorlafette und 4. mit Feuerdämpfer für den Nachteinsatz.

Aufgrund der Einführung der 2 cm M-Munition erfuhr die Waffe eine Modifizierung, dahingehend,

[1]) Diese Einbauweise, auch »schräge Musik« genannt, wurde im Jahre 1942 auf Vorschlag des Nachtjägers *Major Rudolf Schoenert* von *General Kammhuber* genehmigt und bis Kriegsende mit Erfolg eingesetzt

**Lafettierung des M.G.-FF als starre Flügelwaffe in Bf 109 E. Die Abb. zeigt die Waffe bei abgenommener Nasenverkleidung.**

**Einsetzen der Munitionstrommel T60-FF. Durch die aerodynamische Verkleidung der 60schüssigen Trommel entstanden an der Bf 109 die ersten Beulen.**

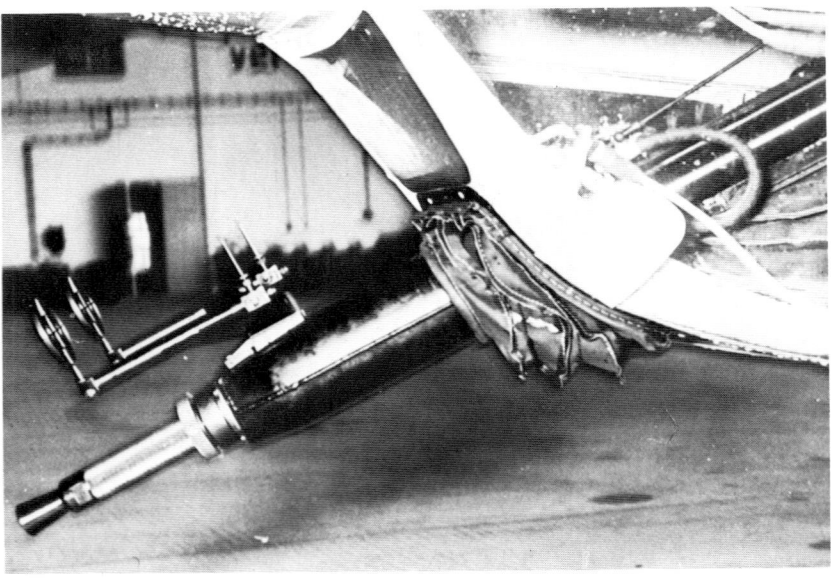

Lafettierungen des M.G.-FF als bewegliche Waffe. Oben: Im A-Stand in Linsenlafette L-FF/6 einer He 111 H-6 mit Visiereinrichtung V 41 und verkleidetem Gesamtverschluß. Unten: Im C-Stand mit Zwillingsvisier V 41 und verkleidetem Gesamtverschluß.

daß einige Bauteile leichter ausgeführt werden konnten. Diese verbesserte Ausführung erhielt die Bezeichnung M.G.-FF/M, die von diesem Zeitpunkt an ausschließlich eingesetzt wurde.

Eine der vielen Versuchslafettierungen des M.G.-FF als bewegliche Waffe im B-Stand einer He 111. Hier mit aufgesetzter 60 Schuß Trommel T60-FF. Der vor der Waffe sichtbare Abweisbügel sollte das Seitenleitwerk vor Eigenbeschuß schützen.

Ein zum Schutz vor Seewasser vollständig verkleidetes M.G-FF, montiert auf einem ebenfalls verkleideten Drehring. Durch die Verkleidung des Drehrings konnte weitgehend ein Vollschlagen des Bootskörpers bei schwerer See verhindert werden. Die Abb. zeigt das M.G.-FF mit aufgesetzter 30 Schuß Trommel T30-FF.

M.G.-FF auf Pivot-Lafette mit Schulterstütze.

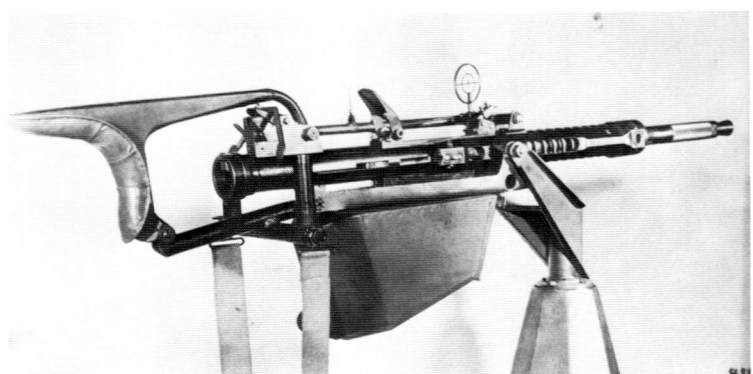

Die technischen Daten für das M.G.-FF waren:

| | |
|---|---|
| *Gewicht der Waffe mit elektrischem Abzug, Zähler- und Verschluß-kontrollschalter, Doppellade-sicherungsschalter und elektrisch-pneumatischem Durchladeventil* | 28 kg |
| *Gurtzuführer* | 8,7 kg |
| *Kaliber* | 20 mm |
| *Länge der Waffe* | 1370 mm |
| *mittlere Schußzahl* | 530 Schuß/min |
| *Mündungsgeschwindigkeit (je nach Munitionsart)* | 585–718 m/sek |
| *Mündungsleistung* | 2,3 mtr |
| *45-Schuß-Trommel leer/voll* | 7,4/16,5 kg |
| *60-Schuß-Trommel leer/voll* | 8,2/20,3 kg |
| *100-Schuß-Trommel leer/voll* | 12,9/33,1 kg |
| *100-Schuß-Gurt voll* | 21 kg |
| *Höhe der Waffe* | 135 mm |
| *Breite der Waffe* | 155 mm |
| *Höhe der Waffe mit 60-Schuß-Trommel* | 435 mm |
| *Breite der Waffe mit 60-Schuß-Trommel* | 306 mm |
| *verschoß Geschoßgewicht (M.Gr.)* | 0,795 kg/sek |
| *verschoß Sprengstoff* | 0,165 kg/sek |
| *Leistungszahl* | 10,3 PS/kg |
| *Einbauart* | starr: ungesteuert bewegl. |

## Die Ehrhardt-Kanone, Kaliber 20 mm, und erste Nachfolgeentwicklungen

Neben der 20 mm Oerlikon-Kanone gab es weitere Entwicklungen, die vor der Wiederbewaffnung Deutschlands im Jahre 1933 dem Heereswaffenamt angeboten wurden. Der Ingenieur H. F. A. Lübbe baute im Jahre 1929 eine 20 mm Kanone, deren charakteristischstes Merkmal, die bis ins kleinste Detail durchdachte Konstruktion, unter Berücksichtigung einer guten Reproduzierbarkeit war. Die 48,5 kg schwere Waffe bestand aus nicht mehr als 50 Einzelteilen. Doch aufgrund unbefriedigender Erprobungsergebnisse, die das Heereswaffenamt mit drei

Lafettierung eines arretierbaren M.G.-FF/M in der Bodenwanne einer Ju 88. Oben: Ansicht von außen. Unten: Ansicht von innen in Flugrichtung auf die Waffe mit aufgesetzter Munitionstrommel T60-FF.

Bewaffnungsanlage (hauptsächlich zur Schiffsbekämpfung) einer Ju 88 mit drei miteinander gekoppelten, nach vorn schießenden, beweglichen M.G.-FF. Das Ziel wurde mit der oberen Waffe anvisiert, wobei die beiden unteren M.G.-FF über einen Hebelmechanismus, unterstützt durch ein Hilfsruder, parallel mitgeführt wurden.

Die Bewaffnungsanlage von innen in Flugrichtung gesehen. Auf allen drei Schußwaffen sind T60-FF Munitionstrommeln aufgesetzt.

dieser Kanonen ermittelte, wurde die Waffe nicht weiter gefördert.

Mehr Erfolg sollte *Heinrich Ehrhardt,* Direktor von Rheinmetall, haben. Noch im November 1918 hatte er eine beachtenswerte 20 mm Flugzeugkanone fertiggestellt, deren Kadenz zwischen 250 und 300 Schuß in der Minute, bei einer Mündungsgeschwindigkeit von 670 m/sek., betrug. Die Waffe war ein luftgekühlter Rückstoßlader und hatte einen Verschluß, der auf *Louis Schmeissers* Patenten beruhte. Das Gewicht der Kanone mit 72,6 kg war allerdings noch verhältnismäßig hoch.

Um diese Waffe dem Zugriff der IMKK zu entziehen, wurden die wenigen der hergestellten Exemplare, zusammen mit allen Ersatzteilen und Konstruktionszeichnungen, nach Holland gebracht und dort vorübergehend eingemottet. 1926 überarbeiteten *Fritz Herlach* und *Theodor Rakula* die Konstruktion, aus der dann im Jahre 1929, in der Rheinmetall Tochterfirma Solothurn, ein erstes Konkurrenzmodell zur Oerlikon-Kanone hervorging. Weitere Verfeinerungen und Abänderungen dieser Waffe durch *Herlach* und *Rakula* in Solothurn führten zur MK-ST-11, einer 20 mm Flugzeugkanone, die 280 Schuß in der Minute verschoß, und bei der als bewegliche Waffe die Munition durch ein 20 Schuß fassendes Doppelmagazin zugeführt, und die leeren Patronen in einen Hülsensack abgeleitet wurden. Die entsprechende schiffs- und landgestützte Kanone erhielt die Bezeichnung MK-ST-5. Vergleichsschießen mit ähnlichen Waffen führten in England und den Vereinigten Staaten zu den Ergebnissen, daß die Kanonen wohl zuverlässig und sicher seien, aber nicht fortschrittlich genug, um bereits eingeführte englische bzw. amerikanische Konstruktionen zu ersetzen. Nach der Wiederbewaffnung Deutschlands wurde die Waffe 1934 als 2 cm Flak 30 in die deutsche Wehrmacht eingeführt und blieb, obwohl durch die 2 cm Flak 38 im Jahre 1939 ersetzt, bis zum Ende des Zweiten Weltkriegs im Einsatz.

Parallel dazu wurde von Solothurn/Rheinmetall eine 20 mm Panzerbüchse entwickelt, bei der Stanges Maschinengewehr-Verschlußsystem maßstabgetreu auf das 20 mm Kaliber vergrößert wurde. Durch Vorlaufzündung wurden die Rückstoßkräfte weiter ge-

**M.G.-FF-Bewaffnungsanlage als »schräge Musik« mit automatischer elektronischer Auslösung durch das Nachtjagdgerät FuG 202 »Lichtenstein BC« in einer Do 17 Z.**

**Die 1929 entwickelte 20 mm Flugzeugkanone von H.F.A. Lübbe. Oben: Ansicht der Kanone von rechts. Unten: Die in ihre Hauptteile zerlegte Waffe.**

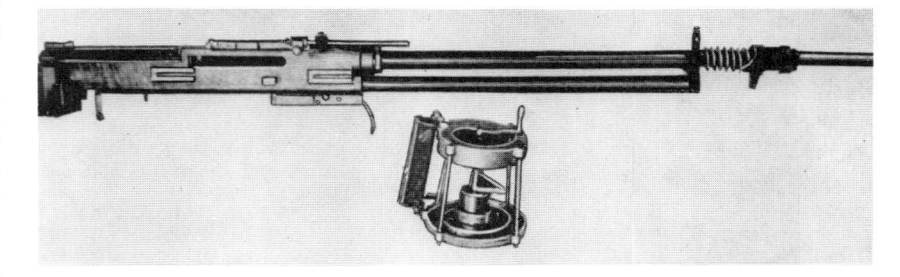

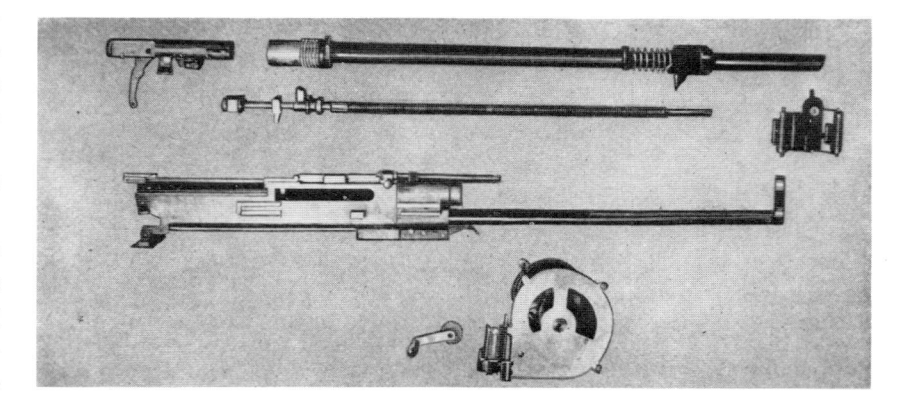

mindert. Die Waffe erhielt die Bezeichnung MK S-18-100, und nach erneuter Überarbeitung wurde daraus die MK S-18-1000. Diese 20 mm halbautomatische Panzerbüchse war für 15 Schuß Einzelfeuer eingerichtet und verschoß Panzergranaten von 140 Gramm mit einer Treffgenauigkeit von 50×50 cm auf 500 m. Die Mündungsgeschwindigkeit betrug 910 m/sek., und ihr Durchschlagsvermögen betrug bei senkrechtem Auftreffen auf 500 m 25 mm, und auf 1000 m 20 mm Panzerung. Die Panzerbüchse wog 45 kg. Das Schießen erfolgte ohne Lafette aus der Schulter, wie mit dem I.M.G. Das Stange-Verriegelungs-System (Drehung einer Hülse zwischen Rohr und Verschluß) wurde bei beiden Modellen mit gutem Erfolg angewandt. Die Weiterentwicklung der MK S-18-1000 führte 1935 zur M.K. 101.

**Die 20 mm Flugzeugkanone Ehrhardt M 17**

# Die Flugzeugschußwaffen der Jahre 1933 bis 1945

Nach dem M.G. 17 wurde für alle Flugzeugschußwaffen eine neue Kennzeichnung eingeführt. Das M.G. 81 erhielt als erstes diese Benennung. Hierbei deuteten die erste, bzw. die erste und zweite Zahl auf das Kaliber, und die folgende auf die Bezeichnung des Baumusters hin. Wurde das Kaliber einer Waffe geändert, so erschien dieses hinter einem Schrägstrich.

M.G. 81: 8 = Kaliber 7,92 mm,
1 = Bezeichnung des Baumusters
M.G. 151: 15 = Kaliber 15 mm,
1 = Bezeichnung des Baumusters
M.G. 151/20: gleiche Waffe (M.G. 151), jedoch Kaliber auf 20 mm geändert

Weil aber aus der voranstehenden Benennung das Kaliber sofort erkennbar war, erfolgte 1942 aus Verschleierungsgründen eine nochmalige Änderung. Ab dieser Zeit wurden die Flugzeugbordwaffen mit einem Kaliber unter 20 mm als M.G. = Maschinengewehr und von 20 mm an aufwärts als M.K. = Maschinenkanone bezeichnet. Die erste Zahl wurde nun der jeweiligen Entwicklungsfirma zugeordnet und die nachfolgenden Zahlen der Bezeichnung des Musters.

Die Ziffer: 1 stand für die Firma Rheinmetall-Borsig, 2 für die Firma Mauser, 3 für die Firma Krieghoff, 4 für die Firma Krupp
M.K. 108: 1 = Entwicklungsfirma Rheinmetall
08 = Bezeichnung des Musters

## Das Flugzeugmaschinengewehr M.G. 81, Kaliber 7,92 mm

Am 27. Juni 1838 wurde als jüngstes von 13 Kindern *Paul Mauser,* Sohn des Waffenschmiedemeisters *Andreas Mauser,* geboren. Er arbeitete, wie auch einige seiner Brüder, schon vom 12. Lebensjahr an in der »Königlich Württembergischen Gewehrfabrik« in Oberndorf, wo er sich schon bald als Waffenfacharbeiter profilierte. 1873 kauften die Gebrüder *Wilhelm* und *Paul Mauser*[1]) die Fabrik und führten sie in eigener Verwaltung. Hier entstanden dann die weltberühmten Mauser-Konstruktionen, wie z. B. das deutsche Infanteriegewehr Modell 1871 und das Gewehr 98, um nur einige zu nennen. Letzteres mit dem berühmtesten Verschluß-System der Welt.

1932 legten die Mauser-Werke dem Heereswaffenamt, als Entwicklungsbeitrag zum Einheits-Maschinengewehr, ein leichtes M.G. zur Beurteilung vor. Es war eine ganz einfache Konstruktion, ohne Verschlußhülse noch einer Gleitvorrichtung. Durch Leitkurven im Waffengehäuse wurde der Verschluß mit seinen Verriegelungswarzen so geführt, daß eine feste Verriegelung mit dem Verriegelungsstück am Lauf gewährleistet war. Diese Konstruktion ermöglichte auch einen sekundenschnellen Lauf- und Verschlußwechsel.

---
[1]) Wilhelm Mauser, 1834–1882; Paul Mauser, 1838–1914

Aufgrund der Vorteile der einfachen M.G. 34 Konstruktion, zeigte schließlich dann doch die Luftwaffe noch großes Interesse an einer solchen Waffe für ihre Belange. Zu dieser Zeit war gerade das von Rheinmetall gefertigte M.G. 15 als bewegliche Defensivwaffe in den A-, B- und C-Ständen (Rumpfbug sowie Rumpfober- und -unterseite) der Kampfflugzeuge eingebaut worden. Das Magazin des M.G. 15 hatte ein Fassungsvermögen von nur 75 Schuß, was in $4^1/_2$ Sekunden leergeschossen und

**Das Flugzeugmaschinengewehr M.G. 81. Oben: Das M.G. von rechts gesehen, Linkszuführung und mit Ansatzstück für den Abführungsschlauch für Leerhülsen und Gurtglieder. Mitte: M.G. 81 Z (Zwilling). Unten: M.G. 81 Z mit Munitionszuführung von links und rechts und dem Abführungsschlauch für Leerhülsen und Einzelgurtglieder.**

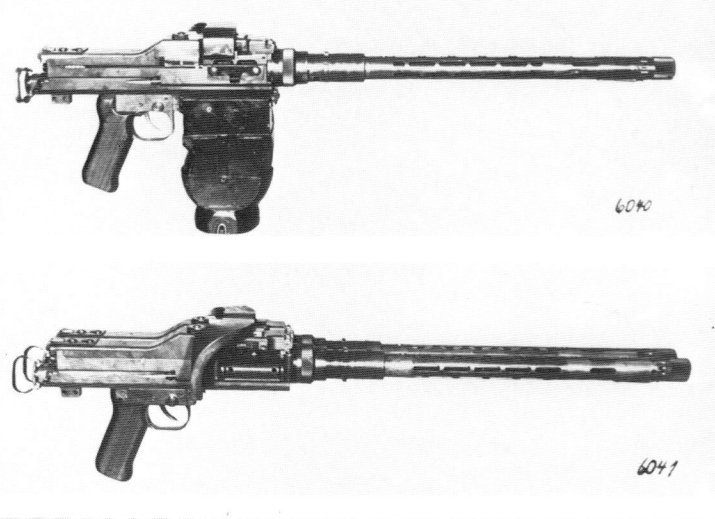

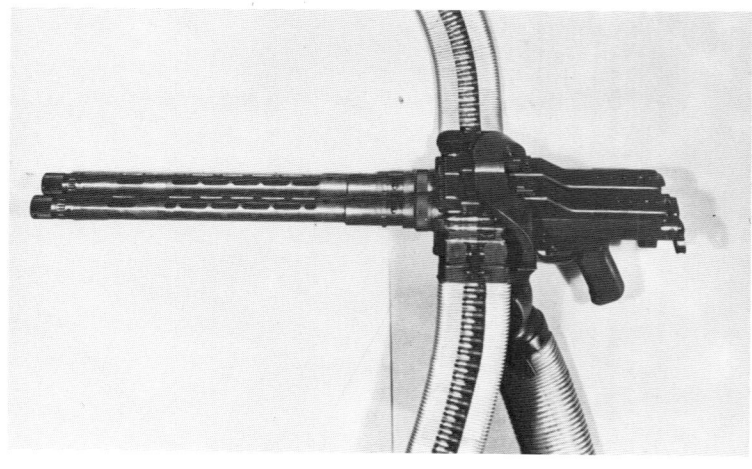

**Das luftgekühlte M.G. 34 von Mauser, Standardwaffe der deutschen Wehrmacht bis zur Einführung des M.G. 42. Hier das M.G. in behelfsmäßiger, starrer Anordnung an einem DFS 320 Lastensegler zur Niederhaltung des Gegners bei Landeunternehmen. Zur Bedienung des M.G.s konnte vom Innern des Seglers aus eine Reißverschlußklappe geöffnet werden. Gezielt wurde vom Flugzeugführer über ein an der Strebe der Frontscheibe angebrachtes Visier (auf der Abb. nach unten geklappt). Gut zu erkennen ist das Blechstück in Höhe der Laufmündung, das die Flugzeugzelle vor dem hohen Mündungsdruck beim Schießen schützte. Nach der Landung wurde das M.G. abgenommen und im Erdkampf eingesetzt.**

Es war nun das Verdienst des damaligen M.G.-Referenten beim Waffenprüfamt *Major Dipl.-Ing. Ritter von Weber,* durch Zusammenfassung und unter Ausschöpfung aller vorhandenen Patente der einzelnen Waffenfirmen, den Weg zum Einheits-M.G. zu ebnen, das sowohl als l.M.G. auf Zweibein, wie auch als s.M.G. auf Rücklauflafette eingesetzt werden konnte. Oberingenieur *Louis Stange* schuf daraufhin das erste Einheits-M.G. der Wehrmacht, das M.G. 34, dessen Massenfertigung 1936 anlief. Gewicht als l.M.G. 12 kg, als s.M.G. 32 kg; Schußfolge 1000 bis 1200 Schuß pro Minute, Vo um 840 m/sek. Da bereits das M.G. 15 und das M.G. 17 von der Luftwaffe eingeführt worden waren, fand das M.G. 34 als Flugzeugschußwaffe keine Verwendung. Um den großen Bedarf an dieser Waffe beim Heer zu decken, wurde das M.G. 34, außer in den Mauser-Werken, auch in zahlreichen anderen Waffenfirmen hergestellt.

somit für ein Maschinengewehr mit hoher Feuergeschwindigkeit zu klein war. Übungsluftkämpfe unter Verwendung des Lichtbild-M.G. MBK 1000 zeigten immer wieder deutlich, daß gerade in den kritischen Augenblicken die Gefahr eines notwendig werdenden Magazinwechsels bestand. Um dieser Gefahr möglichst zu entgehen, wechselten viele Fliegerschützen ein noch teilweise gefülltes Magazin vorsichtshalber gegen ein volles aus. Aus diesem Grunde forderte die Luftwaffe eine bewegliche Bordwaffe mit kontinuierlicher Munitionszuführung, damit der ganze für eine Waffe bestimmte Munitionsvorrat zugeführt werden konnte, ohne daß irgendwelche zusätzlichen Handgriffe erforderlich waren.

Versuchseinbauten mit dem M.G. 17 als bewegliche Waffe mit Gurtzuführung sowie einer Zwillingslafettierung des M.G. 15 führten zu keinen brauchbaren Ergebnissen. Darüber hinaus war die Serienherstellung des M.G. 15, im Vergleich zum M.G. 34, viel zu unwirtschaftlich und zu teuer, so daß die Firma Mauser den Auftrag erhielt, ein entsprechendes Flugzeugmaschinengewehr zu entwickeln. Der neue Entwurf wurde 1938 genehmigt und im Jahr darauf mit der Massenfertigung begonnen. Die Waffe erhielt die Bezeichnung M.G. 81.

Das M.G. 81 war ein vollautomatischer Rückstoßlader mit starr und zentralverriegeltem Verschluß und kurzem Laufrücklauf. Wie beim M.G. 34 hatte

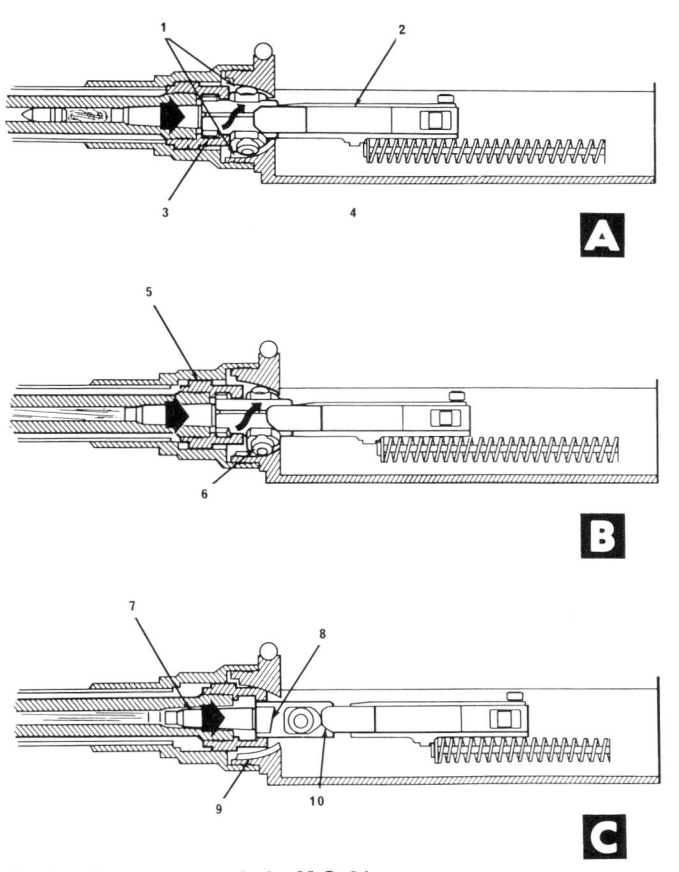

**Entriegelungsvorgang beim M.G. 81**
1) Kurvenbahnen im Gehäuse, 2) Verschluß, 3) Verschlußkopf, 4) Schließfeder, 5) Lauf und Lauführungsstück, 6) Rolle zum Verschlußkopf, 7) abgefeuerte Patrone, 8) Verriegelungswarze, 9) unteres Kurvenstück, 10) Schleuderkurven

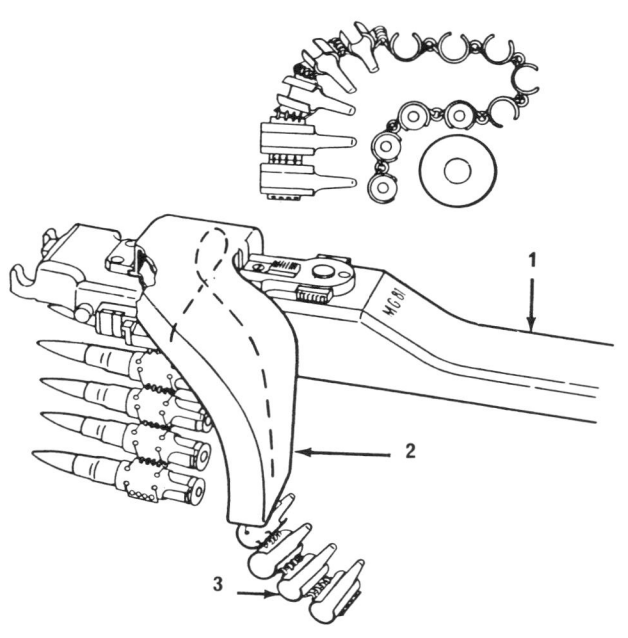

**Munitionsgurtführung beim M.G. 81**
1) Gehäusedeckel, 2) Leergurtführung, 3) Leergurt

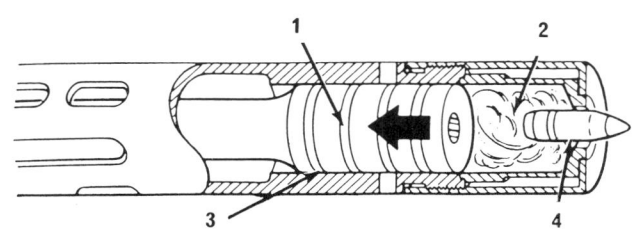

**Rückstoßdüse des M.G. 81**
1) Lauf, 2) Rückstoßdüse, 3) Labyrinthdichtungen, 4) Geschoß

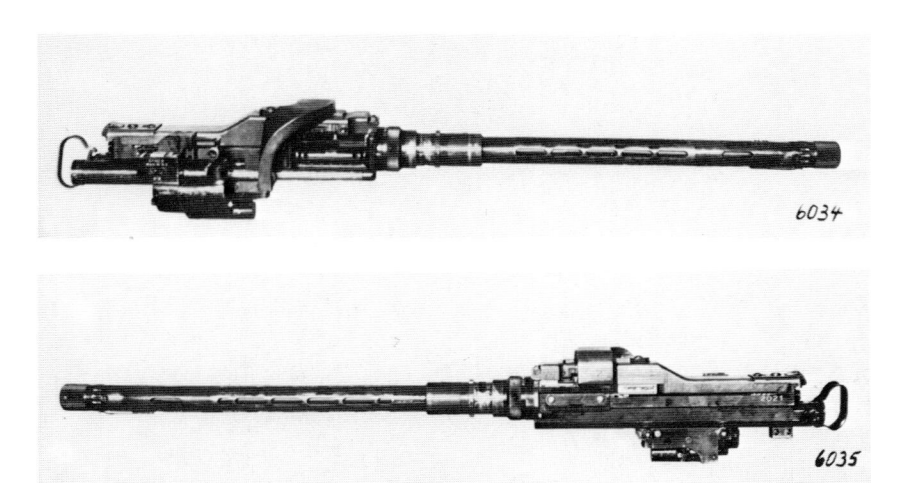

M.G. 81 für Fernbedienung mit elektrisch-pneumatischer Durchlade- und Abzugsvorrichtung.

M.G. 81 Z für Fernbedienung mit elektrischem Abzug.

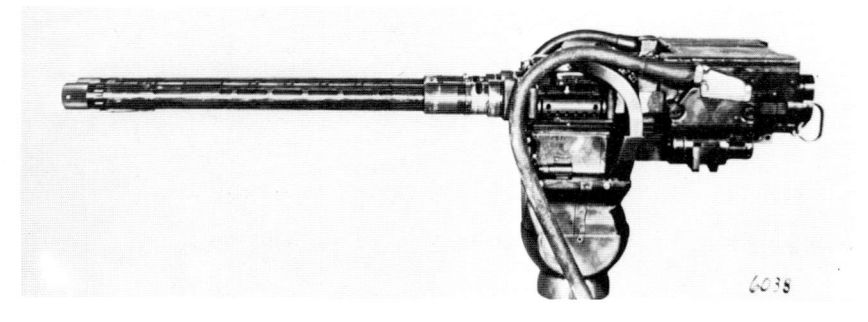

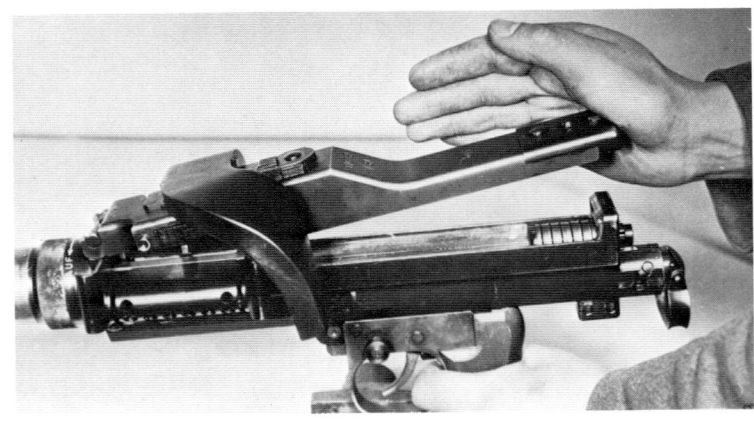

Oben: Öffnen des Deckels, und unten: Durchladen des M.G. 81 durch Ziehen des Spanngriffs (bzw. Entspannen).

M.G. 81 in kleiner gepanzerter Linsenlafette LLK(-PG), mit exzentrisch angeordneter Waffenlagerung und eigengeschwindigkeitsgesteuertem Visier VE 22.

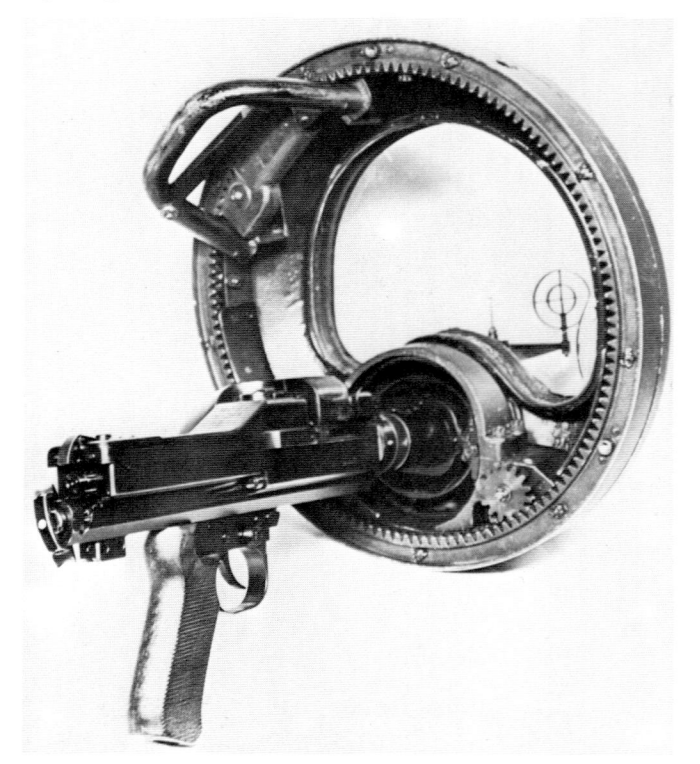

auch das M.G. 81 ein Schloß mit drehbarem Verschlußkopf und ein am Lauf angeschraubtes Verriegelungsstück. Auch hier bewegte sich das Schloß direkt im Waffengehäuse. Die Munition konnte von links oder rechts über einen Stahlgurt zugeführt werden. Dieser Gurt war ein offener Metallgurt, der aus einzelnen durch Haken und Ösen gelenkig miteinander verbundenen Einzelgliedern bestand, die zusammenhängend oder wahlweise zerfallend geschossen werden konnten. Das M.G. 81 fand als »Illing« oder als »Zwilling« Verwendung. Die Zwillingswaffe erhielt die Bezeichnung M.G. 81 Z. Bei dieser Ausführung hatte das eine M.G. eine Links-, und das andere eine Rechtszuführung. Zentral unter der Waffe war der Abführungsschlauch ange-

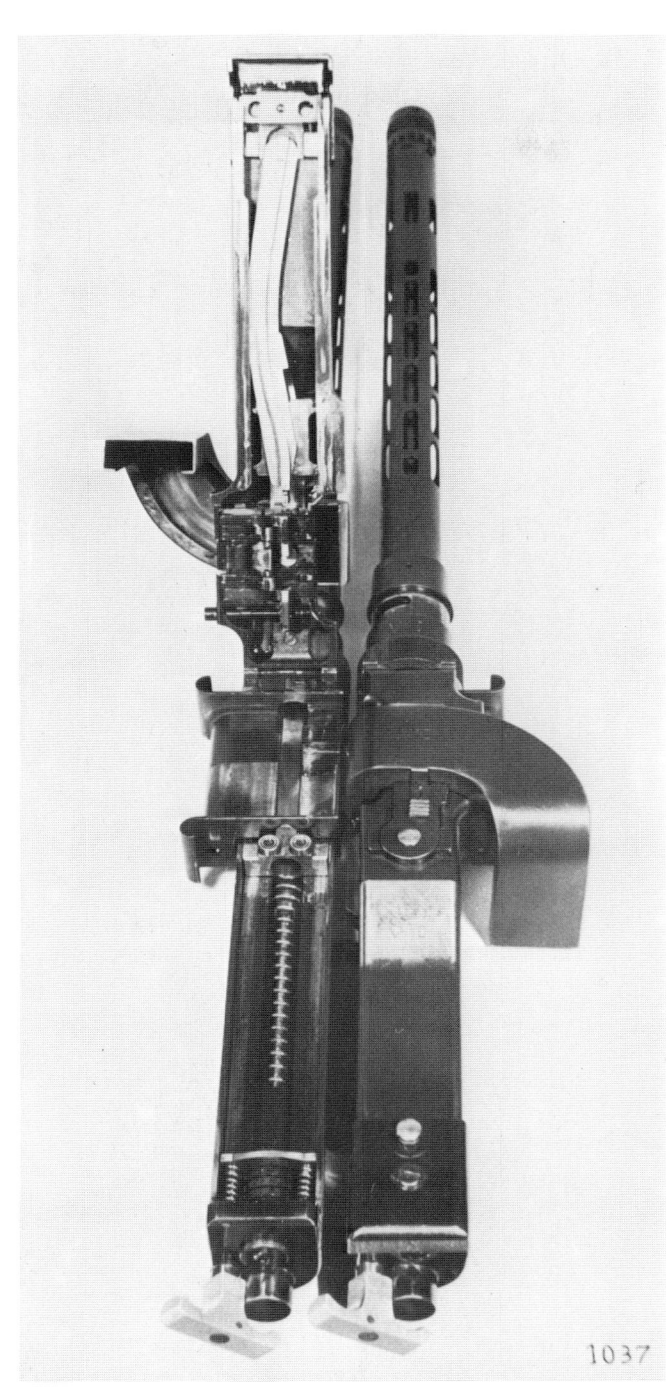

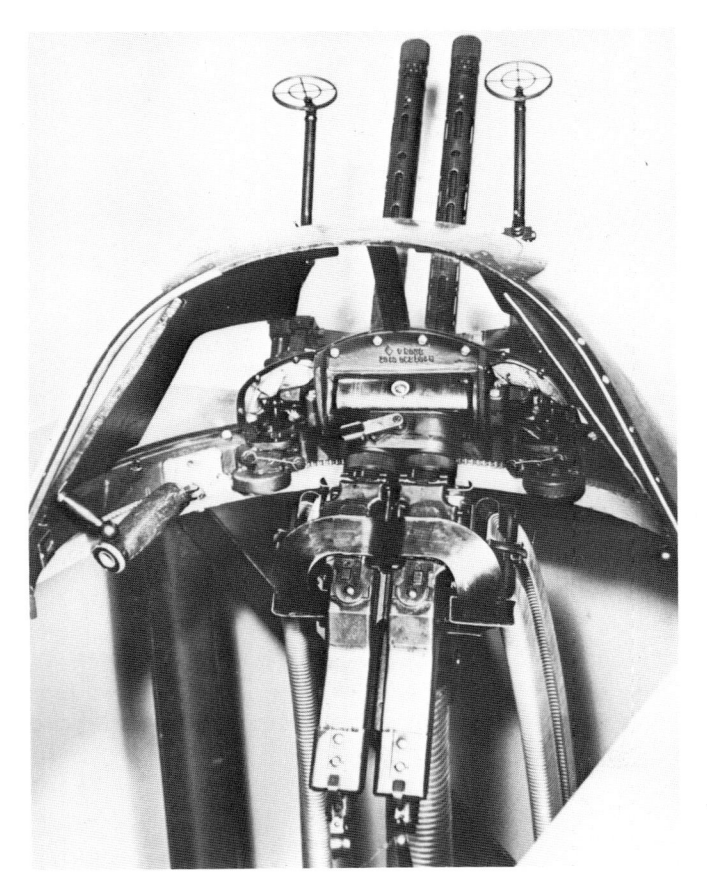

Oben: M.G. 81 Z in Walzenlafette WL 81 Z mit VE-gesteuerter Zieleinrichtung. Die Walzenlafetten waren zur Lagerung der freihändig richtbaren M.G.s bestimmt und waren in verschiedenen A-, B- und C-Ständen eingebaut. Unten: M.G. 81 Z im Prototyp der ferngerichteten Drehringlafette für B-Stände FDL-B 81 Z. Diese Lafette war eine Weiterentwicklung der Drehringlafette 77Wa3 der Fa. LGW (Luftgerätewerk Berlin/Hakenfelde). Die Lagerung der Waffe erfolgte in der Doppellagerkugel DL 81 Z.

Prototyp des M.G. 81 in Zwillingsausführung mit 600 mm langen M.G. 15-Läufen. Der Deckel des linken M.G.s ist geöffnet und so die Gurtschalt- und Auswerfereinrichtung, die durch die zwei Schaltrollen des Verschlußstückes betätigt wurden, gut zu erkennen.

# MG-Feuer auf Bombenziel im Sturz. (60°)

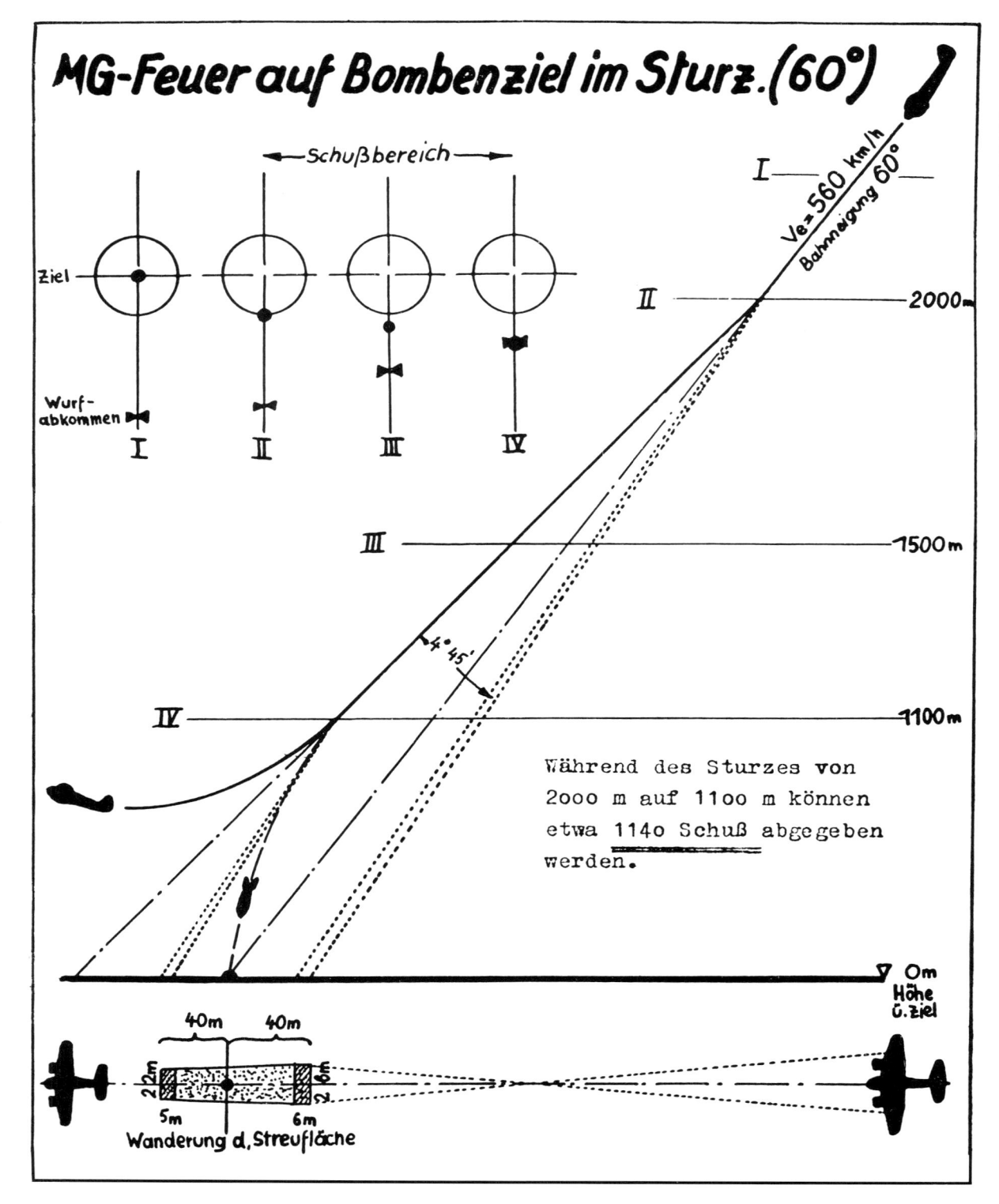

**Angriffsverfahren (ausgearbeitet v. KG 51) für mit starrer Flächenbewaffnung ausgerüstete Ju 88 Kampfflugzeuge (Originalzeichnung)**

Schußbereich

Ziel — Wurfabkommen — I, II, III, IV

$V_e$ = 560 km/h
Bahnneigung 60°

I
II — 2000 m
III — 1500 m
4° 45'
IV — 1100 m

Während des Sturzes von 2000 m auf 1100 m können etwa 1140 Schuß abgegeben werden.

0 m Höhe ü. Ziel

40 m | 40 m
5 m | 6 m
Wanderung d. Streufläche

Sturz mit 60° Bahnneigung und 560 km/h direkt auf das Bombenziel durchführen (Visierbild I). Bei 2000 m Höhe (über Ziel) Ziel in Visierstellung II bringen und schießen. Ziel wandert dann dem Wurfabkommen entgegen (Visierbild III). Wenn sich beide treffen, Schießen einstellen und Bomben auslösen.

Die Schußgarben wandern dabei von 40 m vor dem Ziel, über dieses hinweg, bis 40 m nach dem Ziel. (Streufläche anfangs 6 × 26 m, gegen Ende 5 × 22 m).
Nach Möglichkeit nicht steiler stürzen, da sonst Wurfabkommen zu früh einwandert.

## MG-Streuflächen beim Gleitangriff. (30°)

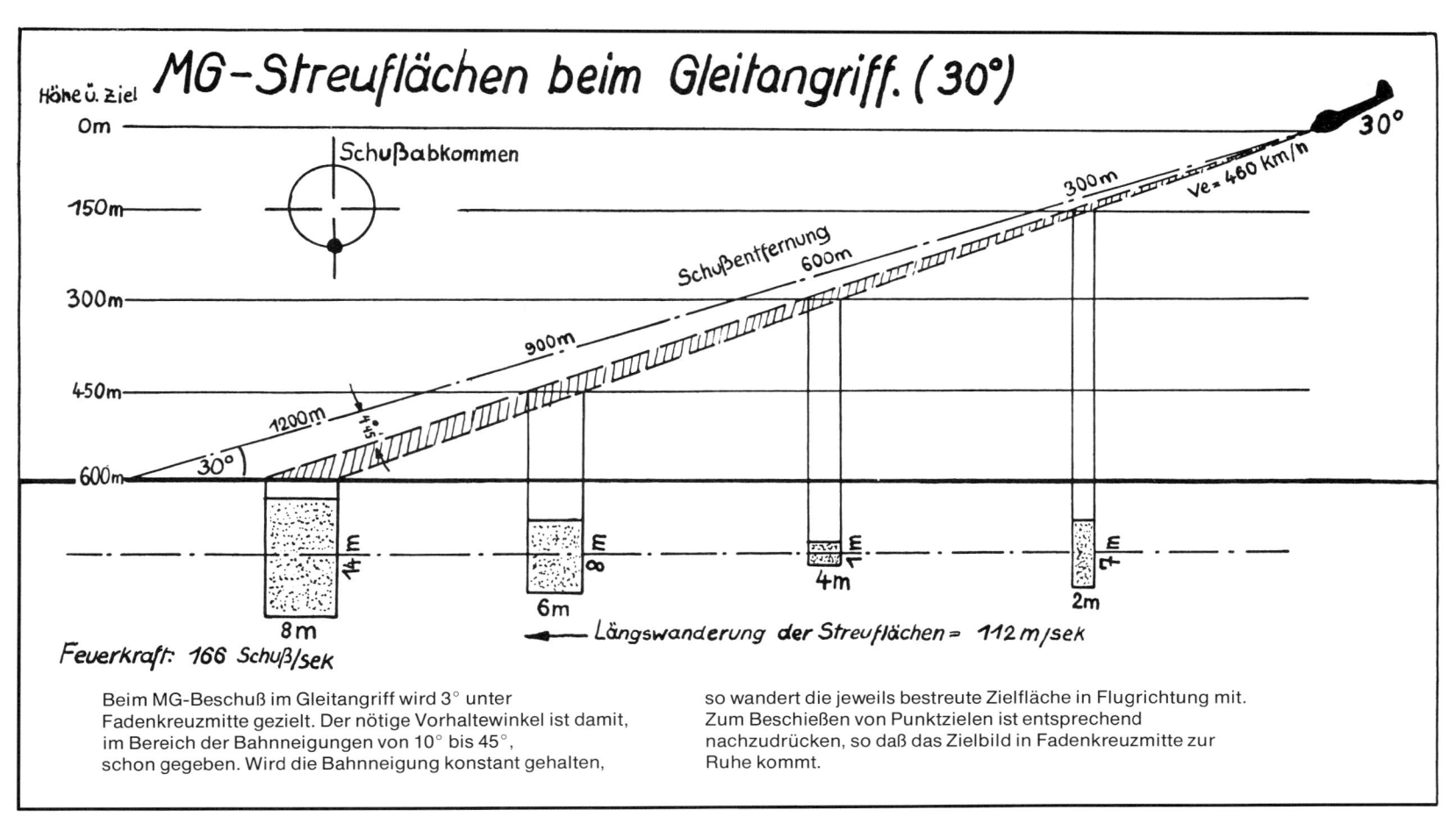

Beim MG-Beschuß im Gleitangriff wird 3° unter Fadenkreuzmitte gezielt. Der nötige Vorhaltewinkel ist damit, im Bereich der Bahnneigungen von 10° bis 45°, schon gegeben. Wird die Bahnneigung konstant gehalten, so wandert die jeweils bestreute Zielfläche in Flugrichtung mit. Zum Beschießen von Punktzielen ist entsprechend nachzudrücken, so daß das Zielbild in Fadenkreuzmitte zur Ruhe kommt.

**Angriffsverfahren (ausgearbeitet v. KG 51) für mit starrer Flächenbewaffnung ausgerüstete Ju 88 Kampfflugzeuge (Originalzeichnung)**

ordnet, durch den beispielsweise bei einem drei Sekunden dauernden Feuerstoß 160 leere Patronenhülsen und ebensoviele leere Gurtglieder abgeleitet wurden. Beide Waffen waren durch einen gemeinsamen, zentral angebrachten Abzug miteinander verbunden und wurden gleichzeitig gerichtet und geschossen.

Waffentechnisch war das M.G. 81 kaum mehr zu vereinfachen. Es bestand aus 191 Einzelteilen und kostete als Einzelwaffe damals 480,–, und als Zwillingswaffe 960,– Reichsmark.

Die ungewöhnlich hohe Feuergeschwindigkeit von 1600 Schuß in der Minute erreichte Mauser durch eine günstigere Gestaltung der Schleuderelemente, gegenüber vergleichbaren M.G.s. Auch sorgte ein Puffer von hohem Wirkungsgrad für das Abbremsen und wieder Nachvornschleudern des Verschlusses, so daß dieser Vorgang nicht mehr ausschließlich der Schließfeder überlassen war. Von großer Bedeutung war die Gesamtlänge der Waffe, um das Einbauen in Linsenlafetten und Drehkränzen zu ermöglichen und zu erleichtern. Da der Luftwiderstand einer Waffe im freien Luftstrom mit dem Quadrat der Eigengeschwindigkeit des Flugzeuges wächst, wurde das Richten einer beweglichen Waffe für den Schützen immer schwieriger. Ursprünglich sollte für das M.G. 81 der 600 mm lange M.G. 15 Lauf verwendet werden, da sich aber die Waffe bei Fluggeschwindigkeiten über 400 km/h nicht mehr zur Seite richten ließ, mußte der Lauf schließlich um 125 mm verkürzt werden, wodurch das Querabrichtvermögen bis 470 km/h möglich war. Die Verkürzung der Waffe um etwa die Länge des Schlosses wurde dadurch erreicht, daß die Schließfeder beim M.G. 81 unter und nicht hinter dem Schloß angeordnet war.

Besonders einfach waren die Bedienung und das Zerlegen der Waffe. Zum Einlegen des Gurtes brauchte nur der Gehäusedeckel aufgeklappt, der Gurt eingelegt und der Deckel durch einfaches Herunterschlagen wieder geschlossen zu werden. Durchgeladen wurde durch Ziehen am Spanngriff bis das Schloß hinten gefangen wurde, worauf der Spanngriff nach dem Loslassen wieder in seine Ausgangsstellung zurückschnellte. Damit war die Waffe schon feuerbereit. Der Abzug war einfach und kräftig. Das Einlegen eines Reserveschlosses dauerte nur Sekunden.

Eigenartig war nur, daß die Waffe kaum mit Mün-

**Einbau von vier starren M.G. 81 (Illingen) und einem halbstarren M.G. 15 in Ju 88 zur Erhöhung der Feuerkraft der Kampfflugzeuge bei Angriffen auf Boden- wie auf Flugziele, insbesondere zur Niederhaltung der gegnerischen Flugabwehr. Alle vier M.G. 81 waren, was sehr selten war, mit Mündungsfeuerdämpfern ausgerüstet. Die Bewaffnungsanordnung wurde auf Vorschlag des Technischen Offiziers Oblt. d. R. Dr. Stahl beim KG 51 »Edelweiß« eingebaut.**

**Eine weitere Zusatzbewaffnung nach Vorschlag Dr. Stahls war der Einbau von je einem starren M.G. 81 Z mit je 250 Schuß in die linke und rechte Fläche von Ju 88 A-4-Kampfflugzeugen des K.G. 51. Oben: Ansicht des Flächen-M.G. 81 Z im rechten Flügel. Unten: Die selbstgefertigte Durchladevorrichtung. Links unter dem M.G. die Abzugsmagnete. Oberer Pfeil = Rückholgummi, und unterer Pfeil = Hydraulisch betätigter Durchladezylinder.**

dungsfeuerdämpfern von der Truppe eingesetzt wurde, obwohl ein solcher ab 1940 vorlag und an Stelle der Mutter für die Rückstoßdüse hätte aufgeschraubt werden können.

Beide M.G.-Ausführungen konnten in einer Vielzahl von Lafetten beweglich, direkt vom Schützen bedient, als auch fernbedient in Drehring[1]) – oder

---

[1]) FDL-B bzw. C 81Z in He 177

Waffen-Behälter 81 A (auch »Gießkanne« genannt) mit drei starren, bezogen auf die Flugzeuglängsachse um 15 Grad abwärts geneigten M.G. 81 Z, mit je 500 Schuß je Zwilling. Hier am Bombenträger einer Ju 87 D-1.

Waffen-Behälter 81 B mit drei starren, parallel zur Flugzeuglängsachse schießenden M.G. 81 Z. Zur Vergrößerung des Streufeldes waren die beiden äußeren Waffen-Zwillinge um 0,5 Grad nach außen angestellt. Oben: Der geschlossene Waffenbehälter mit Öse. Unten: Der geöffnete Waffenbehälter. Gut sind die Gurtführungen und im hinteren Teil die Gurtkästen zu erkennen. Der Behälter war 2,50 m lang, sein Durchmesser betrug 50 cm, und er wog voll munitioniert 180 kg.

starrer Lafette[1]) eingebaut werden. Selbst mit Schulterstütze und Zweibein diente die Waffe als l.M.G. 81 für den Erdkampf.

Zur Erhöhung der Feuerdichte bei Tiefangriffen auf Bodenziele verwendete die Luftwaffe Waffenbehälter, in denen je drei M.G. 81 Z, entweder mit Schußrichtung nach vorn abwärts, im WB 81A, oder mit Schußrichtung parallel zur Flugzeuglängsachse, im WB 81B, lafettiert waren. Diese sogenannten »Gießkannen« wurden als Außenlasten an die Horizontal-Bombenträger eingehängt. Die Fernbedienung erfolgte elektro-pneumatisch über das EPD-

---

[1]) StL 81Z als Flügelwaffe in Ju 88 außerhalb des Luftschraubenkreises

**M.G. 81 als l.M.G. 81 für den Erdeinsatz.**

FF. Die Behälter waren ohne Waffen 2500 mm lang und hatten einen Durchmesser von 500 mm, sie wogen ohne Munition 140 kg und mit Munition (je Zwilling 500 Schuß) 180 kg. Die Neigung der drei M.G. 81Z betrug bezogen auf die Flugzeuglängsachse 15 Grad und die Anstellung der beiden äußeren Zwillinge je 0,5 Grad nach außen[1]).

Das M.G. 81 wurde in großer Stückzahl hergestellt, allein im Mauser-Stammwerk Oberndorf waren es von 1940 bis 1944 46000 Stück.

Die technischen Daten des M.G. 81 waren:

| | |
|---|---|
| Kaliber | 7,92 mm |
| Gewicht der Einzelwaffe | 6,5 kg |
| Gewicht der Zwillingswaffe | 12,9 kg |
| Länge der Waffe | 915 mm |
| Länge des Laufes | 475 mm |
| Schußfolge (Illing) s.S.-Munition | 1600 Schuß/min |
| Schußfolge (Zwilling) s.S.-Munition | 3200 Schuß/min |
| Mündungsgeschwindigkeit (je nach Geschoßart) | 705 bis 875 m/sek |
| Mündungsleistung | 0,295 mtr |
| Gurtgewicht mit 100 Schuß | 7,8 kg |
| verschoß Geschoßgewicht (S.m.K.) | 0,308 kg/sek |
| Leistungszahl | 21 PS/kg |
| Einbauart | bewegl. auch vereinzelt starr: ungesteuert |

## Das Flugzeugmaschinengewehr M.G. 131, Kaliber 13 mm

Als Flugzeugwaffe mit gesteigerten Leistungen gegenüber den beiden Maschinengewehren M.G. 15 und M.G. 17, wurde gegen Ende des Jahres 1940 das M.G. 131 eingeführt. Oberingenieur *Louis Stange* hatte bei Rheinmetall bereits im Jahre 1933 mit den Vorarbeiten zur Entwicklung dieser Waffe begonnen, aber es dauerte fast bis zu Anfang des Zweiten Weltkrieges, daß sie unter größter Geheim-

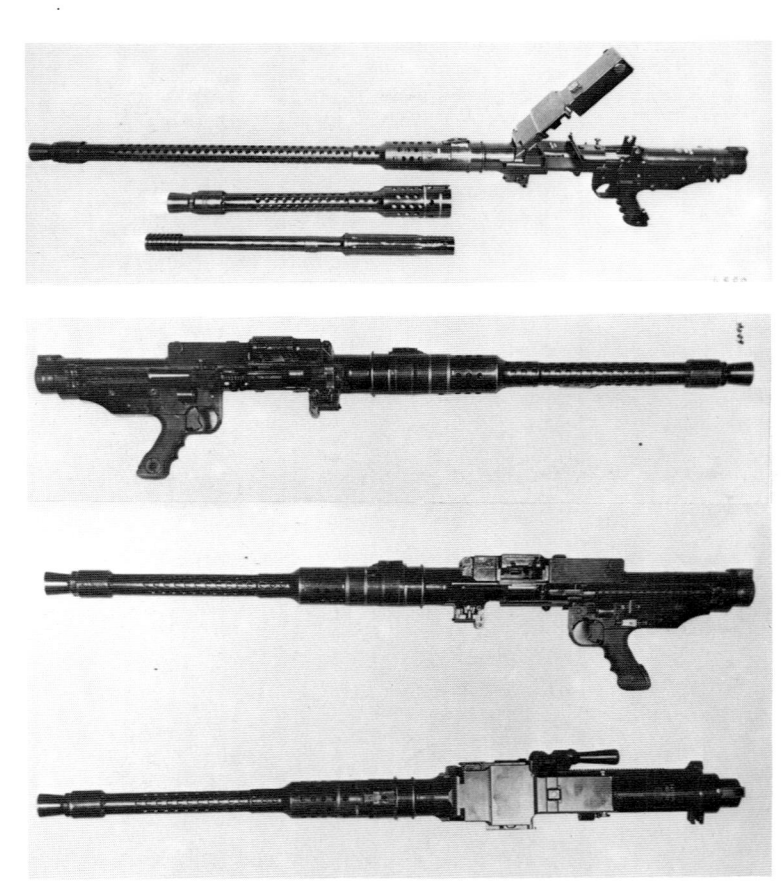

---
[1]) Zur Erreichung einer Streufläche

**Oben: Das M.G. 131 mit 8 mm Lauf als M.G. 131/8, darunter: der Kaliber 13,1 mm Lauf. Mitte und unten: Ansichten des M.G. 131 A bzw. B mit Handdurchladeeinrichtung und Handabzug. Darüber hinaus gab es noch die Ausführungen G bzw. H, bei denen die Kontaktplatte einen Steckeranschluß für die elektrische Zündung besaß. (A u. G = Rechts-, B u. H = Linkszuführung)**

haltung ihr Debüt geben konnte. Von 1938 an wurden die ersten sieben Geräte von der Waffengruppe der Erprobungsstelle Travemünde, in engster Zusammenarbeit mit der Rheinmetall-Gruppe, einer harten Schußerprobung unterzogen. Als fliegender Erprobungsträger diente dabei ein Dornier »Wal«, in dessen Bug-Stand die Waffe lafettiert wurde. Nach Beendigung dieser Arbeiten konnte 1940 das M.G. 131 für beschaffungsreif erklärt werden.

Das M.G. 131 war eine Bordwaffe für starren und beweglichen Einbau und arbeitete als starr verriegelter Rückstoßlader mit kurzem Rücklauf des Laufes. Die Munition wurde durch einen Zerfall- oder

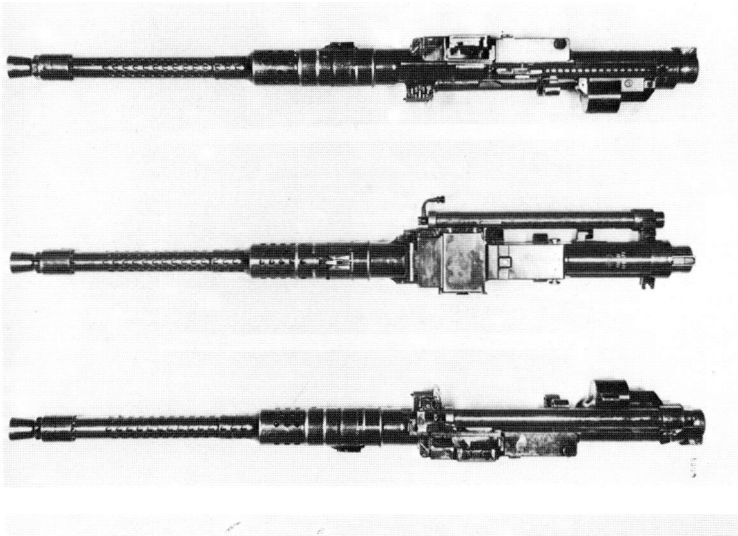

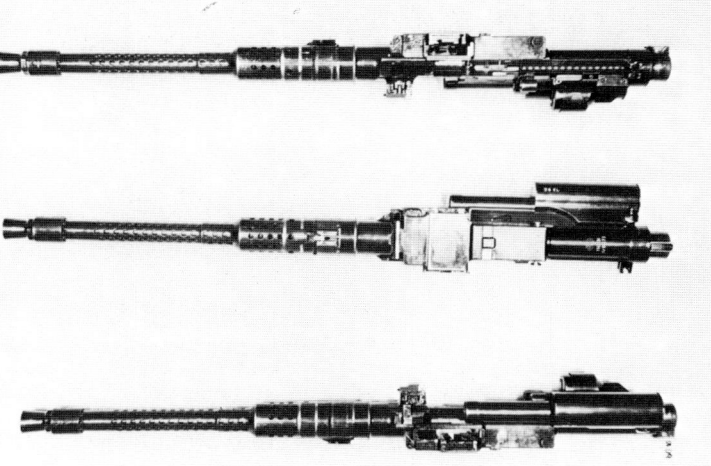

**Oben: Ansichten des M.G. 131 C bzw. D mit Luftspanneinrichtung und Magnetabzug (C = Rechts-, D = Linkszuführung).
Unten: Ansichten des MG 131 E bzw. F mit elektrischer Durchlade- und Abzugseinrichtung (E = Rechts-, F = Linkszuführung).**

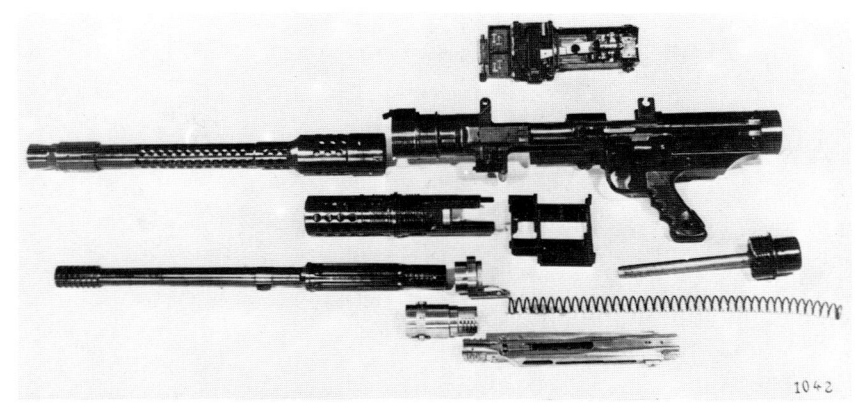

**Das in seine Haupteinzelteile zerlegte M.G. 131.**

**M.G. 131 während der Erprobung. Hier die handbediente Waffe in Drehkranz D 30/131 im Bug eines Do 16 »Wal«.**

Gelenkgurt wahlweise von links oder rechts zugeführt, und der Gurt konnte beliebig lang gemacht werden. Die leeren Patronenhülsen wurden nach unten ausgeworfen. Ein großer Vorteil war die Ausrüstung der Waffe mit einer elektrischen Zündung, wobei anstelle des normalen Schlagbolzens eine federnd gelagerte Zündstiftnadel die elektrischen Zündhütchen der 13 mm Patronen zündete. Diese Zündmethode erleichterte die Schußauslösung für synchronisiertes Schießen durch den Luftschraubenkreis und verhinderte mit Hilfe schablonierter Schußsperren bei beweglichem M.G.-Einbau die Gefahr von Eigentreffern.

Bekanntlich konnten in langsam fliegenden Flugzeugen die Maschinengewehre noch im Luftstrom freihändig gerichtet werden. In schnellen Maschinen ging das nicht mehr. Der Schütze mußte mit seiner Waffe in einem Drehkranz durch eine Plexiglashaube vor der unmittelbaren Einwirkung des Luftstromes geschützt werden. Die Drehmomente, die nun zum Richten zu überwinden waren, nahmen solche Größe an, daß sie von Hand mit den erforder-

Einbau der Rumpf-M.G. 131 in starrer Lafette StL. 131 in Bf 109. Ab der Baureihe G-5 wurden bei der 109 die beiden Rumpf-M.G. 17 durch zwei M.G. 131 ersetzt. Aufgrund des größeren Raumbedarfs mußte die Abdeckung der M.G.s auf beiden Seiten ›ausgebeult‹ werden. An die Stelle des mechanischen M.G.-Gebers trat bei dem M.G. 131 ein elektrischer, der den Patronenzündstrom unterbrach.

M.G. 131 in LG 131 mit Reflexvisiereinrichtung im A-Stand einer He 111. Ansicht von außen und innen.

M.G. 131 in LLG/131 im B-Stand einer Do 17 Z. Die Linsenlafetten groß und klein wurden von der Fa. Ikaria entwickelt und gefertigt. Es waren Drehkränze mit exzentrisch angeordneter Lagerkugel und linsenförmiger Plexiglasscheibe. Der Öffnungswinkel des Schußkegels der großen Linsenlafette lag zwischen 120 und 130 Grad, ihr Durchmesser betrug 592 mm.

lichen Richtgeschwindigkeiten nicht mehr aufgebracht werden konnten und Hilfsantriebe eingesetzt werden mußten. Im Auftrag des Reichsluftfahrtministeriums wurden von Rheinmetall-Borsig[1]) ab 1940 Lafettenentwicklungen und umfangreiche Versuche und Untersuchungen mit Lafettensteuerungen durchgeführt. Hierfür lieferten die AEG die elektrischen und Askania die hydraulischen Steuerungs- und Fernübertragungssysteme. Das führte zur Lafettierung von zunächst einem M.G. 131, als freihändig gerichtete Waffe mit Hilfsantrieb für grobe Seite in der Drehringlafette DL 131/1 für die Do 217, über die ferngerichtete Drehringlafette mit zwei, zur elektro-hydraulisch gesteuerten Hecklafette HL 131 V mit vier M.G. 131 für die He 177. Darüber hinaus darf man die vielen Bodenlafetten (Bolas) und endlich das Meisterstück aller Rheinmetall-Borsig-Waffenanlagen, die ferngerichtete Doppelseitenlafette FDSL-B 131/1C für die schmalen Me 210 und

[1]) Am 1. Januar 1936 fusionierten Rheinmetall mit den in Konkurs gegangenen Borsig-Werken in Berlin-Tegel. Aufsichtsratvorsitzender wurde *Rittmeister a. D. Carl Bolle*

**Freihändig gerichtetes M.G. 131 mit Hilfsantrieb für grobe Seite in teilgepanzerter Drehringlafette DL 131/1. Oben: Eingebaut im B1-Stand der Ju 88 V 27, unten: Die Lafette mit abgenommener Plexiglashaube. Der Hilfsantrieb schwenkte die Waffe maximal mit einer Geschwindigkeit von 120 Grad/sek. Der B2-Stand (hier in der Abb.) war ausgerüstet mit einem freihändig gerichteten M.G. 131 in gepanzerter Linsenlafette.**

410 Rümpfe, mit 2×450 Schuß, dem Fernantrieb FA 3A von AEG und der Visierstand-Einrichtung VSE – B 210/1 mit einem zentral (Revi 16A) und zwei seitlich angeordneten (Revi 25B) Reflexvisieren, nicht vergessen. Bei dieser Waffenanlage erfolgten die Richtwertübertragungen über Gelenkwellen direkt in den Fernrichtantrieb und arbeiteten als Phantomsteuerung, wobei der Schütze nur das Visier auf das Ziel zu richten hatte, während die Waffe selbsttätig nachgeführt wurde. Die Genauigkeit des Gleichlaufs von Visier und Waffe lag dabei unter 1 v.T. und die Richtgeschwindigkeiten über 50 Grad pro Sek. Wo nicht erforderlich, wurde das M.G. 131 auch noch ganz konventionell über Kimme und Kreiskorn oder über eigengeschwindigkeitsgesteuerte (VE) Visiere gerichtet.

Außer der Lafettierung als bewegliche Waffe ist das M.G. 131 als starre Angriffswaffe in St.L. 131, u. a. in

**M.G. 131 in ferngerichteter Doppelseitenlafette FDSL-B131/1C. Oben:** Die Waffenanlage in der Me 410. Ihr Schwenkbereich in der Horizontalen betrug −7 bis +45 Grad und in der Vertikalen von −45 bis +90 Grad. Die Anlage war nur 84 cm breit (von Seelen- zu Seelenachse gemessen). **Unten:** Die Munitionszuführung von 2×450 Schuß. Die Trommel in Flugrichtung gesehen.

**Ferngerichtete Drehringlafette FDL-A 131/1 für A-Stand mit einem M.G. 131 im Bug einer He 274. Oben:** Ansicht von außen, und **unten:** Die ausgebaute Waffenanlage mit Munitionszuführung.

Fw 190 und Bf 109 Jagdeinsitzern, eingebaut gewesen. Die Ausführungen 131 C und D[1]) besaßen Luftspanneinrichtungen mit Magnetabzug, und die 131 E und F[1]) elektrische Durchlade- und Abzugseinrichtungen.

---

[1]) Ausführung A, C, E u. G = Zuführung der Patronen von rechts
Ausführung B, D, F u. H = Zuführung der Patronen von links

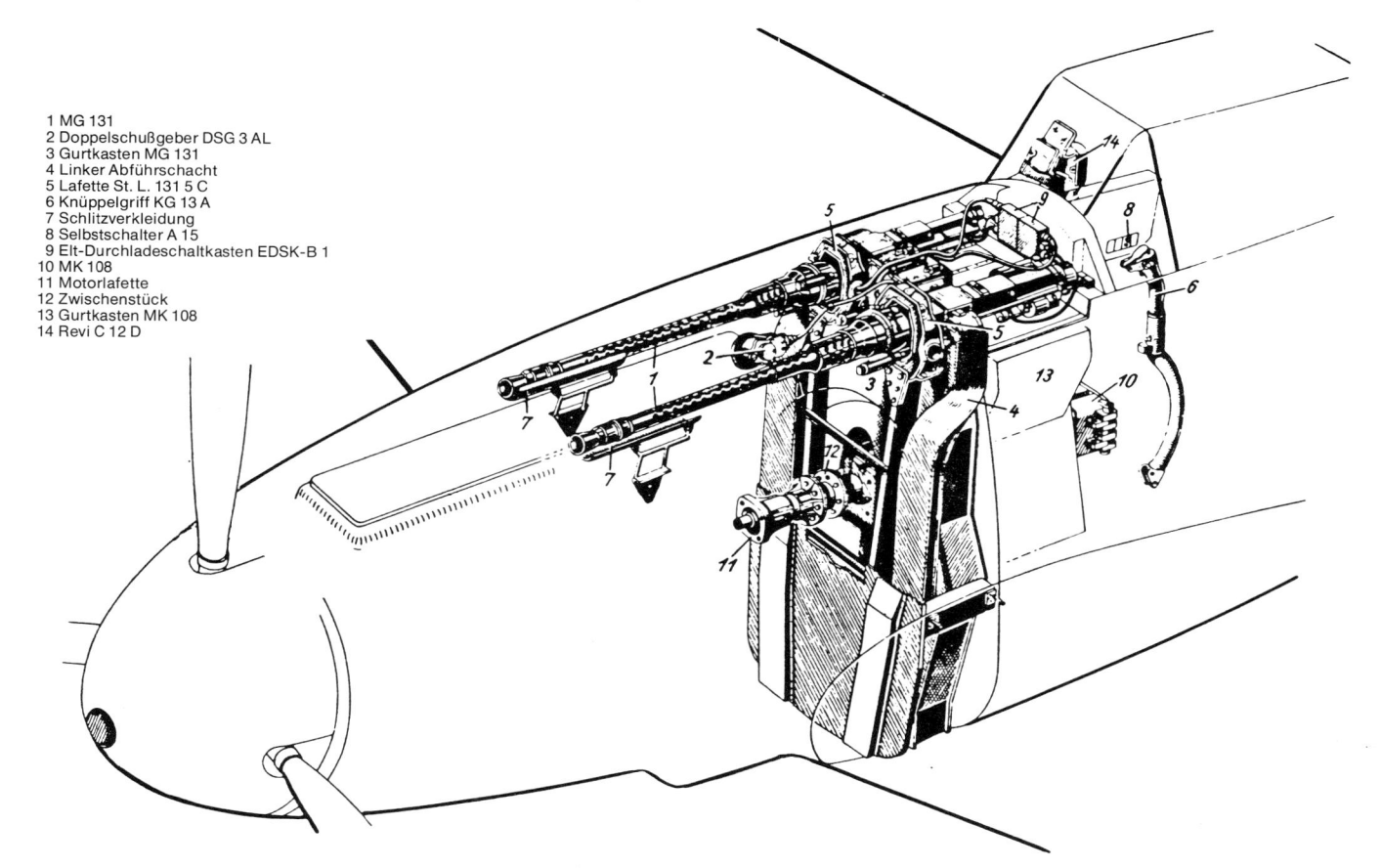

1 MG 131
2 Doppelschußgeber DSG 3 AL
3 Gurtkasten MG 131
4 Linker Abführschacht
5 Lafette St. L. 131 5 C
6 Knüppelgriff KG 13 A
7 Schlitzverkleidung
8 Selbstschalter A 15
9 Elt-Durchladeschaltkasten EDSK-B 1
10 MK 108
11 Motorlafette
12 Zwischenstück
13 Gurtkasten MK 108
14 Revi C 12 D

**Übersicht der Schußwaffenanlage im Rumpf der Bf 109 G-6/U4**

**Der Munitionsvorrat betrug:**
**2 × M.G. 131 mit 2 × Gurt 131 je 300 Schuß**
**1 × M.K. 108 mit 1 × Gurt 108 mit 60 Schuß**

Die unmittelbar von Hand bedienten M.G. 131 A- und B[1])- sowie die G- und H[1])-Ausführungen verfügten über Handdurchladeeinrichtungen mit Handabzug. Diese M.G.s wurden durch kräftiges Durchziehen des ausgeschwenkten Handgriffs gespannt. Dabei blieben in den ersten 8 mm der Lauf, die Verriegelungshülse, die Kupplungshülse und der Verschluß im verriegelten Zustand. Danach glitten die Rollen der Verriegelungshülse in die Kurvenbahnen der Kurvenhülse und drehten die Verriegelungshülse, wodurch Lauf und Verschluß auf einem Weg von 24,5 mm sich entriegelten. Nach weiteren 2,5 mm wurden Lauf mit Verriegelungshülse und Kupplungshülse unter Spannung der Laufvorholfeder in dieser Stellung festgehalten. Der Verschluß war nun vom Lauf getrennt. Dann wurde der Verschluß weiter nach hinten gezogen, bis er vom Abzugsriegel gefangen wurde. Der Handgriff zur Durchladeeinrichtung konnte dann wieder in seine vorderste Stellung gedrückt und gegen die Waffe zurückgeklappt werden, so daß er nicht störte. Diese Durchladeeinrichtung wurde von den beiden Rheinmetall-Ingenieuren *Georg Engel* und *Alfred Winter* entwickelt, aber sonst war bis ins kleinste Detail die Handschrift *Louis Stanges* unverkennbar, ganz gleich, ob es sich dabei um die Zündeinstellung oder um die besondere Ausführung der beiden Zubringer am Verschluß handelte.

Das M.G. 131 verschoß Sprenggranatpatronen mit Leuchtspur (Sprgr.L'spur El), Brandsprenggranatpatronen mit Leuchtspur (Br.Sprgr.L'spur EL), beide mit hochempfindlicher, rohrsicherer Sprengkapsel 1465, und Panzergranatpatronen mit Leuchtspur (Pzgr.L'spur El). Das Panzergeschoß war ein

---
[1]) vgl. Fußnote linke Seite

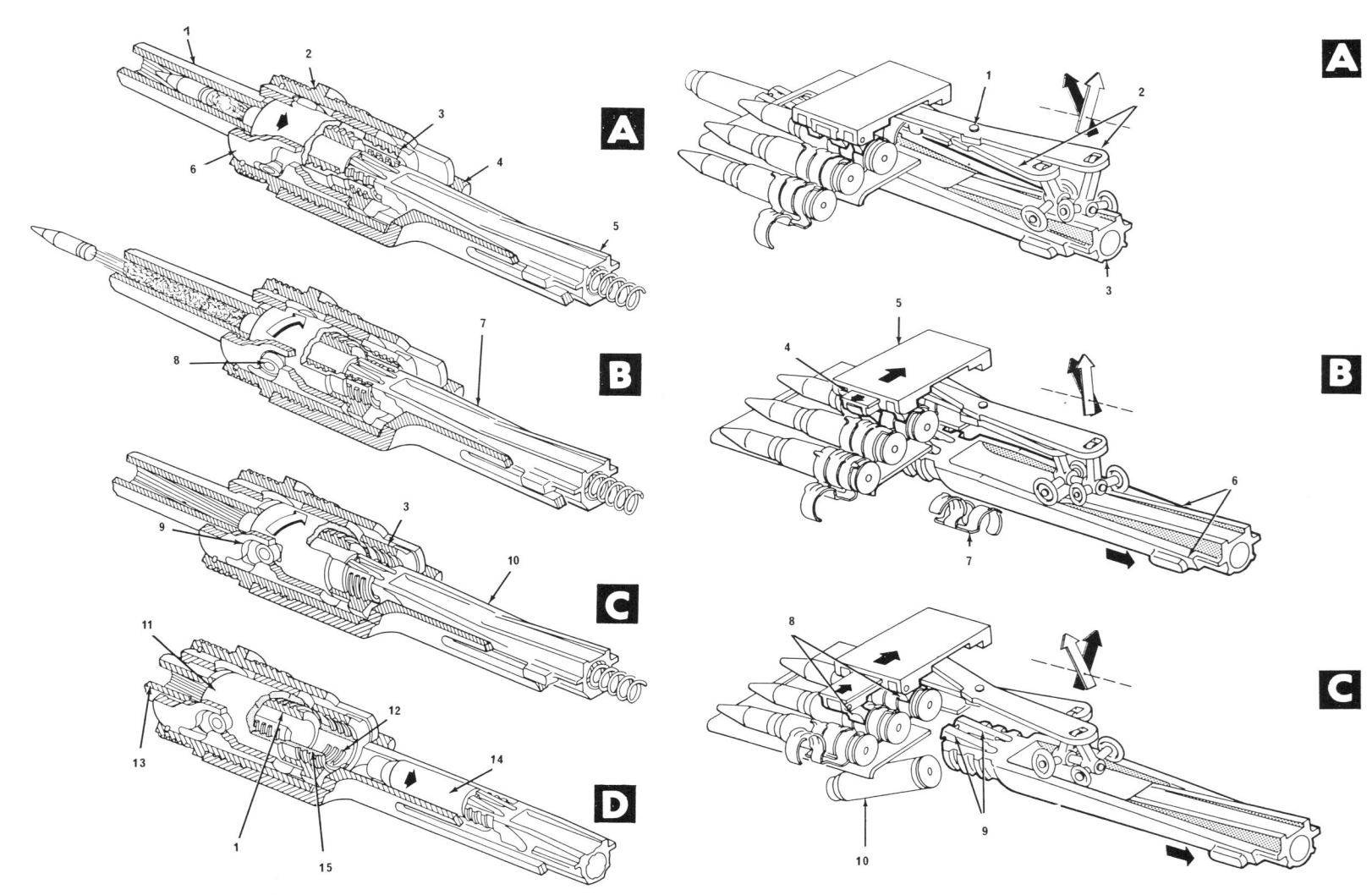

**Bewegungsvorgang in der Waffe (M.G. 131) nach dem Schuß (Entriegelung)**

1) Lauf, 2) Kupplungshülse, 3) Lauf Verriegelungskämme, 4) Gehäuse, 5) Verschluß verriegelt, 6) Kurvenhülse, Lauf u. Kupplungshülse verriegelt, 7) Verschluß teilweise entriegelt, 8) Gleitrollen an der Verriegelungshülse, 9) Gleiten der Rollen in den Kurvenbahnen der Kurvenhülse, 10) Verschluß entriegelt, 11) Verriegelungshülse entriegelt, 12) Verschlußverriegelungskämme an der Verriegelungshülse, 13) Lauf in hinterster Stellung, 14) Abgefeuerte Patrone, 15) Verriegelungshülse entriegelt

**Munitionszuführung beim M.G. 131**

1) Transporthebelbolzen, 2) (kurzer und langer) Transporthebel bzw. Rollenhebel, 3) Verschluß, 4) (kleiner) innerer Gurtschieber, 5) (großer) äußerer Gurtschieber, 6) Gleitbahnen, 7) Zerfallgurtglied, 8) federndgelagerter Gurtzuführungshebel, 9) federndgelagerter Zubringer, 10) abgefeuerte Patrone

Vollgeschoß aus Wolframstahl mit einem Führungsring. Es wog 38,5 Gramm und erreichte eine Vo von 710 m/sek. Auf 100 m Entfernung durchschlug es bei 90 Grad Auftreffwinkel 17 mm und bei 60 Grad 11 mm Panzerung. Die Treffgenauigkeit bei dieser Entfernung betrug 35 × 45 cm.

Mit der sinkenden Bedeutung des Kalibers 7,92 mm wurden diese Waffen immer mehr von dem M.G. 131 ersetzt. Diese Tendenz wurde bereits im Ersten Weltkrieg bei den Amerikanern von *General Pershing* und in Deutschland durch die Entwicklung des T.u.F.-Maschinengewehrs eingeleitet. Die deutsche Luftwaffe besaß im M.G. 131 ein echtes Äquivalent zum amerikanischen Standard-Flugzeugmaschinengewehr vom Cal .5 inch.

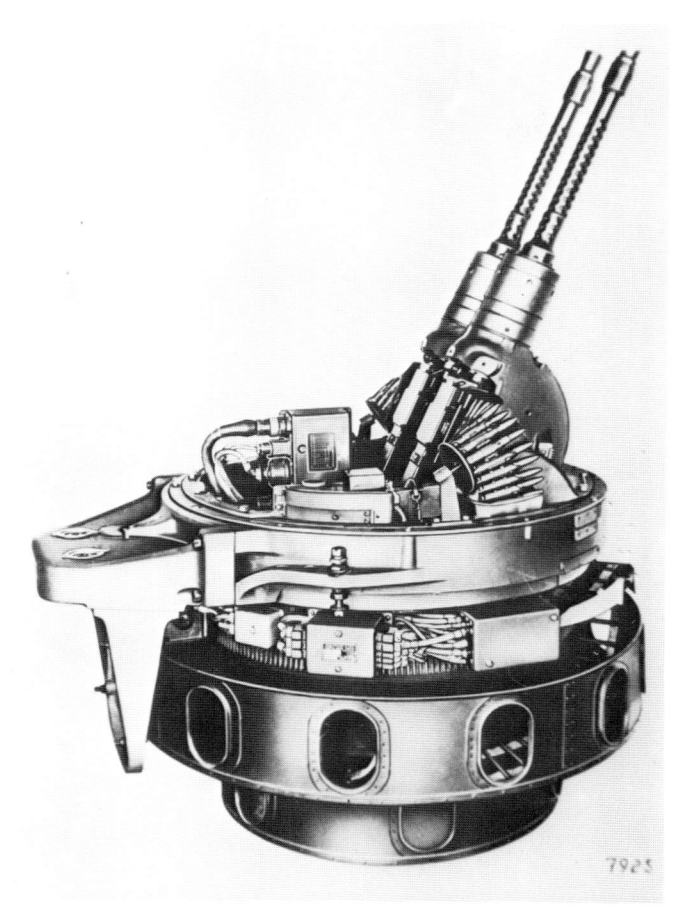

**Ferngerichtete Drehringlafette für B-Stand mit zwei M.G. 131 FDL-B 131/2A. Waffenstand ohne Haube von der Seite gesehen.**

Neben der 13 mm Ausführung gab es noch das M.G. 131/8 für Fernbedienung mit 7,92 mm Lauf, der die Gesamtlänge der Waffe um 320 mm verlängerte. Dadurch wurde mit normalen S.m.K.L'spur-Geschossen eine Mündungsgeschwindigkeit von 1150 m/sek. bei einer Sekundenflugstrecke von 800 m erreicht gegenüber 830 m/sek. und 635 m beim M.G. 17. Von dieser Waffe wurden nur einige wenige Exemplare gefertigt. Ebenso erging es dem M.G. 131/13-8[1]), einer Ausführung mit konischem Lauf, der sich von 13 auf 8 mm verjüngte. Damit sollten Mündungsgeschwindigkeiten von 1300 bis 1400 m/sek. erzielt und die Durchschlagleistungen von panzerbrechenden Geschossen erheblich gesteigert werden. Diese 1939 begonnene Entwicklung wurde zugunsten verbesserter, panzerbrechender Munition größeren Kalibers schon bald wieder aufgegeben.

Die M.G. 131 Flugzeugmaschinengewehre wurden außer bei Rheinmetall-Borsig in Berlin-Tegel, bei den DWM in Posen, I.C. Wagner in Mühlhausen und in der Heinrich Krieghoff Waffenfabrik in Suhl hergestellt.

Die technischen Daten des M.G. 131 waren:

| | |
|---|---|
| Kaliber | 13 mm |
| Gewicht der Waffe (mit Handabzug und Handdurchladeeinrichtung) | 16,6 kg |
| Gewicht der Waffe (mit elektrischer Durchlade- und Abzugsvorrichtung) | 19,7 kg |
| Länge der Waffe (mit Feuerdämpfer) | 1170 mm |
| Länge des Laufes | 550 mm |
| Schußleistung | 900 Schuß/min |
| Anfangsgeschwindigkeit (Vo je nach Geschoßart) | 710 bis 750 m/sek |
| Mündungsleistung | 0,97 mtr |
| Gurtlänge (mit 100 Gliedern) | 2,48 m |

**Bemannte elektro-hydraulische Hecklafette für vier M.G. 131 HL 131 V im Heck einer He 177. Außer dieser Ausführung gab es bemannte (HL) und fernbediente (FHL) Hecklafetten mit zwei MG 131 in den verschiedensten Versionen.**

---
[1]) Vorgeschlagen von Chefingenieur *Viereck*

| | |
|---|---|
| Gurtgewicht (mit 100 Patronen) | 8,5 kg |
| verschoß Geschoßgewicht | 0,510 kg/sek |
| verschoß Sprengstoff (Spr.Gr.) | 0,018 kg/sek |
| Leistungszahl | 11,7 PS/kg |
| Einbauart | bewegl. |
| | starr: gesteuert |
| | ungesteuert |

## Das schwere Flugzeugmaschinengewehr M.G. 151, Kaliber 15 mm und die Flugzeugkanone M.G. 151/20, Kaliber 20 mm

1934 erhielten die Mauser-Werke A.G. in Oberndorf den Auftrag zur Entwicklung eines überschweren Maschinengewehrs, mit dem im starren Einbau gesteuert geschossen werden konnte, und das über Gurt zugeführte 15 mm Hochleistungspatronen mit hoher Mündungsgeschwindigkeit verschießen sollte, um die starr eingebauten, ungesteuerten und auf 60 Schuß Munition begrenzten M.G. FF in den Angriffsflugzeugen ersetzen zu können. Für die Entwurfsarbeiten an dieser Waffe mit der Bezeichnung M.G. 151 zeichneten *Otto-Helmuth von Loßnitzer* und *Dr. Dörge,* und später für die Produktion *Dr. Kurt Fleck* verantwortlich. Alle drei Herren waren Direktoren bei der Mauser A.G.

Das M.G. 151 wurde ein vollautomatischer Rückstoßlader mit starr verriegeltem Verschluß und kurzem Laufrücklauf. Die Zündung der Patronen erfolgte entweder mechanisch durch Schlagbolzen, oder elektrisch durch Zündstrom. Die hohen ballistischen Leistungen der Waffe wurden durch Verwendung eines Laufes mit Progressivdrall erreicht, was einerseits die Durchschlagsleistung und Treffgenauigkeit erhöhte, aber andererseits die Lebensdauer des Laufes stark verminderte. Zur Verbesserung dieses Nachteiles wurden eine Anzahl Läufe mit verschiedenen Drallwinkelsteigerungen untersucht. So blieb z. B. der Anfangswinkel, um nur eine Variante herauszugreifen, auf den ersten 150 mm mit 0 Grad konstant und steigerte sich dann von 150 bis 1152 mm von 0 auf 9 Grad und 30 Minu-

Größenvergleich zwischen den beiden deutschen Standard-Bordwaffen des Zweiten Weltkrieges, dem M.G.-FF (links) und dem M.G. 151/20 (rechts).

ten. Zum Einsatz kamen schließlich nur Läufe mit gleichbleibendem Rechtsdrall. Gegenüber dem M.G. 131 konnte das verfeuerte Geschoßgewicht um 21 % und der verfeuerte Sprengstoff um 42 % erhöht werden. Die Durchschlagsleistung einer Pzgr. steigerte sich von 17 auf 30 mm (auf 100 m Entfernung bei senkrechtem Auftreffen), und einer H.Pzgr. sogar auf 46 mm Panzerung (120 kg/mm²) ohne Vorsatz. Die Treffgenauigkeit betrug 40 × 40 cm.

Die Zuführung der Patronen erfolgte durch einen Stahlzerfallgurt von links oder rechts, und die leeren Hülsen wurden nach unten ausgeworfen. Der Gesamtaufbau der Waffe war einfach und robust. Eine vollautomatische elektrische Durchladung und Abfeuerung vereinfachten die Bedienung. Das Durchladen und Abziehen von Hand war ebenfalls möglich.

Inzwischen wurde die Forderung der Luftwaffe nach großkalibrigen Waffen immer stärker. Man hatte erkannt, daß Flugziele mit einem größeren Kaliber wesentlich wirkungsvoller zu bekämpfen waren, als durch den Einbau einer Vielzahl von Maschinengewehren kleineren Kalibers. Die Engländer rüsteten z. B. ihre »Hurricane«[1]- und »Spitfire«-Jäger in den ersten Jahren mit acht, ja sogar mit zwölf .303 inch (7,62 mm) Browning-Maschinengewehren aus. Vergleicht man nun eine Mischgurtung der drei gebräuchlichsten Geschoßarten von 15 mm mit der 20 mm Munition, so ergibt das eine Steigerung des mittleren Geschoßgewichts um 76 %, daher ließ sich mit einer 20 mm Waffe die Grundforderung des Technischen Amtes an eine zukünftige Flugzeugschußwaffe, nämlich 1 kg Geschoßgewicht in 1 Sekunde verschießen zu können, erfüllen.

Mauser konnte dieser Forderung sofort Rechnung tragen indem man dort für die vorhandene 15 mm-Waffe einen 20 mm-Lauf entwickelte, der lediglich 150 mm kürzer als der 15 mm-Lauf war, während alle anderen Waffenteile, einschließlich des Gurtes, gleich blieben. Als M.G. 151/20 ging die Waffe 1938 in die Erprobung.

Ihre interessantesten Konstruktionsmerkmale waren die Einbeziehung der Schleuderkurven als integrierter Bestandteil des Verschlusses mit seinem drehbaren Verschlußkopf; dann die Möglichkeit des schnellen Laufwechsels, wozu nur eine viertel Umdrehung notwendig war; die elektrische Zündung; die Möglichkeit der Herausnahme des Schlosses im gespannten Zustand, die perfekt durchkonstru-

**M.G. 151 auf dem Teststand in Motorlafette MoL. 151/1. Im Flugzeug war die Waffe an dem hinten am Triebwerk angeordneten Anschlußflansch zum Schußkanal angebracht. Die Kanone schoß durch die hohle Propellernabe.**

**Lafettierung des starren M.G. 151/20 in StL. 151 in den Flügelwurzeln der Fw 190, das über den Doppelschußgeber DSG3AG elektrisch gesteuert durch den Luftschraubenkreis schoß. Hinter dem Fahrwerkschacht ist die Hülsenaustrittöffnung deutlich zu erkennen.**

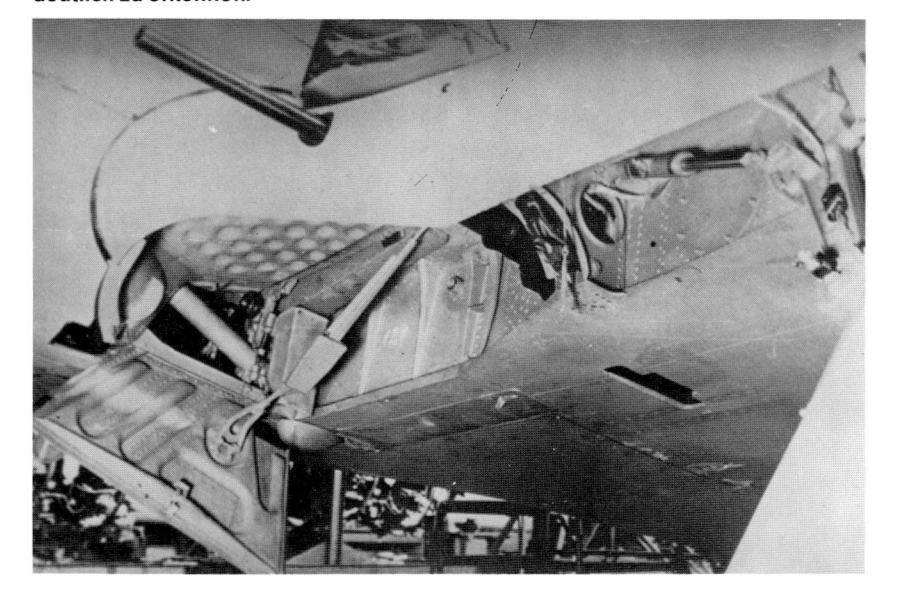

---
[1]) Hawker »Hurricane« Mk.IIB

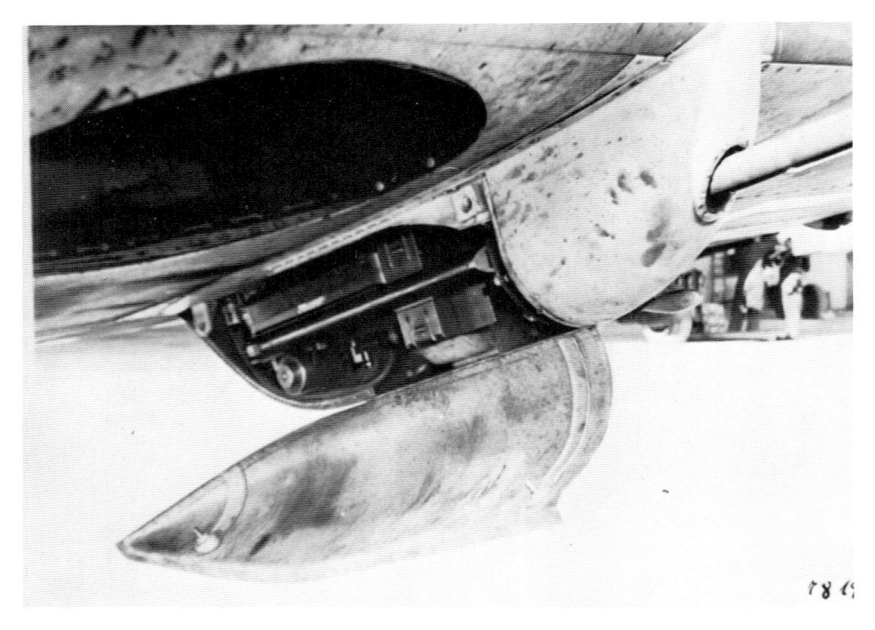

Flächengondelbewaffnung FGB 151/20 in Bf 109 F-4/R1.
Oben: Ansicht der linken geöffneten Gondel. Unten: Die rechte Flächengondel mit dem M.G. 151/20 (geschlossen).

Bilder oben und gegenüberliegende Seite, linke Spalte: Lafettierung von starren, ungesteuerten M.G. 151/20 im Rumpfbug. Oben: Anordnung von drei M.G. 151/20 im Me 262-Rumpfbug, hier auf dem Versuchsstand. Unten: Vier starre M.G. 151/20 im Bug eines Do 217 N-1 Nachtjägers.

ierte Durchladevorrichtung, die während des Schießens eintretende Störungen selbsttätig beseitigte, sobald der Abfeuerungsdruckknopf losgelassen wurde und nicht zuletzt die Patronenzuführung, wo durch einen Nocken am Verschlußstück eine Schaltwalze betätigt wurde, die mittels einer Transportklinke und einem Gurtschieber die Patrone zuführte. Die Arbeitsweise unterschied sich kaum von anderen Rückstoßladern. In vorderster Verschlußstellung waren Lauf und Verschluß fest verriegelt. Der beim Schuß auf den Stoßboden wirkende Gasdruck warf Verschluß und Lauf zurück, bis diese sich nach etwa 15 mm gemeinsamen Rücklaufs entriegelten und trennten. Ein Teil der Laufenergie wurde auf den Verschluß bei der Schleuderung übertragen, der Rest durch Laufvorholfeder und Gehäuse aufgenommen. Dabei wurde beim weiteren Zurücklaufen des Verschlusses die leere Hülse ausgezogen und nach unten ausgeworfen. Der Lauf schwang zwi-

**Lafettierung von zwei starren M.G. 151/20 in einer Waffenwanne dem sogenannten Waffentropfen WT 151, unter dem Rumpf einer Bf 110. Mit diesem Rüstsatz waren eine Reihe Flugzeugmuster ausgerüstet. Eine weitere Erhöhung der Feuerkraft führte zum WT 151 V mit vier M.G. 151.**

schen Laufvorholfeder und Pfufferfeder aus und kehrte dann wieder in seine vorderste Stellung zurück. Der Verschluß drückte die Schließfeder zusammen, traf auf den Puffer und wurde durch die elastische Rückwirkung des Puffers und die Kraft der Schließfeder wieder nach vorn beschleunigt, führte dabei die neue Patrone zu, bis er sich mit dem Lauf wieder starr verriegelte, worauf der nächste Schuß brach.

Ließ sich das M.G. 131 in dem offenen Drehkranz D 30/131 noch leidlich richten, so war das beim M.G. 151 schon völlig unmöglich. Allein vier quergestellte Läufe von zwei M.G. 151/20 Zwillingstürmen (FDL 151 Z) erforderten bei einer Geschwindigkeit von 600 km/h in 6 km Höhe eine Schleppleistung von ungefähr 500 PS über diejenige Leistung hinaus, welche die Türme bei nicht ausgeschlagenen Waffen ständig verzehrten. Für den starren und beweglichen Einbau der M.G. 151 wurden wiederum eine Vielzahl von Lafetten in den verschiedensten Ausführungen gefertigt, von denen z. B. die hydraulische Drehringlafette HD 151 mit Waffe und 500 Schuß Munition 448 kg wogen. Über einen Knüppelgriff konnte der Bordschütze die

141

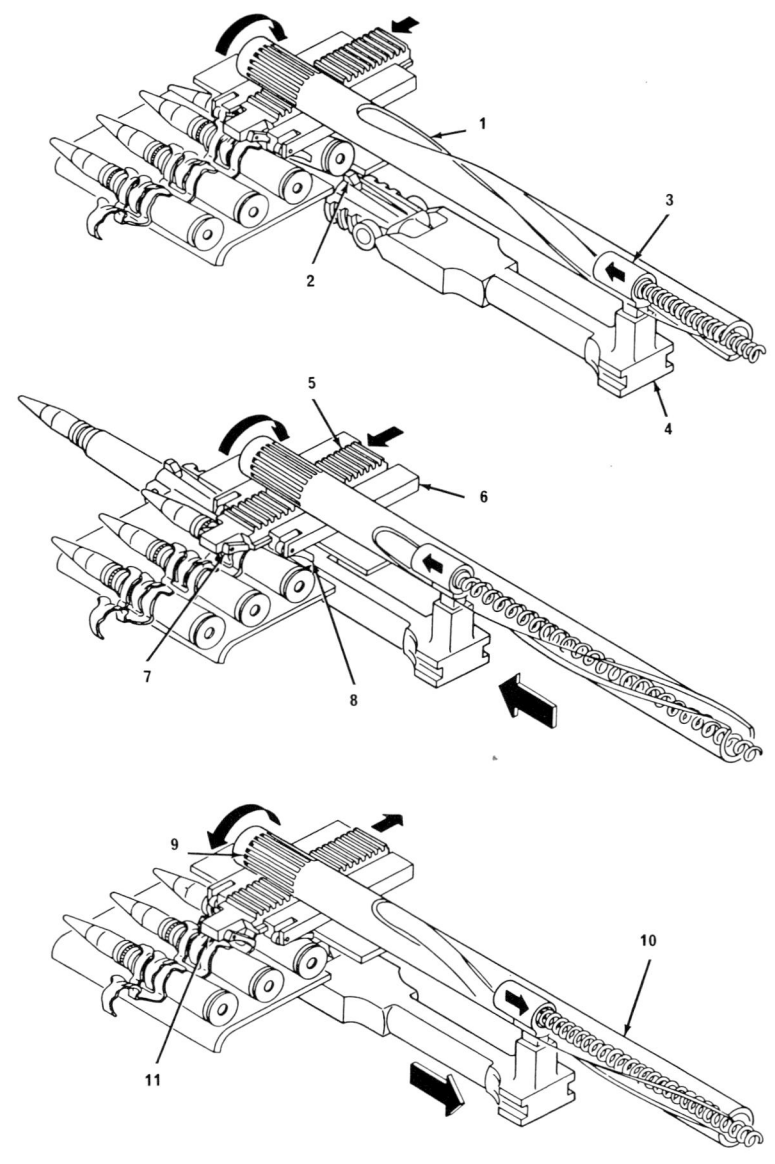

**Bewegungsvorgänge bei der Munitionszuführung beim M.G. 151 B**[1])

1) spiralförmige Führungskurven zur Betätigung der Schaltwalze, 2) federndgelagerter Auswerfer, 3) Nocken, 4) Schloß, 5) Gurtschieber, 6) feststehender Teil des Deckelkörpers, in dem der Gurtschieber gleitet, 7) federndgelagerte Gurtzuführungs-Sperrklinke, 8) federndgelagerte Halteklinke, 9) Schaltwalze, 10) Schließfederführungsrohr drehbar als Antrieb des Gurtschiebers durch Verzahnung mit der Schaltwalze, 11) Gurtschieberzahnstange

[1]) Ausf. A = Rechtszuführung
    Ausf. B = Linkszuführung

Waffe allseitig richten, wofür ein stufenloses Getriebe (Doppel-Thoma-Trieb) sorgte. Eine automatische Schußsperre verhinderte eine Schußauslösung, wenn die Waffe auf ein eigenes Flugzeugbauteil gerichtet war. Eingebaut waren diese Lafetten u. a. in BV 138, Do 26 und Fw 200 Fernaufklärungsflugzeugen. Die St.L. 151 war eine Lafette für den starren Einbau, und Argus fertigte die Mol. 151/1, eine Motorlafette, in der die Waffe gepuffert gelagert war. Darüber hinaus gab es den Waffen-Behälter WB 151, in dem zwei, und den Waffenpack WP 151 A[1]), in dem vier starr eingebaute M.G. 151/20 mit Schußrichtung parallel zur Flugzeuglängsachse untergebracht waren, und nicht zuletzt den Einbau als »schräge Musik« in einer Reihe von Nachtjagdflugzeugen.

Über die als Rüstsatz an die Verbände ausgelieferten Flächengondelbewaffnungen[2]) (FGB 151/20) für die Bf 109 F-4/R1 urteilte die Truppe. General Galland[3]) schrieb dazu: »Unter den Flächen der Me 109 F wurden zusätzliche 20 mm Kanonen angebracht. Diese ›Gondeln‹ oder ›Badewannen‹, wie wir sie nannten, beeinträchtigten die Flugeigenschaften natürlich ungemein, so daß die derart verunstalteten Maschinen für den Jägerkampf so gut wie unbrauchbar wurden. Immerhin besaßen sie jetzt mit Kanonen eine Feuerkraft, mit der sich im Kampf gegen ›Fliegende Festungen‹ schon etwas ausrichten ließ«. . . . Und weiter: »Zum Abschuß einer B-17 waren erfahrungsgemäß im Durchschnitt 20 bis 25 Treffer vom Kaliber 20 mm erforderlich«[4]). Das M.G. 151/20 verschoß in 1 Sekunde 10,5 M-Geschosse. Die Bf 109 F-4/R1 war bewaffnet mit: Der Motorkanone M.G. 151/20 (ungesteuert) mit 200 Schuß, den beiden M.G. 151/20 (ungesteuert) in Flächengondeln mit je 130 Schuß und den beiden M.G. 17 (gesteuert) mit je 500 Schuß. Bei gleichzeitigem Schießen aller Waffen ergab das bei einem Feuerstoß von nur 1 Sekunde: 30×20 mm und 32×7,92 mm Geschosse am Gegner. Das entsprach

[1]) WP 151 A für Me 410 A-1/U2 verschoß 42 M-Geschosse/sek., dies entsprach einem Geschoßgewicht von 4,320 kg/sek. und einem Sprengstoffgewicht von 0,897 kg/sek.
[2]) 1942 in Tarnewitz in Bf 109 F-4 erprobt
[3]) Adolf Galland, »Die Ersten und die Letzten« S. 215
[4]) Ebda. S. 214

1) Hauptschalttafel, 2) Selbstschalter (A 15), 3) Knüppelgriff KG 12 A (P 23), 4) Schalt-, Zähl- und Kontrollkasten SZKK 3 (P 5), 5) Aufbausteckdose (P 3) zum SZKK 3, 6) Zentralstecker (P 4) zum SZKK 3, 7) Revi (P 11), 8) Steckdose (P 1) zum SZKK 3, 9) Stecker (P 2) zum SZKK 3, 10) Schalt- und Verteilerkasten SVK 2–17 (P 12), 11) Schalt- und Verteilerkasten SVK 1 – FF/151 (P 13), 12) Elt-Durchladeschaltkasten EDSK 151 A bzw. EDSK 151 B (P 20), 13) Steckdose (P 7) zum Revi, 14) Stecker (P 8) zum Revi, 15) Stecker (P 10) am Revi, 16) MG 151, 17) Stecker (P 21) zum MG 151, 18) Winkelsteckdose (P 30) zur ESK 2000 a (P 31), 19) EPD-FF (P 17), 20) Stecker (P 14) zur EPD-FF, 21) Geberstecker (P 17) an der EPD-FF, 22) EPAD (P 26) für linkes MG 17, 23) Stecker (P 25) zur linken EPAD, 24) Winkelsteckdose (P 24) zur linken EPAD, 25) EPAD (P 37) für rechtes MG 17, 26) Stecker (P 36) zur rechten EPAD, 27) Winkelsteckdose (P 35) zur rechten EPAD, 28) EKu (P 29) für linkes MG 17, 29) Steckdose (P 27) zur linken EKu, 30) Stecker (P 28) zur linken EKu, 31) EKu (P 34) für rechtes MG 17, 32) Steckdose (P 32) zur rechten EKu, 33) Stecker (P 33) zur rechten EKu, 34) Winkelsteckdose (P 30) zur ESK 2000 a (P 31), 35) Blinkdhalterung für Winkelstecker (P 30), 36) Halterung für Leitung des Winkelsteckers (P 30), 37) Leitung 6 P u. 14 P zum Knüppelgriff, 38) Anschlußdose für MG 151, 39) Anschlußdose für MG-FF

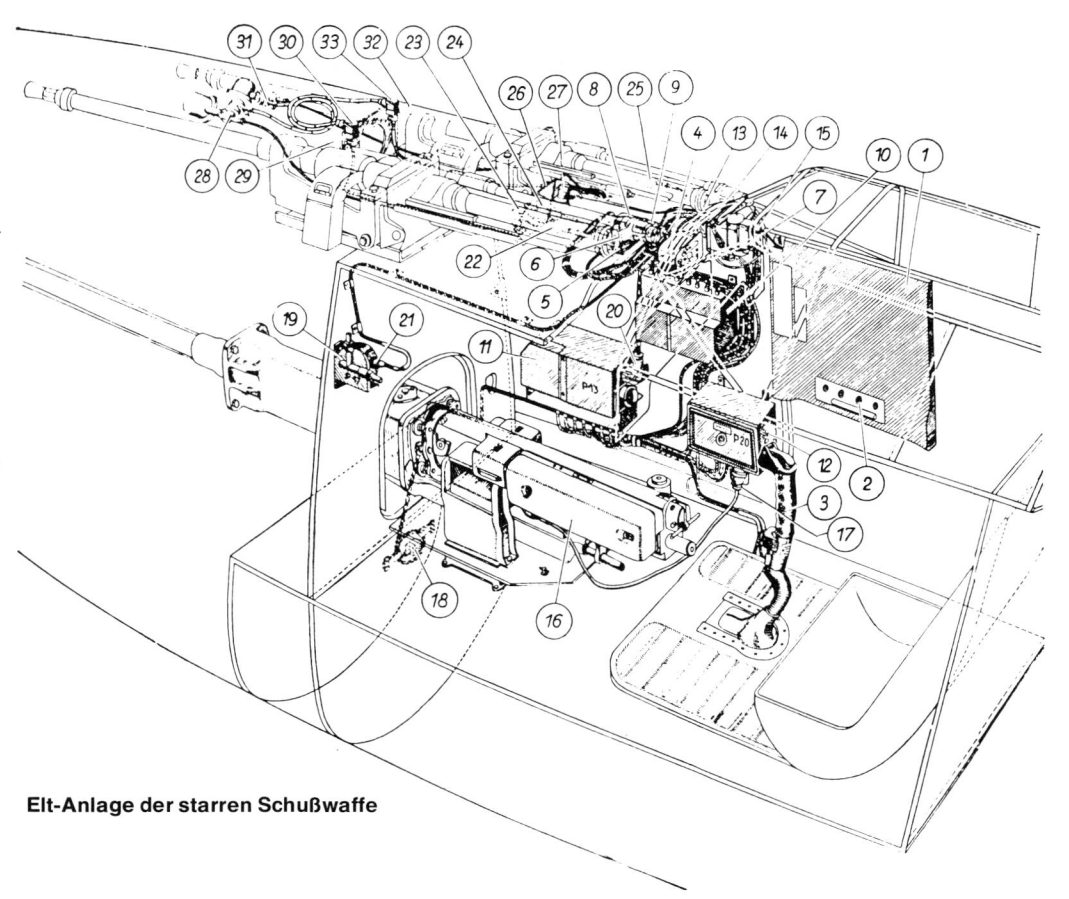

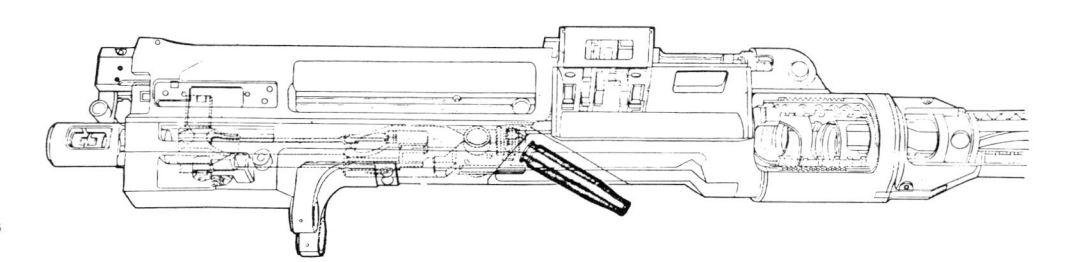

**Elt-Anlage der starren Schußwaffe**

**Zeichnerische Darstellung des Hülsenauswurfes beim M.G. 151**

**Übersicht des M.G. 151/20 Schrägeinbaus in Ju 88 C- und G-Nachtjagdflugzeugen. Munitionsvorrat: 2 × M.G. 151/20 mit 2 × Gurt 151 je 200 Schuß**

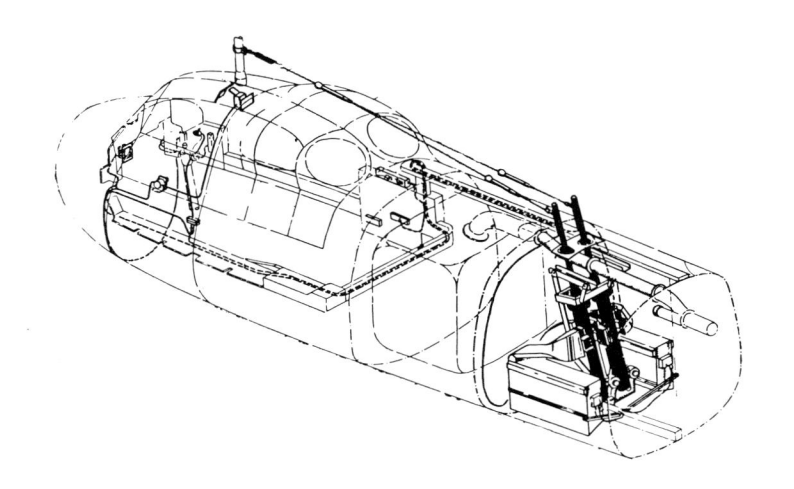

Einbau von zwei M.G. 151/20 als Schrägbewaffnung (schräge Musik) im Rumpf eines Ju 88 G-7 Nachtjägers.

Oben: Besichtigung eines Waffenpack WP 151 A mit vier M.G. 151/20 durch den General der Jagdflieger Galland und Offiziere der II./ZG 26. Unten: Mit WP 151 A ausgerüsteter schwerer Zerstörer Me 410 A-1/U2.

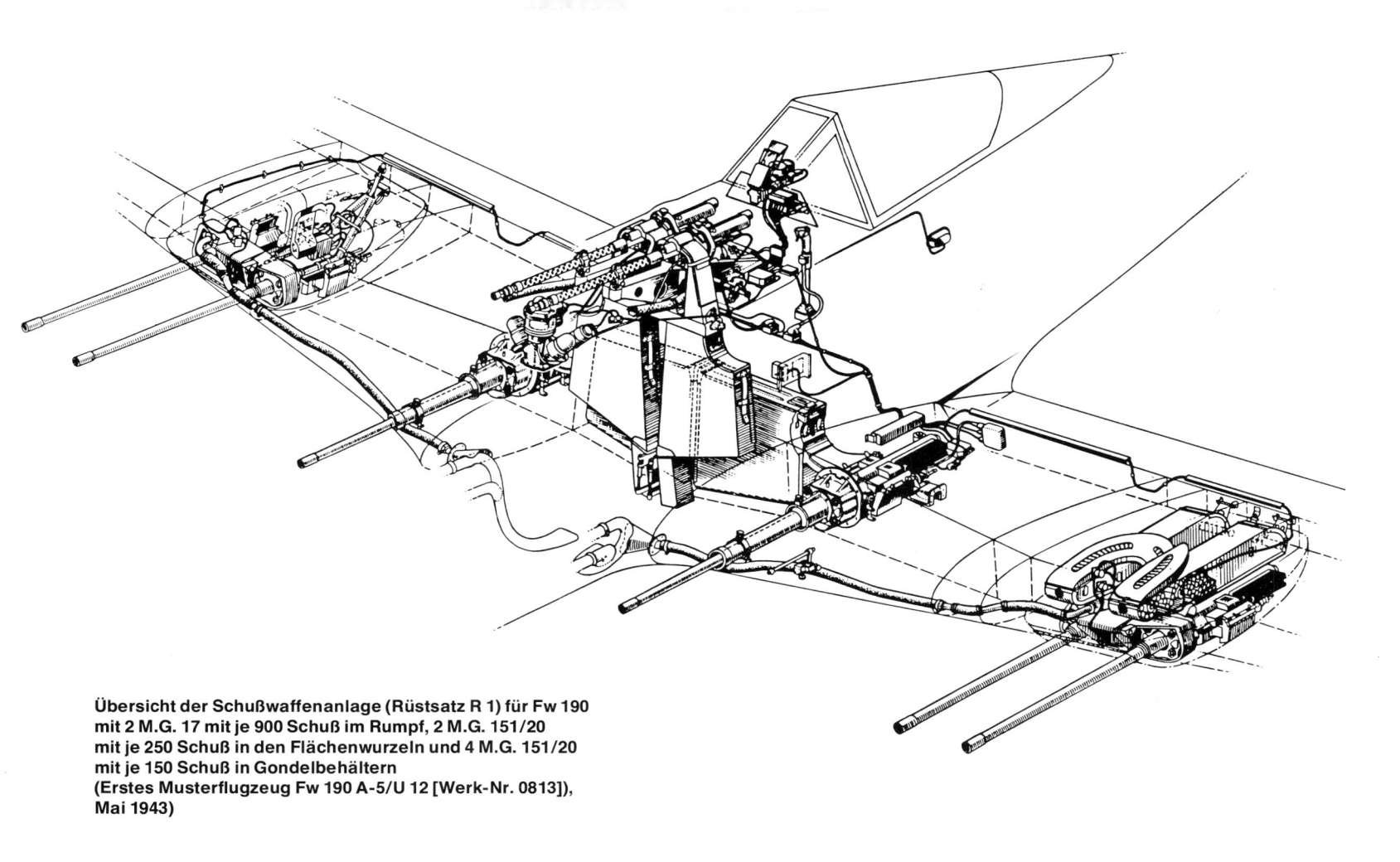

**Übersicht der Schußwaffenanlage (Rüstsatz R 1) für Fw 190 mit 2 M.G. 17 mit je 900 Schuß im Rumpf, 2 M.G. 151/20 mit je 250 Schuß in den Flächenwurzeln und 4 M.G. 151/20 mit je 150 Schuß in Gondelbehältern (Erstes Musterflugzeug Fw 190 A-5/U 12 [Werk-Nr. 0813]), Mai 1943)**

3,547 kg Gechoßgewicht und 0,640 kg Sprengstoffgewicht in der Sekunde.

Obwohl es mit einer mechanischen Steuerung durchaus möglich gewesen wäre, das M.G. 151 zu synchronisieren, wurden diese Waffen erstmals beim Einbau in die Fw 190 über den Doppelschußgeber DSG 3 elektrisch gesteuert.

In den Jahren von 1940 bis 1945 wurden insgesamt 39500 M.G. 151 hergestellt, davon allein 19000 Stück im Jahre 1944. Ohne Lauf kostete ein M.G. 151 630,– Reichsmark, der Lauf kostete 60,– und die elektrische Durchlade- und Abzugseinrichtung 455,– Reichsmark.

**Waffen-Behälter WB 151 mit zwei M.G. 151/20, der an ETC-Träger eingehängt die Feuerkraft der betreffenden Kampfflugzeuge wesentlich verstärkte.**

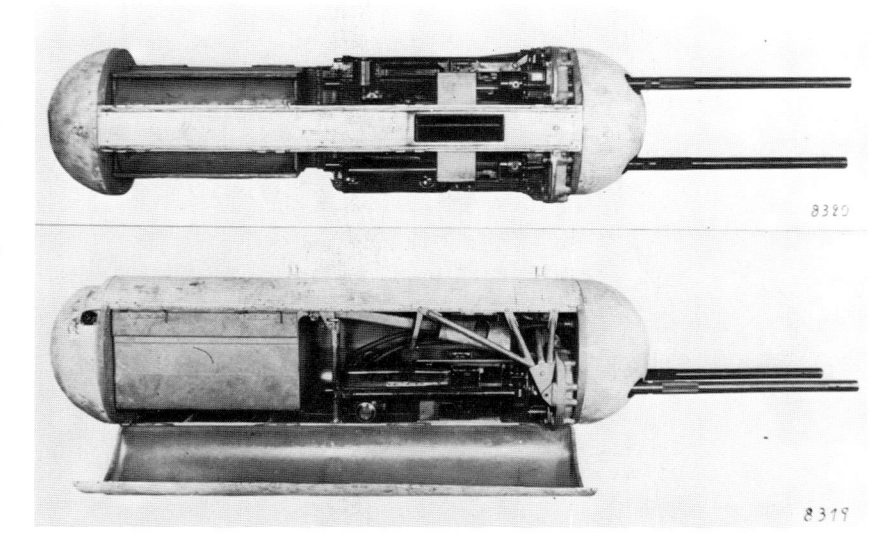

145

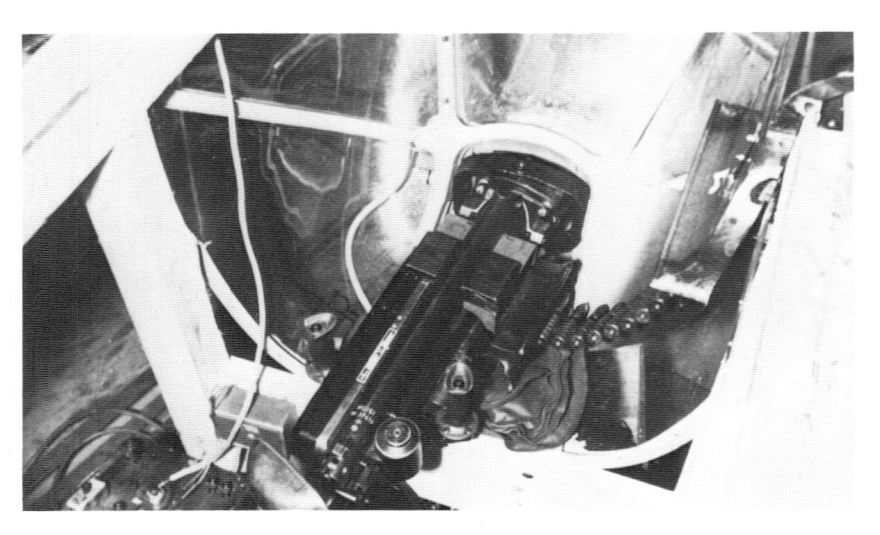

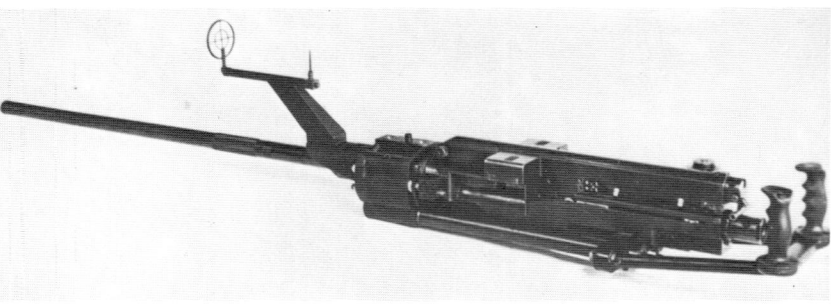

M.G. 151/20 als handbediente, bewegliche Schußwaffe.
Oben: Lafettiert in Lafette L 151/3A im A-Stand eines Fw-200 C 3 Fernkampfflugzeugs. Ansicht von innen auf die Waffe, rechts ist die Munitionszuführung gut zu sehen, die leeren Hülsen fielen bei dieser Lafettierung nach unten ins Freie.
Unten: Ansicht der Waffe von außen.

Die hydraulische Drehringlafette HD 151/1 mit elektrischer Zündung und automatischer Schußsperre. Oben: Die Waffenanlage ohne Verkleidung und Plexiglashaube im ausgebauten Zustand. Deutlich zu erkennen sind die Waffe mit Reflexvisier, darunter der Munitionsvorratsbehälter und links oben die Munitionszuführung. Neben dem Munitionsbehälter der hier seitlich hochgeklappte Bordschützensitz, davor der Steuerknüppel, mit dem die Anlage gesteuert wurde.
Unten: Die eingebaute Waffenanlage, hier als B1-Stand einer Fw 200 »Condor«.

Oben: Ferngerichtete Hecklafette FHL 151 mit einem M.G. 151/20 im Rumpfheck einer Ju 288 C-1. Unten: Versuchsausführung (Attrappe) einer bemannten Hecklafette HL 151 Z für zwei M.G. 151/20 im Rumpfheck einer He 177.

Die technischen Daten der beiden M.G. 151 Ausführungen waren:

|  | M.G. 151 | M.G. 151/20 |
|---|---|---|
| Kaliber | 15 | 20 mm |
| Gewicht der Waffe mit ED 151 B u. EA 151[1]) | 42 | 42 kg |
| Länge der Waffe | 1916 | 1766 mm |
| Länge des Laufes | 1254 | 1104 mm |

[1]) ED = 6,2 kg, EDSK 0,8 kg

| Gewicht des Laufes | 10,33 | 10,50 kg |
|---|---|---|
| Schußfolge[1]) | 660– 700 | 630–720 Schuß/min |
| Mündungsgeschwindigkeit (je nach Geschoßart) | 850–1020 | 695–785 m/sek |
| Mündungsleistung | 2,7 | 3,0 mtr |
| Gurtlänge mit 100 Gliedern | 3310 | 3310 mm |
| Gurtgewicht mit 100 Patronen | 16,82 (Spr.Gr.) | 19,9 kg (M.Gr.) |
| verschoß Geschoßgewicht (Sprgr.L'spur) | 0,627 | 1,332 kg/sek |
| verschoß Sprengstoffgewicht (Sprgr.L-spur) | 0,031 | 0,043 kg/sek |
| Leistungszahl | 9,5 | 10,6 PS/kg |
| Einbauart | starr: ungesteuert gesteuert bewegl. | starr: ungesteuert gesteuert bewegl. |

Interessant ist auch, daß das M.G. 151/20 im Erdkampf auf einer leichten gummibereiften Zweiradlafette mit Schutzschild vorwiegend als Panzerabwehrwaffe und als Drilling-Fla-M.G. 151/20 auf Flugabwehrlafette[2]) bei der Eisenbahntransportflak eingesetzt wurde.

[1]) Synchronisiert etwa 200 Schuß/min weniger
[2]) Flugabwehrlafette 151 Drilling Ausf. B (FLa-L 151 D/B)

Das M.G. 151/20 als leichte Panzerabwehrwaffe für den Erdeinsatz.

## Die Flugzeugmaschinenkanone M.K. 101, Kaliber 3 cm

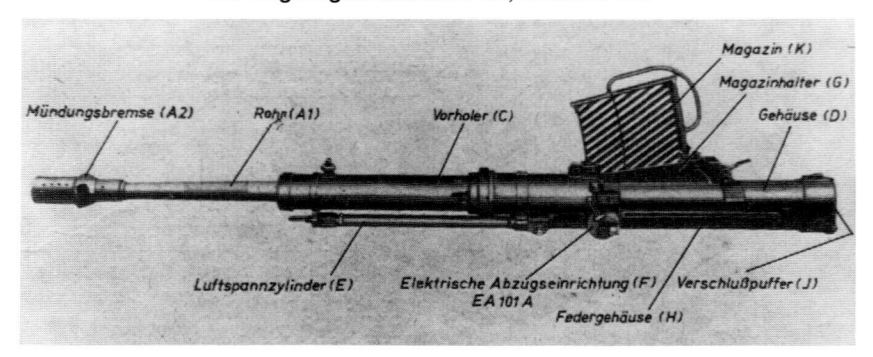

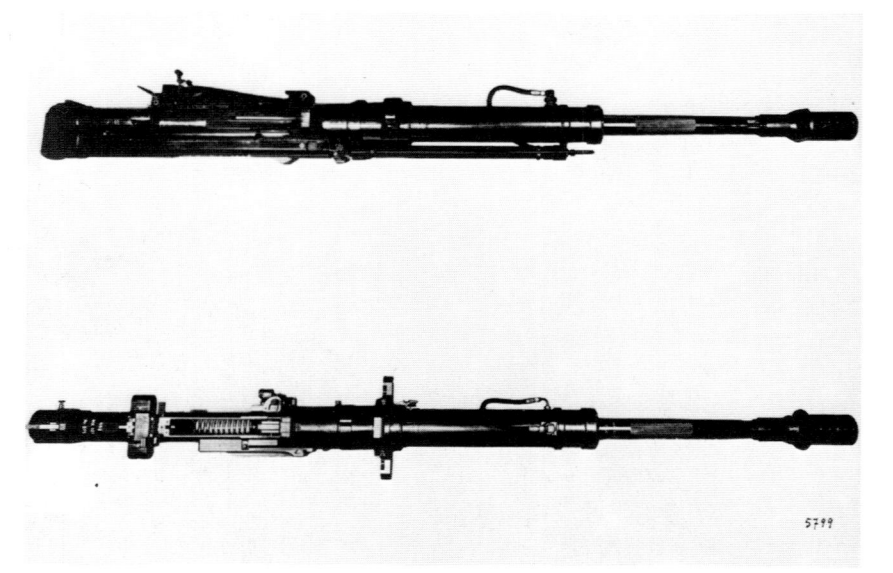

Zu Anfang des Wiederaufbaues der Luftwaffe bestand bereits der Wunsch nach Steigerung der Waffenwirkung durch Verwendung großkalibriger Flugzeugschußwaffen. Damals wurde hin und wieder die Forderung laut, das gegnerische Flugzeug mit einem einzigen Treffer zerstören oder mindestens außer Gefecht setzen zu können. Außerdem führte die Vorstellung über den Charakter der zu erwartenden Luftkämpfe, unter Berücksichtigung der Eigenschaften der weiterentwickelten Flugzeuge, zu der Ansicht, daß mit größeren Kampfentfernungen unbedingt gerechnet werden müsse. Daraus wurde die Forderung nach hohen ballistischen Leistungen großkalibriger Waffen, für die Bewaffnung der Jagdflugzeuge, abgeleitet. Für die damaligen Verhältnisse galt das Kaliber 20 mm bereits als großes Kaliber mit entsprechender Wirkung.

Als erste 2 cm Waffen für die Luftwaffe entwickelte Rheinmetall die Lb 201a für den beweglichen und das M.G. C/30 L für den starren Einbau. Letzteres hatte man aus Zeitgründen, zur Verwendung in Flugzeugen, aus der 2 cm Flak 30 behelfsmäßig hergerichtet. Die Waffe zeigte hervorragende ballistische Leistungen und war für das Schießen über große Entfernungen mit höchster Präzision in Motormontage eingebaut worden. Jedoch war ihr Einbaugewicht mit 180 kg entsprechend hoch. Sie verschoß 0,670 kg Geschoßgewicht in der Sekunde, was einer Schußleistung von 300 Schuß/min entsprach. Die Vo betrug 930 m/sek., die Mündungswucht 5,8 mt. Die Munition wurde über ein 100 Schuß Magazin zugeführt. Sie konnte nur als Einzelwaffe eingebaut werden und gestattete, beim damaligen Stand der Motorenentwicklung, höchstens eine Zusatzbewaffnung mit M.G. 17.

Dieser Waffe stand das 20 mm M.G. FF mit geringerer ballistischer Leistung und mit einem Munitionsvorrat von nur 60 Patronen gegenüber, dafür aber mit nur 30%[1]) des Einbaugewichts des M.G. C/30L und der fast doppelten Schußfolge. Die Entscheidung fiel zugunsten dieser Waffe, da einmal zwei Geräte mit erheblicher Gewichtsersparnis, und darüber hinaus mit wesentlich höherer Schußleistung eingebaut werden konnten, was wiederum unmittelbar den Steigleistungen des Flugzeugs zugute kam und sich in zahlreichen Luftkämpfen dann auch bewährte.

Aus diesem Vergleich der beiden Waffen ist das damalige Grundproblem der Flugzeugwaffenentwicklung ersichtlich. Bei gleichem Geschoß betonte das M.G. C/30 L die ballistische Leistung. Ihm lag die Idee zugrunde, den Gegner möglichst außerhalb des Bereiches der Abwehrwaffen, mit wenigen gut gezielten Treffern, niederzukämpfen. Beim M.G. FF

---

[1]) M.G. FF Einbaugewicht 56 kg

**MK 101 in starrer Lafette StL. 101/2 in Bf 110 C-6. Ansicht von unten gegen die Flugrichtung.**

**Die gleiche Waffe hier in der Ansicht von rechts.**

stand die vernichtende Wirkung in der entscheidenden Phase des Kampfes, der auf kürzeste Entfernung an den Gegner herangetragen wurde, im Vordergrund.

Der nächste Entwicklungsschritt war die Einführung des M.G. 151. Auch hier mußte das 15 mm M.G. mit seiner ausgezeichneten Ballistik vor dem 20 mm M.G. 151/20 zurücktreten, das entsprechend niedrigere ballistische Werte, dafür aber mehr Wirkung erzielte.

Doch zurück zur Entwicklung der großkalibrigen Bordwaffen. Von dem Gedanken ausgehend, eine Waffe zu schaffen, die bei Vervollkommnung der Visiereinrichtung eine vernichtende Bekämpfung fliegender Ziele nach dem Verfahren des gezielten Einzelschusses aus großer Entfernung ermöglichen sollte, stellte Rheinmetall-Borsig im Jahre 1936 die 3 cm Maschinenkanone M.K. 101, als Projekt einer Bugbewaffnung für den Focke-Wulf Zerstörer Fw 57 vor. Die Mündungsleistung war durch das mögliche Einbaugewicht in den damaligen Zerstörer-Flugzeugen auf 13 mt begrenzt. Darum schuf man das 3 cm Kaliber mit der hohen Mündungsgeschwindigkeit von zirka 900 m/sek., um noch auf 1000 m Entfernung eine rasante Bahn zu haben.

Die M.K. 101 war als maßstabsgetreue Vergrößerung aus der 20 mm Panzerbüchse MK S-18-1000 hervorgegangen und wurde als erste Waffe nach dem neuen Kennzeichensystem, wonach die erste der

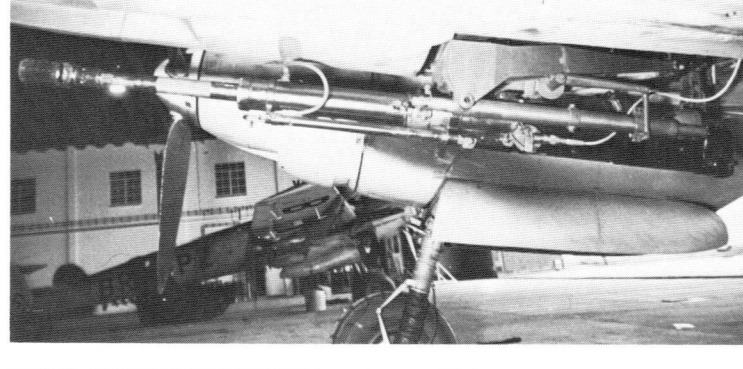

**Anordnung der M.K. 101 im Schlachtflugzeug Hs 129 B-1/R2. Oben: Zum Munitionieren und zur Wartung konnte der gesamte Rüstsatz nach links zur Seite abgeklappt werden. Unten: Die starr in abklappbarer Gondel eingebaute Kanone feuerbereit.**

drei Zahlen die Entwicklungsfirmen und die beiden folgenden die Musterbezeichnungen bedeuteten, benannt. Sie war ein vollautomatischer Rückstoßlader mit beweglichem Rohr und zentral verriegeltem Verschluß. Die Patronen wurden über ein 6 Schuß Flachmagazin oder über eine 30 Schuß

**Halbstarrer Einbau der M.K. 101 in Lafette L 101/1 in Zerstörer Bf 110 C-6. Oben: Der Versuchsstand zur Erprobung der Anlage. Mitte: Die in der Bf 110 halbstarr eingebaute Waffe in der Ansicht von links, und unten: von vorn gegen die Flugrichtung gesehen.**

**Halbstarrer Einbau der M.K. 101 in Lafette L 101/1A als Rumpfwaffe in einer He 177 A1.**

Trommel von oben her der Waffe zugeführt, die leeren Hülsen wurden nach unten ausgestoßen. Die Arbeitsweise der Kanone beim Schuß war analog den Solothurn-Rheinmetallentwicklungen, die als Rückstoßlader nach dem erfolgreichen, zentralen Verriegelungssystem vermittels Verriegelungs- und Kurvenhülse funktionierten. Das Spannen der Waffe erfolgte entweder von Hand oder elektrisch-pneumatisch und das Abziehen für die Abgabe von Einzel- oder Dauerfeuer elektrisch. Ihre einzige Besonderheit war, daß die Abfeuerung des ersten Schusses jeweils bei vornliegendem Verschluß erfolgte, damit die Zeit vom Abkommen, d. h. bis das Geschoß die Mündung verließ, möglichst klein blieb. Es bedeutete auch, daß der Verschluß nach Leerschießen der Trommel nicht gefangen wurde, sondern wieder nach vorn lief, und das Schauzeichen beim Piloten erschien und signalisierte, daß nach Trommelwechsel durchgeladen werden mußte.

Die Versuchswaffe schoß schon im Dezember 1936, konnte aber erst 1938 an Stelle der beiden M.G. FF im Rumpfboden einer Bf 110 B als Waffenwanne eingebaut werden, da vorher kein anderer Erprobungsträger zur Verfügung stand. Ihr Einbaugewicht betrug 300 kg und die Einbauart war zuerst starr. Die Schießversuche waren ein voller Erfolg. Die erste Lafette war auf einen Rückdruck von 1000 kg ausgelegt, und die Flugzeugführer spürten während des Schießens weder den Mündungsknall noch besondere Erschütterungen. Mit der auf 800 m justierten Waffe wurden bei einer mittleren Entfernung von 940 m, bei 275 abgefeuerten Schüssen, 71% Treffer auf einer 6×6 m Scheibe erreicht. Großen Eindruck hinterließ die Waffe auf *Hitler* und *Göring,* anläßlich ihrer Besichtigung der Erprobungsstelle Rechlin am 3. Juli 1939. Die mit der 3 cm Kanone ausgerüstete Bf 110 mußte extra zu diesem Anlaß von der Rheinmetall-Gruppe, unter Leitung von Dipl.-Ing. Fritz Taucher, von der E-Stelle Tarnewitz überstellt werden. Aufgrund der guten Ergebnisse mit dem starren Einbau wurde der halbstarre Einbau im gleichen Flugzeug durchgeführt, wobei das Richten der Waffe mit dem pankratischen Zielfernrohr erfolgte. Die mechanische Steuerung um ±2 Grad nach der Seite geschah durch Fußpedale, und um den gleichen Ausschlag nach der Höhe durch einen Knüppel. Es wurde auf eine Zentralschleppscheibe von 1,5 m Durchmesser geschossen, wobei die mittlere Treffentfernung 750 m betrug. Dabei wurden von 599 Schuß 81,4% Treffer erreicht. Das halbstarre Schießen erbrachte auch einen bemerkenswerten Gewinn hinsichtlich der Schußfolge; wurden beim starren Schießen nur 18 Feuerstöße in der Minute zustande gebracht, so stiegen diese beim halbstarren Schießen auf runde 50.

Die guten Erfolge der Versuchswaffe führten dazu, daß die M.K. 101, trotz des Mangels der 30 Schuß

Magazinzuführung, zu einer teilweisen Einführung, zur Panzerbekämpfung und gegen Seeziele kam. Besonders zur Bekämpfung von überwasserfahrenden U-Booten, gegen deren empfindliche Drucktanks Panzergranaten mit einem Geschoßgewicht bis zu 530 Gramm und hoher Durchschlagsleistung entwickelt wurden. Es konnten darüber hinaus Spreng- und M-Granaten verschossen werden. Der Einbau erfolgte starr auf doppelseitig gepufferter Lafette, für einen Rückdruck bis zu 2000 kg; der max. Rücklauf betrug 75 mm. Ausgerüstet waren mit der M.K. 101: Mehrere Messerschmitt Bf 110 C-6, ein Dornier Do 24 T Seefernaufklärer und eine Anzahl Henschel Hs 129 B-1/R2 Panzerjäger. Über den Einsatz der M.K. 101 in Hs 129 Panzerjägern berichtete der Ia des Luftwaffenführungsstabes am 1. August 1943 wie folgt: »M.K. 101 hat sich nicht in allen Fällen als ausreichend erwiesen. Noch nach mehreren Treffern waren oft feindliche Panzer nicht außer Gefecht, sondern fuhren, teilweise mit Rauchfahne oder brennend, ab. Zu fordern ist auch für die Hs 129 eine stärkere Bewaffnung, durch die es möglich ist, durch ein oder zwei Treffer die feindlichen Panzer außer Gefecht zu setzen«.

Die technischen Daten der M.K. 101 waren:

| | |
|---|---|
| *Kaliber* | *3 cm* |
| *Gewicht der Waffe* | *139 kg* |
| *Gewicht der Trommel mit* | |
| *30 Schuß* | *46 kg* |
| *Länge der Waffe* | |
| *mit Mündungsbremse* | *2586 mm* |
| *Länge des Rohres* | *1350 mm* |
| *Schußfolge* | *220–260 Schuß/min* |
| *Mündungsgeschwindigkeit* | |
| *je nach Geschoßart* | *700–960 m/sek* |
| *Mündungsleistung* | *12,5 mt* |
| *Einbaugewicht (starr)* | *178 kg* |
| *verschoß Geschoßgewicht* | |
| *Pz.Sprgr.L'spur* | *2,296 kg/sek* |
| *M.Gr. (DWM)* | *1,081 kg/sek* |
| *verschoß Sprengstoffgewicht* | |
| *Pz.Sprgr.L'spur* | *0,078 kg/sek* |
| *M.Gr. (DWM)* | *0,352 kg/sek* |
| *Durchschlagsleistung* | |
| *H.Pzgr.L'spur* | *auf 300 m = 75 mm Panzerung* |

| *Flugbahn* | *Flugzeit* | *Fall der Flugbahn* |
|---|---|---|
| *Spr. Gr. nach* | | |
| *500 m* | *0,68 sek* | *0,58 m* |
| *1000 m* | *1,50 sek* | *2,74 m* |
| *1500 m* | *2,49 sek* | *7,68 m* |
| *Leistungszahl* | | *4,91 PS/kg* |
| *Einbauart* | | *starr: ungesteuert* |
| | | *halbstarr: ungesteuert* |

## Die Flugzeugmaschinenkanone M.K. 103, Kaliber 3 cm

Die Weiterentwicklung der M.K. 101 führte 1942 bei Rheinmetall-Borsig zur M.K. 103, die unter Beibehaltung der gleichen ballistischen Leistungen, infolge neuer Konstruktionsprinzipien, große Verbesserungen brachte. Der wesentlichste Fortschritt war, daß die Waffe keine Lafette benötigte. Die Aufnahme der Rückstoßkräfte erfolgte durch verstärkte Rohrvorholfedern und Reibungsbremsen. Das Gehäuse und die Zuführung konnten im Flugzeug fest eingebaut werden, was Raum sparte und was den Einlauf der schweren Munitionsgurte auch unter den ungünstigsten Beschleunigungen sicher gewährleistete. Das Einbauaggregat war um 400 mm kürzer und um 40 kg leichter, bei gleichzeitiger Steigerung der Schußleistung um fast 100%. Von Vorteil war auch, daß die Waffe als Motorkanone eingebaut werden konnte. Die Verbesserungen wurden erreicht, weil bei der M.K. 103 das Funktionssystem eines Gasdruckladers gewählt worden war. Ein System, daß in anderen Staaten, gegenüber dem Rückstoßlader, schon länger bevorzugt wurde. In Deutschland war der Gasdrucklader aus dem Grunde unbeliebt, weil man einmal ein rasches Verschmutzen der Gaskanäle durch Verbrennungsrückstände befürchtete, und zum anderen das umständliche Auswechseln des Laufes scheute. Während beim Rückstoßlader der Gasdruck über den Stoßboden des Verschlusses wirkte, betätigte er beim Gasdrucklader den Verschluß und die Ladeeinrichtung auf andere Weise. Vom Innern des Laufes führte eine Bohrung zu einem Zylinder, in dem

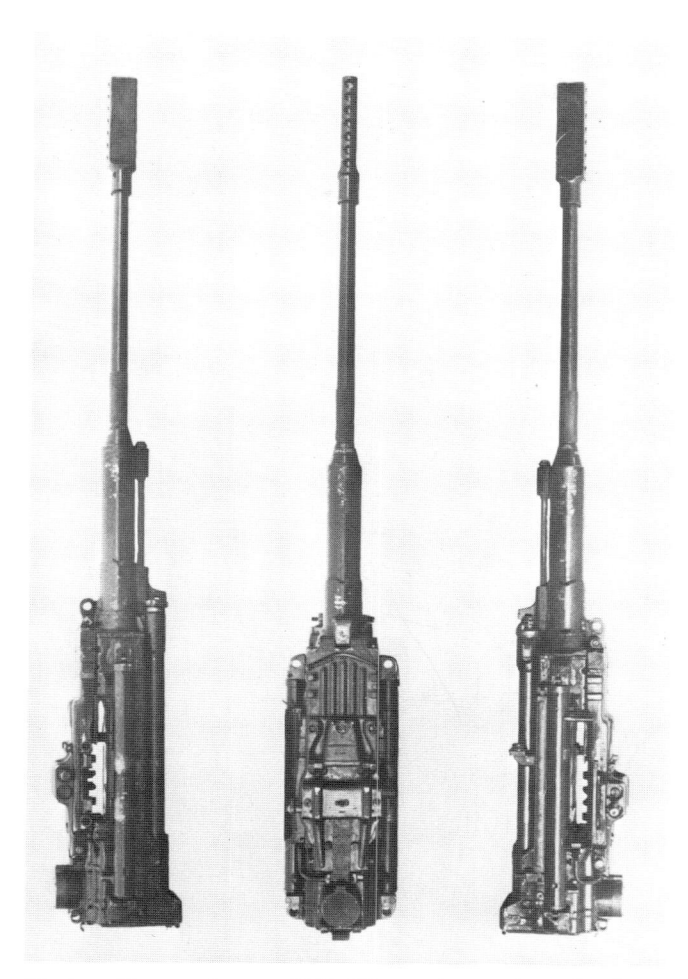

**Die 3 cm Flugzeugkanone M.K. 103 von oben und von den Seiten gesehen.**

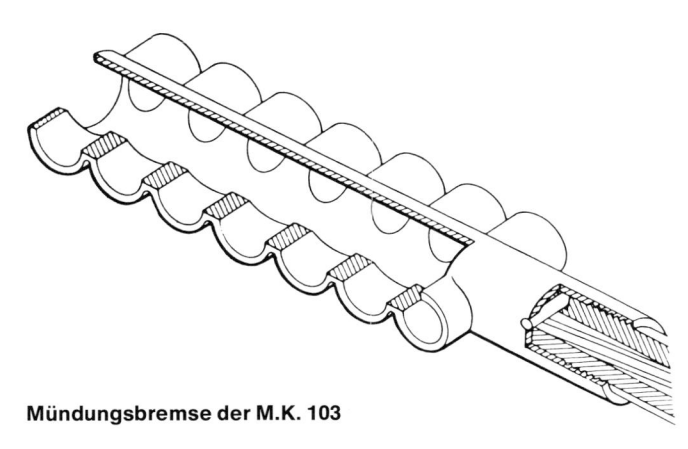

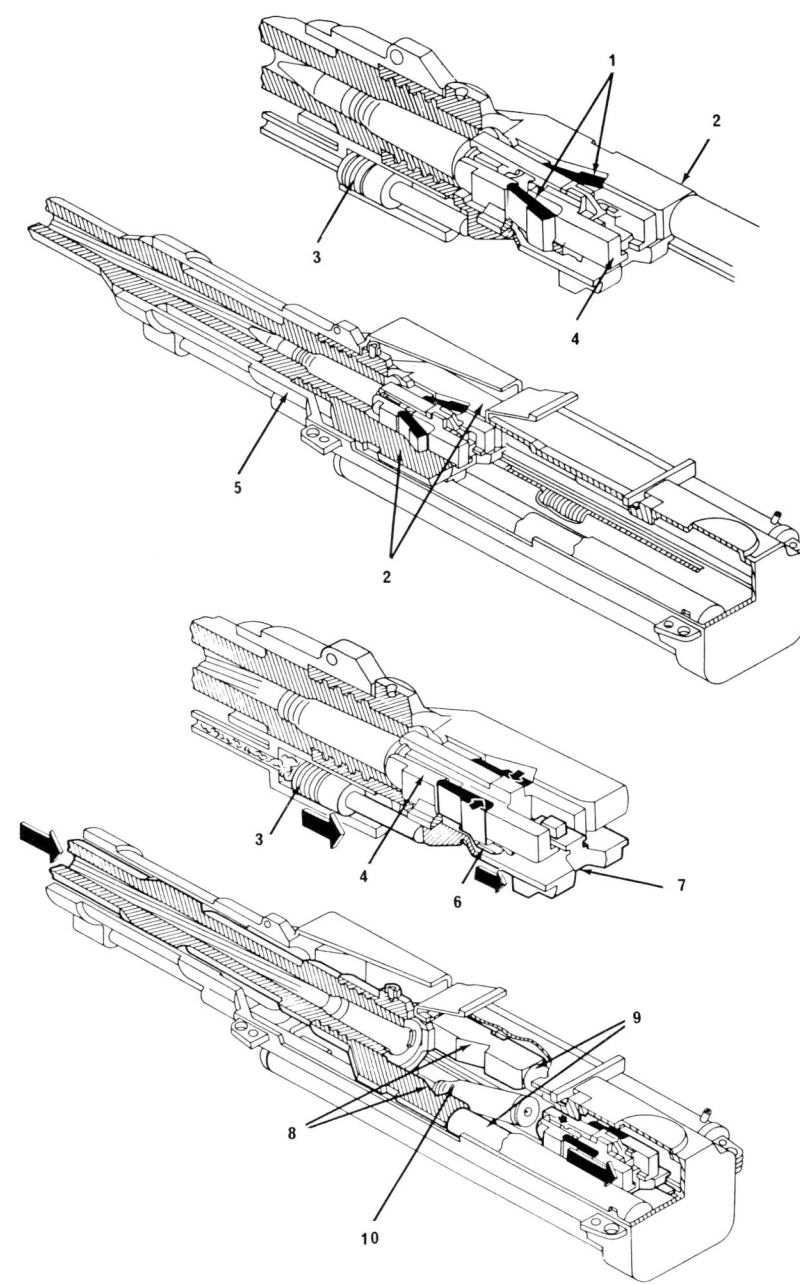

**Mündungsbremse der M.K. 103**

**Wirkungsweise des Verriegelungssystems bei der M.K. 103**
1) Verriegelungsklappen, 2) Rohrverlängerung (mit Verriegelungsstück), 3) Gaskolben (wirkt als Entriegelungskolben), 4) Verschluß, 5) Gehäuse, 6) Ver- und Entriegelungskurven, 7) Verriegelungsschieber, 8) Aussparungen im Verriegelungsstück, in welche die Verriegelungsklappen bei der Verriegelung schwenken, 9) Rohr mit Verriegelungsstück, Verschlußpuffer- und Rohrvorholfedern, 10) abgefeuerte Patrone

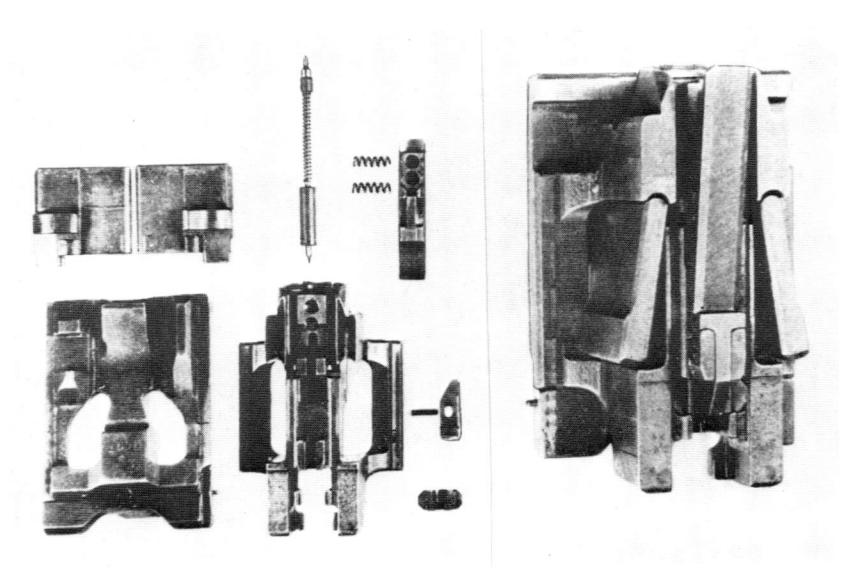

**Links:** Das zerlegte Verschlußstück und **rechts:** Der Verschluß mit ausgeschwenkten Verriegelungsklappen.

Als Waffenerprobungsträger für die Lafettierung der M.K. 103 in Flächengondeln diente die Fw 190 A-6/R3. In jeder Gondel konnten 32 Schuß Munition mitgeführt werden.

Die Abb. zeigt das Heißen der Waffe, hier das Gehäuse ohne Rohr. Links im Bild ist der Preßluftschlauch zum Durchladezylinder deutlich zu erkennen und in der Mitte unten die elektrische Leitung zum Durchlade- und Zählkontaktgeber DZK 103 C (G).

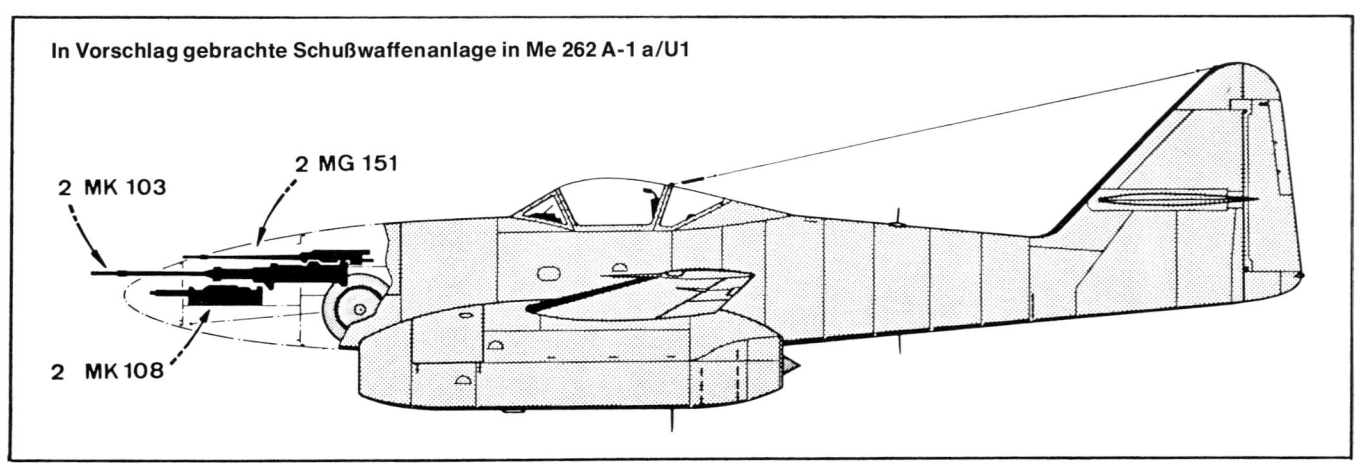

Einbau der M.K. 103 als Flügelkanone in dem schweren Jäger Do 335 V 14, wobei der Flügelnasenkasten als Munitionsvorratsbehälter ausgebildet war.

In Vorschlag gebrachte Schußwaffenanlage in Me 262 A-1 a/U1

- 2 MK 103
- 2 MG 151
- 2 MK 108

sich ein Kolben bewegen konnte und der über eine Mechanik mit dem Verschluß in Verbindung stand. Der Verschluß war in seiner vordersten Stellung mit dem Lauf starr verriegelt. Sobald nun das Geschoß die Bohrung passiert hatte, drang ein Teil der Gase über die Bohrung auf den Kolben und schleuderte diesen zurück, wobei über den Verriegelungsmechanismus der Verschluß entriegelt wurde. Auf seinem weiteren Weg nach hinten stieß er die leere Hülse aus und wurde schließlich durch die Schließfeder und den Pfuffer abgefangen und wieder nach vorn geworfen. Beim Vorlauf wurde eine neue Patrone zugeführt und Lauf und Verschluß wieder fest verriegelt.

Die M.K. 103 war solch ein vollautomatischer Gasdrucklader mit beweglichem Rohr und starrer Verriegelung. Die Verriegelung erfolgte durch Spreizung zweier am Verschluß angebrachter Verriegelungsklappen, die beim Entriegeln nach innen an den Verschluß zurückklappten. Die Munition wurde über einen Zerfallgurt von links oder rechts zugeführt. Die Zündung der Patronen erfolgte elektrisch. Während die Gehäuse der ersten Serie noch geschmiedet wurden, stellte man die Gehäuse der nachfolgenden Serien weitgehend in Blechprägtechnik her.

Der Einbau der Waffe erfolgte als Motorkanone M.K. 103 M, mit einem Schutzrohr von 60 mm Durchmesser, in dem schweren Jäger Bf 109 K-10, in der Ta 152 C-3 und in der Dornier Do 335 V 5, mit der in Tarnewitz die Waffenerprobung geflogen wurde. Als Flächengondelbewaffnung (FGB 103) mit 32 Schuß war sie teilweise als Rüstsatz 3 in verschiedenen schweren Fw 190[1]) Jägern montiert. Bei diesem Einbau mußte den Waffen vom Triebwerk her Warmluft zugeleitet werden, um eine Abkühlung der Munition mit elektrichem Zünder unter −35 Grad Cel. zu verhindern Die Gondeln mußten außerhalb des Luftschraubenkreises angeordnet werden, da die M.K. 103, wegen ihrer hohen Toleranz in der Schußentwicklungszeit, kein gesteuertes Schießen ermöglichte. Darüber hinaus war die Streuung durch Auftreten von starken Schwingungen beim Schießen

**Rumpfwanne mit zwei M.K. 103 in Me 410 B-2/U1. Die Abb. zeigt die zur Munitionierung bzw. Wartung der Waffenanlage abgeklappte Wanne unter dem Rumpfbug der Me 410.**

relativ groß. In der Me 410 B-2/U1[1]) wurde der Einbau eines als Wanne in den Rumpfboden einbezogenen Waffenbehälters mit zwei M.K. 103 mit je 100 Schuß erprobt, und der Strahltriebjäger Me 262 A-1a/U1 sollte im Bug, neben zwei M.G. 151/20 mit $2 \times 146$ Schuß und zwei M.K. 108 mit $2 \times 72$ Schuß, zusätzlich zwei M.K. 103 mit $2 \times 66$ Schuß aufnehmen. Unter dem Rumpf waren eine M.K. 103 in den Henschel Hs 129 B-2/R2 Panzerjägern mit 100 Schuß und zwei M.K. 103 in den drei Junkers Ju 188 R-0 Versuchs-Nachtjägern eingebaut. Darüber hinaus waren vier dieser Kanonen für die Heinkel He 219 A-0/R1 und zwei mit je 100 Schuß für die He 219 A-7/R1 und C-2 Versionen vorgesehen. Parallel zu diesen Einbauten liefen die verschiedensten Fernbedienungslafetten (FLA 103 Z bzw. D)-Entwicklungen zur Ausrüstung der schweren Jäger bzw. Kampfflugzeuge, die alle nicht mehr realisiert werden konnten.

Die ersten M.K. 103 besaßen eine elektrische Abzugseinrichtung, die sich nicht bewährte, während die späteren Ausführungen elektro-pneumatisch

---

[1]) Fw 190 A-6/R3 als Waffenerprobungsträger
Fw 190 A-8/R3 Kleinserie von etwa 20 Stück

[1]) Mustereinbau 15. 9. 1943, der Einbau der zwei M.K. 103 sollte den Einbau der WP 151 A ablösen

durchgeladen und abgefeuert wurden. Die Durchladung war halbautomatisch und lud beim Loslassen des Abzugsknopfes selbständig wieder durch.
In der Forderung des Generals der Schlachtflieger vom 21. 5. 1944 über die Fw 190 für den Panzerschlachteinsatz hieß es u. a. über die Bewaffnungsmöglichkeiten zur Panzerbekämpfung:

»Zu 2. *M.K. 103 als Flächengondelwaffe.*
*Vorteile:*
Waffe ist vorhanden, Leistungen sind bekannt; Einbau ist bereits durchgeführt.
*Nachteile:*
a) Einsatz an Wolfram Hartkernmunition gebunden, deren Vorrat unzureichend ist.
b) Die 3 cm Hartkernmunition verspricht nur bei Beschuß der lebenswichtigen Teile des Panzers Erfolg. Im Einsatz besteht Treffmöglichkeit dieser Teile nur auf kurze Entfernung (ab 300 m abwärts).
c) Streuung der Waffe (auf 100 m etwa 65×65 cm) zwingt ebenfalls zum Schießen auf kurze Entfernung.
d) Die Wendigkeit und Geschwindigkeit der Fw 190 leiden unter der Gondelbewaffnung.
e) Der Einbau stark außerhalb des Visierbereiches, und die damit erforderliche Justierung der Waffen auf Kreuzung, ermöglicht zusammen mit der hohen Geschwindigkeit der Fw 190 höchstens 2 gezielte kurze Feuerstöße je Anflug.
Die weitere Erprobung dieser Waffe wird *gefordert.*
Zu 4. *M.K. 103 als Motorkanone in Ta 152.*
*Vorteile:*
a) Die Waffe liegt der Visierlinie noch näher, als bei Einbau unter dem Rumpf.
b) Wendigkeit und Geschwindigkeit des Flugzeuges werden im Gegensatz zur Anordnung in den Flügelgondeln kaum herabgesetzt.
c) Lagerung im Triebwerk bringt unter Umständen günstigere Streuung.
*Nachteile:*
a) Die Ta 152 hat flüssigkeitsgekühltes Triebwerk ... usw.

b) Hinsichtlich Munition wie zu 2.a) und b.)
Flugzeug und Bewaffnung werden daher *abgelehnt*«

Ein von der E-Stelle Tarnewitz Ende 1944/Anfang 1945 durchgeführter Bewaffnungsvergleich, in einer Me 262, anstelle der vier M.K. 108 zwei M.K. 103 und zwei M.G. 151/20 einzubauen, hatte ergeben, daß die Ausrüstung mit vier M.K. 108 derjenigen mit zwei M.K. 103 und zwei M.G. 151/20 überlegen war. Auch bei großen Kampfentfernungen und beim Kampf gegen Strahlbomber erwies sich die M.K. 108-Bewaffnung als die wirkungsvollere.

Die technischen Daten der M.K. 103 waren:

| | |
|---|---|
| *Kaliber* | 3 cm |
| *Gewicht der Waffe* | 145 kg |
| *Länge der Bugwaffe* | |
| *mit Mündungsbremse* | 2335 mm |
| *Länge des Rohres* | 1338 mm |
| *Schußfolge H.Pzgr.L'spur* | 380 Schuß/min |
| *M.Gr.* | 420 Schuß/min |
| *Mündungsgeschwindigkeit* | |
| *H.Pzgr.L'spur* | 940 m/sek |
| *M.Gr.* | 860 m/sek |
| *Mündungsleistung* | 12,6 mt |
| *Einbaugewicht als Motorkanone* | 165 kg |
| *Einbaugewicht als Bugkanone* | 199 kg |
| *Gurtgliedgewicht* | 0,121 kg |
| *Gurtgewicht mit 100 H.Pzgr.L'spur* | etwa 94 kg |
| *Gurtgewicht mit 100 M.Gr.* | etwa 92 kg |
| *Gewicht des 100 Schuß Gurtes, leer* | 12 kg |
| *verschoß Geschoßgewicht* | |
| *H.Pzgr.L'spur* | 2,216 kg/sek |
| *M.Gr.* | 2,310 kg/sek |
| *verschoß Sprengstoffgewicht* | |
| *H.Pzgr.L'spur* | — kg/sek |
| *M.Gr.* | 0,525 kg/sek |
| *Durchschlagsleistung* | |
| *H.Pzgr.L'spur auf 300 m =* | 110 mm Panzerung |

| *Flugbahn* | | |
|---|---|---|
| *M.Gr.nach* | *Flugzeit* | *Fall der Flugbahn* |
| 500 m | 0,66 sek | 1,9 m |
| 1000 m | 1,50 sek | 9,4 m |
| 1500 m | 2,60 sek | 26,3 m |

| | |
|---|---|
| *Leistungszahl* | 9,3 PS/kg |
| *Einbauart* | starr: ungesteuert |

Die M.K. 103 wurde im Erdkampf als Flak 103/38 zur Flugabwehr eingesetzt. Als Panzerflak war sie in Zwilling- als »Kugelblitz« und in Vierling-Ausführung als »Zerstörer 45« auf dem Fahrgestell des Panzer IV lafettiert. Die Feuerdichte des 3 cm Flakvierlings 103/38 betrug 28 Schuß/sek., was einem Geschoßgewicht von 9,240 kg und einer Sprengstoffmenge von 2,100 kg in der Sekunde am generischen Objekt entsprach. Zur totalen Zerstörung eines modernen Flugzeugs in der Größenordnung eines viermotorigen Bombers waren nach damaligen Berechnungen 1000 bis 1200 Gramm Sprengladung erforderlich.

## Die Flugzeugmaschinenkanone M.K. 108, Kaliber 3 cm

Neben den beiden M.K. 101 und M.K. 103 Kanonen mit hohen ballistischen Leistungen, die sowohl für die Bekämpfung fliegender Ziele aus großer Entfernung, als auch gegen Panzerkampfwagen und andere harte Bodenziele eingesetzt werden konnten, befaßte sich Rheinmetall-Borsig schon 1941 mit dem Entwurf einer speziell zur Bekämpfung von viermotorigen Bombern mit starker Abwehrbewaffnung geeigneten 3 cm Flugzeugkanone. Einer Waffe, die trotz des großen Kalibers kompakt genug war, um in mehreren Exemplaren auch in einmotorigen Jagdflugzeugen eingebaut werden zu können, ohne deren Flugeigenschaften oder Leistungen zu beeinträchtigen. Darüber hinaus sollte sie sich den blitzschnell wechselnden Situationen des Luftkampfes jederzeit optimal anpassen können. Trotz der fortschrittlichen Auslegung des Projektes wurde der Massenproduktion dieser Waffe erst 1943 höchste Vorrangstufe eingeräumt. Der Grund hierfür soll *Ernst Udets* persönlicher Standpunkt über die Ausrüstung von Jagdflugzeugen mit Schußwaffen gewesen sein. Als Rheinmetall dem *Generalluftzeugmeister Udet* den Prototyp der Waffe, für die ja kein Entwicklungsauftrag seitens des RLM's vorgelegen hatte, 1941 vorführte, soll er die 3 cm Kanone ungefähr mit folgenden Worten abgelehnt haben: »Wir brauchen keine Bordwaffen mit größerem Kaliber als 20 mm, um die tödlichen Schüsse an den schwersten Bombern, wenn nötig aus 20 m Entfernung, anzubringen«. Rheinmetall soll erst nach *Udets* Freitod, am 17. November 1941, auf ständiges Drängen der Truppe, der dieses Projekt nicht verborgen geblieben war, die Arbeiten an der Waffe fortgeführt und die Entwicklung 1942 zum Abschluß gebracht haben. Als M.K. 108 kam sie schließlich 1943 zur Waffenerprobung nach Tarnewitz.

Noch im Projektstadium, damals unter interner Firmenbezeichnung »30 mm Kurzgerät«, fand die Kanone die ungeteilte Zustimmung aller Waffenexperten. In einer Sitzung »Über die Entwicklung großkalibriger Bordwaffen« im März 1942 in Berlin wurde dann auch festgestellt, daß diese Entwicklung ein Beispiel dafür wäre, eine Maschinenwaffe mit besten Eigenschaften zu schaffen, die bei bewußter Beschränkung in den ballistischen Leistungen, in ähnlicher Weise wie das M.G. FF zu seiner

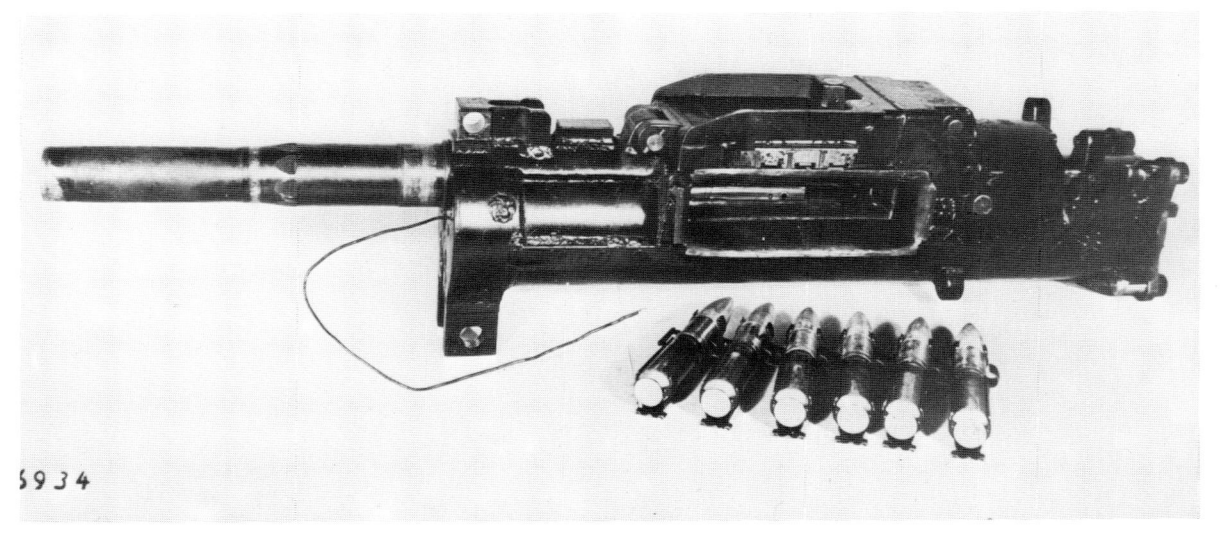

**Das »30 mm Kurzgerät«, Prototyp der Flugzeugkanone M.K. 108.**

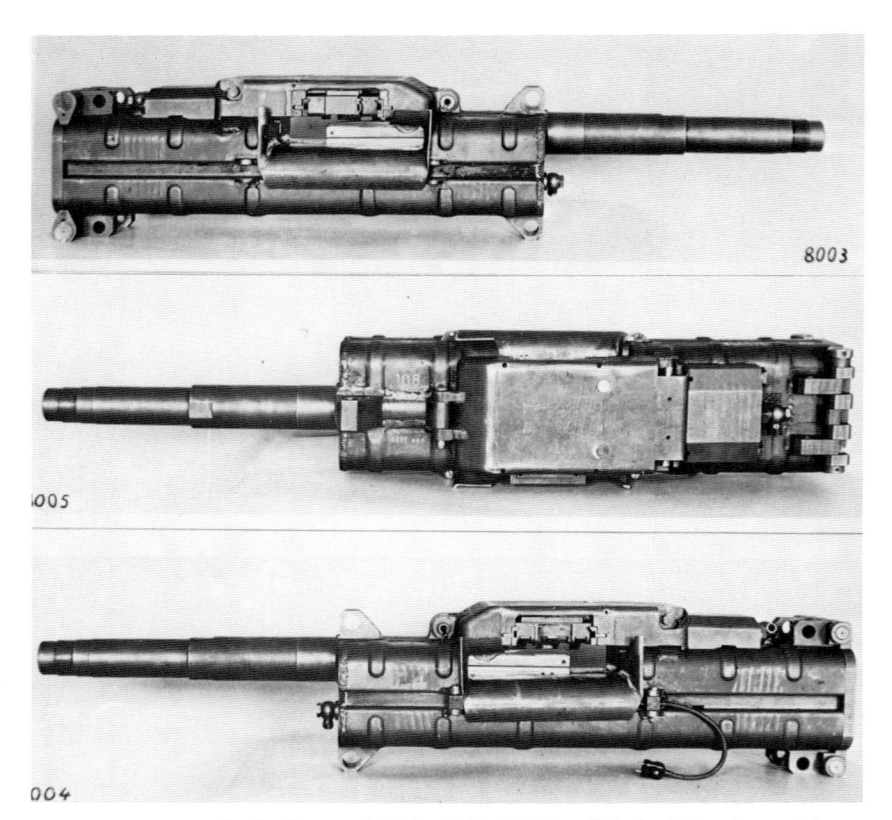

**Dreiseitenansicht der M.K. 108.** Das Kabel mit Stecker auf der unteren Ansicht führte zur Zündschiene.

**M.K. 108 in StL. 108 als Bugbewaffnung im Bf 110 G-4/R3 Nachtjäger.** Die linke Waffe trug noch kein Schutzrohr, die rechte Waffe ist ausgebaut und so die starre Lafette gut sichtbar.

Zeit, vernichtende Wirkung in der entscheidenden Kampfphase versprach, bei gleichem Geschoß wie bei der M.K. 103, jedoch mit wesentlich gesteigerter Schußfolge. Bei fast gleichem Einbaugewicht von angenommenen 200 kg und 100 Schuß je Rohr, stünden einer M.K. 103 mit 7, zwei M.K. 108 mit 20 Schuß/sek gegenüber. Allerdings war man sich nicht im klaren, ob der Einsatz dieses »30 mm Kruzgerätes«, infolge der zwangsläufig geringen Kampfentfernung[1]) auf lange Sicht als selbständige Waffe, bei gleichzeitiger Verstärkung der Abwehrbewaffnung des Gegners, erfolgen könne. Man kam aber zu der Überzeugung, daß das »30 mm Kurzgerät«, in Kombination mit einer Waffe höherer ballistischer Leistung, die zur Niederhaltung der Abwehrbewaffnung des Gegners diente, noch auf lange Zeit hinaus ihre Daseinsberechtigung behalten würde.

Von Mitte 1943 an wurde die M.K. 108 die Standard-Flugzeugkanone für starren, ungesteuerten Einbau in der überwiegenden Zahl der deutschen Angriffsflugzeuge. Die Waffe war robust, von sehr gedrungener Bauweise und besaß ein stark verkürztes Rohr. Sie war ein vollautomatischer Rückstoßlader mit unverriegeltem Masseverschluß. Die Munitionszuführung erfolgte durch Zerfallgurt, wahlweise von links und rechts in der Rohrebene, und die Patronen wurden beim Vorlauf, kurz vor Erreichen der vorderen Verschlußendlage, elektrisch gezündet. Die Hülsen wurden nach dem Schuß wieder in den Gurt eingezogen und mit dem zerfallenden Gurt seitlich abgeführt. Die Waffe besaß eine elektro-pneumatische Durchlade- und Abzugsvorrichtung; gespannt bzw. durchgeladen wurde mit einer Luftspanneinrichtung, der Abzug elektro-pneumatisch ausgelöst. Die M.K. 108 war die ausgereifteste Konstruktion des Becker-Oerlikon-Systems. Das kurze nur 54,5 cm lange Rohr war mit dem Gehäuse fest verbunden. Der gezogene Teil des Rohres hatte 16 Züge mit gleichbleibendem Rechtsdrall von 630 mm Drallänge. Als Motorkanone installiert, mußte an dem Rohr ein langes Schutzrohr, zur Vermeidung von Beschädigungen des Triebwerks durch den starken

---

[1]) normalerweise war die M.K. 108 auf 450 m justiert, im Vergleich zur M.K. 103, die auf 700 m justiert war.

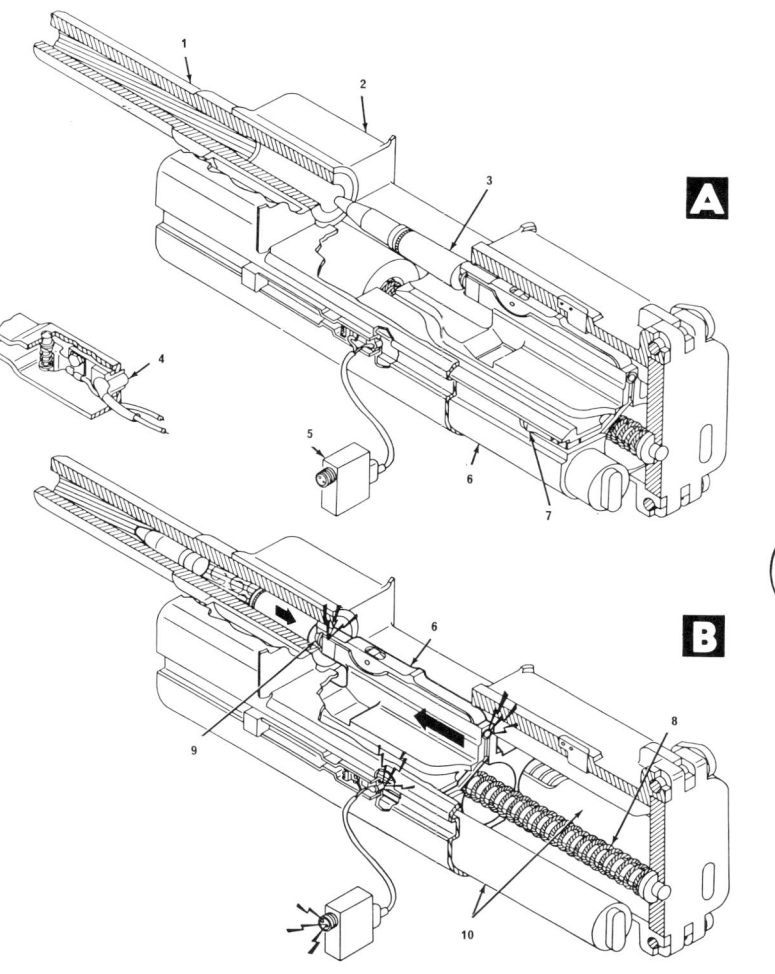

**Bewegungsvorgänge in der Waffe (M.K. 108) beim Zuführen und Zünden der Patrone**
1) Rohr im Waffengehäuse fest eingeschraubt, 2) Gehäuse, 3) Zuführung der Patrone, 4) Zündkontakt am Gehäuse, 5) Zündumformer, 6) Verschluß, 7) Zündkontaktfeder am Verschluß, 8) Verschlußvorholfeder, 9) Patrone wird während des Vorlaufs gezündet, 10) Der Verschluß gleitet auf den zylindrischen Hülsen der Schließfedern im Gehäuse

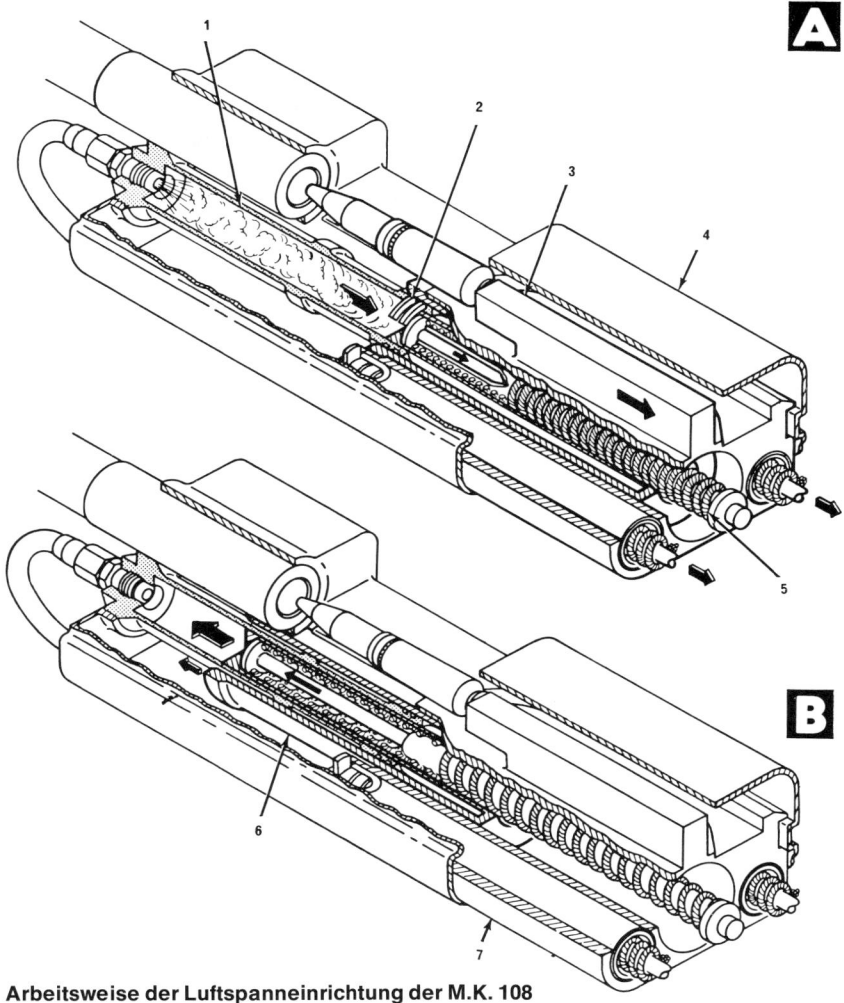

**Arbeitsweise der Luftspanneinrichtung der M.K. 108**
1) Integrierter Luftspannzylinder, 2) Kolbenringe am Luftspannzylinder, 3) Verschluß, 4) Gehäuse, 5) Druckfeder (Rückholfeder) für den Kolben zur Luftspanneinrichtung, 6) Zurücklaufen des Zylinders in die vordere Ruhelage, 7) Verschluß in (hinterer) Fangstellung (gespannte Waffe)

Mündungsdruck, angesetzt werden. Die Kräfte des sich rückwärts bewegenden 11,5 kg schweren Verschlusses wurden durch zwei starke Schließfedern im Bodenstück des Gehäuses sowie einer »langen« Ringfeder gedämpft. Falls durch Nachbrenner vergrößerte Rückstoßkräfte auftraten, wurden diese von einer zusätzlich angebrachten »kurzen« Ringfeder absorbiert. Da die Zündung etwa 15 mm vor Erreichen der vorderen Verschlußendlage ausgelöst wurde, war eine Zündung der Patrone in der vorderen Endlage des Verschlusses unmöglich. Eine bei ruhendem Verschluß in seiner vorderen Lage abgefeuerte Patrone hätte das Gesamtsystem zertrümmert.

Vor dem Schießen wurde die Waffe mit der Luftspannvorrichtung durchgeladen. Dabei lief ihr Zylinder unter dem Druck der einströmenden Preßluft zurück und nahm an seinem Bund den Verschluß bis hinter den Abzugsriegel mit. Danach ging

Zwei M.K. 108 als Bugbewaffnung des Nachtjägers Bf 110 G. Links: Ansicht von oben in Flugrichtung. Auf dem Rohr der linken Waffe ist ein Schutzrohr aufgesetzt. Rechts: Ansicht von vorn gegen die Flugrichtung.

der Zylinder wieder selbständig unter Federdruck in seine vordere Ausgangsstellung zurück. Beim Auslösen der Waffe lief der Verschluß unter dem Druck der Schließfeder nach vorn und bewegte dabei die Gurtzuführung um eine Gurtgliedhälfte weiter, so daß eine Patrone auf die Mitte der Seelenachse des Rohres zu liegen kam. Der weiter vorlaufende Verschluß schob die Patrone aus dem Zerfallgurt in das Patronenlager des Rohres ein und zündete sie noch während des Vorlaufens des Verschlusses. Die Pulvergase trieben das Geschoß durch das Rohr und bewegten gleichzeitig den Verschluß in entgegengesetzte Richtung, wobei die leere Patronenhülse durch den Auszieher am Verschluß wieder in das noch nicht weitertransportiert gewesene Gurtglied hineingezogen wurde. Auf dem weiteren Rücklauf des Verschlusses bewegte dieser über den Gurtschieber den Gurt eine halbe Gurtteilung weiter. Nachdem er seine Energie an die Schließ- und Ringfedern abgegeben hatte, bewegten ihn diese wieder nach vorn. Waffentechnisch mußte bei diesem System die Verschlußmasse so groß und das Rohr so kurz sein, daß bis zum Verlassen der Rohrmündung durch das Geschoß die Hülse noch nicht zu weit aus dem Rohr herausgezogen war. Das Verschlußgewicht und die Kadenz mußten sorgsam aufeinander abgestimmt sein, da das eine vom anderen abhängig war. Es wurden noch Versuche zur Erhöhung der Schußfolge unternommen, die zwar Steigerungen brachten, aber hauptsächlich an der

Gurtzuführung scheiterten. Wegen ihrer äußeren Erscheinung, ihrer mittleren Feuergeschwindigkeit und des eigenartigen Schußgeräusches erhielt sie von den Alliierten den Spitznamen »pavement buster«[1]). Sie verschoß ausschließlich die für den Luftkampf bestimmte Munition, wie Minengranaten mit L'spur und Zerlegerzünder ZZ 1589 A sowie Brandsprenggranatpatronen mit ZZ 1589 B. Das 330 Gramm schwere M.-Geschoß riß bei Volltreffer in die Tragfläche eines Flugzeuges ein zirka 1,75 m² großes Loch, und man rechnete damit, durch einen Treffer einen Jäger der Größenordnung der »Mustang« und mit vier Treffern einen viermotorigen Bomber zum Absturz bringen zu können.

Die M.K. 108 war nicht nur in waffentechnischer, sondern auch in fertigungstechnischer Hinsicht ein außergewöhnliches Gerät. Sie bestand zu 80 v. H. aus Preß-, und nur zu 20 v. H. aus Dreh- und Frästeilen, und war daher hervorragend für die Massenproduktion geeignet. Durch die Verwendung von einfachem und nicht legiertem Stahl kam sie der sich zusehendst verschlechternden Rohstoff- und Materiallage besonders entgegen.

Als starre, ungesteuerte Kanone konnte die M.K. 108 fast universell in den Flugzeugen eingebaut werden, und man sah sie als Motorkanone in Bf 109, Fw 190 D und Ta 152 Jagdflugzeugen, als Flächengondelbewaffnung in Bf 109 und Fw 190, im Rumpfbug in Bf 110 und Me 262, im Rumpf bzw. Flügelwurzeln in Me 163, He 162 und He 219 und als »schräge Musik« in der Bf 110 und der Ju 88, um nur die wichtigsten Einbauten zu nennen. Schließlich liefen erste Versuche für bewegliche Lafettierungen. Als Motorkanone wurde die M.K. 108 im Juni 1943 in den ersten 30 Bf 109 G-6/U4 Normaljägern, weitere 16 im Juli und weitere 64 im August usw. eingebaut. Das Einschießen der ersten 30 Jäger erfolgte in Tarnewitz. Im August 1943 forderte der Gen.d.J. alle M.G. 151 Gondelwaffen der Bf 109 G-6[2]) sobald als möglich durch M.K. 108 Gondelwaffen zu ersetzen. Im gleichen Monat wurde die Umstellung der Bewaffnung des Tagzerstörers Bf 110 G-2/R3[1]) von vier M.G. 17 auf zwei M.K. 108 mit je 130 Schuß gefordert. Schußversuche mit zwei M.K. 108 in dem Bf 110 G-4/R2 Nachtjäger fanden in Gotha bei

**M.K. 108 lafettiert als Flächengondelbewaffnung FGB 108 in Bf 109 G-6/R4.**

[1]) Mustereinbau 12. 8. 1943

**M.K. 108 als Schrägbewaffnung in Bf 110 G-4/R9.**

---
[1]) pavement buster = Preßlufthammer
[2]) Mustereinbau 7. 8. 1943

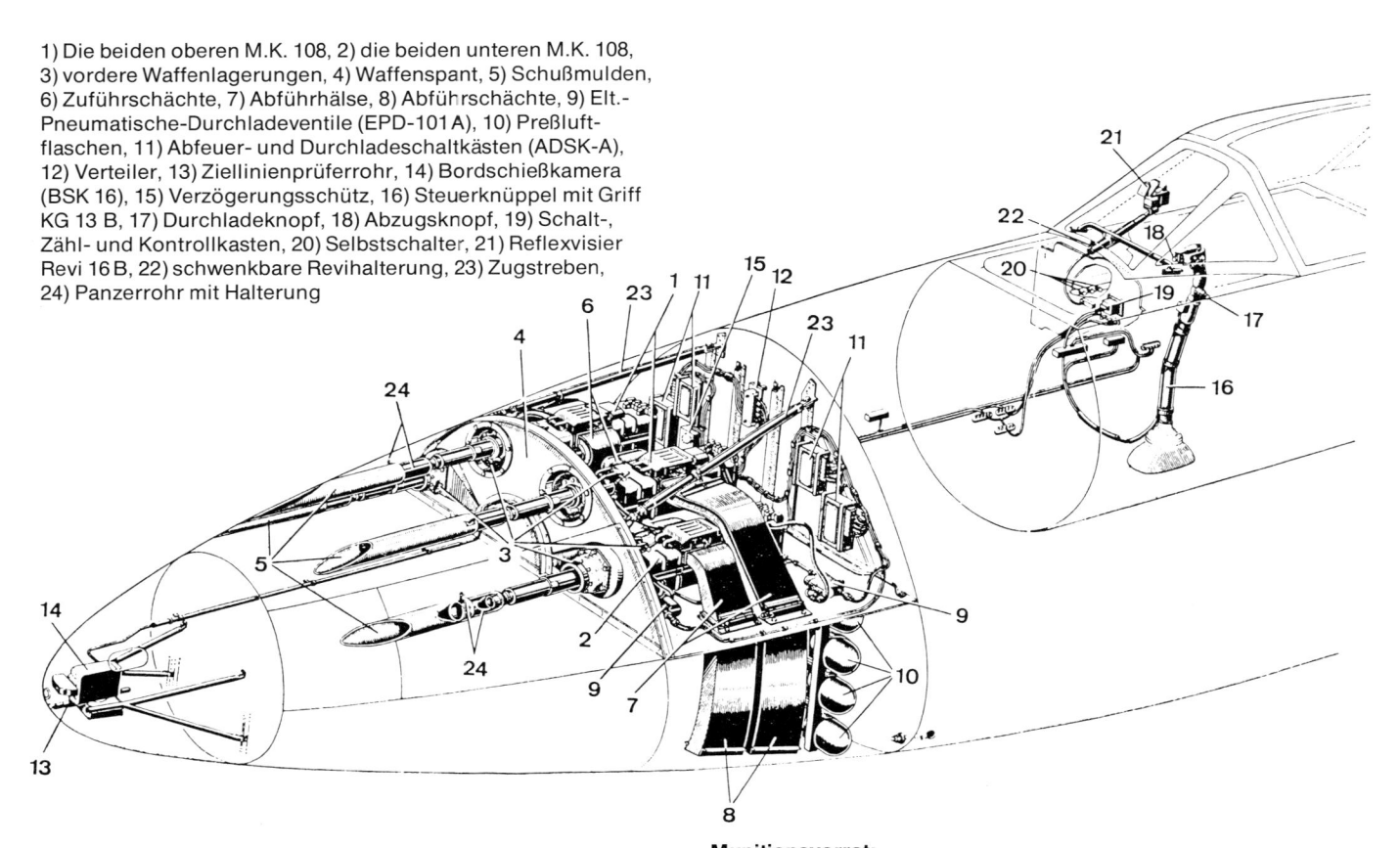

1) Die beiden oberen M.K. 108, 2) die beiden unteren M.K. 108, 3) vordere Waffenlagerungen, 4) Waffenspant, 5) Schußmulden, 6) Zuführschächte, 7) Abführhälse, 8) Abführschächte, 9) Elt.-Pneumatische-Durchladeventile (EPD-101A), 10) Preßluftflaschen, 11) Abfeuer- und Durchladeschaltkästen (ADSK-A), 12) Verteiler, 13) Ziellinienprüferrohr, 14) Bordschießkamera (BSK 16), 15) Verzögerungsschütz, 16) Steuerknüppel mit Griff KG 13 B, 17) Durchladeknopf, 18) Abzugsknopf, 19) Schalt-, Zähl- und Kontrollkasten, 20) Selbstschalter, 21) Reflexvisier Revi 16 B, 22) schwenkbare Revihalterung, 23) Zugstreben, 24) Panzerrohr mit Halterung

**Bordbewaffnung der ME 262 A-1A (Übersicht)**

**Munitionsvorrat:**
Die oberen beiden M.K. 108 mit 2 × Gurt 108 je 100 Schuß
die unteren beiden M.K. 108 mit 2 × Gurt 108 je 80 Schuß

GWF[1]) im Juli 1943 statt und brachten Treffergenauigkeiten von 35 × 39 cm, aber auch von 81 × 59 cm. Auf Befehl Gen.d.J.[2]) wurden auch die Raketenjäger Me 163 ab V46 mit zwei M.K. 108 ausgerüstet. Diese paar Beispiele zeigen deutlich, welches Vertrauen die Luftwaffe in diese Kanone gesetzt hatte. Wenn sie auch manchesmal die Jäger zur Verzweiflung gebracht hatte, als bei zu hohen G-Belastungen der Mechanismus nicht recht mitspielen wollte, so war sie doch eine ausgezeichnete Waffe, und nicht ohne Grund bemerkte der amerikanische Waffenexperte *Lt.Col. Chinn:*

»The weapon (M.K. 108) represents the highest degree of efficiency that the Becker system has been brought to and was remarkable in many ways. It was most fortunate for the Allies that its production and mounting in jet planes was not started earlier, as it accounted for many B-17s during the latter days of World War II«[1]).

---

[1]) Gothaer Waggonfabrik
[2]) General der Jagdflieger

[1]) Diese Waffe repräsentiert den höchsten Grad an Wirksamkeit zu dem das Becker-System entwickelt worden war, und sie war bemerkenswert in vielerlei Hinsicht. Es war ein glücklicher Umstand für die Alliierten, daß ihre Produktion und der Einbau in Strahltriebjägern nicht schon früher erfolgte, zählt sie doch verantwortlich für den Verlust vieler B-17 während der letzten Tage des Zweiten Weltkrieges

Die technischen Daten der M.K. 108 waren:

| | |
|---|---|
| Kaliber | 3 cm |
| Gewicht der Waffe | 58 kg |
| Länge der Waffe | 1050 mm |
| Länge des Rohres | 545 mm |
| Schußfolge | etwa 600 Schuß/min |
| Mündungsgeschwindigkeit | 520 m/sek |
| Mündungsleistung | 4,65 mt |
| Einbaugewicht als Motorkanone | 73 kg |
| Einbaugewicht als Bugkanone | 88 kg |
| Gurtgliedgewicht | 0,115 kg |
| Gurtgewicht mit 100 M.Gr. | 59,5 kg |
| Gurtlänge mit 100 Gliedern | etwa 5 m |
| verschoß Geschoßgewicht M.Gr. | 3,300 kg/sek |
| verschoß Sprengstoffgewicht M.G. | 0,750 kg/sek |

Flugbahn

| M.Gr. nach | Flugzeit | Fall der Flugbahn |
|---|---|---|
| 500 m | 1,13 sek | 6,0 m |
| 1000 m | 2,65 sek | 29,1 m |
| Einbauart | | starr: ungesteuert |

Daten der M.-Munition:
Patronengew. 480 g, Geschoßgew. 330 g, Sprengstoff 75 g, Treibladung 26 g, Hülsengew. 124 g.
Patronenlänge 205 mm, Geschoßlänge 144 mm, Hülsenlänge 91 mm.

Flugzeitenvergleich M.K. 103 : M.K. 108

| | | |
|---|---|---|
| 500 m | 0,66 | 1,13 sek |
| 1000 m | 1,50 | 2,65 sek |
| 1500 m | 2,60 | 4,40 sek |

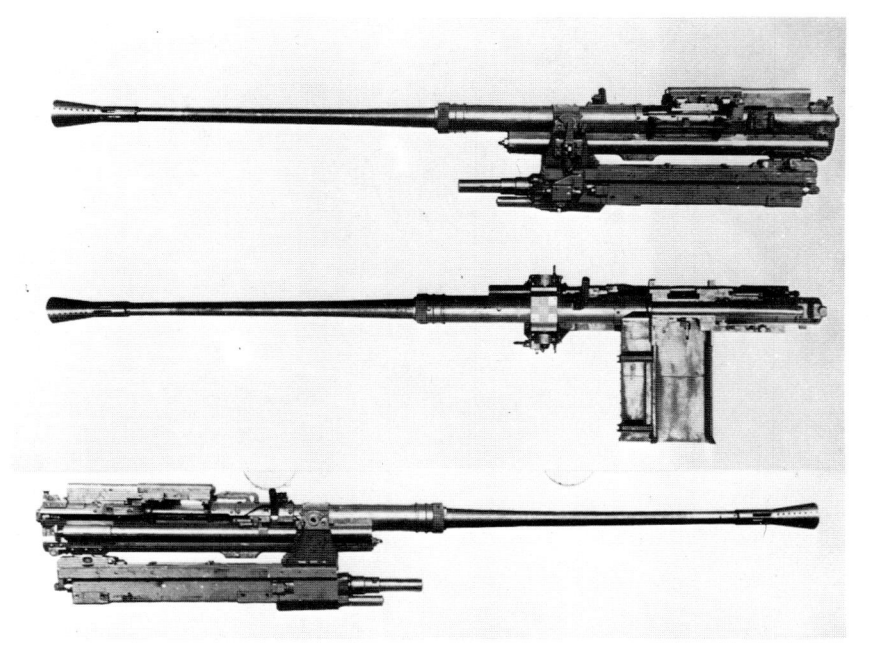

**Ansichten der Bordkanone BK 3,7 (Flak 18) von links, von oben und von rechts. Auf der Draufsicht sind die Quadrantenfläche sowie der Ladetisch gut zu erkennen.**

## Die Bordkanone 3,7 cm B.K.

Noch bis ins Jahr 1942 hinein konnte die Luftwaffe die eingeführten Bordwaffen und Bomben[1]) mit großem Erfolg auch gegen Panzerwagen einsetzen. Die sowjetischen Kampfpanzer besaßen 7 bis 11 mm starke Panzerungen, die von den Bordwaffen mühelos durchschlagen wurden. Mit der Einführung der T 34, KW I und KW II Panzer schienen diese Erfolge endgültig vorbei zu sein. Der T 34 hatte wohl nur eine Panzerung von 45 mm Stärke, konnte aber von der Pak nur schwer durchschlagen werden, da die Bugplatte 30 Grad geneigt war und daher flach auftreffende Geschosse leicht abgeleitet wurden. Die Turm- und Wannendecken waren, sofern sie aus gewalztem Material bestanden, bis zu 22 mm und die gegossenen Ausführungen bis zu 52 mm stark. Die schweren KW I und KW II Panzer besaßen eine bis zu 100 mm starke Panzerung mit der entsprechenden Festigkeit von 150 bis 160 kg/mm². Das war ein Panzerschutz, gegen den die M.K. 101 nichts mehr ausrichten konnte.

In seinem Vortrag im März 1942 äußerte sich zu dieser Situation *Dipl.-Ing. Günther Voss* vom RLM wie folgt: »Wir müssen nun unbedingt stärkere Bordwaffen schaffen, wenn wir nicht überhaupt auf die Bekämpfung von Panzerkampfwagen aus der Luft verzichten wollen. Ein derartiger Verzicht würde die Verteidigung der russischen Front auch nach Vernichtung der sowjetischen Hauptstreitkräfte zweifellos sehr erschweren, weil nur das Flugzeug über die notwendige Beweglichkeit verfügt, um rasch

---
[1]) C-Munition

Einbau der 3,7 cm B.K. an Lafette 36 in den Panzerjäger Ju 87 G-2, wozu die Kanone um 180 Grad gedreht werden mußte. Allein 519 sowjetische Panzer vernichtete Oberst Rudel mit der Ju 87 in dieser Waffenkonfiguration.

einen örtlichen Panzereinbruch des Gegners, an irgendeiner Stelle der mehrere 1000 km langen Front, abwehren zu können. Für die gegenwärtig vom Feind eingesetzten Panzerwagen würde vielleicht schon eine 5 cm Waffe genügen, die bei Verwendung extrem leichter Minengeschosse mit panzerbrechenden Hohlladungen vermutlich auch für kleinere Flugzeuge noch ohne Rückstoßaufhebung ausführbar wäre. Die Verwendung leichter Minengeschosse würde diese Waffe auch für den Einsatz gegen Großflugzeuge brauchbar machen, deren Zerstörung mit einem einzigen Treffer an beliebiger Stelle ebenfalls Geschosse dieser Größenordnung erfordern dürfte«.

Doch bevor eine entsprechende 5 cm Kanone verfügbar war, wurde eine andere Lösung gefunden. Auf Anregung des damaligen *Oberleutnants Hans-Ulrich Rudel,* konnte eine ältere, leichte Flugabwehrkanone so abgeändert werden, daß sie für den Gebrauch als Bordkanone zur Panzerbekämpfung aus der Luft geeignet war. Hierbei handelt es sich um eine Anfang der 30er Jahre von Rheinmetall entwickelte Kanone vom Kaliber 3,7 cm, die Ende 1933 in Truppenerbrobung ging und anschließend als Flak von der neuen deutschen Wehrmacht zur Ausrüstung der leichten Flugabwehrbatterien der Flakartillerie-Regimenter übernommen wurde. Die Truppe hatte mit dieser Kanone viele Schwierigkeiten, insbesondere mit dem Verschluß. Das veranlaßte die Führung schließlich, das Gerät 1936 durch die Flak 36 zu ersetzen. Die Abänderungen an der Flak 18, u. a. Modifizierung des Verschlusses, Verkürzung des Rohres und Ausstattung mit einer elektro-pneumatischen Abzugsvorrichtung, führten so zur Bordkanone BK 3,7, einem Rückstoßlader mit gleitendem Rohr und zentral verriegeltem Verschluß. Der Rückstoß bewirkte das Entriegeln durch Schleudern des Verschlusses, das Auswerfen der leeren Hülse, das Zuführen der neuen Patrone und das erneute Verriegeln. Die Munition wurde durch einen 6 Schuß fassenden Patronenrahmen zugeführt, die leeren Hülsen auf der entgegengesetzten Seite ausgeworfen. Die Kanone mußte grundsätzlich vor jedem Einsatz am Boden von Hand durchgeladen werden. Nach dem letzten Schuß wurde der Verschluß automatisch hinten gefangen, was ein Schauzeichen am Schußzähl-Kontrollkasten SZKK 2 signalisierte. Der Abzug erfolgte größtenteils über den B-Knopf am Knüppelgriff, bzw. -Horn, über EPA-FF. Das Richten geschah über Reflexvisier.

Im Sommer 1942 konnten die ersten beiden, zu

**Einbau der BK 3,7 als Rüstsatz R 3 in einen Hs-129 B-2 Panzerjäger. Oben links: Die unverkleidete Kanone ohne Rohr. Oben rechts: Anbringen der wannenförmigen Waffenverkleidung und unten: Die komplette Bordkanone unter dem Rumpf der Hs 129.**

3,7 cm B.K. abgeänderten Flak 18 Kanonen in Gondeln an der linken und rechten Tragflügel-Unterseite einer Ju 87 angebaut werden, und zwar so, daß sie starr nach vorn am Luftschraubenkreis vorbeischossen. Da während des Fluges keine Nachlademöglichkeit bestand, war der Munitionsvorrat, mit je zwei gekuppelten 6er-Rahmen, auf 12 Schuß pro Waffe begrenzt. Der Einbau und das Einfliegen der Maschine erfolgte in den Bernburger Junkers Werken und die Schußerprobung in Tarnewitz, wo schon bald ihre Truppenverwendungsfähigkeit erklärt werden konnte. *Oberst Rudel* schoß allein 519 sowjetische Panzer im Laufe des Krieges mit so ausgerüsteten Ju 87 G-2 Panzerjägern ab.

Etwa zur gleichen Zeit wie die Ju 87 wurde im Henschel Flugzeugwerk Berlin-Schönefeld der Panzerjäger Hs 129 B-2/R3[1]) mit einer zentral unter dem Rumpf gelagerten BK 3,7 ausgerüstet und im Winter 1942/43 in Tarnewitz erfolgreich erprobt. Die dann im Laufe des Jahres 1943 an die Panzerjägerstaffeln der Schlachtgeschwader ausgelieferten Maschinen wurden bald zu gefürchteten Gegnern der sowjetischen Panzertruppe.

Ein weiterer Einbau einer BK 3,7 erfolgte im Herbst 1942 unter dem Rumpf eines Tagzerstörers Bf 110 G. Dabei wurde die Waffe um 90 Grad verkantet installiert, so daß eine Nachladung vom Bordfunkersitz aus erfolgen konnte. Insgesamt wurden 12 Rahmen zu 6 Schuß an Bord mitgeführt. Justiert war die Kanone auf eine Entfernung von 800 und die vier M.G. 17 auf 500m. Die umfangreichen Änderungen und die Abdeckung der Kanone mit einer stoffbespannten Wanne beeinträchtigten aber die Flugeigenschaften und Leistungen so sehr, daß die ursprünglich zur Bekämpfung von viermotorigen Bomberverbänden vorgesehene Bf 110 G-2/R1 Zerstörer schließlich nur als Panzerjäger eingesetzt

---

[1]) mit 12 Schuß Magazin

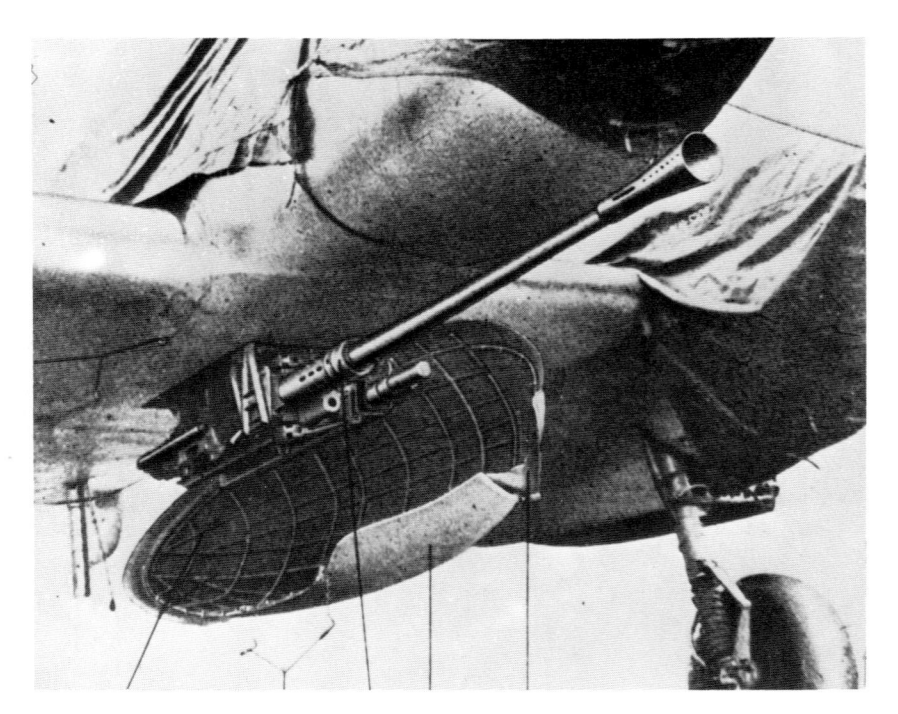

**Lafettierung der BK 3,7 im Zerstörer Bf 110 G-2.** Hier wurde die Kanone um 90 Grad verdreht eingebaut, so daß ein Nachladen der Waffe während des Fluges erfolgen konnte. **Oben:** Die eingebaute Kanone mit zur Seite geklappter Verkleidung. **Unten:** Die verkleidete Waffe.

wurden. Dennoch forderte im August 1943 das RLM als Sondermaßnahme zur Reichsverteidigung, daß »grundsätzlich alle Tagzerstörer 110 mit Flak 18 auszurüsten sind. Die Flak 18 Ausbringung daher zu steigern ist und zwar über das Zerstörerprogramm hinaus, zur Nachrüstung von 43 Aufklärern G-3 der Truppe sowie zur Nachrüstung von 107 Tagzerstörern G-2 der Truppe auf Flak 18. Die 43 Aufklärer der Truppe sind an erster Stelle umzurüsten usw...«.

Im Spätherbst 1943 wurden schließlich Ju 88 A-4 auf die Muster P-2 und P-3, durch den Einbau von zwei in einer Rumpfwanne nebeneinander lafettierten BK 3,7 Kanonen, abgeändert. Ursprünglich waren die so ausgerüsteten 10 Ju 88 P-2 Maschinen zur Bekämpfung viermotoriger Bomberverbände auf größere Entfernung vorgesehen, kamen aber nach erfolglosen Einsätzen gegen amerikanische Bomber, nicht zuletzt wegen mangelnder Flugleistungen in dieser Konfiguration, zum Panzerjagdeinsatz an die Ostfront. Auch die wenigen P-3 Maschinen, die sich lediglich durch stärkere Panzerung ihrer lebenswichtigen Teile von der P-2 unterschieden, flogen ausschließlich als Panzerjäger im Erprobungskommando Ju 88 (Pz.Jäg.) an der Ostfront.

Verschossen wurde mit der BK 3,7 anfangs eine 1,460 kg schwere Panzergranate mit einem 623 Gramm schweren Geschoß. Eine M.-Granate mit Zerleger wurde 1944 eingeführt und schließlich eine Panzergranate mit L'spur von 124,5 mm Länge und einem 240 Gramm schweren Hartkern-Geschoß, das bei einer Treibladung von 261 Gramm eine Vo von 1170 m/sek erreichte und Panzerstahl[1]) von 120 mm Stärke, bei einem Auftreffwinkel von 60 Grad, noch glatt durchschlug. Ein den Hartkern umgebener, Tordalmantel, verhinderte beim Aufschlag, durch Verformung des Leichtmetalls, ein Abrutschen des Geschosses.

Die technischen Daten der 3,7 cm B.K. waren:

| | |
|---|---|
| *Kaliber* | 3,7 cm |
| *Gewicht der Waffe* | 272 kg |
| *Länge mit Mündungsfeuerdämpfer* | 3626 mm |
| *Länge des Rohres* | 2112 mm |

[1]) Festigkeit 80 kg/mm²

**Panzerjäger Ju 88 P-3 mit zwei in einer Wanne unter dem Rumpf ausgerüsteten Bordkanonen BK 3,7.**

| | | |
|---|---|---|
| *Rohrgewicht (ohne Mündungsfeuerdämpfer)* | 66,8 kg | |
| *Schußfolge* | 140 Schuß/min[1] | |
| *Mündungsgeschwindigkeit* | 795 bis 860 m/sek | |
| *Mündungsleistung* | | |
| *Gewicht des Patronenrahmens leer* | 2,720 kg | |
| *Gewicht des Patronenrahmens mit 6 Schuß* | 12,500 kg | |
| *Einbauart* | starr: ungesteuert | |
| *Munition:* | 3,7 cm M-Gesch.Pat.L'spur m.Zerl. | Pzgr.L'spur |
| *Länge* | 368 mm | 365 mm |
| *Patronengewicht* | 1,415 kg | 1,460 kg |
| *Geschoßgewicht* | 0,550 kg | 0,623 kg |
| *Sprengstoff* | 0,090 kg | 0,096 kg Sondersprengstoff HTA |
| *Treibladung* | 0,222 kg | 0,218 kg |
| *Hülsengewicht* | 0,642 kg | 0,619 kg |
| *Vo* | 914 m/sek | |
| *Leuchtspurlänge* | 2000 m | |
| *Selbstzerlegung* | ab 2800 m | |

[1] (theoretisch), praktisch 80 Schuß/min

## Die Bordkanone 5 cm B.K.

Obwohl mit der BK 3,7 gute Abwehrerfolge bei der Panzerbekämpfung aus der Luft erzielt worden waren, blieben die ganz hohen Abschußzahlen nur einigen wenigen vorbehalten. Die Durchschlagsleistung dieser Kanone reichte zur erfolgreichen Bekämpfung der immer stärker werdenden Panzerungen sowjetischer Panzerkampfwagen nicht mehr aus. In der Planung des Luftwaffenführungsstabes Ia, der Panzerbekämpfung an der Ostfront im Winter 1943/44, vom 1. August 1943, hieß es dann auch im Schlußsatz zu den Ju 87 »Panzerjägern«: »In Anbetracht der gespannten Materiallage müssen die Staffeln[1] für den Winter 1943/44 als Übergangslösung erhalten bleiben.«

Weiter hieß es zu den Ju 88 »Panzerjägern«: »Die Beschleunigung der Erprobung und Ausbringung der Ju 88 Panzerjäger mit 7,5 oder 5 cm Pak ist von größter Bedeutung. Es muß unbedingt sichergestellt sein, daß wenigstens 2 Staffeln bis Oktober 1943 stehen.« Und ganz zum Schluß wurde als Bewaffnung für ein Panzerjägerflugzeug allgemein gefordert: »... starke Bewaffnung zur Panzerbekämpfung, mindestens 5 cm ...«

Eine ähnliche Forderung bestand von seiten der

[1] Es gab 2 Staffeln, je eine im St.G 1 und St.G. 2

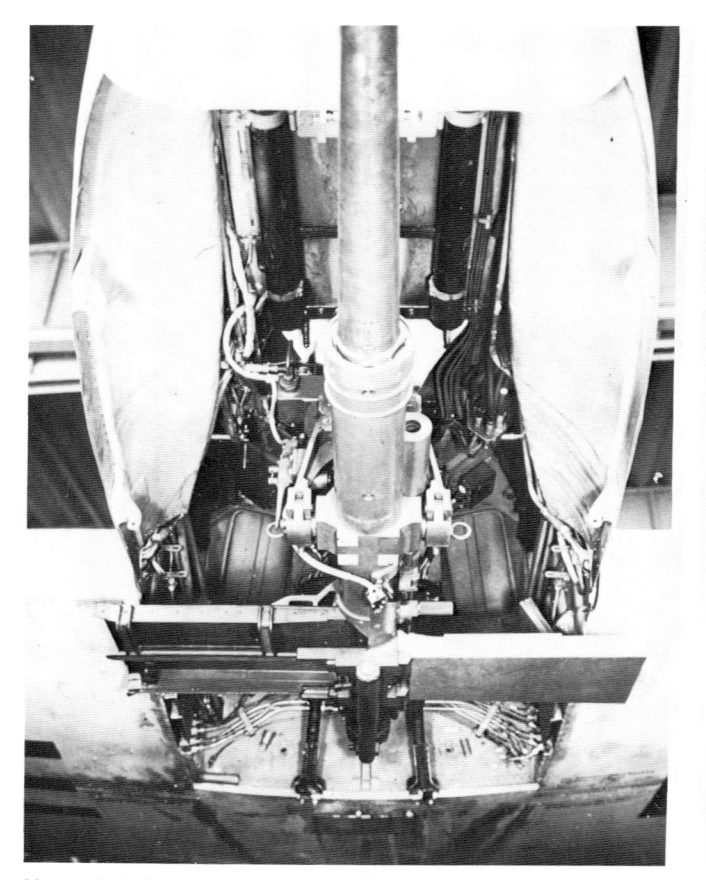

Versuchslafettierung einer BK 3,7 in eine Me 410 A-2 im April 1944, nach Ausbau der BK 5. Auch hier wurde die Kanone um 180 Grad gedreht. Dadurch war der Munitionsvorrat auf 12 Schuß begrenzt, weil ein Nachladen während des Fluges nicht möglich war. Links: Die unverkleidete Kanone in der Rumpfwanne der Me 410. Rechts: Die verkleidete Kanone.

allerhöchsten Führung. Zur wirkungsvollen Bekämpfung amerikanischer viermot.-Verbände sollten Me 410 Zerstörer der Reichsverteidigung mit einer 5 cm Bordkanone ausgerüstet werden. Man wollte das verlustreiche Einbrechen in den Abwehrriegel der Bomberpulks und das Herangehen auf wirksame Schußdistanz aus sicherer Entfernung mit der Kanone durchführen. Diese Maßnahme, noch von *Hitler* am 26. November 1943 mit Nachdruck befohlen, fand nicht die Zustimmung aller Jagdflieger, und *Gen.d.J. Galland* überwarf sich deswegen sogar mit seinem höchsten Vorgesetzten. Hierzu *Galland* wörtlich:[1] »Fliegen war mit diesem Ungetüm,

[1] Galland, Die Ersten und die Letzten S. 247

das an die 3 Meter weit aus dem Bug herausragte möglich, schießen auch, wenn auch meist nicht mehr als fünf Schuß bis zur hoffnungslosen Ladehemmung; sogar treffen konnte man, aber nicht auf 1000 oder 3000 Meter, sondern allenfalls bis zu einer Entfernung von 400 Metern. Darüber hinaus machte die Streuung alle Trefferchancen zunichte. Gewonnen war also nichts, die Schußfolge dagegen praktisch auf Einzelfeuer reduziert.

Grundsätzlich war etwas Richtiges an *Hitlers* Idee. Aber nicht die 5 cm Kanone, sondern die Raketensalve brachte später das, was ihm vorgeschwebt hatte«.

Die BK 5 war eine von Rheinmetall-Borsig aus der Kampfwagenkanone KWK 39 für die Flugzeuglafet-

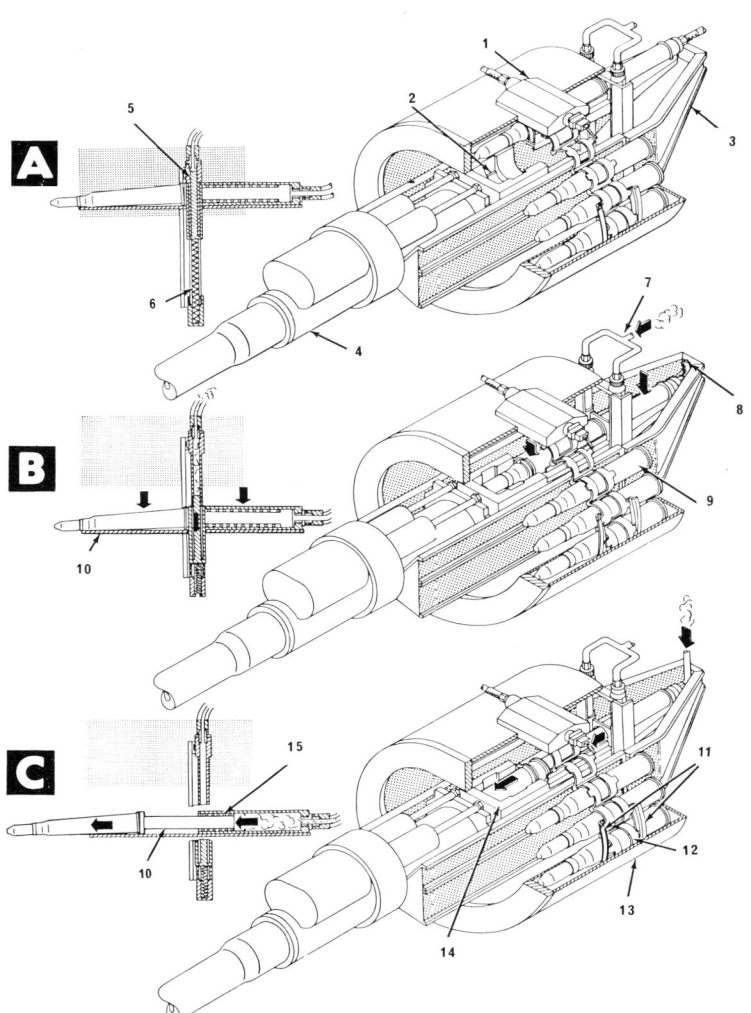

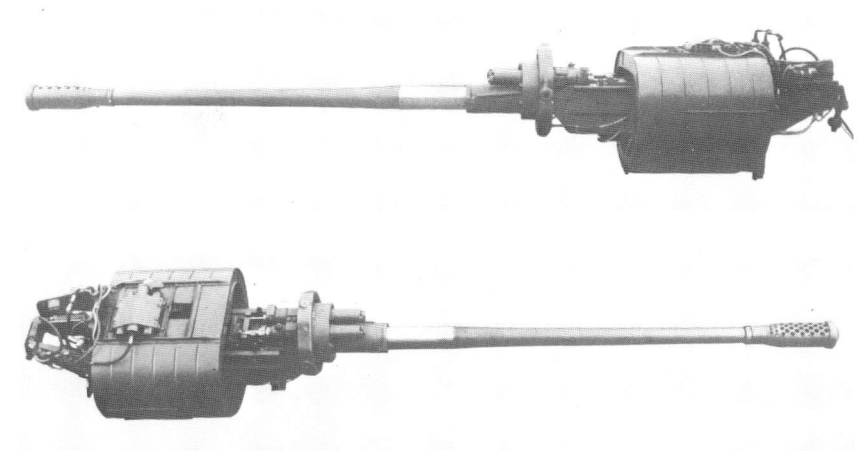

Die für die Flugzeuglafettierung aus der KWK 39 abgeänderte Bordkanone BK 5. Oben: Ansicht von links unten. Unten: Ansicht von rechts oben.

Teilansicht der Waffe auf das den Verschluß ringförmig umschließende 22 Schuß fassende Magazin.

**Arbeitsweise des automatischen Ladegeräts der BK 5**
1) Gurtschieber Gehäuse, 2) Verschluß, 3) Halterung des Magazins und der Zuführung, 4) Rohr, 5) Arbeitskolben für Ladetisch, 6) Ladetisch Rückholfeder, 7) Preßlufteintritt zur Betätigung des Ladetischs, 8) Preßlufteintritt zur Betätigung des Ladestocks, 9) Letzte Patrone, 10) Ladetisch, 11) Gurtführungsbahnen, 12) endloser Patronengurt, 13) fest. Magazin, das die Waffe ringförmig umschließt, 14) Gehäuse, 15) Ladestock Rückholfeder, 16) Ladestock

tierung abgeänderte automatische Bordkanone mit vertikal arbeitendem Gleitblockverschluß und langem Rohrrücklauf, bei der das Rohr, der Verschlußblock und der Rohrrücklauf ohne wesentliche Modifizierungen von der KWK 39 direkt übernommen wurden. Rohr und Patronenlager umschloß die Wiege, die gleichzeitig das Rohr beim Schuß führte. Für

**Prüfanweisung/
Wa u. Bildg.
Me 410 B**

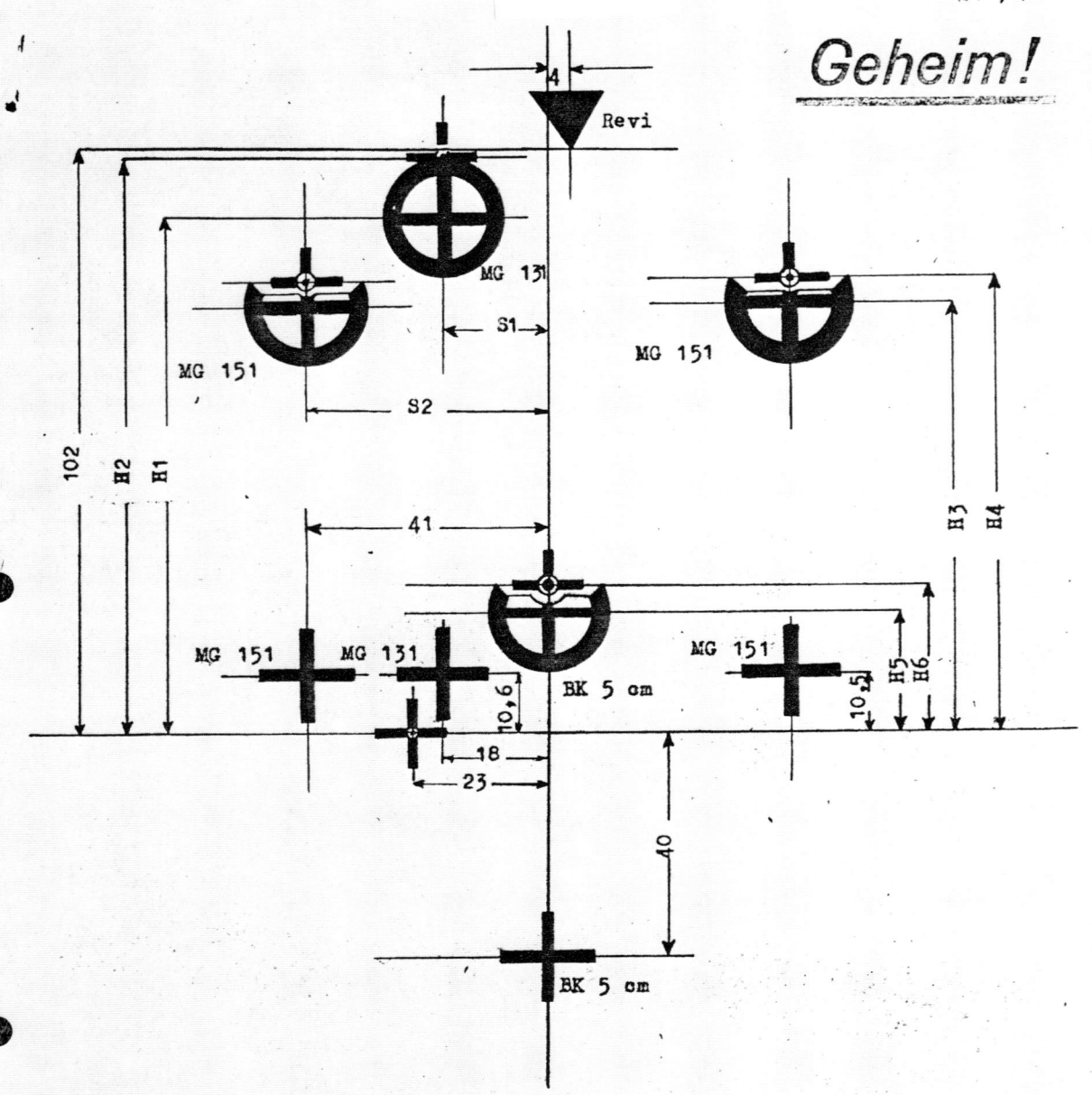

**Geheim!**

I.E/7

| Waffe: | Justierung: | Anschußmunition: |
|---|---|---|
| 1 MG 131 | Visierschuß 500 m parallel | 13 mm Spr.Gr.Patr.Üb. ohner Zerleger |
| 2 MG 151 | Visierschuß 700 m parallel | 15 mm Sprgr.Patr.Üb. |
| 1 BK 5 cm | Visierschuß 800 m parallel | 5 cm M-Geschoß |

Tafel der Anschußmaße in cm:

| Anschuß-entfernung | MG 131 | | | MG 151 | | | 5 cm B.K. | | | Bemerkung |
|---|---|---|---|---|---|---|---|---|---|---|
| | H1 | H2 | S1 | H3 | H4 | S2 | H5 | H6 | S3 | |
| 0 m | 10,6 | 10,6 | 18 | 10,5 | 10,5 | 41 | -40 | -40 | 0 | Einbaumaße |
| 50 m | 53,6 | 55,6 | 18 | 44 | 45 | 41 | - 9 | - 7 | 0 | |
| 100 m | 90,6 | 100,6 | 18 | 75 | 81 | 41 | +21 | +26 | 0 | ob.Beispiel |

Anschußscheibe für Me 410 B-2 mit B.K. 5 cm

Erprobungsstelle der Luftwaffe
Tarnewitz

die Kanone mußten ein automatisches Ladegerät und ein neues Magazin entwickelt werden, das den hinteren Waffenteil ringförmig umschloß und den endlosen, 22 Schuß fassenden Gurt aufnahm. Der Gurttransport, das Ausstoßen der Patronen aus dem Gurtglied auf den Ladetisch, die Abwärtsbewegung des Ladetisches bis auf Rohrebene sowie das Einführen der Patronen durch einen Ladestock in das Rohr, erfolgten durch ein von Ventilen gesteuertes Druckluftsystem. Ladestock und Ladetisch wurden durch Rückholfedern wieder in ihre Ausgangsposition geführt. Die Auslösung des Schusses erfolgte elektrisch durch einen Abfeuerungsmagneten. Die Rohrrücklaufbremse war hydraulisch. Die leeren Hülsen wurden nach hinten unten ausgeworfen. Das Nachladen des endlosen Gurtes erfolgte von Hand durch eine große abgedeckte Öffnung an der linken hinteren Seite des Magazins. Die Granaten konnten im Einzel- oder Dauerfeuer verschossen werden.

Die BK 5 verfeuerte Panzersprenggranatpatronen (5 cm Pzsprgr. Patr. L'spur, BK, o. Zerl.) zur Panzerbekämpfung, die auf 100 m Entfernung noch 65 mm Panzerstärken bei 60 Grad Auftreffwinkel durchschlugen, und Minengranaten für den Luftkampf, mit denen bei Bodenschußversuchen, durch einen einzigen Treffer, der Rumpf einer He 111 in zwei Hälften zerrissen wurde. Es gab verschiedene M.Gr. Ausführungen. Im Einsatz sind aus 800 m Entfernung mehrere viermot.-Bomber mit einem einzigen Treffer abgeschossen worden.

|  | Pzsprgr.Pat. o.Zerl. | M.Gr.L'spur o.Zerl. | LM.Gr. 1) m. ZZ1505 |
|---|---|---|---|
| Patronengewicht (kg) | 4,150 | 3,496 | 3,278 |
| Geschoßgewicht (kg) | 2,060 | 1,573 | 1,375 |
| Sprengstoff (kg) | 0,210 | 0,340 | 0,420 |
| Hülsengewicht (kg) | 1,093 | 1,093 | 1,093 |
| Treibladung (kg) | 0,830 | 0,830 | 0,810 |
| Patronenlänge (mm) | 557 | 606 | 606 |
| Geschoßlänge (mm) | 193 | 227 | 240 |
| Hülsenlänge (mm) | 407 | 419 | 419 |
| Vo (m/sek) | 835 | 920 | 910 |

| Flugbahn M.Gr. nach | Flugzeit | Fall der Flugbahn |
|---|---|---|
| 500 m | 0,59 sek | 1,62 m |
| 1000 m | 1,29 sek | 7,34 m |
| 1500 m | 2,14 sek | 18,90 m |
| 2000 m | 3,16 sek | 39,00 m |

1) LM.Gr. = Lange Minengranate

Die Schußwaffenanlagen der mit einer BK 5 ausgerüsteten Me 410 A-2/U4 bestanden aus 2 M.G. 17 mit je 1000 Schuß, 2 M.G. 151/20 mit je 350 Schuß, der BK 5 mit 21 Schuß und der FDSL mit 2 M.G. 131 mit je 450 Schuß. Die Anlagen der A-2/U4 unterschieden sich von denen der B-2/U4 durch Lafettierung eines M.G. 131 mit 400 Schuß anstelle der beiden M.G. 17. Die Abb. zeigt schwere Tagzerstörer Me 410 B-2/U4 mit BK 5 der II./ZG 26.

Der Mustereinbau einer BK 5 erfolgte Anfang August 1943 in der Lufthansa Werft Berlin-Staaken in die Rumpfwanne der Me 410 V2[1]), die anschließend zum Waffenprüfplatz Tarnewitz überflogen wurde. Die ersten beiden, mit BK 5 aufgerüsteten Me 410 A-1/U4, erhielt das in Wittmundhafen stationierte Erprobungskommando E-Kdo 25, unter seinem Kdo.-Führer *Hptm Eduard Tratt*. Diese Antibomber-Formation bestand aus zehn Bf 110 und einer Me 210 und flog ihre Haupteinsätze zwischen Juni und Dezember 1943. Die serienmäßig mit BK 5 ausgelieferten Me 410 A-2/U4[2]) gingen im März 1944 an die II./ZG 26 nach Hildesheim, deren Kommandeur ab September 1943 *Hptm Tratt* war. Es sollen ins-

---
[1]) ehemalige Me 210 A-0, Werk-Nr. 00023
[2]) Me 410 Rüstsatz 4 = BK 5 mit 21 Schuß, Mehrgew. 650 kg Geschwindigkeitsverlust zirka 15 km/h

**Lafettierung einer BK 5 in den ersten in Serie gebauten Strahltriebjäger der Welt, Me 262 A-1, auf dem Fliegerhorst Lechfeld bei Augsburg.**

gesamt 60 Maschinen in dieser Konfiguration ausgeliefert worden sein. Alle mit BK 5 ausgerüsteten Me 410 besaßen im Heckteil ein Trimmgewicht, dennoch konnte die Kopflastigkeit der Maschine nicht ganz beseitigt werden. Das Anvisieren des Zieles über die große Entfernung erfolgte mit dem 2,5fach vergrößernden Zielfernrohr ZFR 4a.

Im Spätherbst 1944 konnte der erste Einbau einer BK 5 in eine Ju 88 für die Panzerbekämpfung durchgeführt werden. Von dieser letzten Pz.Jäg.-Version, der Ju 88 P-4, wurden noch 32 Ju 88 A-4 Maschinen entsprechend umgebaut. Ein versuchsweiser Einsatz von P-4 Maschinen im Tag- und Nachtjagdeinsatz blieb ohne Erfolg, da die Maschinen einmal für Jagdeinsätze zu schwerfällig waren und zum anderen keine Funkmeßausrüstungen besaßen.

Die größte Vergewaltigung eines Jagdflugzeuges geschah aber durch den Einbau einer BK 5 in eine Me 262[1]) auf dem Lechfeld 1944. *Major Wilhelm Hergert* führte die Schußversuche aus der Luft auf eine 32 m lange Bodenscheibe durch. Dabei beschoß er das Ziel aus Höhen zwischen 1200 und 1500 m und erreichte zum Erstaunen aller, von 30 abgefeuerten Granaten, 26 Volltreffer. Wegen der starken Rauchentwicklung konnte während eines Anfluges immer nur ein Schuß abgefeuert werden. Die bereits vorbereitete Ausrüstung von zwei weiteren Maschinen wurde schließlich doch gestoppt. Vorgesehen waren Einbauten von BK 5 in den Ju 188 S-1/U und Ju 288 C Bombern. Auch sollen in Feldwerften an der Ostfront einige He 177 A-3 mit dieser Waffe zur Bekämpfung harter Bodenziele armiert worden sein.

Die technischen Daten der 5 cm B.K. waren:

| | |
|---|---|
| *Kaliber* | 5 cm |
| *Gewicht der Waffe* | 540 kg |
| *Länge der Waffe* | 4342 mm |
| *Länge des Rohres mit Mündungsfeuerdämpfer* | 3040 mm |
| *Gewicht des Rohres* | 245 kg |
| *Schußfolge* | 45 Schuß/min |
| *Mündungsgeschwindigkeit* | 920 m/sek |
| *Mündungsleistung* | 72,5 mt |
| *Einbauart* | starr: ungesteuert |

## Die Flugzeugmaschinenkanone M.K. 214 A[1]), Kaliber 5 cm

Die M.K. 214 A war eine von den Mauser Werken in Oberndorf durchgeführte Parallelentwicklung zur BK 5, mit einer wesentlich höheren Schußleistung. Das Projekt wurde unter Federführung von Direktor *E. Linder,* im Juli 1943, aufgrund eines RLM-Auftrages begonnen. Mauser griff als Ausgangsmuster, wie Rheinmetall-Borsig, auf die Kampfwagenkanone KWK 39/1[2]) zurück, übernahm das Rohr unverändert, modifizierte den vorhandenen Verschluß und entwickelte eine völlig neue automatische Ladevorrichtung. Die Patronen wurden der Waffe durch einen Zerfallgurt von der linken Seite her zugeführt. Bei vertikaler Zuführung reichte der Gurtzug für 8 und bei einer Zuführung unter einem

---
[1]) Me 262 A-1, Werk-Nr. 130083

[1]) A = stand bei Mauser in diesem Falle für Bordkanone
B = stand bei Mauser in diesem Falle für Flak
[2]) Vorgeschlagen von *Ing. Bruno Nitschke*

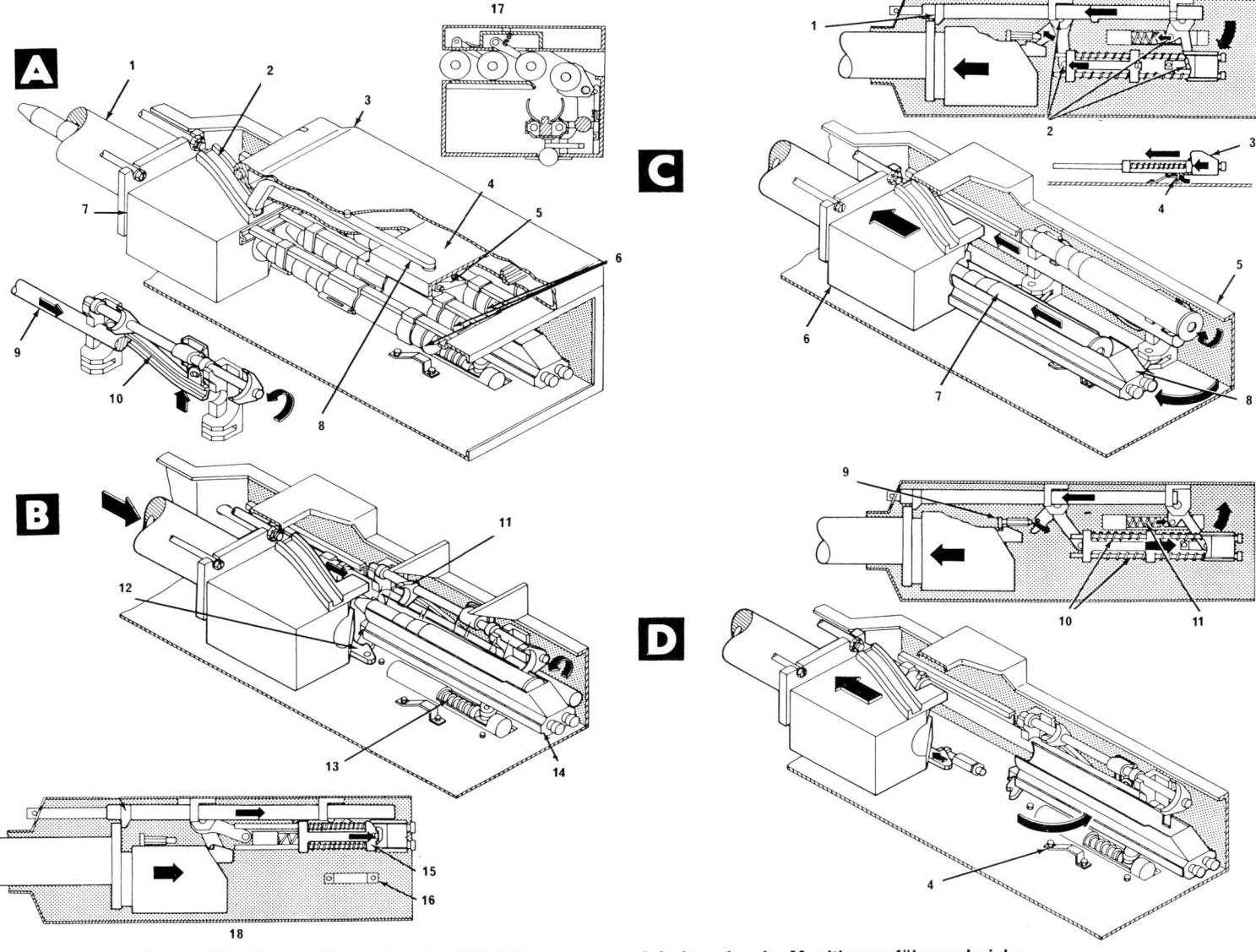

**Arbeitsweise der Munitionszuführung bei der M.K. 214**
1) Rohr, 2) Transporthebelführungsbahn, 3) Gehäuse,
4) Zubringer, 5) Zubringer Sperrlinke, 6) zugeführte Patrone,
7) Verschluß, 8) Transportschieberhebel, 9) Zuführungsantrieb,
10) Kurvenbahn zur Betätigung der Klauen, 11) Klaue legt
Patrone auf den Ladetisch, 12) Fangriegel, 13) Ladetisch
Rückholfeder, 14) Ladetisch 15) Zuführungsvorrichtung
gespannt, 16) Auslösung des Ladestocks, 17) Querschnitt durch
die Munitionszuführung, 18) Draufsicht (während des
Rückstoßes)

Erhebungswinkel von 30 Grad über der Rohrebene, für 20 Patronen aus. Die Patronen wurden nicht direkt vom Gurtglied aus in das Patronenlager ein-

**Arbeitsweise der Munitionszuführung bei der M.K. 214 (Fortsetzung)**
1) Zuführungsantrieb, 2) Ladetischdrehpunkte, 3) Patronen
Zubringer, 4) Ladetisch Auslösung, 5) Gehäuse, 6) Verschluß-
vorholer, 7) Einführen der Patrone, 8) Ladetisch, 9) Ladetisch
Freigabe, 10) Zubringer Federn, 11) Ladetisch Rückholfeder

geführt, sondern zuerst von einer Klaue erfaßt, die sie aus dem Gurtglied zog und auf den Ladetisch legte. Der Ladetisch bewegte sich darauf hinter dem vorlaufenden Rohr mit nach vorn, um in seiner vordersten Stellung die Patrone vom Ladetisch in das Patronenlager des Rohres einzuführen. Hatte die

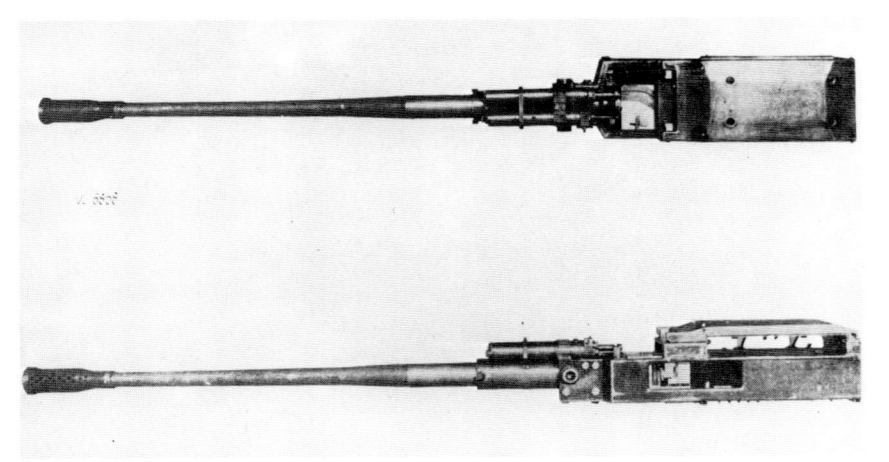

**Die 5 cm Bordkanone M.K. 214 A in den Ansichten von oben und von rechts.**

**Me 262 A-1a(V) mit M.K. 214 Ende März 1945 auf dem Fliegerhorst Lechfeld bei Augsburg.**

Patrone ihre richtige Lagerung erreicht, wurde durch den Auswerfer der geöffnete Keilverschluß freigegeben, der dann fest verriegelte, während der Ladetisch in seine Ruhestellung zurücklief. Erst jetzt konnte die Schußauslösung erfolgen, weil dazu zwei elektrische Kontakte, der erste durch die feste

**Die automatische Ladevorrichtung der M.K. 214 A von hinten gesehen, rechts im Bild der Ladetisch.**

Verriegelung des Verschlusses und der zweite durch den Ladetisch in seiner Ausgangsstellung, geschlossen sein mußten. Die Patrone wurde elektrisch gezündet, das Geschoß verließ den Lauf. Während des 230 bis 270 mm langen Rücklaufs des Rohres, der ganze 0,08 sek dauerte, öffnete der Auswerfer den Keilverschluß und warf die leere Hülse aus. Eine hydraulische Bremsvorrichtung fing die 2400 kg hohen Rückstoßkräfte auf. Die Vorwärtsbewegung des Rohres und die erneute Einleitung des Ladevorganges erfolgten pneumatisch.

Von Nachteil war, daß vor dem Start die Kanone manuell durchgeladen und eine Patrone in das Patronenlager des Rohres eingeführt werden mußte, was bedeutete, daß eine Waffenstörung, z. B. Ladehemmung, während des Fluges nicht behoben werden konnte.

Die ersten vier Versuchsmuster dieser Kanone wurden in Oberndorf zusammengebaut. Rohr, Verschlußblock und Mündungsbremse kamen von der Firma Garni in Frankfurt/Main. Weitere Teile fertigten die Metallwerke in Spaichingen. Erste Bodenschußversuche fanden am 28. Februar 1945 statt, woraufhin gegen Ende März die Kanone in Lechfeld in eine Me 262 A-1a(V) lafettiert werden konnte. Schußversuche mit dieser 262 sind aber nicht mehr durchgeführt worden. Das ganze Projekt wurde schließlich eingestellt und die wenigen vorhande-

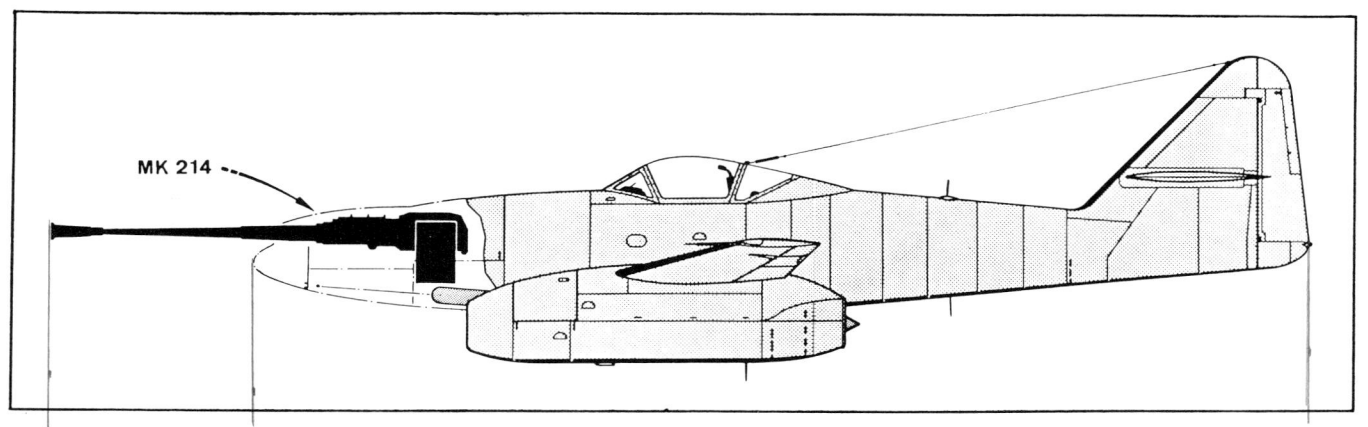

**Schematische Darstellung des Einbaus der M.K. 214 Bordkanone in Me 262 A-1a(V)**

nen M.K. 214 A in das bereits angelaufene Entwicklungsprogramm M.K. 214 B, einer 55 mm Flugabwehrkanone überführt, das später auch wieder eingestellt wurde.

Die technischen Daten der M.K. 214 waren:

| | |
|---|---|
| *Kaliber* | 5 cm |
| *Gewicht der Waffe* | 490 kg |
| *ohne Durchladevorrichtung* | |
| *Länge der Waffe* | etwa 4160 mm |
| *Länge des Rohres* | 2825 mm |
| *Gewicht des Rohres* | 201 kg |
| *Einbaugewicht bei* | |
| *bei Buglafettierung* | 718 kg |
| *Schußfolge* | 150 Schuß/min |
| *Mündungsgeschwindigkeit* | 920 bis 930 m/sek |
| *Mündungsleistung* | 66 mt |
| *Zerfallgurtteilung* | 95 mm |
| *verschoß Geschoßgewicht* | 3,850 kg/sek |
| *verschoß Sprengstoff* | 0,675 kg/sek |
| *Leistungszahl* | 4,5 PS/kg |
| *Einbauart* | starr: ungesteuert |

| *Munition: 5 cm M-Geschoß m. L'spur* | |
|---|---|
| *Patronenlänge* | 607,5 mm |
| *Patronengewicht* | 3,800 kg |
| *Geschoßgewicht* | 1,540 kg |
| *Sprengstoff* | 0,270 kg |
| *Treibladung* | 0,920 kg |
| *Hülsengewicht* | 1,340 kg |
| *Vo* | 920 m/sek |
| *Geschoßlänge* | 230 mm |
| *Hülsenlänge* | 425 mm |

## Die Pak 40 L und die Bordkanone 7,5 cm B.K.

Obwohl Bewaffnungsversuche, ein normales 8,8 Flak-Rohr unter einer He 177 zur Schiffszielbekämpfung einzusetzen, fehlschlugen, und man schon vorher bei der Montage eines solchen Rohres unter einer Ju 52 feststellen mußte, daß die Lafettierung derart großkalibriger Kanonen in Flugzeugzellen Probleme mit sich brachte, wurde für die Panzerbekämpfung aus der Luft mit Nachdruck die Umrüstung geeigneter Flugzeuge mit einer Panzerabwehrkanone gefordert, deren Kaliber groß genug war, um mit einem Volltreffer einen schweren feindlichen Panzer außer Gefecht setzen zu können. Von den vorhandenen Panzerabwehrkanonen des Heeres wählte man die sich an der Ostfront hervorragend bewährte 7,5 cm Pak 40 L von Rheinmetall-Borsig aus, die in einer kurz- und einer langrohrigen Ausführung hergestellt wurde. Die langrohrige Pak 40 L war auf Spreizlafette montiert, wog 1439 kg, ihre Rohrlänge betrug 3920 mm, und sie verschoß die 11,9 kg schwere Panzergranate 39, deren 6,8 kg schweres Geschoß bei einer Vo 825 m/sek auf 1000 m Entfernung Panzerstahl von 95 mm durchschlug. Eine solche Kanone änderte man für den Flugzeugbau entsprechend ab, und montierte sie im Sommer 1942 in eine 3,62 m lange und 71 cm tiefe Wanne an der Rumpfunterseite einer umgebau-

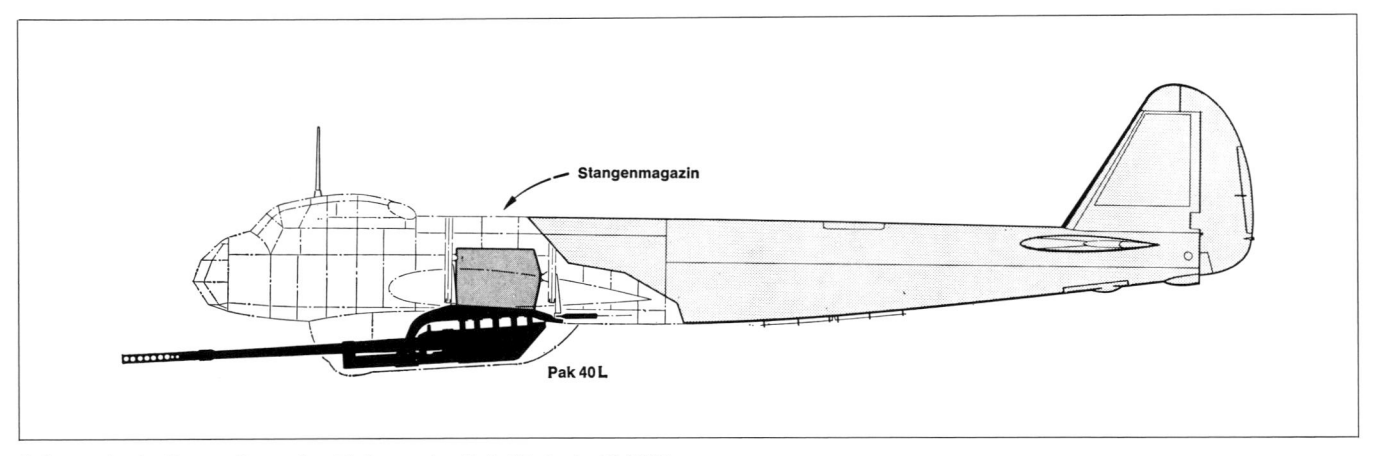

**Schematische Darstellung des Einbaus der Pak 40L in Ju 88 P V1.**

ten Ju 88 A-4, und zwar so, daß das Rohr um 4 Grad gegen die Flugzeuglängsachse geneigt und die ganze Waffe um 160 mm aus der Rumpfmitte nach links versetzt war. Die Zuführung der Munition erfolgte über ein 9schüssiges Stangenmagazin, das von oben nachgeladen werden konnte, und zur Minderung der hohen Rückstoßkräfte sowie des Mündungsfeuers hatte man die Kanone mit einer 1225 mm langen Mündungsbremse (Stutzenbremse V 13) ausgerüstet.

**Dreiseitenansicht der BK 7,5 (Pak 40 L) mit Mündungsbremse V 13.**

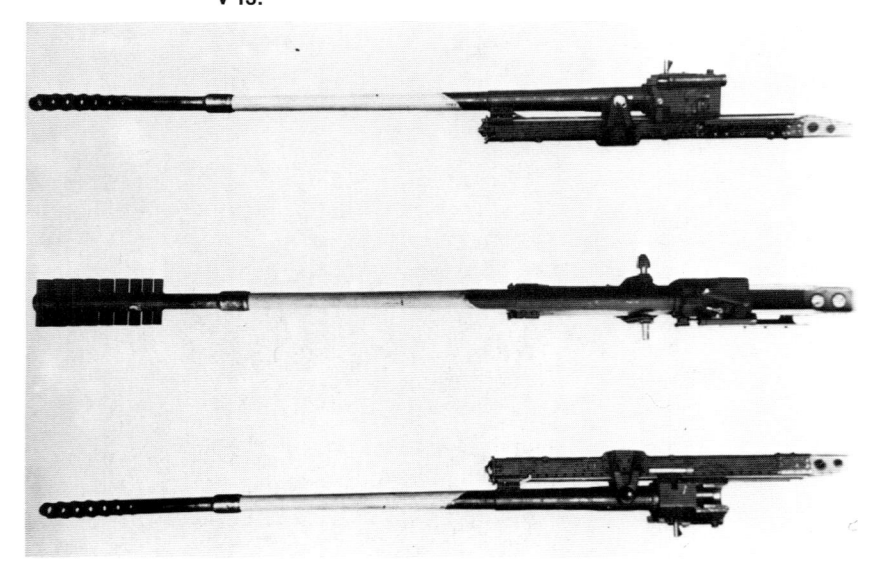

Die Schußerprobungen mit dieser Ju 88 P V1 fanden zunächst in Bernburg und später in Rechlin statt. Erst mit einer neuen Mündungsbremse (verlängerte Siebbremse V 37) konnten befriedigende Ergebnisse erzielt werden, insbesondere traten keine Blattrisse mehr auf, woraufhin bei Junkers 1943 einige Ju 88 A-4 zu Ju 88 P-1 Panzerjagdflugzeugen mit einer verbesserten Pak 40 L, der Bordkanone BK 7,5, umgebaut wurden. Außer der einen Ju 88 P V1 sollen in Feldwerften von der Truppe einige He 177 mit der Pak 40 L ausgerüstet worden sein.

Die BK 7,5 war die schwerste von der Luftwaffe zur Panzerbekämpfung aus der Luft eingesetzte Bordkanone, die nach umfangreichen Voruntersuchungen und Erprobungen mit der Pak 40 L, in die Panzerjäger Ju 88 P-1 und Hs 129 B-3/Wa eingebaut wurde. Ausgangswaffe war, wie schon erwähnt, die Pak 40 L, mit unwesentlich abgeändertem Geschützrohr und Rücklaufeinrichtung. Darüber hinaus erhielt sie eine elektrische Abfeuerungs- und eine elektro-pneumatische Ladevorrichtung. An der Rohrmündung war eine überdimensionale, 1200 mm lange Mündungsbremse angeordnet, die den Rückstoß und das Mündungsfeuer mindern sollten. Die Munitionszuführung erfolgte über ein 12 Schuß fassendes Trommelmagazin. Die erste Granatpatrone mußte am Boden von Hand in das Patronenlager des Rohres eingeführt werden. Es konnten Einzel- und Dauerfeuer geschossen werden. Nach

**Ju 88 P V1 bei Standschußversuchen mit Pak 40 L, hier noch mit der Stutzenbremse V 13.**

**Einbau der Pak 40 L in Ju 88 P V1. Über dem geöffneten Verschluß (unten) befand sich ein 9schüssiges Stangenmagazin, in welchem die Granat-Patronen übereinander angeordnet waren.**

**Bruchgelandete Ju 88 P mit Pak 40 L.**

dem Abschuß lief das Rohr 900 mm zurück, wobei sich der Verschluß öffnete und die leere Hülse ins Freie auswarf. Danach wurde eine neue Patrone vom Magazin automatisch auf den Ladetisch bereitgelegt, der sich dann durch eine besondere Führung, zusammen mit dem Rohr, nach vorn bewegte. In der vordersten Stellung übernahm ein Ladegerät das Einführen der Patrone in das Rohr.

Um die BK 7,5 an der Front im Panzerbekämpfungseinsatz erproben zu können, wurde Ende 1943 ein Erprobungskommando Ju 88 (Pz.Jäg.) aufgestellt, und in einigen wenigen Ju 88 P-1 Panzerjägern die Kanone eingebaut. *Hitler* hatte nämlich die Freigabe weiterer 7,5 cm Pak, ohne deren endgültigen Bewährung im Flugzeug, abgelehnt. Im Gegensatz zur Ju 88 P V1 besaßen die anderen P-1 Ausführungen keine Rumpfbugverglasung, dafür mußte aber der gesamte vordere Rumpfboden, wegen der hohen Mündungsleistung der Kanone, gepanzert werden. Der Gasdruck wurde zur Seite abgeleitet. Zur besseren Funktionstüchtigkeit, besonders bei extremer Kälte, wurde die Rücklaufeinrichtung elektrisch

**Ju 88 P mit Pak 40 L und neuer verlängerter Siebbremse V 37.**

**Ju 88 P-1 mit Waffenanlage BK 7,5 in der endgültigen Konfiguration.**

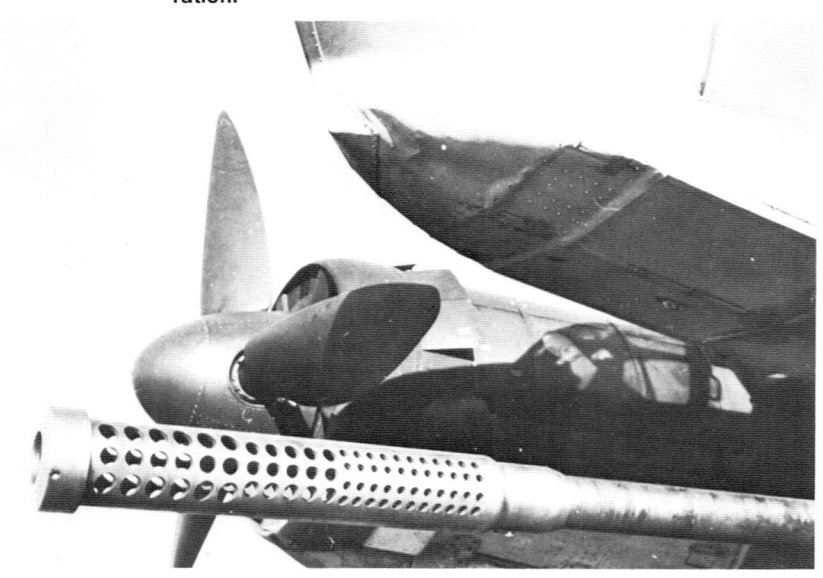

beheizt. Der Ladevorgang mußte durch den Bordschützen manuell unterstützt werden. Die Kanone war auf 650 m justiert, und die Visierung erfolgte mit dem Revi C/12 D. In Notlagen konnte die komplette Waffengondel abgesprengt werden.

Zur Lafettierung der BK 7,5 in die Henschel Hs 129 Schlachtflugzeuge wurde im Mai 1944 eine Maschine[1] mit einer hölzernen Kanonen-Attrappe nach Travemünde geflogen, wo Messungen zur Feststellung von Gierbewegungen in zahlreichen Bahnneigungsflügen durchgeführt wurden. Nach Auswertung dieser Versuche bekamen im Juli 1944 die ersten drei Maschinen die Waffe eingebaut und gingen damit im August zur Waffenerprobung über Tarnewitz an die Ostfront. Erst danach lief der serienmäßige Einbau der BK 7,5 in die Hs 129 B-3[2] Panzerjäger in Berlin-Johannisthal bei Henschel an. Außer der Kanone besaßen diese Maschinen noch zwei starr eingebaute M.G. 17. Die Justierung der Waffen mußte hier aus Platzmangel durch ein Hallenfenster erfolgen, wozu das jeweilige Flugzeug in der Halle in Fluglage aufgebockt war, während die Justierscheibe am Platzrand stand. Von Johannisthal wurden die fertigen Panzerjäger nach Diepensee zum Einschießen und von dort an die 10. und 14. Panzerjägerstaffeln des SG 9 ausgeliefert wo sie mit großem Erfolg gegen die schweren »Josef Stalin«-Panzer eingesetzt werden konnten. Das brachte diesen Kanonenflugzeugen den Spitznamen »Büchsenöffner« ein.

Die BK 7,5 verfeuerte für die Panzerbekämpfung die Panzergranatpatrone 7,5 cm Pzgr.Patr. 39 L'spur Pak 40 o.Zerl. und zur Bekämpfung allgemeiner Bodenziele die Sprenggranatpatrone 7,5 cm Spr.Gr. Patr. 34 Pak 40 o.Zerl. Die Panzergranatpatrone soll auf 1000 m Entfernung bei einem Auftreffwinkel von 90 Grad 130 mm, und bei einem Auftreffwinkel von 30 Grad 95 mm, Panzerung durchschlagen haben.

Insgesamt sollen nicht mehr als 30 BK 7,5 hergestellt worden sein.

Die technischen Daten der 7,5 cm B.K. waren:

---

[1] Hs 129 B-2 Werk-Nr. 141258
[2] Die Werk-Nr. 162033, 162034 und 162035

**Panzerjäger Hs 129 B-3/Wa mit BK 7,5.** Oben: Die verkleidete Waffe unter dem Rumpf des Henschel-Panzerjägers.
Unten: Die unverkleidete Waffe.

| | |
|---|---|
| Kaliber | 7,5 cm |
| Gewicht der Waffe | 705 kg |
| Länge der Waffe | 6105 mm |
| Länge des Rohres | 3920 mm |
| Gewicht des Rohres | 450 kg |
| Schußfolge | 30 Schuß/min |
| Mündungsgeschwindigkeit | 705 m/sek |
| Mündungsleistung | 185 mt |
| Einbauart | starr: ungesteuert |

Munition: 7,5 cm Pzgr.Patr.39 L'spur Pak 40 o.Zerl.
Patronengewicht 11,9 kg

| | |
|---|---|
| Geschoßgewicht | 6,8 kg |
| Sprengstoff | 0,020 kg |
| Treibladung | 2,450 kg |
| Hülsengewicht | 2,650 kg |
| Patronenlänge | 728,6 mm |
| Geschoßlänge | 281,8 mm |
| Hülsenlänge | 969,2 mm |
| Vo | 705 m/sek |

## Die Flugzeugmaschinenkanone M.K. 112, Kaliber 5,5 cm

Ungefähr zur gleichen Zeit, als die M.K. 108 in Dienst gestellt wurde, konnten die Befürworter der großkalibrigen Bordwaffen das RLM dahingehend bewegen, eine Ausschreibung zur Entwicklung einer Maschinenkanone mit einem Kaliber von 5,5 cm an die Waffenindustrie zu vergeben. Die Spezifikationen waren folgende: Kaliber 5,5 cm, Mündungsgeschwindigkeit 600 m/sek, Waffengewicht maximal 300 kg, Geschoßgewicht 1,5 kg, Treibladung 0,4 kg, Kadenz 300 Schuß/min, Material hauptsächlich aus Preßteilen, elektrische Zündung und Einbaumöglichkeit starr ungesteuert im Rumpfbug, oder als Motorkanone.

Rheinmetall-Borsig nahm die Ausschreibung an

**Zeichnerische Darstellung der 5,5 cm Bordkanone M.K. 112 auf dem Prüfstand**

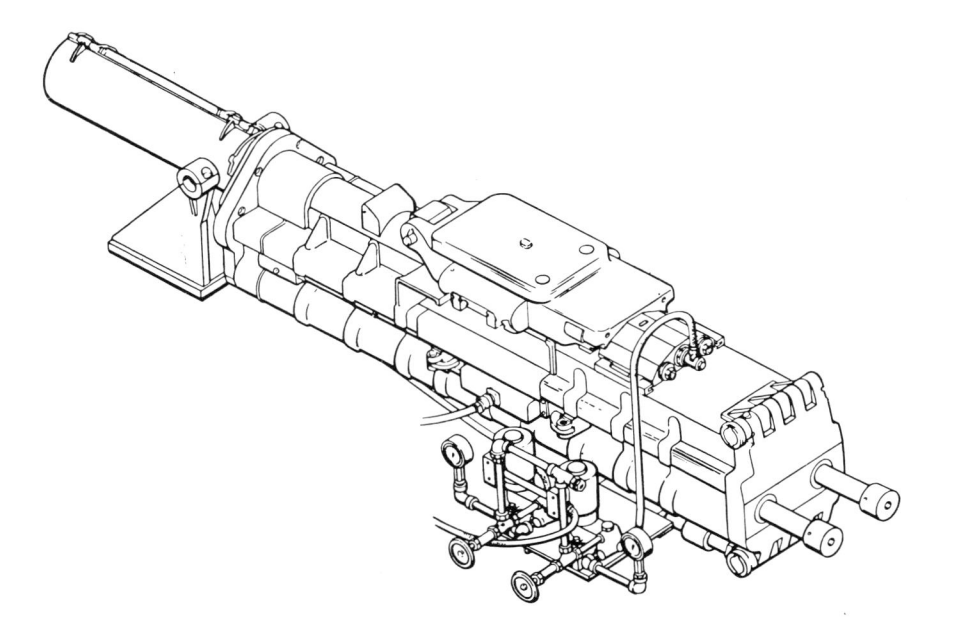

**Flugzeugmaschinenkanone M.K. 112. Die Abb. zeigt die 5,5 cm Kanone auf dem Teststand.**

**Originalskizze aus C.I.O.S.-Bericht**

und entwickelte die entsprechende Waffe als M.K. 112. Diese war praktisch nichts anderes als eine vergrößerte M.K. 108, ein Rückstoßlader mit unverriegeltem Masseverschluß. Der Vorgang in der Waffe beim Schuß unterschied sich in keiner Weise von dem in der M.K. 108, nur waren die auftretenden Kräfte wesentlich höher. Der Rückstoß betrug 6,2 to, die durch ein Pufferfedersystem und nicht zuletzt durch die Vorlaufzündung – bei dieser Waffe wurde die Granatpatrone 60 mm vor der Endstellung elektrisch gezündet – aufgefangen wurden.

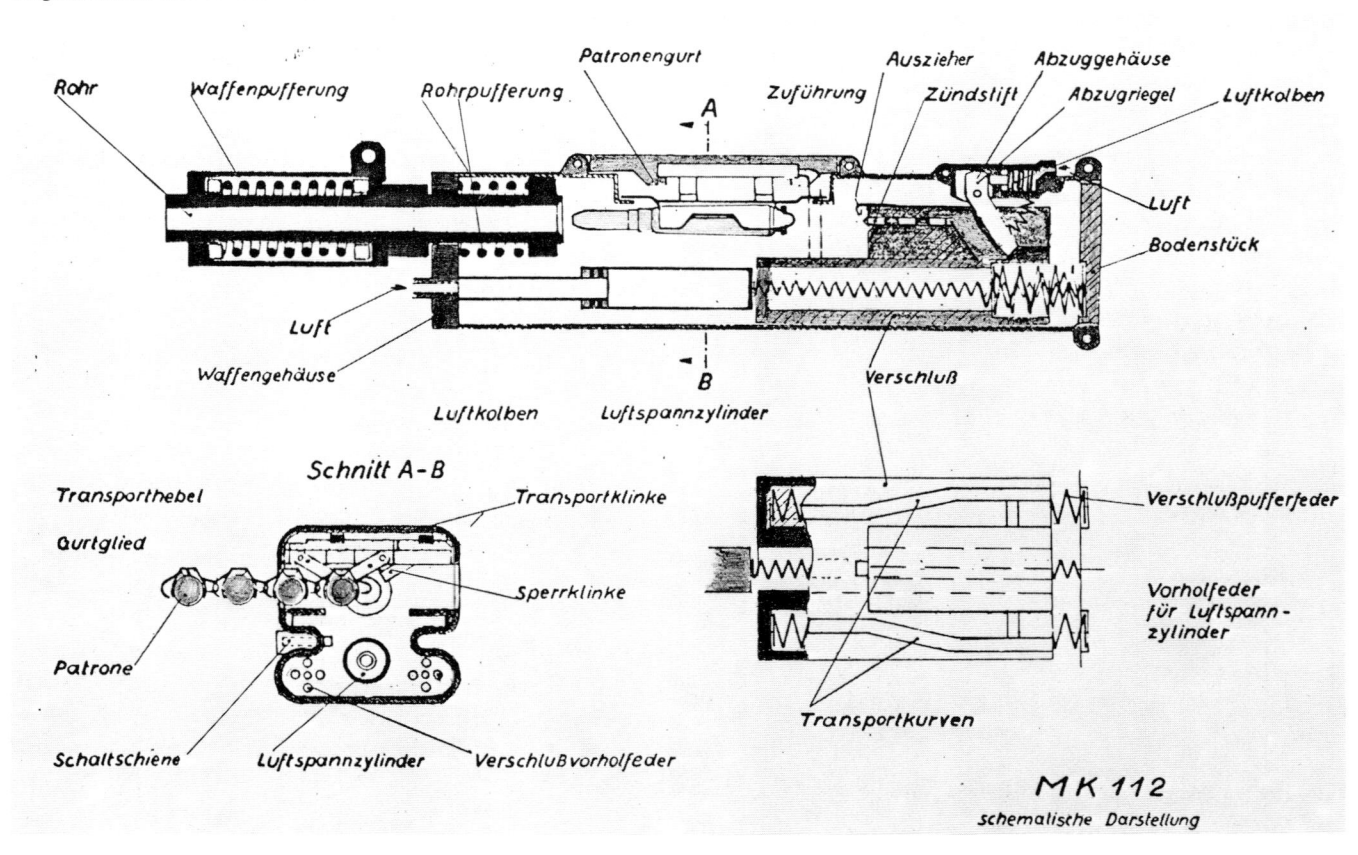

In der ersten Entwicklungsphase hatte man zehn Kanonen für die Schußversuche hergestellt. Fünf weitere Muster waren in ihrer Fertigung so weit fortgeschritten, daß die bei den Versuchen festgestellten Mängel und erforderlichen Verbesserungen schon in diesen Waffen berücksichtigt werden konnten. Sieben der ersten zehn Kanonen wogen tatsächlich nicht mehr als 300 kg, und bei den restlichen drei Kanonen konnte durch Verwendung anderen Materials das Gewicht um 25 kg je Waffe reduziert werden. Die Schußversuche fanden unter den härtesten Bedingungen statt. Dabei wurden die Waffen Temperaturschwankungen von −15 bis +70 Grad Cel. ausgesetzt, und das Material mußte Kältegraden bis zu 50 Grad unter Null standhalten. Im allgemeinen wurden Feuerstöße von 5 bis 20 Schüssen abgefeuert, und bei einem Dauerfunktionstest konnten mit einer Waffe 1300 Schuß verschossen werden. Bei all diesen Versuchen stellte man die verschiedensten Mängel fest. Insbesondere bereitete die pneumatische Munitionszuführung bei Steigerung der Kadenz auf 360 Schuß/min große Schwierigkeiten, und es war keine Seltenheit, daß dabei der Gurt riß. Darüber hinaus arbeitete die elektrische Zündung nicht ganz fehlerfrei, was sich bei steigenden Kältegraden noch merklich verschlechterte. Eine Weiterentwicklung erhielt die Bezeichnung M.K. 412[1]).

Als erste Maßnahme ersetzte man die pneumatische durch eine hydraulische Ladeeinrichtung und legte die Kadenz, durch ein Verschlußgewicht von 60 kg, auf 300 Schuß/min fest. Flugzeugeinbauten konnten nicht mehr durchgeführt werden. Vorgesehen waren Montagen von zwei Kanonen mit je 25 Schuß, bei einem Gesamteinbaugewicht von 780 kg, in den Bug der Me 262. Ferner sollten zwei Kanonen mit je 50 Schuß, bei einem Einbaugewicht von 930 kg, einmal unter den Rumpf der Arado Ar 234 und zum anderen unter den Tragflächen der Do 335 montiert werden.

Die Daten der M.K. 112 waren folgende:

| | |
|---|---|
| Kaliber | 5,5 cm |
| Gewicht der Waffe | 275 kg |
| Länge der Waffe | 2000 mm |
| Gewicht des Rohres | 40 kg |
| Länge des Rohres | 1050 mm |
| Schußfolge | 300 Schuß/min |
| Mündungsgeschwindigkeit | 600 m/sek |
| Mündungsleistung | 29,7 mt |
| Gurtgewicht mit 50 Patronen | 149 kg |
| Einbauart | starr: ungesteuert |

[1]) Projekt: Einbaumöglichkeiten wurden in Verbindung mit dem Doppelmotor DB 613 untersucht

| Flugbahn | | |
|---|---|---|
| M.Gr. nach | Flugzeit | Fall der Flugbahn |
| 500 m | 0,93 sek | 4,00 m |
| 1000 m | 2,08 sek | 18,80 m |
| 1500 m | 3,48 sek | 50,00 m |

## Die Flugzeugmaschinenwaffen M.G.213C/M.K.213C, Kaliber 20 bzw. 30 mm

Gegen Ende des Jahres 1942 forderte die Luftwaffe eine 20 mm Flugzeugkanone mit der ungewöhnlichen hohen Kadenz von 1000 Schuß/min und einer Mündungsgeschwindigkeit von 1000 m/sek. Damit stellte sie die Waffenindustrie vor eine fast unlösbare Aufgabe, denn zur Schaffung einer solchen Hochleistungswaffe mußten vollkommen neue Wege beschritten werden. Eine Steigerung der Schußleistung bei den drei gebräuchlichsten Maschinenwaffensystemen, ließ sich mit den herkömmlichen Mitteln kaum mehr erreichen. Vor allem mußten die gleitenden Waffenteile auf ein Minimum reduziert und deren Wege so kurz wie möglich gehalten werden, denn wirkten sich die Fliehkräfte im engen Kurvenkampf auf die Geschoßbahnen schon nachteilig aus, so verursachten sie außerdem fast permanente Ladehemmungen und andere Funktionsstörungen in diesen extremen Luftkampf-Flugzuständen.

Das RLM vergab den Auftrag an die Heinrich Krieghoff Waffenfabrik in Suhl, wo im Laufe der Jahre eine Reihe beachtenswerter 20 und 30 mm Experimental-Bordwaffen entstanden waren, die teilweise einen völlig neuen Verschlußmechanismus besaßen. Da aber die Kapazität der Firma, die ja hauptsächlich Sportwaffen herstellte, nicht ausreichte, um eine solche Waffe in der geforderten Zeit zu entwickeln, gab das RLM den Auftrag an die Mauser-Werke nach Oberndorf weiter. Hier entstand daraufhin unter der Leitung von *Dipl.-Ing. E. Linder* ein 20 mm Gasdrucklader, bei dem durch eine

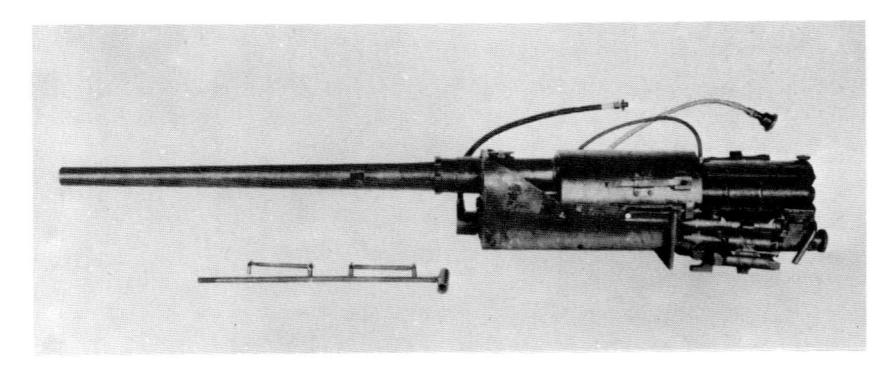

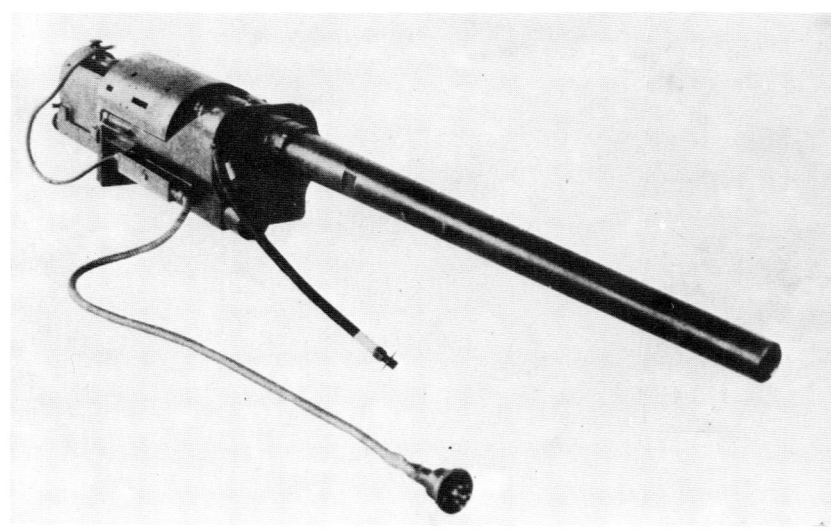

**Die revolutionärste Flugzeugkanone des Zweiten Weltkriegs, die 3 cm Revolverkanone M.K. 213 C, in den Ansichten von links, schräg gegen die Flugrichtung und schräg von hinten links.**

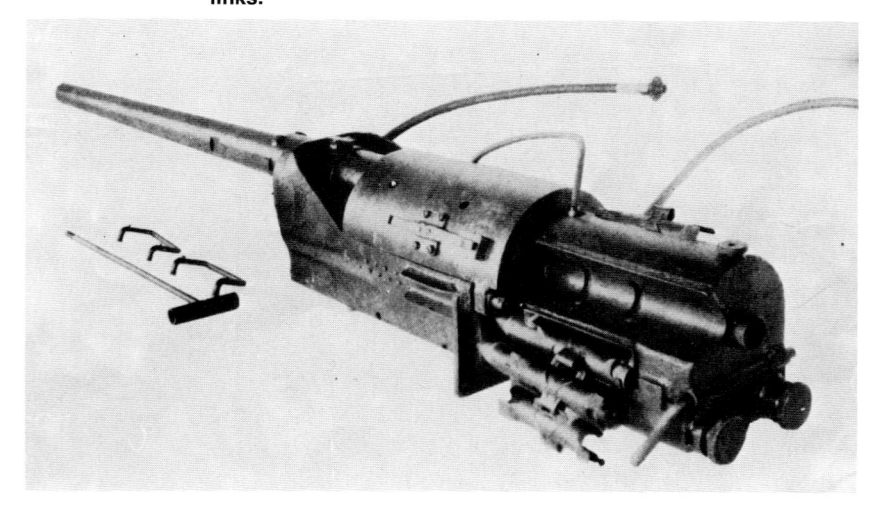

sinnvolle Hebelkonstruktion zwischen dem Gaskolben und dem Zuführer die hohe Kadenz von 1100 Schuß in der Minute erreicht werden konnte. Allerdings erwies sich die Konstruktion als zu störanfällig, so daß das Projekt im Frühjahr 1943 wieder aufgegeben wurde. Mauser bezeichnete diese Entwicklung als M.G. 213 A.

Bald nach dem Scheitern dieses Projektes legte *Anton Politzer*, ebenfalls Entwicklungsingenieur der Firma Mauser, eine völlig neuartige Waffenkonstruktion vor, die unter der Bezeichnung M.G. 213 C einmal die gesamte Waffentechnik revolutionieren sollte, obwohl das Prinzip in seiner primitivsten Form schon von den Nürnberger Büchsenmachern, in der Mitte des 16. Jahrhunderts, bei ihren »Drehlingen« angewandt wurde. *Politzer* baute anstelle des hin- und herlaufenden Verschlusses mit den teilweise recht komplizierten Verriegelungssystemen, eine Trommel mit fünf Patronenlagerkammern ein, trennte auf diese Weise das Rohr von dem Patronenlager und ermöglichte eine Aufteilung der Ladevorgänge. Dadurch reduzierte er die gleitenden und beweglichen Teile auf ein Minimum, so daß Funktionsstörungen selbst unter höchsten g-Belastungen nicht mehr auftreten konnten, und die Kadenz sich gegenüber herkömmlichen Systemen mehr als verdoppelte. Die mathematischen Berechnungen und physikalisch-technischen Untersuchungen der Waffe führte *Dr. Karl Maier* durch. Zu Anfang lief die Entwicklung unter der Bezeichnung M.G. 216, die schließlich in M.G. 213 C umgewandelt wurde.

Wie die Ausgangswaffe, das M.G. 213 A, war das M.G. 213 C ein Gasdrucklader, bei dem der Gaskolben, anstatt einen schweren Verschlußblock zu bewegen, lediglich über einen längsbeweglichen, federnd gelagerten Schieber, die Zuführung der Patronen in zwei Arbeitsgängen und die Trommeldrehung steuerte. Während die abschußbereite Patrone sich in der 12-Uhr-Stellung (bei Draufsicht auf die Trommel von hinten) mit dem Rohr in einer Linie befand, wurde bei einer Gurtzuführung von links eine neue Patrone von den zwei Förstersternen in der 7-Uhr-Stellung aufgenommen. In der Kammer war in der 5-Uhr-Stellung eine Patrone zur Hälfte,

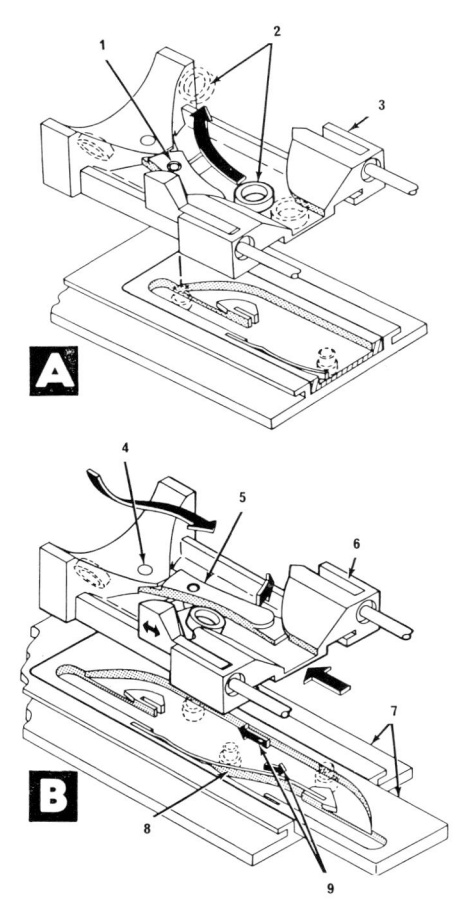

**Bewegungsvorgang beim Drehen der Zuführungstrommel**
1) Steuerarm des Zubringers, 2) Trommelführungsrollen,
3) Schlitten, 4) Schwenkarmdrehpunkt, 5) Steuerarm, 6) Schlitten wird durch einen Gaskolben bewegt, 7) Gehäuse, 8) verstellbare Schiene für Links- oder Rechtsdrehung der Trommel, 9) Bahn des Zubringers am Steuerarm

**Gasabschluß zwischen Rohr und Trommel M.G./M.K. 213 C**
1) Gehäuse, 2) Zuführungstrommel, 3) Rohr,
4) Durch den Gasdruck nach vorn gedrückte Büchse, die den Raum zwischen der Trommel und dem Rohr abschließt,
5) Kolben, 6) teilweise eingeführte Patrone

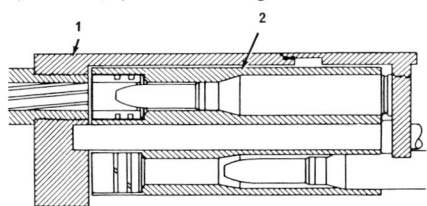

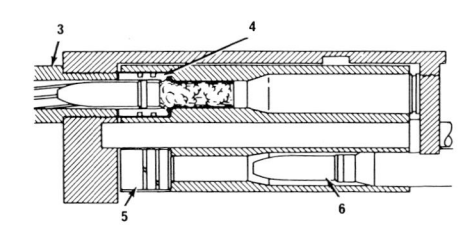

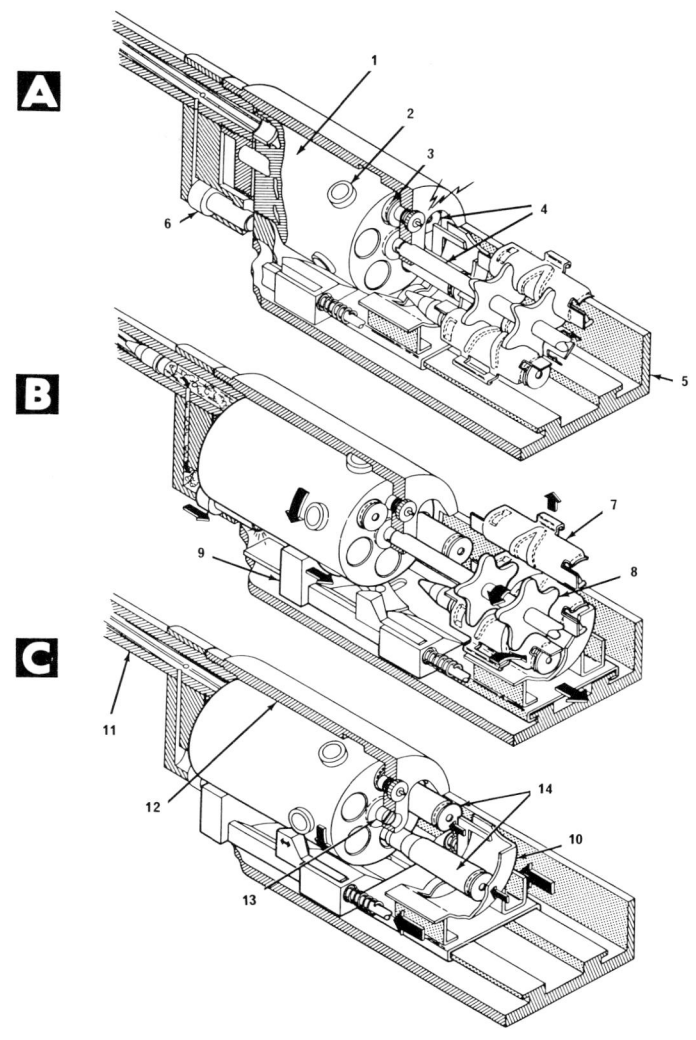

**Arbeitsweise der als Gasdrucklader arbeitenden Trommelkanone M.G./M.K. 213 C**
1) Zuführungstrommel, 2) Trommelführungsrollen, 3) Patrone abfeuerbereit, 4) zum Teil eingeführte Patronen, 5) Gehäuse, 6) Kolben, 7) Gurt (Zerfallgurt), 8) Förderstern,
9) Trommelschlitten, 10) Zuführungsvorrichtung, 11) Rohr,
12) Trommelgehäuse, 13) Trommelachse

und in der Kammer in der 2-Uhr-Stellung war eine Patrone voll eingeführt. Der Auswurf der leeren Patronenhülse erfolgte aus der Kammer in der 10-Uhr-Stellung. Nach dem Abfeuern steuerte der mit dem Gaskolben verbundene Schieber den gesamten Mechanismus, d. h. er bewegte die Zuführungstrommel um eine Kammer weiter. Dabei er-

183

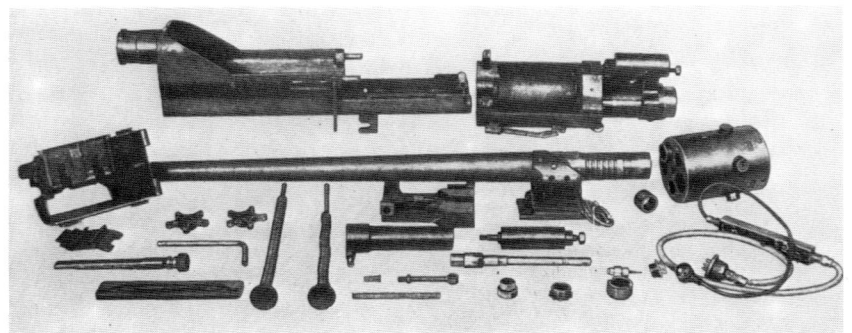

**Die zerlegte Maschinenwaffe M.K. 213 C. Oben: Rohr und Gehäuse. Unten: Die komplette Waffe in ihre 30 Hauptteile zerlegt.**

folgte das Auswerfen der leeren Hülse sowie die erneute volle und halbe Patronenzuführung und der Auswurf des Zerfallgurtgliedes.

Die Anwendung des Revolver-Prinzips erforderte einen vollkommenen Gasabschluß zwischen Trommel und dem Rohr. Dieser Spielraum wurde durch gleitende Verkleidungsbuchsen abgedichtet, die im vorderen Teil der Kammern angeordnet waren und beim Schuß durch den Gasdruck nach vorn gegen das Rohrende gepreßt wurden. Anfangs waren die Stirnflächen dieser Buchsen noch konisch ausgeführt, es zeigte sich aber, daß auch ebene Stirnflächen einen sicheren Gasabschluß gewährleisteten. Die Rückstoßkraft des M.G. 213 C nach dem Schuß betrug 1,2 t, wobei das Rohr mit Gehäuse und Trommel sich maximal um 15 mm nach rückwärts bewegte. Die Munition wurde durch einen Zerfallgurt zugeführt, und den Gurttransport übernahmen zwei hinter der Trommel angeordnete Fördersterne. Trommel und Fördersterne hatten eine gemeinsame Achse und drehten synchron. Durch Wechseln einiger Bauteile konnte je nach Bedarf die Munition von links oder rechts zugeführt werden. Zur Steigerung der ballistischen Leistung und zur Erhöhung der Lebensdauer der Rohre, war ein Progressivdrall vorgesehen, bei welchem der Anfangsdrall von Null-Grad die ersten 50 mm konstant blieb und sich dann bis zur Rohrmündung von 0 Grad auf 9 Grad 30 Minuten erhöhte. Eine Steigerung der Vo, wie sie sonst nur mit konischen Rohren erzielt wurden, gelang durch eine entsprechende Oberflächenbehandlung des Rohrinneren mit einem Sandstrahlgebläse. Schußversuche ergaben, daß 250 Schuß Dauerfeuer ohne Überhitzung des Rohres abgefeuert werden konnten, dieser Wert sollte auf 360 Schuß gesteigert werden. Die Waffe wurde elektro-pneumatisch betätigt, und die Zündung der Patrone erfolgte elektrisch, dadurch konnte mit der Waffe gesteuert durch den Luftschraubenkreis geschossen werden. Mit wenigen Handgriffen, und lediglich durch Austauschen des Rohres und der Zuführungstrommel, konnte das 20 mm M.G. 213 C in eine 30 mm M.K. 213 C umgewandelt werden.

Vom M.G. 213 C wurden anfangs fünf Prototypen hergestellt. Anschließend erteilte das RLM einen Auftrag für zehn weitere Modelle, die die firmeninterne Bezeichnung V 6/1 bis 10 erhielten. Nach Angaben des Direktors *Otto-Helmuth von Loßnitzer*, befanden sich bei Kriegsende die einzelnen Waffen an folgenden Orten:

| | |
|---|---|
| V 6/1 (20 mm) | wurde bei Schußversuchen in |
| V 6/2 (30 mm) | Oberndorf zerstört; |
| | V 6/2 (30 mm) befand sich bei der Waffenerprobungsstelle Tarnewitz und wurde dort als erste von vier Kanonen in eine Bf 110 lafettiert. Vorgesehen waren zwei M.G. 213 C mit 100 bis 120 Schuß pro Waffe und zwei M.K. 213 C mit 60 bis 100 Schuß pro Waffe; |
| V 6/3 (20 mm) | befand sich in Tarnewitz, wurde aber wegen Funktionsstörun- |

| | |
|---|---|
| | gen zurück nach Oberndorf zum Versand gebracht und ging zwischen Berlin und Stuttgart verloren; |
| V 6/4 (30 mm) | befand sich im Messerschmitt Zweigwerk Oberammergau zur Montagevorbereitung in eine Me 262. Vorgesehen war ein Kanonenpack mit vier M.K. 213 C; |
| V 6/5 (20 mm) | befand sich in Oberndorf und war noch im Stadium der Fertigung. Sie soll später nach Frankreich gekommen sein; |
| V 6/6 (30 mm) | befand sich in Tarnewitz zur Erprobung; |
| V 6/7 (20 mm) | befand sich bei den Deutschen Waffen- und Munitionsfabriken (DWM) in Lübeck; |
| V 6/8 | befand sich in dem aus 29 Waggons bestehenden Sonderzug der Mauser-Werke, mit dem 203 Waffenspezialisten der Firma, mit den neuesten Waffenentwicklungen und der wichtigsten Dokumentation, von Oberndorf evakuiert wurden. Der Zug fiel den US-Truppen in der Nähe von Innsbruck in die Hände; |
| V 6/9 | war nur teilmontiert, da sie durch Feuer nach einem Bombenangriff auf das Mauser-Werk Oberndorf beschädigt worden war; |
| V 6/10 | wie V 6/9. Die Waffe sollte in eine Do 335 montiert werden. |

Das RLM hatte noch einen Fertigungsauftrag von 100 Kanonen erteilt, von denen aber infolge der Kriegsereignisse keine einzige Waffe mehr fertiggestellt werden konnte.

Die technischen Daten der beiden M.G./M.K. 213 C waren:

| | M.G. 213 C 20 mm | M.K. 213 C 30 mm |
|---|---|---|
| Kaliber | 20 mm | 3 cm |
| Gewicht der Waffe | 75 | 75 kg |
| Montagegewicht | 92,8–95,8 | 92,8–95,8 kg |
| Länge der Waffe | 1930 | 1630 mm |
| Länge des Rohres | 1600 | 1300 mm |
| Schußfolge | 1200–1400 | 1100–1200 Schuß/Min |
| Mündungsgeschwindigkeit | 1050 | 530 m/sek |
| Mündungsleistung | 6,3 | 4,8 mt |
| Zerfallgurtteilung | 47 | 47 mm |
| Leergurtglied | 0,065 | 0,104 kg |
| Zerfallgurt 100 Glieder (leer) | 6,5 | 10,4 kg |
| Zerfallgurt mit 100 M.Gr. | 39,5 | 60,5 kg |
| verschoß Geschosse pro Sek. | 21 | 19 |
| verschoß Geschoßgewicht | 2,426 | 6,325 kg/sek |
| verschoß Sprengstoffgew. | 0,541 | 1,725 kg/sek |
| Leistungszahl | 22 | 16 PS/kg |
| Einbauart | starr: ungesteuert gesteuert | starr: ungesteuert gesteuert |
| Munition: M.Gr. | | |
| Geschoßgewicht | 0,112 | 0,330 kg |
| Patronengewicht | 0,330 | 0,500 kg |
| Sprengstoffgewicht | 0,024 | 0,090 kg |
| Treibladungsgewicht | 0,056 | 0,029 kg |
| Hülsengewicht | 0,162 | 0,141 kg |
| Patronenlänge | 200 | 200 mm |
| Geschoßlänge | 84 | 84 mm |
| Hülsenlänge | 146 | 146 mm |

Die Mauser-Revolverkanonen M.G./M.K. 213 C waren so fortschrittliche und richtungsweisende Waffenkonstruktionen, daß sie in Ländern mit einer leistungsfähigen Waffenindustrie fast bis ins kleinste Detail nachgebaut wurden. In den USA war es die M-39, in der Schweiz waren es die beiden 206 RK und 302 RK von Oerlikon, in Großbritannien war es die Aden, in Frankreich die D.E.F.A. 552 und in der Sowjetunion die NR 30 Kanone, die zu diesen Nachbauten zählten.

# Sonder-Geräte Entwicklungen im Zweiten Weltkrieg

Durch die sich steigernden Einflüge anglo-amerikanischer Bomberverbände in das Reichsgebiet, mit ihrer starken Abwehrbewaffnung und durch ihr Fliegen in sehr engen und geschlossenen Formationen, bei denen sich benachbarte Bomber bei der Abwehr unterstützten und den angreifenden Jägern eine unüberwindliche, geballte Feuerkraft entgegenstellten, wurde die Luftwaffe in zunehmendem Maße gezwungen, durch zahlreiche Experimente die optimale Jagdflugzeugbewaffnung zu finden, und außerdem neue Angriffstaktiken zu erproben. So wurden eine Reihe von Sonder-Geräten entwickelt, die, obwohl in einigen Flugzeugen montiert, über das experimentelle Stadium nicht hinauskamen. Recht vielversprechend waren die Sonder-Geräte-Entwicklungen S.G. 116 bis S.G. 119.

## Das S.G. 116 »Zellendusche«, Kaliber 3 cm

war eine rückstoßfreie, starre Vertikalbordwaffe, bei der bis zu sechs M.K. 103 Rohre als Einzellader in verschiedenen Montageformen hinter dem Flugzeugführersitz in Jagdflugzeugen montiert, und durch einen Fotozellenfühler automatisch beim Unterfliegen eines Bombers ausgelöst werden sollten. Rheinmetall-Borsig übernahm die Herstellung des Gerätes. Dabei wurde das M.K. 103 Rohr leicht abgeändert, und an seinem hinteren Ende ein Verschlußstück aufgeschraubt, das die Treibladung, das Gegengewicht und die elektrische Zündeinrichtung aufnahm. Das elektro-optische Schußauslösegerät war eine Entwicklung der Luftfahrtfor-

**Originalskizze aus C.I.O.S.-Bericht**

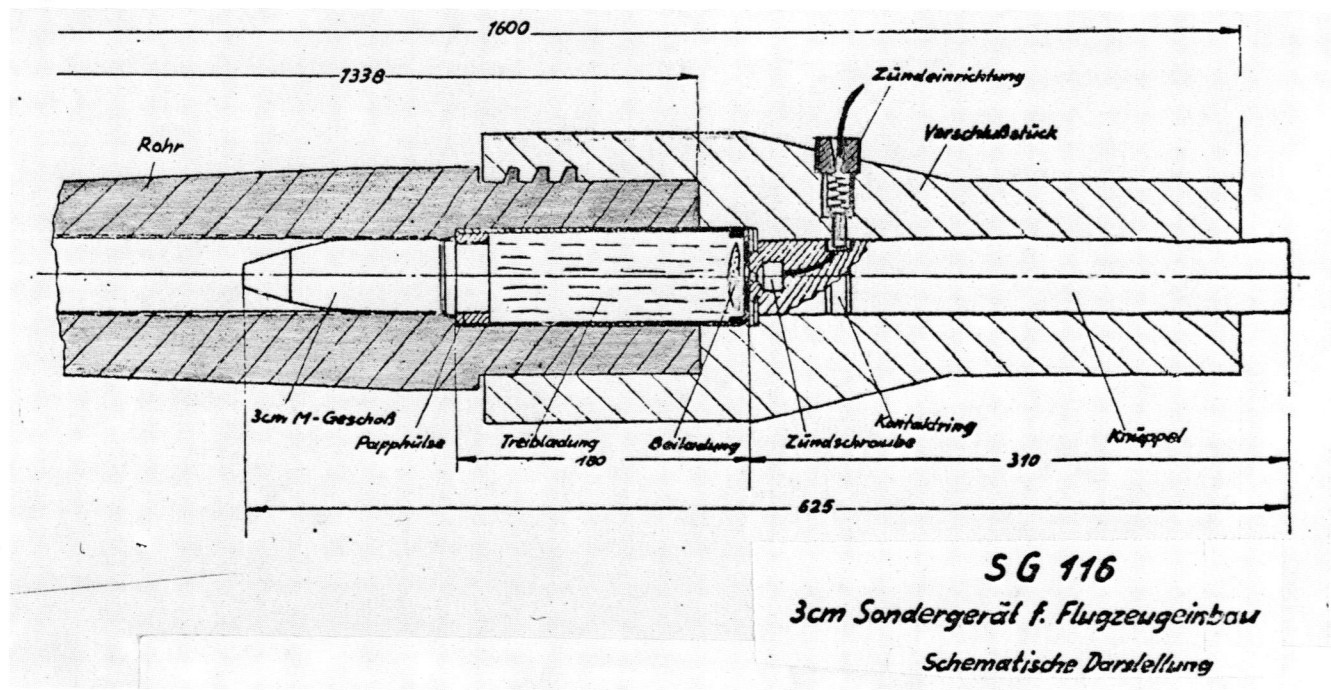

schungsanstalt Braunschweig-Völkenrode. Als Photozellen wurden zunächst Preßler-Spezial und später einige von AEG, dem Projekt »Uhr« entliehene Fühler, verwendet. Die Montage der Einzelrohre konnte beliebig variiert werden, entweder zu 3 Stück hintereinander, bzw. im Dreieck, oder zu 4 bzw. 6 Stück in rhombischer Form zusammengefaßt mit einer kleinen Spreizung bis zu 2 Grad. Drei S.G. 116 Einzelgeräte kamen bei ca. 40 Fw 190 F-8 (SG 116) in der linken Rumpfseite, unmittelbar hinter der Kabinenabdeckung, zum Einbau. Der Zellenfühler war im linken hinteren, nicht verglasten Teil der Kabinenhaube angeordnet. Das vordere Rohr war in einem Erhebungswinkel von 74 Grad von der Flugzeuglängsachse, das mittlere um 73 Grad und das hintere um 72,5 Grad nach oben/hinten gerichtet. Das Ziel sollte in einem Abstand zwischen 50 und 100 m unterflogen werden, damit die Fotozelle auf den Bomberschatten sicherer ansprechen konnte. Die drei Schüsse wurden durch das Schußauslösegerät in Zeitabständen von $3/100$ sek abgefeuert. Die 40, mit je drei S.G. 116 ausgerüsteten Fw 190 F-8, kamen etwa um die Mitte des Jahres 1944 zum Erprobungskommando 25, dem späteren JG 10, zur Truppenerprobung.

## Das S.G. 117 »Rohrblock«, Kaliber 3 cm

Originalskizze aus C.I.O.S.-Bericht

war eine Bordwaffe für vertikales Salvenfeuer. Rheinmetall-Borsig hatte sieben Rohre einer M.K. 108 als Einzellader in einem Rohrblock zusammengeschweißt und das Ganze am hinteren Ende durch ein 5 mm starkes Stahlband verstärkt. Die Räume zwischen den einzelnen Rohren waren mit einer Betonmischung vergossen. Eine 20 mm starke Platte mit sieben federnd gelagerten Zündstiften schloß den Block nach unten ab. Zwei solcher Rohrblöcke wurden in Führungsrohren hintereinander in Rumpfmitte einer Fw 190 so montiert, daß die Schußrichtungen in einem Erhebungswinkel von 85 Grad von der Flugzeuglängsachse nach oben/hinten gerichtet waren. Der erste Schuß wurde elektro-optisch über Fotozelle automatisch beim Unterfliegen eines Bombers ausgelöst. Dabei scherte der Rückstoß einen den ganzen Rohrblock haltenden Stift ab, worauf der Rohrblock sich nach unten hin bewegte. Nun erhielt das zweite Rohr Kontakt über die Kontaktschiene, wodurch der Schuß in diesem Rohr ausgelöst wurde. Der Rückstoß wiederum verstärkte die Bewegung des Rohrblocks nach unten, es wurde über Gleitkontakt und Kontaktschiene das dritte Rohr ausgelöst, und so

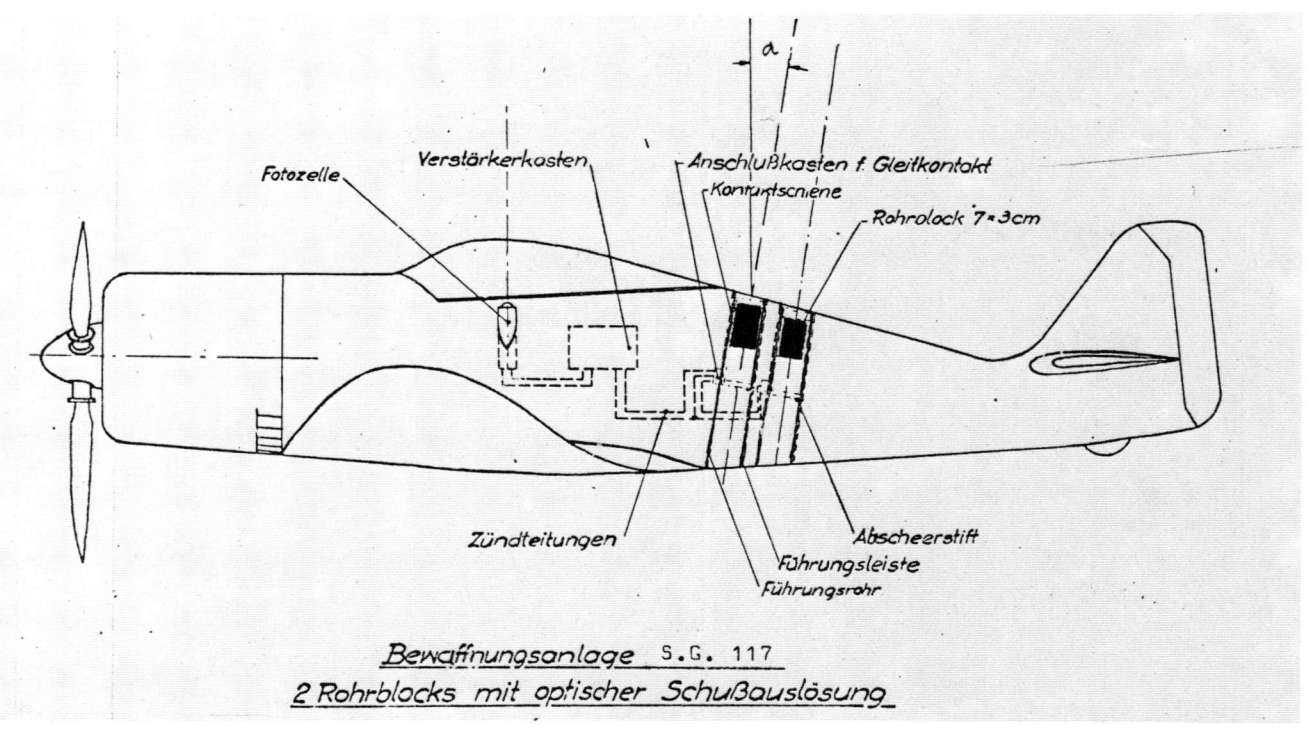

**Originalskizze aus C.I.O.S.-Bericht**

**Prinzipskizze der Rohrblocktrommel S.G. 118** 1) Montagescheiben, 2) Schleifkontakte, 3) Doppelfederhülse
**(Originalskizzen aus C.I.O.S.-Bericht)**

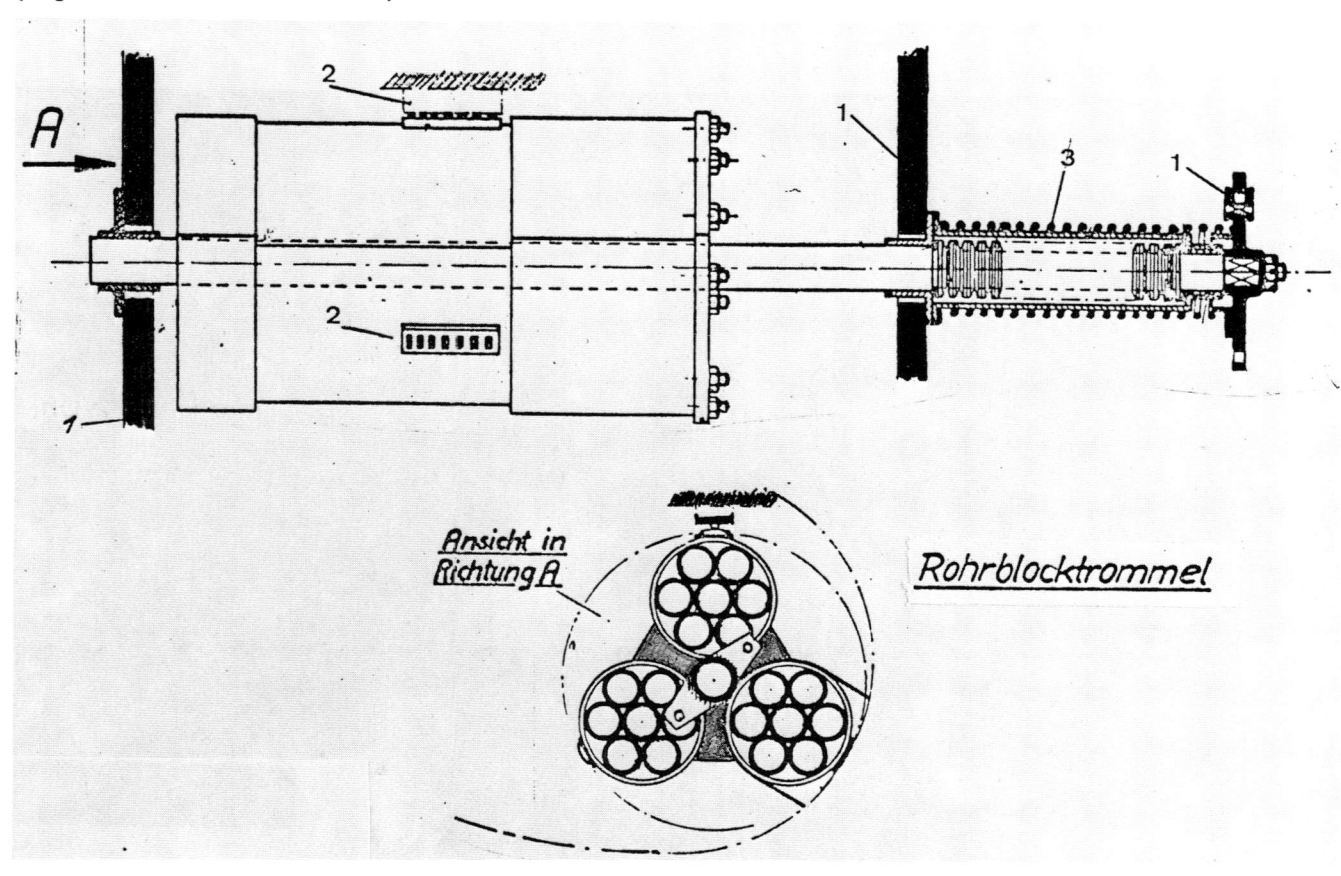

ging die Einzelschußauslösung bis zum siebenten Rohr in Abständen von 3 bis 4 Millisekunden weiter, was einem Geschoßabstand von 3 bis 4 m und einer (theoretischen) Schußfolge von 10000 Schuß in der Minute entsprach. Der siebente Rückstoß leitete dann die erste Zündung des zweiten Rohrblocks ein, wobei der erste verschossene ganze Rohrblock aus dem Führungsrohr nach unten ins Freie fiel. Eine solche Salve von 14×3 cm Granaten innerhalb von $^{50}/_{100}$ sek gegen einen viermot. Bomber verschossen, hätte dessen sicheren Abschuß zur Folge gehabt. Einem Bericht von Rheinmetall-Borsig zufolge sollen sechs Fw 190 A-8, mit je zwei Rohrblöcken S.G. 117, ausgerüstet gewesen sein. Der Versuchseinbau erfolgte in der Fw 190 V 74, Werk-Nr. 733713. Das Gesamteinbaugewicht betrug ca. 70 kg.

## Das S.G. 118

war eine Zusammenfassung von drei S.G. 117 »Rohrblöcken« zu einer »Rohrblocktrommel« für horizontale Montage, mit Schußrichtung der Salve parallel zur Flugzeuglängsachse nach vorn. Vorgesehen war der Einbau von zwei dieser Rohrblocktrommeln in den Volksjäger He 162, anstelle der beiden M.K. 108. Zusätzlich sollten je ein S.G. 117, in aerodynamischer Verkleidung, an ETC-Bombenträgern unter jeder Tragfläche aufgehängt werden. Der horizontale Salvenschuß, von 14 bzw. 28 3 cm Geschossen, war vergleichbar mit dem heutigen Abschuß einer Raketensalve aus entsprechenden Raketenbehältern.

## Das S.G. 119 »Rohrbatterie«, Kaliber 3 cm

war eine Zusammenfassung von sieben S.G. 117 »Rohrblöcken« in horizontaler Montage, mit Schußrichtung der Salve parallel zur Flugzeuglängsachse nach vorn. Die 49 Rohre wurden nacheinander, in Abständen von 6 Millisekunden abgefeuert, wobei der Rückstoß, der 2 t betrug, von einer starken Feder aufgefangen wurde und das Gerät nur um wenige Millimeter nach hinten drückte. Die gleiche Feder stieß den Block jeweils wieder nach vorn. Die Salve dauerte ganze 0,297 sek was einer Schußleistung von 9900 Schuß in der Minute entsprach. Versuchsmontagen waren im Bug einer Bf 110, und in abgewandelter Form mit 32 Rohren in einer Bachem Ba 349 A »Natter« vorgesehen, doch bevor Truppenversuche eingeleitet werden konnten, wurde das Projekt wieder eingestellt.

**Projektierte Bewaffnungsanlage für He 162 mit 2 Rohrblocktrommeln und 2 Rohrblocks S.G. 118.**
1) Schußkanal, 2) Verstellhebel, 3) S.G. Rohrblocktrommel, 4) Sperrvorrichtung, 5) S.G. 118 Rohrblock (je Fläche einer)

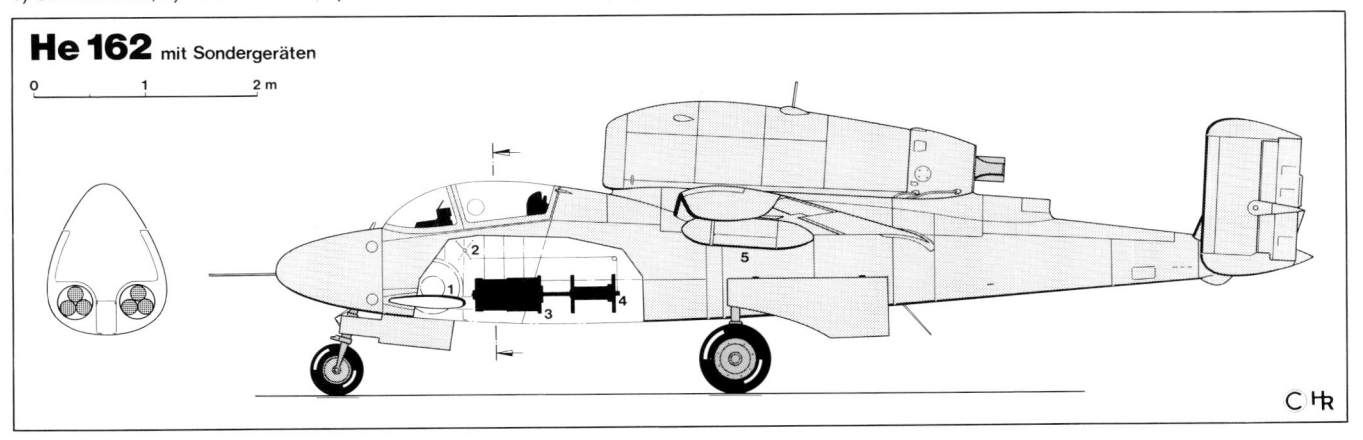

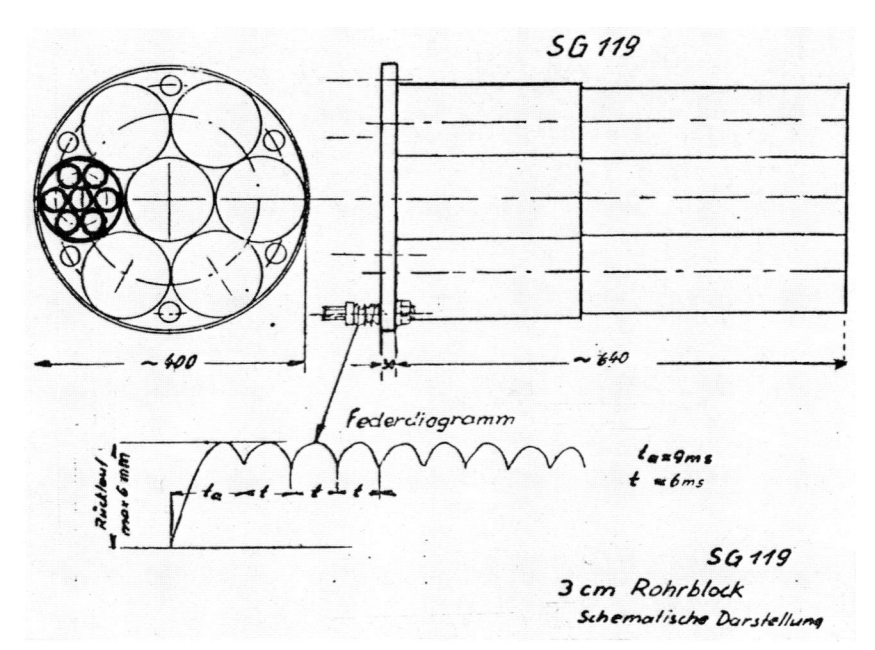

**Originalskizze aus C.I.O.S.-Bericht**

Neben diesen Geräten liefen Experimente mit kleineren Kalibern, die alle über das Reißbrettstadium nicht hinauskamen, oder die wenig später wieder gestrichen wurden.

Die technischen Daten der Sondergeräte:

|  | S.G. 116 | S.G. 117 | S.G. 118 | S.G. 119 |
|---|---|---|---|---|
| Kaliber | 3 | 3 | 3 | 3 cm |
| Rohr von | M.K. 103 | M.K. 108[1]) | M.K. 108 | M.K. 108 |
| Anzahl der Rohre: | 3, 4 oder 6 | 2×7 | 3×7 | 7×7 |
| Gewicht des Sondergeräts | 28 | 28[2]) | 165 | 233 kg |
| Durchmesser | 105 | 145 | 310 | 403 mm |
| Länge des Geräts | 1600 | 590 | 1175 | 675 mm |
| Länge des Rohres | 1338 | 550 | 550 | 550 mm |
| Gewicht des Einzelrohres | 23 | 2 | 2,6 | 2,6 kg |
| Mündungsgeschw. des Geschosses | 860 | 505 | 505 | 505 m/sek |
| Mündungsgeschw. des Gegengewichts | 200 | – | – | m/sek |
| Geschoßgewicht | 0,315 | 0,315 | 0,315 | 0,315 kg |
| (theoretische) Schußfolge (Schuß/min) |  | 10000 | 10000 | 10–12000 |
| Mündungsleistung | 11,7 | 4,65 | 4,65 | 4,65 mt |
| Einbauart: alle starr | vertikal nach oben Verlustgerät |  | horizontal ungesteuert |  |

[1]) M.K. 108 Rohr auf 5 mm Wandstärke verjüngt
[2]) Gesamtblock feuerbereit

# Das S.G. 113 »Förstersonde«, Kaliber 7,7/4,5 cm

Eine Reihe von Projekten basierten auf dem Gerät 104, einem Entwurf von Rheinmetall-Borsig zur Entwicklung eines großkalibrigen Flugzeuggeschützes, nach dem Prinzip der Davis-Kanone aus dem Ersten Weltkrieg; wobei eine Aufhebung des Rückstoßes durch Verschießen einer dem Geschoß gleichen Masse nach hinten erreicht wurde. Dieses, dem aktiven Geschoß entgegenwirkende Ausgleichsgeschoß, das auch Gegengewicht genannt wurde, zerlegte sich nach einer gewissen Zeit. Das Rohr war bei den ersten Versuchen behelfsmäßig auf einem Wagen aufgebaut, der sich auf genau waagerechten Schienen frei bewegen konnte. Die in den Jahren 1940[1]) und 1941 durchgeführten Versuche ergaben, daß vollkommene Rückstoßfreiheit, ohne irgendwelche innenballistische Schwierigkeiten, erreicht werden konnte.

Um eine Vorstellung über die tatsächlichen Auswirkungen der Gasdrücke auf einen Flugzeugrumpf

[1]) Der erste Schußversuch erfolgte am 6. 9. 1940 in Unterlüß, die Vo betrug dabei 254 m/sek.

**Eine der vielen Versuchsausführungen der Ausrüstung von Flugzeugen mit großkalibrigen rückstoßfreien Waffen. Die Abb. zeigt ein 75 mm rückstoßfreies Rohr unter dem Rumpf einer Bf 110 C-6 montiert.**

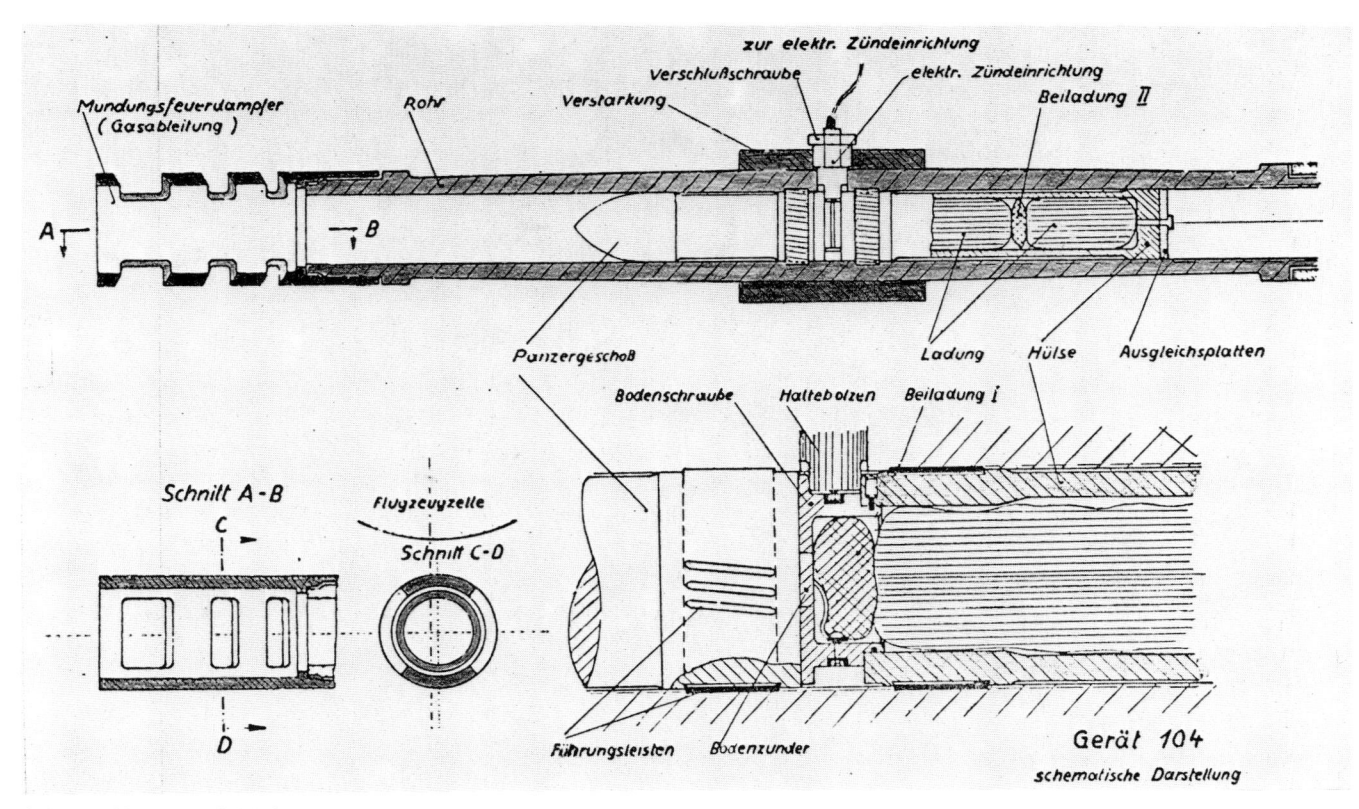

**Originalskizze aus C.I.O.S.-Bericht**

zu erhalten, wurden nach und nach zunächst nur Heckteil und Kanzel und später ein vollständiges Flugzeug vom Muster Do 217 über dem Rohr mit Ausgleichsgeschoß montiert und auf dem Schienenwagen befestigt. Die Rückstoßlosigkeit konnte zwar bei allen Versuchen nachgewiesen werden, doch wurden durch den Abgasdruck des Ausgleichgeschosses Heck und Leitwerk jedesmal

**Originalskizze aus C.I.O.S.-Bericht**

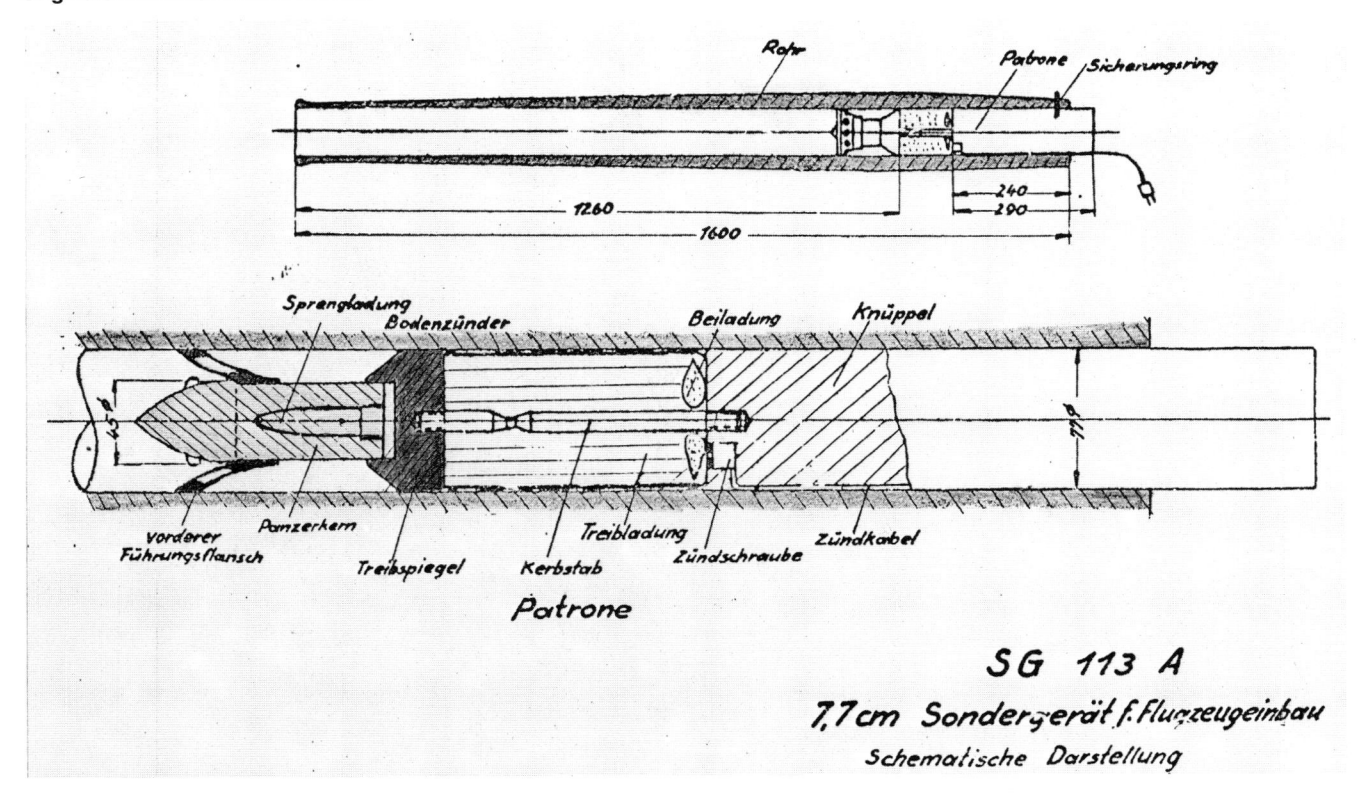

**Versuchsausrüstung von Hs 129 B-2 Panzerjägern mit dem Sondergerät S.G. 113 A »Förstersonde«. Oben: Die Anordnung des Sondergeräts im Rumpf der Hs 129. Unten: Ansicht von oben auf die sechs 77-mm-Rohre des Sondergeräts, hier in der Hs 129 B-2, Werk-Nr. 0249.**

so stark beschädigt, daß schließlich die Versuche mit diesem Gerät 104 »Münchhausen« abgebrochen wurden.

Die technischen Daten des Gerätes 104 waren:

| | |
|---|---|
| Kaliber | 35,56 cm |
| Geschoßgewicht | 700 kg |
| Gewicht des Ausgleichgeschosses | 700 kg |
| Mündungsgeschwindigkeit | 310 m/sek |
| Rohrlänge mit Strahlablenkung | 11250 mm |
| Gewicht des ungeladenen Rohres | 3420 kg |

Aufbauend auf den mit dem Gerät 104 »Münchhausen« erworbenen Kenntnissen wurde von Rheinmetall, im Auftrag des RLM, eine rückstoßfreie, starre Vertikalbordwaffe zur Panzerbekämpfung entwickelt, die je nach Ausführung durch das elektrostatische oder das magnetische Feld eines Panzers beim niedrigen Überflug automatisch ausgelöst werden sollte. Die Waffe erhielt die Bezeichnung S.G. 113 A »Förstersonde« und verschoß aus einem auf ein Kaliber von 7,7 cm aufgebohrten Einzelrohr ein panzerbrechendes Geschoß vom Kaliber 4,5 cm. Ein Führungsflansch von 77 mm Durchmesser am vorderen Teil, und ein entsprechender Ring als Treibspiegel[1]) am hinteren Teil des Geschosses, glichen den Kaliberunterschied aus und führten die Granate in dem glatten Rohr. Geschoß und Knüppel (Gegengewicht) waren in einem Abstand von 100 mm durch einen Kerbstab verbunden, in dem 100 mm langen Zwischenraum war die Treibladung angeordnet. Die Zündung erfolgte elektrisch. Durch den stark ansteigenden Gasdruck zerbrach der Kerbstab, und das Geschoß sowie das Gegengewicht wurden gleichzeitig in entgegengesetzter Richtung beschleunigt. Die Wegdifferenz im Rohr wurde dabei durch das 6fach schwerere Gegengewicht ausgeglichen. Das Ziel mußte im Tiefstflug, das hieß in diesem Falle nicht höher als 10 m überflogen werden, damit die Sonde sicher ansprach, was wiederum eine 80%ige Trefferwahrscheinlichkeit garantierte. Die Panzergranate vom Kaliber 4,5 cm reichte aus, um die größtenteils schwach gepanzerten Oberdecks der Panzerkampfwagen zu durchschlagen. Bei einem 75 Grad Auftreffwinkel durchdrang sie 50 mm und bei 60 Grad noch 40 mm Panzerstahl von 120 kg/mm² Festigkeit. Es wurden mehrere Auslösegeräte entwickelt, von

---

[1]) Die Abdichtung gegen die Treibgase erfolgte mittels eines kaliberhaltigen Treibspiegels

denen einmal das magnetische A.L.G. PB 3a der Firma Elektro-Mechanischer Flugzeuggerätebau Berlin, und zum anderen ein Gerät der Funkforschungsanstalt Oberpfaffenhofen eingebaut und erprobt wurden.

Insgesamt sollen drei Henschel Hs 129 B-2 »Panzerjäger« mit je sechs S.G. 113 A – Einzelrohren ausgerüstet worden sein. Die Rohre waren in rhombischer Form in Rumpfmitte angeordnet, und zwar mit einer Schußrichtung von zirka 75 Grad, gemessen von der Flugzeuglängsachse, nach unten/hinten. Die Sonden in Form einer T-Antenne mit den beiden Doppelrohren[1]) waren an einem 1500 m langen, leicht nach unten geneigten Antennenstab am Bug angebracht. Außer in diesen drei Flugzeugen, wurden auch Versuchseinbauten von je zwei S.G. 113 A in jeder Tragfläche von Focke-Wulf Fw 190 »Panzerjägern« vorgenommen. Mustereinbauten erfolgten in der Fw 190 V 75, Werk-Nr. 582071 und der F-8, Werk-Nr. 586586. Mit den Maschinen fanden in der zweiten Hälfte des Jahres 1944 in Rechlin und Tarnewitz sowie am 18. Januar 1945 mit einer Fw 190 in Braunschweig-Völkenrode Schußversuche statt. Dabei wurden in Völkenrode die Ziele, ein T 34 und ein Panzer V »Panther«, bei jedem Überflug getroffen. Ein großer Vorteil der »Förstersonde« war, daß während des Anfluges, bis kurz vor dem Überfliegen des Panzers, die in der Nähe stehende Bodenabwehr bekämpft werden konnte und der Flugzeugführer, da das Gerät automatisch ausgelöst wurde, nicht zu zielen brauchte. Auch waren Einzel- und Salvenschuß möglich.

Die technischen Daten des Sonder-Gerätes 113 A waren:

| | |
|---|---|
| Kaliber des Rohres | 7,7 cm |
| Kaliber der Munition | 4,5 cm |
| Gewicht des einzelnen Rohres (ungeladen) | 48 kg |
| Länge des Rohres, ungeladen/geladen | 1600/1650 mm |
| Mündungsgeschwindigkeit des Geschosses | 650 m/sek |
| Mündungsgeschwindigkeit des Gegengewichts | 125 m/sek |

[1]) Ein Rohr 100 mm Länge

**Fw 190 F-8 Panzerjäger mit Sondergerät S.G. 113 A »Förstersonde.«** Oben: Die beiden in den Flügeln montierten Sondergeräte von hinten gesehen. Unten: Die Montage des Geräts mit den drei Rohren in der linken Fläche.

| | |
|---|---|
| Geschoßgewicht | 1,9 kg |
| Sprengstoffgewicht | 0,018 kg |
| Treibladungsgewicht | 0,360 kg |
| Gegengewicht | 12 kg |
| Geschoßlänge | 140 mm |
| Gesamt Munitionslänge | 530 mm |

## Das S.G. 500 »Jägerfaust«, Kaliber 5 cm

Eine weitere bis zum Truppenversuch fortgeschrittene Entwicklung war das Sondergerät 500 »Jägerfaust«. Diese rückstoßfreie, starre Vertikalbordwaffe wurde in mehreren 5 cm Einzellader-Rohren zusammengefaßt und durch einen Fotozellenfühler automatisch, beim Unterfliegen eines Bombers, in Einzel- oder Salvenfeuer ausgelöst. Ihre Entwicklung basierte auf der Erkenntnis, daß ein Einzeltreffer eines 3 cm Geschosses in die Tragfläche eines Bombers nicht ausreiche, um diesen zu zerstören, sondern daß hierzu eine Sprengstoffmenge von 400 Gramm erforderlich war, die gerade in einer 5 cm Minengranate untergebracht werden konnte. *Dr. Langweiler*[1]) erarbeitete den Entwurf, bei dem das Rohr gleichzeitig die Patronenhülse mit Zügen und das Gegengewicht für den Rückstoß war, das in einem Führungsrohr aus Aluminium gehalten wurde. Das Ganze konnte mit einem Granatwerfer verglichen werden. Die Zündung der in einer Pappbüchse untergebrachten Treibladung erfolgte elektrisch; das Zündkabel war einfach durch den 15 mm starken Rohrboden hindurchgeführt worden. Das Rohr wurde in dem Alu-Führungs- und Montagerohr durch zwei Scherstifte gehalten. Die 5 cm Minengranate besaß einen angestauchten Führungswulst mit eingeprägten Zügen. Wie bei den anderen Sondergeräten wurde auch die Treibladung der Jägerfaust über die Zündpille S×5/500 gezündet; im gleichen Augenblick, in dem die Minengranate

---

[1]) Erfinder der Panzerfaust

**Originalskizze aus C.I.O.S.-Bericht**

aus dem Rohr gedrückt wurde, brach der Gasdruck die beiden Scherstifte, worauf das nun leere Rohr aus dem Alu-Führungsrohr wie eine große Patronenhülse nach unten ins Freie ausgestoßen wurde. Bei den im Herbst 1944 aufgenommenen Versuchen konnte von Anfang an die fast völlige Rückstoßfreiheit der Geräte festgestellt werden. Die Herstellung der Waffe übernahm die Firma Hasag in Leipzig.

Aufgrund der hervorragenden Erprobungsergebnisse hatte man die Montage der Jägerfaust in einer Reihe von Flugzeugmustern vorgesehen. Eingebaut wurde die Waffe in einer Doppelreihenanordnung, von je drei Einzelgeräten hintereinander, im Rumpf einer Fw 190 mit gefächerter, vertikaler Schußrichtung sowie in zwölf Me 163 B-1a Raketenjägern, zu fünf Einzelgeräten hintereinander, in jeder Flügelwurzel, ebenfalls mit gefächerter, vertikaler Schußrichtung. Die maximale Auslösedistanz betrug 100 m. *Leutnant Hachtel* vom Erprobungskommando 16 testete zuerst die Fw 190 und dann die Me 163. Aber erst dem *Leutnant Fritz Kelb* vom gleichen Kommando gelang der Abschuß einer fliegenden Festung (B-17 G) mit einer S.G. 500 ausgerüsteten Me 163. Das EK 16 war gegen Ende des Krieges zum Schutze der Leuna-Werke, vom Flugplatz Brandis aus, als integrierter Bestandteil des JG 400, unter dessen Kommodore *Major Wolfgang Späte,* eingesetzt.

Die technischen Daten des Sonder-Gerätes 500 waren:

| | |
|---|---|
| *Kaliber* | 5 cm |
| *Gewicht der Waffe* | 7 kg |
| *Länge der Waffe* | zirka 640 mm |
| *Länge des Rohres* | 520 mm |
| *Montagegewicht 5 Stück (geladen)* | 45 kg |
| *Mündungsgeschwindigkeit* | 400 m/sek |
| *Rohrdurchmesser* | 65 mm |
| *Führungsrohrdurchmesser* | 73 mm |
| *Munition: 5 cm M.Gr.* | |
| *Gesamtgewicht* | 1 kg |
| *Geschoßgewicht* | 0,610 kg |
| *Sprengstoff* | 0,390 kg |
| *Treibladung* | 0,513 kg |

## Die HF 15, Kaliber 15 mm und die M.K. 115, Kaliber 5,5 cm

Zwei weitere, aber nicht mehr zur Truppenreife gelangte Entwicklungen sollen nur noch kurz aufzeigen, an was für ungewöhnlichen Projekten, auf der Suche nach einer optimalen Bordbewaffnung, gearbeitet wurde, um den Opfergang der Jäger in der Reichsverteidigung beenden zu können. Die erste war eine, von dem ungarischen Ingenieur *Zettel* entwickelte, völlig neuartige Waffe mit einer theoretischen Schußfolge von 36000 Schuß in der Minute. Im »Schrotschuß« sollten aus einem Rohr anfangs sieben 15 mm Br.Gr.L'spur mit dieser enormen Schußleistung verschossen werden. Die Gustloff-Werke in Suhl fertigten die HF 15, wobei HF für »hohe Feuerfolge« und die 15 für das Kaliber 15 mm stand. Verwendet wurde ein M.G. 151 Lauf mit Progressivdrall. In einer Geschoßkammer am Laufende waren sieben Geschosse in einem hinter dem Laufende herumführenden Leitsteg untergebracht. Eine 7stufige Treibladung sollte nun, infolge einer sägezahnförmigen Abbrennkurve, die sieben Geschosse innerhalb von 11/1000 Sekunden verfeuern. Dabei beförderte der jeweils entstehende Unterdruck beim Schießen die nächste Patrone über den Leitsteg (eine Art gurtloser Zuführung) zur Austrittsöffnung (in Reihe mit dem Laufende). Bei Schußversuchen lagen einmal die sieben Treffer in einem 10×10 cm Quadrat auf 100 m Entfernung, beim anderen Mal waren sie über ein 1×1 m Quadrat verteilt. Ein phantastisches Projekt, das wegen zu vieler auftretender Schwierigkeiten und Probleme nicht realisiert werden konnte!

Die andere Entwicklung war eine rückstoßfreie, starre Bordkanone mit einem Kaliber von 5,5 cm, die für Tragflächenmontage vorgesehen war und mit einem 50-schüssigen Zerfallgurt ein Gesamteinbaugewicht von 360 kg nicht überschreiten durfte. Der mit dem Bau von rückstoßfreien Leichtgeschützen besonders erfahrene Chef-Ingenieur *Rakula* von Rheinmetall-Borsig wurde mit der Entwicklung der Bordwaffe, die die Bezeichnung M.K. 115 erhielt, beauftragt. Über den Zerfallgurt wurde eine beson-

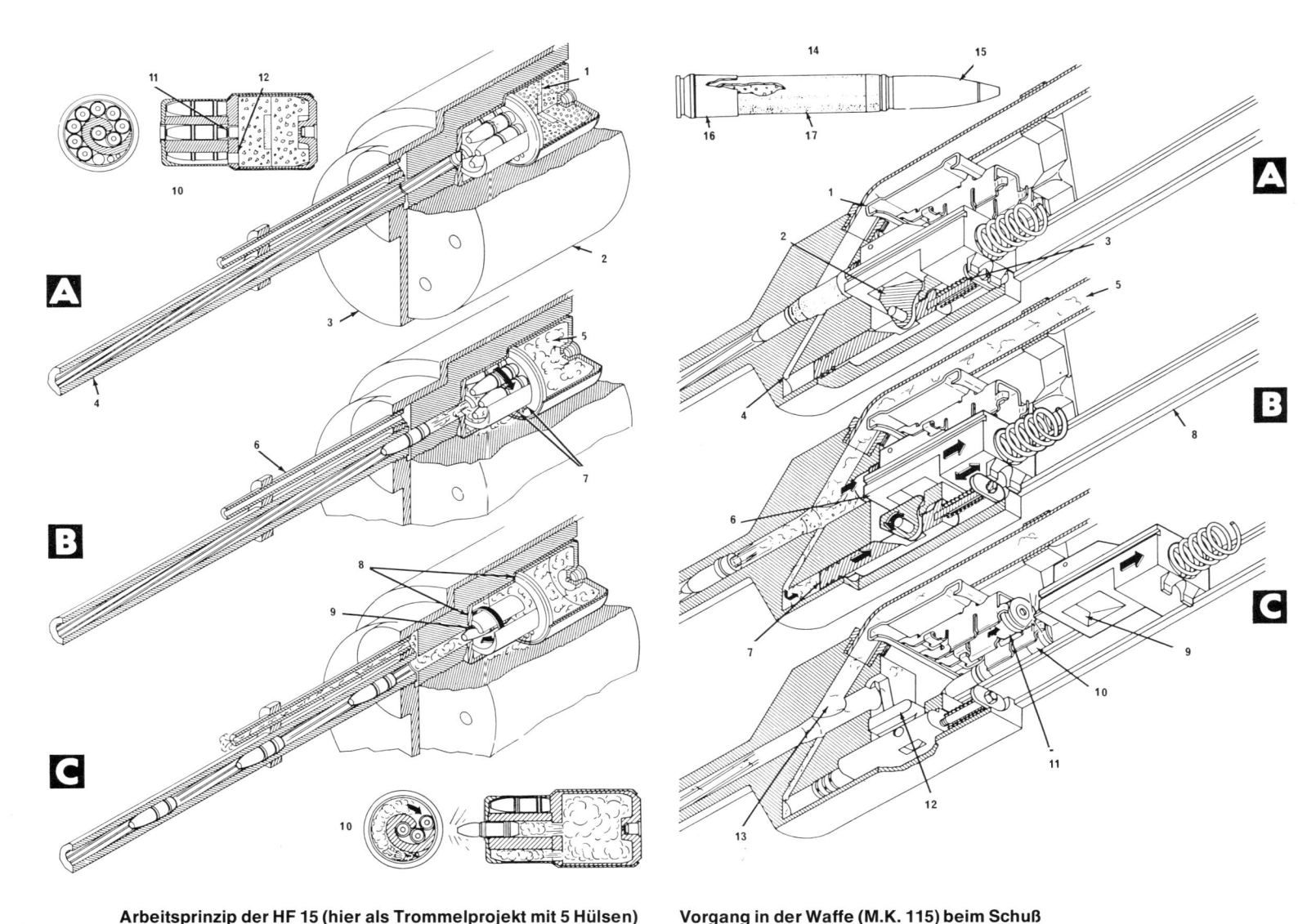

**Arbeitsprinzip der HF 15 (hier als Trommelprojekt mit 5 Hülsen)**
1) Treibladung, 2) Trommel, 3) Gehäuse, 4) Rohr, 5) Treibgase, 6) Überdruckausgleichsrohr, 7) Gaskanal zur Patronenförderung im Leitsteg, 8) Patronenhülse, 9) Durch Gasdruck im spiralförmigen Leitsteg beförderte Geschosse vor der Rohröffnung, 10) Schnitt durch die Geschoßkammer + Hülse, 11) Gaskanal für Treibladung, 12) Gaskanal zur Förderung der Geschosse im Leitsteg

**Vorgang in der Waffe (M.K. 115) beim Schuß**
1) Zuführung, 2) Verriegelungsklappe, 3) Verriegelungsfeder, 4) Gasbohrung, 5) Gasumleitungsrohr, 6) Verschluß, 7) Durch Gasdruck betätigter Entriegelungskolben, 8) Gehäuse, 9) Aussparung für Verriegelungsklappe im Verschluß, 10) neue Patrone, 11) Zurückschieben des Bodenstücks in den Zerfallgurt, 12) Verriegelungsklappe, 13) Gasabführung, 14) Ansicht der Patrone MK 115, 15) Minen-Geschoß, 16) Messing-Hülse, 17) nitrierte Papphülse

dere Munition, ein Minengeschoß mit nitrierter Papphülse, wahlweise von links oder rechts, vom Verschluß unter dem Druck der Vorholfeder in die Patronenkammer eingeführt. Die Zündung erfolgte elektrisch, dabei verbrannte die Papphülse und die

Abgase wurden über ein Gasumleitungsrohr und eine Abgasdüse nach hinten ausgedrückt, während gleichzeitig das 1,480 kg schwere Minengeschoß die Laufmündung mit einer Geschwindigkeit von 610 m/sek passierte. Wie beim Gasdrucklader bewirkte ein Teil des Gasdrucks die Entriegelung des Verschlusses, der auf seinem Weg nach hinten das Hülsenbodenstück aus dem Patronenlager in das noch in der Seelenachse stehende Gurtglied hineinzog. Die Rücklaufbewegung des Verschlusses wurde von der Auffangvorrichtung aufgefangen und in den Vorlauf umgewandelt. Die Kanone erreichte eine Kadenz von 300 Schuß in der Minute. Mit der Papphülse traten jedoch erhebliche Schwierigkeiten auf, die bis Kriegsende nicht mehr beseitigt werden konnten.

## Gurtung von 7,9 mm – 5 cm Munition

Aufgabe einer jeden Bewaffnung war es, mit Hilfe der von ihr verfeuerten Geschosse die bekämpften Ziele zu zerstören, wobei die Art des Zieles für die Wahl der Munitionsart von ausschlaggebender Bedeutung gewesen ist. Dabei sollten aber auch der sinnvolle Verbrauch und die Nachschublage berücksichtigt werden. Aufgrund von Einsatzerfahrungen und Erprobungen wurden im allgemeinen folgende Gurtungen durchgeführt:

**Zerlegung einer 13 mm und einer 2 cm Sprenggranate.**

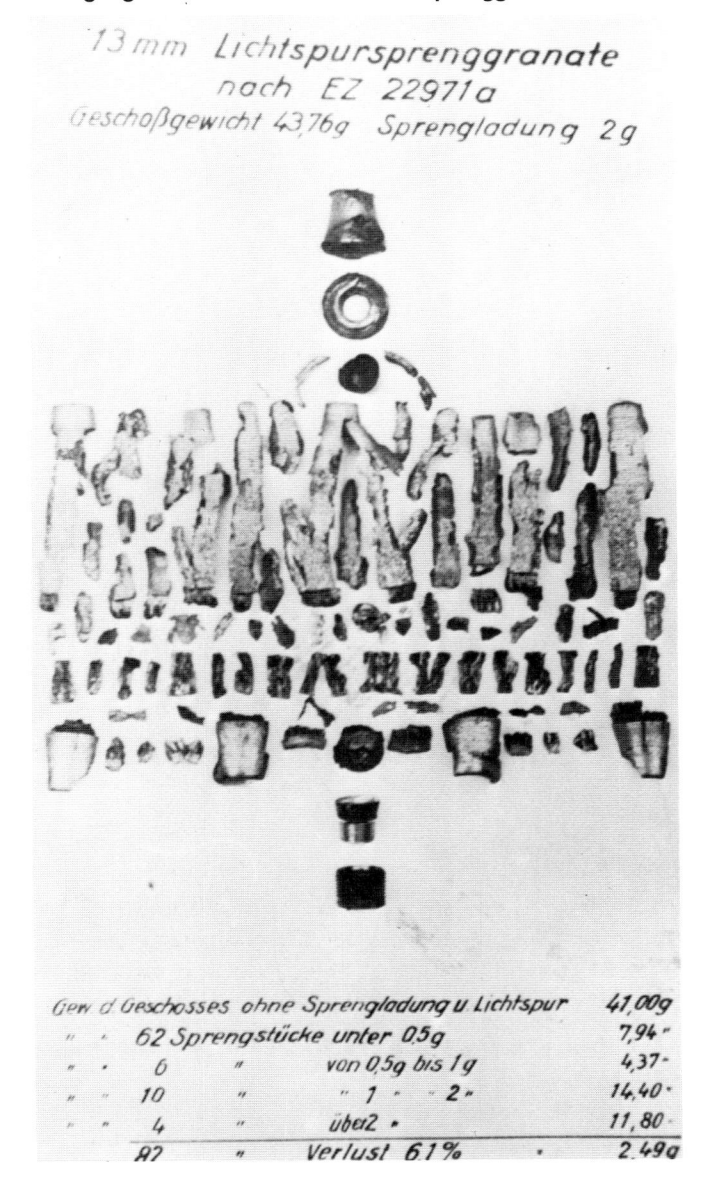

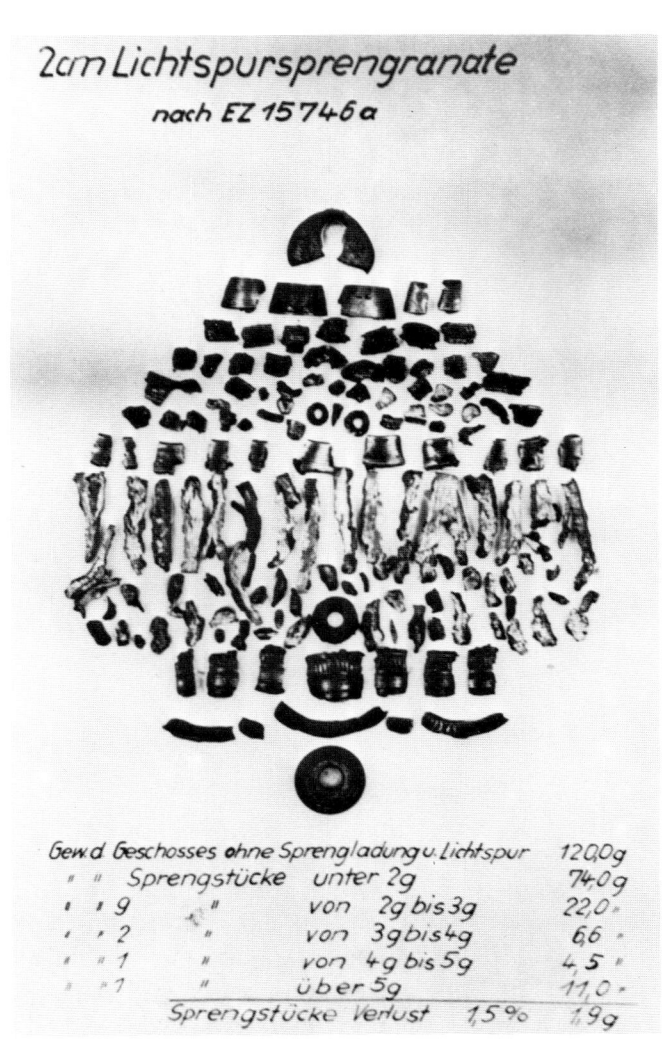

13 mm Lichtspursprenggranate
nach EZ 22971a
Geschoßgewicht 43,76 g Sprengladung 2 g

Gew. d. Geschosses ohne Sprengladung u. Lichtspur 41,00 g
62 Sprengstücke unter 0,5 g 7,94 "
6 " von 0,5 g bis 1 g 4,37 "
10 " " 1 – 2 " 14,40 "
4 " über 2 " 11,80 "
82 " Verlust 6,1 % 2,49 g

2 cm Lichtspursprenggranate
nach EZ 15746a

Gew. d. Geschosses ohne Sprengladung u. Lichtspur 120,0 g
" " Sprengstücke unter 2 g 74,0 g
" 9 " von 2 g bis 3 g 22,0 "
" 2 " von 3 g bis 4 g 6,6 "
" 1 " von 4 g bis 5 g 4,5 "
" 1 " über 5 g 11,0 "
Sprengstücke Verlust 1,5 % 1,9 g

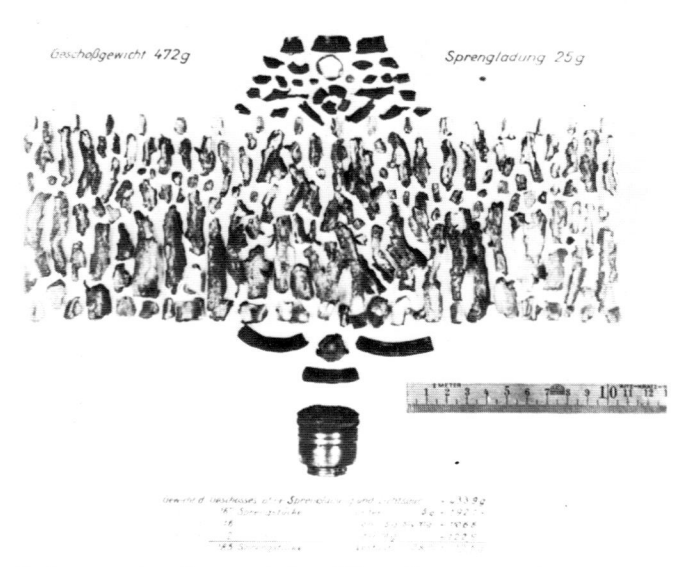

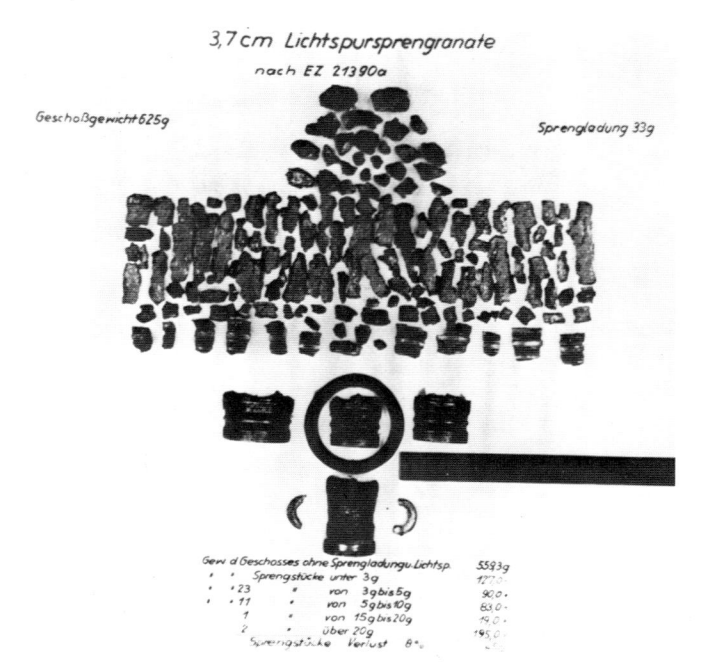

**Zerlegung einer 3 cm und einer 3,7 cm Sprenggranate.**

1. M.G. 131
    - 1 13 mm Br.Sprgr.L'spur o.Zerl.
    - 1 13 mm Pzgr.L'spur o.Zerl. oder hierfür die 13 mm Pzbrgr.Patr.(Ph)El o.Zerl.
2. M.G. 151/15 mit elektrischer Zündung
    - 1 15 mm Br.Sprgr.L'spur m.Zerl.
    - 1 15 mm H.Pzgr. o.Zerl.
3. M.G. 151/20 mit elektrischer Zündung sowie M.G.-FF/M
   (a) Die Jäger im Westen gurteten in der Reihenfolge:
       - 1 2 cm M.Gesch.Patr.151 m.Zerl.
       - 1 2 cm Brgr.Patr.L'spur 151 m.Zerl.
       - 1 2 cm Pzgr.Patr.L'spur 151 o.Zerl.
   (b) Die Jäger an der Ostfront gurteten in der Reihenfolge:
       - 3 2 cm M-Gesch.Patr.151 m.Zerl.
       - 1 2 cm Brgr.Patr.L'spur 151 m.Zerl.
       - 1 2 cm Pzgr.Patr.L'spur 151 m.Zerl.
   (c) Die Nachtjäger gurteten wie (a) und (b), verwendeten aber anstelle der Leuchtspur die entsprechenden Geschosse mit Glimmspur
   (d) Die Nachtjäger mit Schrägbewaffnung verwendeten hierfür nur 2 cm M.-Gesch.Patr.
   (e) Die Kampfflieger, Schlachtflieger und Jäger im Einsatz gegen Bodenziele:
       - 3 2 cm M.-Gesch.Patr. o.Zerl.
       - 1 2 cm Pz.Sprgr.Patr. o.Zerl.

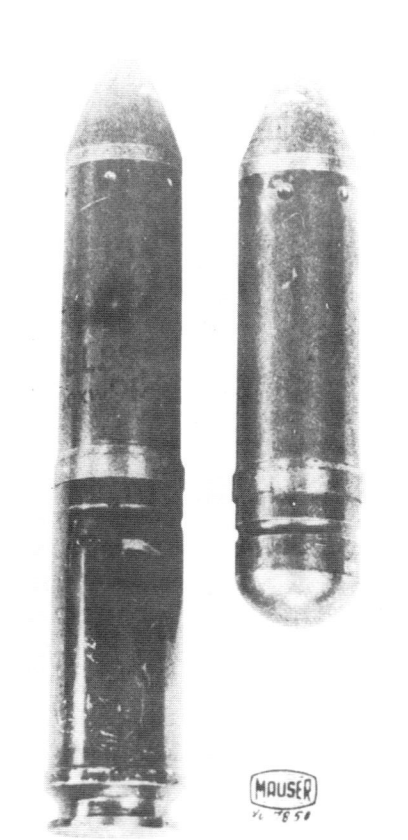

**3 cm Munition der M.K. 213 C.**

**Gurtungsmaschinen. Oben: Für 7,92 mm und unten für 2 cm Munition.**

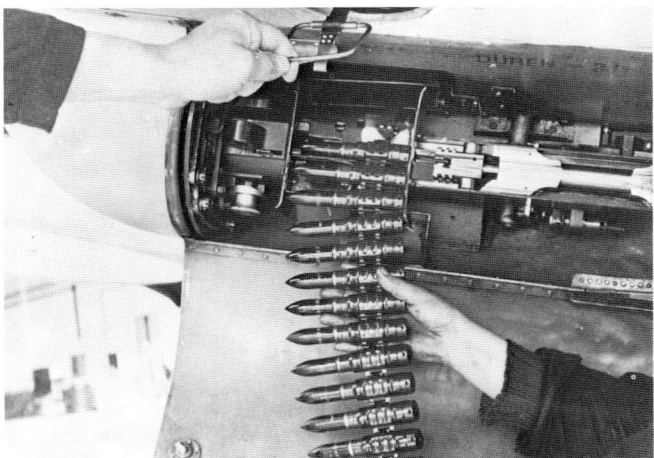

**Oben: Munitionieren eines M.G. 151/20 in einer Flächengondel mit 2 cm Panzergranatpatronen, und unten einer M.K. 108 in einer Flächengondel mit 3 cm M-Munition.**

bzw.
- 2 cm Br.Sprgr.Patr. o.Zerl.
- 2 cm Pzbrgr.El oder Ph o.Zerl.

Zerlegermunition sollte nach Möglichkeit ab einer Flughöhe von 800 m über Grund verwendet werden

4. M.K. 103 mit elektrischer Zündung
   (a) Jäger gurteten:
   - 1 3 cm M.-Gesch.Patr.L'spur m.Zerl.
   - 1 3 cm Bgr.Patr.103 El. o.Zerl.
   
   (b) Kampf- und andere Flieger im Einsatz gegen Bodenziele:
   - 3 3 cm M.-Gesch.Patr. o.Zerl.
   
   vorzuziehen: 3 cm Spgr.Patr. o.Zerl.
   
   - 1 3 cm Pz.Sprgr.L'spur o.Zerl.
   gegen Schiffe:
   - 3 cm Pzbrgr.Patr.(E) o.Zerl.
   
   (c) Panzerjäger gurteten:
   - 1 3 cm H.-Pzgr.Patr.L'spur o.Zerl.
   
   Beachte: Für die 20 mm und 3 cm Bordwaffen wurden bei Angriffen gegen gepanzerte Flugzeuge wie das Schlachtflugzeug IL 2 bis zu 50% Panzermunition Pzgr.Patr. verwendet, das galt jedoch nicht bei Angriffen gegen viermot. Bomber, weil hier die Gasschlag-Wirkung der M.-Geschosse größere Zerstörung hervorriefen

**6schüssiger Patronenrahmen mit 3,7 cm Munition, hier mit je zwei Brandsprenggranatpatronen, Sprenggranatpatronen und M-Geschoßpatronen.**

5. M.K. 108 mit elektrischer Zündung
   (a) Tag- und Nachtjäger gurteten:
         1 3 cm M.-Gesch.Patr. o.Zerl.
     oder
         3 cm M.-Brgr.Patr. 108 El. m.Zerl.
         1 3 cm Bgr.Patr. 108 El. o.Zerl.
     bzw. nur M.-Munition
   (b) für Nachtjäger Schrägbewaffnung
       nur    M.-Munition
   Nachtjäger gurteten grundsätzlich alle Munition mit Glimmspur

6. 3,7 cm Waffen (3,7 cm Flak 18 bzw. 43)
   (a) Flugzeuge im Angriff auf Boden- und Seeziele gurteten:
         2 3,7 cm Sprgr.Patr.L'spur m.Zerl.
         1 3,7 cm M.-Gesch.Patr.L'spur m.Zerl.
         1 3,7 cm Br.Sprgr.Patr.L'spur m.Zerl.
   (b) Panzerjäger gurteten:
     nur
         3,7 cm H.-Pzgr.Patr.L'spur o.Zerl.

7. 5 cm Waffen (5 cm BK)
   (a) gegen Luftziele:
     nur    5 cm M.-Gesch.Patr.Gl'spur BK m.Zerl.
   (b) gegen Bodenziele:
       1    5 cm Sprgr.Patr.BK o.Zerl.
       1    5 cm Pzsprgr.Patr.L'spur BK o.Zerl.

8. 7,9 mm Flugzeugbordwaffen
   (a) M.G. 17 Jäger
       5 S.m.K.-v
       4 P.m.K.-v
       1 B.-Patrone-v
   und vor den letzten 50 Schuß des Gurtes als Schußzähler
       10 S.m.K. L'spur 100/600-v bei Tagjägern
       10 S.m.K.Gl'spur bei Nachtjägern
   (b) M.G. 17 (für Beschuß von Bodenzielen)
   M.G. 81 (bewegl. und in Waffenbehältern)
   M.G. 15
       2 S.m.E.
       2 S.m.K. L'spur 100/600
   oder:
       2 S.m.K.Gl'spur für Nachteinsätze
       2 P.m.K.-v oder 1 P.m.K.-v und 1 B.-Patrone

# Bordraketen

Schon im Ersten Weltkrieg wurden Raketen als Waffe für den Luftkampf verwendet. Die Franzosen schossen Dutzende deutscher Artillerie-Beobachtungsballons mit ihren einfachen, aber wirkungsvollen Le Prieur-Raketen vom Himmel. Auch auf deutscher Seite experimentierte man mit Raketengeschossen, die, ähnlich wie bei den Franzosen, zu je vier Stück an den äußeren der beiden Parallelstielen an Halberstadt-Schlachtflugzeugen angebracht wurden. Allerdings ist über Erfolge oder Mißerfolge dieser Experimente nichts bekannt.

Bis zum Jahre 1934 hatte man sich in Deutschland ausschließlich mit der Schwarzpulverrakete befaßt, die nur kleine Leistungen mit starker Rauchentwicklung und unangenehmen Rückständen im Abschußgestell erbrachte. Eine sprunghafte Entwicklung erfolgte dann ab 1934, nachdem Rheinmetall-Borsig angeregt hatte, auf rauchschwaches Pulver für den Antrieb überzugehen, und innerhalb von wenigen Jahren konnten bereits Ausströmgeschwindigkeiten der Pulvergase von 2000 m/sek erreicht und beherrscht werden. In der Zwischenzeit wurden die Rheinmetall-Borsig Entwicklungen, die sich hauptsächlich auf die Realisierung eines rückstoßfreien Leichtgeschützes für die Fallschirmtruppe konzentrierten, auch von der Forschungsabteilung des Technischen Amtes im RLM, zur Schaffung einer Bordrakete, unterstützt.

Die rückstoßangetriebenen Geschosse, wie damals die Bordraketen noch genannt wurden, bestanden aus zwei Teilen, dem Kopfteil mit Sprengladung,

**Oben: Aufbau eines Einzelverschußgeräts (alter Art) für RZ 65 auf der rechten Fläche einer Junkers W 34 für Erprobungszwecke. Unten: Fünf Einzelrohre (alter Art) zum Verschuß von RZ 65 Raketen unter dem Rumpf einer Fw 58 »Weihe«.**

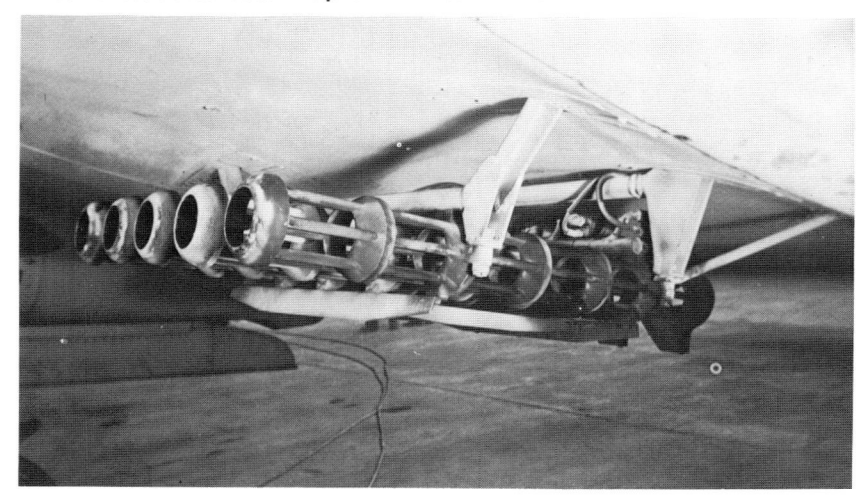

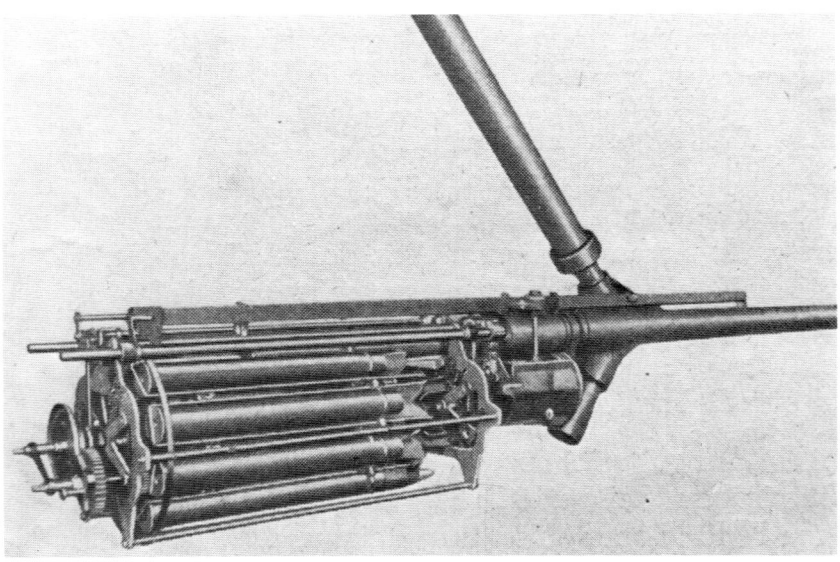

**Düsenkanone Düka 88 auf dem Versuchsstand.**

Zünder und Zündladung und der Brennkammer mit Treibladung und Düse. Die Sprengladung der RZ 73 (RZ = Rauchzylinder) entsprach zum Beispiel ungefähr derjenigen eines 5 cm Geschosses, und die einer Rakete von 210 mm einer 15 cm Granate. Die Sprengstoffsäule war bei einigen Entwürfen durch die Brennkammer geführt, wodurch eine wirksamere Zerlegung der ganzen Rakete, einschließlich des Bodens der Brennkammer, erreicht wurde und die Splitterdichte um ein Mehrfaches anstieg. Die Brennkammer faßte mehrere ineinandergesteckte Pulverröhren, die über eine Beiladung abgefeuert wurden. Das Zündhütchen war in den Brennkammerboden eingesetzt und durch eine Zündschnur mit der Beiladung verbunden. Die Drallstabilisierung der Raketen erfolgte durch eine tangentiale Anstellung der Düsen.

Ein Vergleich von drei verschiedenen Waffenarten zeigte, daß in bezug auf das Einbaugewicht die Raketen die günstigsten Werte aufwiesen. Da von gleicher Zielwirkung ausgegangen werden mußte, wurde einer RZ 73 das entsprechende Kaliber von 5 cm für die Düsenkanone und die Rohrvorlaufwaffe festgelegt. Es zeigte sich, daß das Ladungsgewicht (Treibladung) der Rakete ein Mehrfaches gegenüber den beiden Kanonen betrug. Infolgedessen lag auch das Gewicht der kompletten Munition bei der Rakete erheblich höher als in den anderen Fällen. Anders lagen dagegen die Verhältnisse beim Vergleich der Waffengewichte. Während das Gewicht des Raketenabschußrohres bei größeren Leistungen (Vo) der Rakete nur geringfügig anstieg, wurde der Aufwand für normale Waffen mit zunehmender Leistung erheblich größer.

Vergleich der Leistungen von:

|  | BK 5 cm | Düka 5 cm | RZ 73 |
|---|---|---|---|
| Geschoßgewicht | 1,0 | 1,0 | 3,2 kg |
| Geschoßgeschwindigkeit | 360 | 360 | 360 m/sek |
| Sprengstoffgewicht | 0,230 | 0,250 | 0,250 kg |
| Ladungsgewicht | 0,079 | 0,260 | 0,585 kg |
| Patronengewicht | 1,820 | 2,010 | 3,200 kg |
| Waffengewicht | 75 | 35 | 18 kg |
| Rückstoßkraft | 1000 | 0 | 0 kg |
| Flugzeit bei 400 m Zielentfernung | 1,95 | 1,95 | 1,95 sek |

Die Raketenwaffe erforderte also das halbe Gewicht der normalen Waffen, während die Düsenkanone zwischen den beiden Geräten lag. Der besondere Vorteil der Rakete war ihre Rückstoßfreiheit, während die Rückstoßkraft bei einer normalen Waffe rund 1 to betrug. Ihr Vorteil gegenüber der Düsenkanone war ihre 3- bis 4mal niedrigere abströmende Gasmenge, so daß die unangenehme Gasschlag-

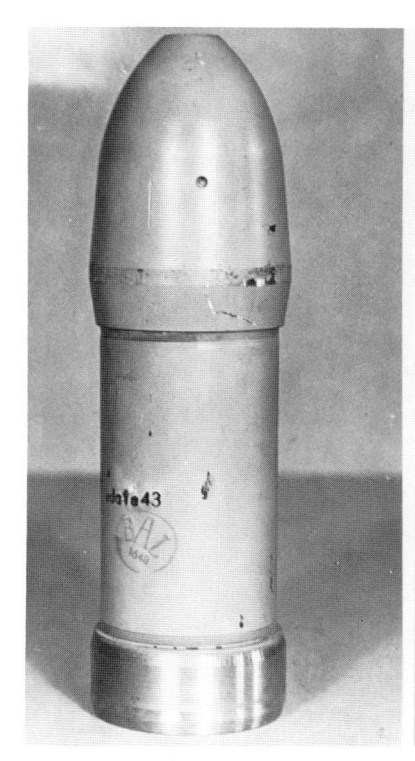

Die drallstabilisierte Bordrakete RZ 65 (links). Mitte: Der Gefechtskopf der RZ 65 und rechts: Der Gefechtskopf aufgeschraubt, oben der Aufschlagzünder AZ 65, darunter die 130-Gramm-Sprengladung.

wirkung in rückwärtiger Richtung der Rohrachse gar nicht erst auftreten konnte. Diese Gasschlagwirkung bei der Düsenkanone war nämlich so heftig, daß bei allen Versuchen die Flugzeugrümpfe schwer beschädigt und darüber hinaus im Inneren der Rümpfe erhebliche Zerstörungen angerichtet wurden. Selbst Strahlabweiser und Beplankungsverstärkungen erbrachten keine zufriedenstellenden Ergebnisse, so daß schließlich alle Düka-Entwicklungen eingestellt wurden.

## Die Bordraketen RZ 65 und RZ 73, Kaliber 73 mm

Bei diesen rückstoßangetriebenen Geschossen handelte es sich um drallstabilisierte Bordraketen mit einem Kaliber von 73 mm, die aus Einzelrohren oder besonderen Verschußgeräten abgefeuert werden konnten. Bereits 1937 begann Rheinmetall-Borsig mit der Entwicklung der ersten Bordraketen, die noch Schwarzpulver-Treibladungen besaßen und relativ schlechte Trefferergebnisse erbrachten. Mit einer verbesserten Treibladung konnten später wesentlich bessere Ergebnisse erzielt werden. 1938 gingen schon die ersten RZ 65, wobei 65 für den Durchmesser der Hülse stand, nach Tarnewitz zur Erprobung und wurden dort aus dem Stand und aus der Luft mit sich ständig verbessernden Trefferergebnissen verschossen. Inzwischen hatte das Technische Amt eine Treffergenauigkeit von 2,5% für diese rückstoßangetriebenen Geschosse festgelegt. Das bedeutet, daß alle abgefeuerten Raketen in einem 2,5×2,5 m Quadrat, bei einer Schußentfernung von 100 m, liegen mußten.

Die ursprüngliche RZ 65 wurde unter der Leitung von *Dr. H. Klein* in einer A- und einer B-Version weiterentwickelt. Letztere war als M.-Geschoß ausgebildet und besaß eine HA 41 Sprengladung, ein Ge-

**Montage von 12 EG (Einzelgerät) unter dem Rumpf eines Zerstörers Bf 110 F-2[1] (V 19). Links: Die 12 nahtlos gezogenen Abschußrohre (Rohre neuer Art der Fa. Appel/Berlin) in ihren Halterahmen, hier ohne Verkleidung und ohne Abgasrohre. Die einzelnen Rohre enthielten je drei um 120 Grad versetzte Führungsleisten. Rechts oben: Die Abschußrohre mit angesetzten Abgasrohren. Rechts unten: Die mit einer stromlinienförmigen Verkleidung abgedeckte Verschußanlage.**

misch aus Hexogen und Aluminium-Pyroschliff, wodurch neben der primären Sprengwirkung (durch den enormen Gasschlag bei der Detonation) eine Brandwirkung erreicht werden konnte. Gezündet wurde die Sprengladung entweder durch einen Aufschlag- oder einen Zerlegerzünder[2]. Letzterer war der elektrostatische Zünder ZZ 1575, der vor Verlassen des Verschußgerätes über einen Kontakt aufgeladen wurde und dann in der vom Flugzeugführer vorgewählten Entfernung zerlegte. Die Treibladung war eine R 61 Mischung, ein rauchschwaches Diglykol-Pulver, das in 0,4 sek abbrannte und einen maximalen Schub von 360 kp entwickelte. Außerdem war die Düsenzahl um fünf auf 20 erhöht worden, von denen 12 in einem Winkel von 8 Grad tangential versetzt waren, und so der Drall auf 19700 U/min gesteigert wurde, was eine wesentlich stabilere Flug-

---

[1] Werk-Nr. 2656
[2] Aufschlagzünder AZ 65, neben dem ZZ 1575 wurde auch der Zerlegerzünder ZZ 1577 verwendet, der nach zirka 4 sek Flugzeit das Geschoß zerlegte

bahn erbrachte und die maximale Abweichung auf unter 1,8% Treffergenauigkeit verbesserte. Der Verschuß erfolgte anfangs aus Einzelschußgeräten, die jeweils aus mehreren Stäben zu einer offenen Röhre zusammengesetzt waren und lediglich zur Geschoßhalterung und -führung dienten. Sie wurden später durch nahtlos gezogene Einzelrohre ersetzt. Daneben gab es bereits Trommelgeräte und andere Verschußautomaten.

Für die Schußerprobung der Raketen wurden in Tarnewitz[1] die verschiedensten Flugzeugmuster

---

[1] In Fw 190, Ju 88 und Bf 109 u. 110

Bf 109 F-2 mit acht EG RZ 65, von denen je vier Einzelgeräte an der Unterseite jeder Tragfläche angeordnet waren. Rechts: Beladen der Einzelrohre mit dem Ladestock, wobei jeweils durch einen Steckschlüssel die Geschoßhalterung betätigt werden mußte. Unten links: Der Sicherungs- und Schaltkasten der Anlage. Beim Abfeuern der 1. Gruppe zündeten die EG 1, 3, 6 u. 8 und entsprechend bei der 2. Gruppe die Rohre 2, 4, 5 u. 7. Beim Abfeuern gab ein Elektromagnet den Abfeuerungshebel frei, die Rakete zündete und schleuderte durch ihren Schub den Geschoßhaltehebel zur Seite.

mit Abschußrohren ausgerüstet und fast 5000 Raketen aus dem Stand und aus der Luft verschossen. Die RZ 65 Bordraketen wurden in die Einzelrohre mit einem Ladestock eingeführt. Das Rohr war 550 mm lang und wog zirka 7,7 kg. Das ganze Gerät hatte eine Länge von 905 mm. Bei der Montage in den Tragflächen der Jagdflugzeuge vergrößerte sich die Einbaulänge durch eine Rohrverkleidung und ein gekrümmtes Gasableitungsrohr auf zirka 1270 mm. Ein Abschußautomat war relativ einfach, da ja die Verschluß- und Leergutförderung bei den Raketenwaffen entfielen. In dem Verschußautomaten RZ 73 für Flügeleinbau befanden sich z. B. 14 Bordraketen in einem Flachmagazin, das seitlich zum Abgangsrohr angeordnet war. Die 14 Raketen konnten in einem Feuerstoß abgefeuert werden. Die Zuführung der Raketen erfolgte über ein Sternrad in das Abschußrohr. Der Vorgang war folgender: Durch den Schlaghebel am Ende des Abschußrohres wurde die Treibladung der Rakete abgefeuert. Mit dem Beginn der Raketenbewegung wurde ein federn gehaltener Hebel, der auf der Stirnfläche der Rakete ruhte, seitlich aus dem Abschußrohr herausgeschleudert. Mit diesem Hebel war ein einfacher Trieb verbunden, der so angeordnet war, daß nach jedem Schuß (Abgang) das Sternrad eine Drehung um 120 Grad ausführte, so daß eine neue Rakete in das Abschußrohr eingeführt wurde. Mit der Zubringung der Rakete wurde gleichzeitig der Schlaghebel für die Abfeuerung so gesteuert, daß er für die Schlagzündung wieder freigegeben wurde, sobald die Rakete im Abschußrohr lagerte. Dieser Automat

Fw 190 mit sechs EG RZ 65, von denen je drei Einzelrohre in jeder Tragfläche angeordnet waren. Mitte: Die Abschlußrohrenden mit der elektrisch betätigten Abfeuerungsanlage und den nach unten gekrümmten kurzen Abgasrohren. Unten: Beladen eines Einzelrohres.

Trommelgerät TG 65 zum Verschuß von acht RZ 65 Bordraketen (oben). Zur Erprobung wurde im März 1939 ein TG in die Bf 110 D-ADJD eingebaut. Die Abb. Mitte unten zeigt das TG unter dem Rumpf der Bf 110. Unten: Versuchsmontage von vier Trommelgeräten TG 65 unter dem Rumpf einer Ju 88 A-4.

**Montage eines EG RZ 65 unter den hinteren Teil des Rumpfes einer Bf 110 E-2 für Seitenschuß aus einem links herumgeflogenen Angriffskreis.**

**Montage einer Verschußanlage für RZ 73 nach hinten. Hier in einer He 111 ND + AU. Oben: Einlegen der Rakete in das glatte Ausstoßrohr. Mitte: Mündung des Ausstoßrohres am Heck der He 111. Unten: Darstellung, Bordrakete RZ 73 und Mündung des Ausstoßrohres.**

erreichte eine Schußfolge von über 180 Schuß in der Minute.

In einer kurzen Truppenerprobung kamen nur wenige RZ 65 bzw. 73 Bordraketen ausschließlich gegen Bodenziele zum Einsatz. Auch die Nachfolgeprojekte RZ 15/8 oder RZ 100 u.a.m. wurden zugunsten der flügelstabilisierten Bordraketenentwicklungen eingestellt.

Flugbahn der RZ 65:

| Entfernung: | 100 m | 200 m | 300 m | 400 m | 500 m |
|---|---|---|---|---|---|
| Fall der Flugbahn: | 0,3 m | 0,7 m | 1,8 m | 2,7 m | 4,5 m |

Die Abschußrohre waren für eine Schußentfernung von 500 m nach der Anschußscheibe ausgerichtet. Die Raketenflugbahn kreuzte die Visierlinie in einer Entfernung von 300 m.

Die technischen Daten einiger RZ-Bordraketen:

|  | RZ 65 | RZ 73 | RZ 15/8 | RZ 100 |  |
|---|---|---|---|---|---|
| Kaliber | 73 | 73 | 158 | 420 | mm |
| Länge | 262 | 330 | 850 | 1650 | mm |
| Gesamtgewicht | 2,4 | 3,2 | 50 | 730 | kg |
| Geschoßgewicht | 0,238 |  |  |  | kg |
| Sprengstoffgewicht | 0,190 | 0,250 |  | 245 | kg |
| Treibladung | 0,390 | 0,585 | 5,8 | 85 | kg |
| max. Schub | 340 | 680 |  |  | kp |
| Brennzeit | 0,2 | 0,18 |  |  | sek |

**Die zirka 730 kg schwere drallstabilisierte Bordrakete RZ 100. Oben: Beim Bodenschußversuch unter dem Rumpfwrack einer Me 210. Unten: Die Rakete auf dem Abschußgestell bei der Vorbereitung zu einem Bodenschußversuch.**

| | | | |
|---|---|---|---|
| max. Geschwindigkeit | 275 | 360 | m/sek |
| Reichweite | 300 | 400 | |

Die mit AZ 65 gegen Erdziele verschossenen RZ 65 besaßen eine 0,160 kg schwere Sprengladung.

# Die großkalibrigen Bordraketen Wgr 21 und 28, Kaliber 21,4 und 28 cm

Bevor die neuen flügel- bzw. leitwerkstabilisierten Bordraketen zur Verfügung standen, griff die Luftwaffe Mitte 1943 als Sofortmaßnahme auf die im Erdkampf erfolgreich eingesetzten Wurfgranaten der Nebelwerfer zurück, um noch außerhalb des Wirkungsbereiches des Bomber-Abwehrfeuers eine Waffe einsetzen zu können, mit der zumindest eine Sprengung der geschlossenen Bomber-Formation erreicht werden konnte. Man wählte die vom O.K.H.[1] Ende Juni 1943 eingeführte 21 cm Wurfgranate 42 des 21 cm Nebelwerfers 42. Hierbei handelte es sich um ein drallstabilisiertes Pulverraketengeschoß, dessen 9,5 kg schwere Sprengladung durch den Zeitzünder Zt.Z. S/30 bzw. Raketen-Doppelzünder RDopp.Z S/60 und die Zündladung Zdlg.36F gezündet wurde. Die Treibladung bestand aus sieben in röhrenförmigen Stangen gepreßtem, rauchschwachem Diglykol-Pulver, die 550 mm lang waren. In dem als Turbine (21 cm Turbine DO) ausgebildeten Boden waren 22 Austrittsdüsen auf einem Kreis von 145 mm Durchmesser angeordnet, die zur Erzeugung des Dralls um 14 Grad tangential versetzt waren und sich alle auf einer Strecke von ungefähr 32 mm von zirka 10 auf 20 mm im Durchmesser erweiterten. Die Zündung der Wurfgranate im Ausstoßrohr erfolgte über den elektrischen Glühbrückenzünder ERZ 38, der vom B 2 Bombenknopf am Steuerknüppel KG 13 B ausgelöst wurde. Als Zielgerät diente das Reflexvisier Revi 16 F, in dem die Entfernung durch zwei senkrechte Linien so eingestellt werden konnte, daß der Flugzeugführer die Raketen nur auszulösen brauchte, wenn die Spannweite des Feindbombers gerade von der einen zur anderen Linie reichte. Die Rohre waren auf 1400 m justiert und erforderten dazu einen Anstellwinkel von 7 Grad in bezug auf die Flugzeuglängsachse. Verschossen wurden die 21 cm BR aus 1,30 m langen Ausstoßrohren, die einzeln unter jeder Fläche

---

[1] Oberkommando des Heeres

**Als Rüstsatz M5 waren Bf 110 F-2- und G-2-Tagzerstörer zur wirkungsvolleren Bekämpfung von Viermot.-Verbänden mit je einem Abschußrohrpaar für 21 cm Wurfgranaten unter jeder Tragfläche ausgerüstet.**

**Wgr. 21-Ausstoßrohr unter der rechten Tragfläche einer Fw 190 (oben). Gut zu erkennen sind die beiden rechten Abstützstreben mit ihren Warzen am Ausstoßrohr sowie die mittlere Strebe, oder auch Abspreng-Strebe genannt. Weiter sieht man im Rohr eine der drei um 120 Grad versetzten Führungsschienen.
Unten: Bf 109 G-6/R2 mit zwei 21 cm Bordraketen-Geräten.**

von Focke-Wulf 190[1]) bzw. Messerschmitt 109[2]) Jagdflugzeugen, und die paarweise anstele der vier ETC 50 als Rüstsatz M 5 an Bf 110 F-2 und G-2[3]) Zerstörern angebracht waren. In jedem Rohr befanden sich drei um 120 Grad versetzte Führungsschienen. Die Rohre hingen mit ihrer mittleren Strebe, der sogenannten Absprengstrebe, über die auch die Auslöseleitung führte, an einem Haken bzw. Aufhängebeschlag und wurden durch vier Streben abgestützt. Nur wenige Griffe waren für die Montage dieser, im Landserjargon mit »Dödel« oder auch »Ofenrohre« bezeichneten, Ausstoßrohre nötig. Im Notfall konnten die kompletten Geräte abgesprengt werden. Die Wurfgranate wurde von vorn in das Rohr eingeführt und war hinten durch Schraubbolzen gegen ein Herausfallen gesichert. Die Raketen konnten einzeln, als Salve oder paarweise abgefeuert werden. Der Einbau eines aus sechs Rohren bestehenden Drehlings in den Bug einer Me 410 A-2 wurde nach einem weniger erfolgreich verlaufenden Bodenschußversuch wieder aufgegeben.

Der Einsatz erfolgte nur gegen Flächenziele zum Aufbrechen von geschlossenen Bomberformationen, wobei die Bordraketen durch Splitterwirkung und eine besonders starke Druckwelle wirkten. An den großen Abwehrerfolgen deutscher Jäger über amerikanische Bomberformationen am 17. August und 14. Oktober 1943 im Raume Schweinfurt waren mit Do-Werfern ausgerüstete Jäger maßgeblich beteiligt. Später, nachdem die amerikanischen Begleitjäger immer tiefer über dem Reichsgebiet operieren konnten, ging die Überlegenheit

---
[1]) in Fw 190 ab Baureihe A-4/als Rüstsatz 6
[2]) in Bf 109 G-6/R2
[3]) in Bf 110 als Rüstsatz M5

**Versuchsmontage eines 6schüssigen Werfer-Drehlings in einer Me 410 A-2. Links: Die Me 410 kurz vorm Abfeuern der Wurfgranate. Rechts: Das verkleidete Verschußgerät unter dem Rumpfbug mit einer abfeuerbereiten 21 cm Wurfgranate.**

dieser Waffe nach und nach verloren, da die recht schwerfälligen Jäger und Zerstörer für die »Mustangs« eine leichte Beute wurden.

Noch einmal versuchte die Truppe in Eigeninitiative Fw 190 F-8 Schlachtflugzeuge mit diesen sogenannten Do- oder Nebelwerfern zur Panzerjagd auszurüsten. Hierzu verwendeten sie den 28 cm Wurfkörper Spreng., der aus dem 28/32 Nebelwerfer 41, dem schweren Wurfrahmen 40 bzw. den schweren Wurfgeräten 40[1]) und 41[2]) verschossen wurde. Da die Truppenversuche nicht den erhofften Erfolg erbrachten, wurde auch dieses Vorhaben bald wieder aufgegeben.

Die technischen Daten der Bordraketen 21 cm Wgr.42 Spr. und 28 cm WK Spr. waren:

**Einbringen einer Wurfgranate 21 cm Wgr. 42 Spr. in das Abschußrohr einer mit 21-cm-BR-Geräten ausgerüsteten Fw 190 A-7.**

|  | 21 cm Wgr. 42 Spr. | 28 cm WK spr. |
|---|---|---|
| Kaliber | 214 | 280 mm |
| Länge | 1260 | 1260 mm |
| Gewicht | 110 | 82 kg |
| Gefechtskopf kompl. | 36 | kg |
| Treibladung | 18,6 | kg |
| Sprengstoffgewicht (F p. 02) | 9,5 | 50 kg |
| max. Schub | 1720 | kp |
| Brennzeit | 1,4 | sek |
| max. Geschwindigkeit | 320 | 145 m/sek |
| Reichweite | 500 bis 7850 | 750 bis 1925 m |

[1]) Holz-,
[2]) Stahlrahmen, auf welche vier Wurfkörper noch mit ihren Transportrahmen gesetzt und aus diesen direkt verschossen wurden

Laden eines Abschußrohrpaares einer Bf 110 mit 21 cm Wurfgranaten.

Verschuß auf eine
mittl. Entfernung von          1200 bis 1400          1000 m
Flugbahnwerte der 21 cm Wgr. 42 Spr.:
Entfernung          Höhensteuerung          Seitensteuerung
1000 m              ± 7 m                  ± 40 m
2000 m              ±24 m                  ± 84 m

## Fliegende »Panzerfaust« und »Panzerschreck«-Raketen

Zur Panzerbekämpfung aus der Luft mit Raketengeschossen bediente man sich außer primitiver Anordnungen, wie z. B. die Montage einer 150 m Panzerfaust an den »Zaunkönig«[1]) zeigte, auch durchaus erfolgreicher Notlösungen, wie die Anbringung von vier Panzerfäusten an Bücker Bü 181 Schulflugzeugen. Je zwei solcher 150 m Panzerfäuste, die 6,8 kg wogen und mit ihrem Hohlladungsgefechts-

[1]) Forschungsflugzeug des Instituts für Flugzeugbau an der TH Braunschweig

Selbst das Forschungsflugzeug »Zaunkönig« des Instituts für Flugzeugbau an der TH Braunschweig wurde, um zu überleben (vor dem Rotstift), bewaffnet. Oben: Befestigung eines »Panzerfaust«-Rohres an den linken Tragflügelstreben. Unten: Montage einer »Panzerfaust 100« über dem Tragflügel des »Zaunkönigs«. Das Geschoß, der sogenannte Kopf, ist auf das Rohr aufgesetzt, das Visier hochgeklappt und eine Abzugschnur über den Abzug gelegt. Die »Panzerfaust« ist feuerbereit. Ihre Durchschlagsleistung betrug 200 mm Panzerstahl bei einer Zielentfernung von 100 bis 150 Metern.

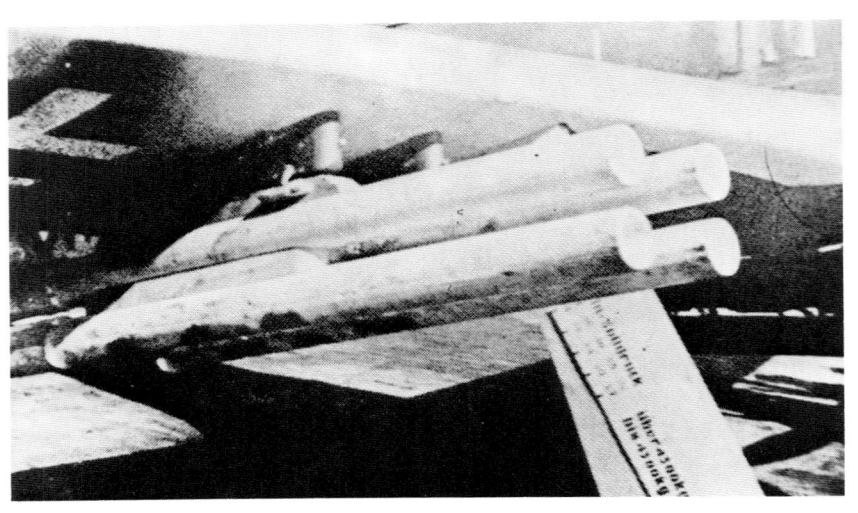

**Fw 190 F-8 Schlachtflugzeug mit vier 8,8 cm Raketenabschußrohren »Panzerschreck« für flügelstabilisierte Raketen R Pz B Gr 4322 bzw. 4992. Die Abkürzung stand für Raketen-Panzerbüchsen-Granate. Die Kampfentfernung lag je nach verwendeter Granate zwischen 100 und 150 Metern.**

kopf Panzerungen von über 200 mm Stärke durchschlugen, waren links und rechts an den Tragflächen montiert und konnten durch vier einzelne Bowdenzüge nacheinander abgefeuert werden. Diese kleinen Schulflugzeuge machten den vorrückenden feindlichen Panzerverbänden im Raum Oschatz noch schwer zu schaffen.

Darüber hinaus dachte man sich weitere Notlösungen aus. So baute man in Feldwerften 1,50 m lange Ausstoßrohre in einer Viererbruppe zusammen und befestigte sie in ähnlicher Art wie die Ausstoßrohre für die 21 cm Wurfgranaten unter den Tragflächen von Fw 190 F-8 Schlachtflugzeugen. Aus diesen Rohren wurden modifizierte Panzerschreck-Raketen verschossen, deren Hohlladungs-Gefechtsköpfe bis zu 160 mm Panzerstahl durchschlagen konnten. Das Kaliber dieses fliegenden Panzerschrecks betrug 90 mm. An dem 275 mm langen Gefechtskopf war eine 350 mm lange Hülse mit sieben Treibladungspulverstäben befestigt, an deren Heckteil um 2 Grad versetzte Leitflossen angebracht waren, die so den zur Stabilisierung notwendigen Drall erzeugten. Komplett wog die Rakete 7,2 kg. Nach kurzer Erprobung auf dem Udetfeld durch *Major Eggers*, konnte die Waffe bereits im Oktober 1944 an der Ostfront eingesetzt werden. Doch führten die schlechten ballistischen Leistungen, und die damit verbundenen geringen Erfolgsaussichten, schon bald zur Aufgabe dieser Waffe, zugunsten einer bereits eingeleiteten neuen Serie von Panzerbekämpfungsmitteln, den »Panzerblitz«-Bordraketen.

## Die ›Panzerblitz‹-Bordraketen, Kaliber 80 und 130 mm

Die Idee des fliegenden Panzerschrecks führte Ende 1944 zur Entwicklung des Panzerblitz 1, einer 70 cm langen, durch Leitwerk stabilisierten, ungelenkten 8 cm Bordrakete. Ihr 17 cm langer Gefechtskopf, der nichts anderes als eine 8 cm Werfer-Sprenggranate des Heeres war, konnte Panzerstahl bis zu 90 mm durchschlagen. An dem Gefechtskopf war über ein 4 cm breites Anpassungsstück eine 32,4 cm lange Hülse eingeschraubt, in der sechs Treibladungspulverstäbe, (von 282 mm Länge, 23 mm im Durchmesser und mit einer symmetrischen Längsbohrung von 6mm), untergebracht waren. Hieran schloß sich das Heck mit den vier Leitflächen und der 13 cm langen Düse, deren Eintrittsdurchmesser 6,3 cm betrug, sich auf 2 cm verengte, um sich dann über eine Strecke von 8,8 cm auf 4 cm wieder zu öffnen. Die Zündung der Treibladung erfolgte elektrisch. Die Rakete hing in der Startschiene an zwei um 25 cm voneinander entfernten Führungs-Stehbolzen, von denen der hintere die Rakete durch eine federnd gelagerte Halterung in der Startschiene sicherte. Eine einzelne Schiene war 1,50 m lang und konnte zu einem 4- bzw. 6schüssigen Schienenrost zusammengefaßt und als abwerfbare Einheit unter den Tragflächen von Fw 190 Panzerjägern montiert werden. Die Raketen wurden in einer Entfernung von 200 m auf das Ziel abgefeuert, wobei das Trägerflugzeug seine Geschwindigkeit auf 500 km/h reduzieren mußte. 0,8 Sekunden nach dem Abschuß erreichte die Rakete ihre Höchstgeschwindigkeit von zirka 1340 km/h.

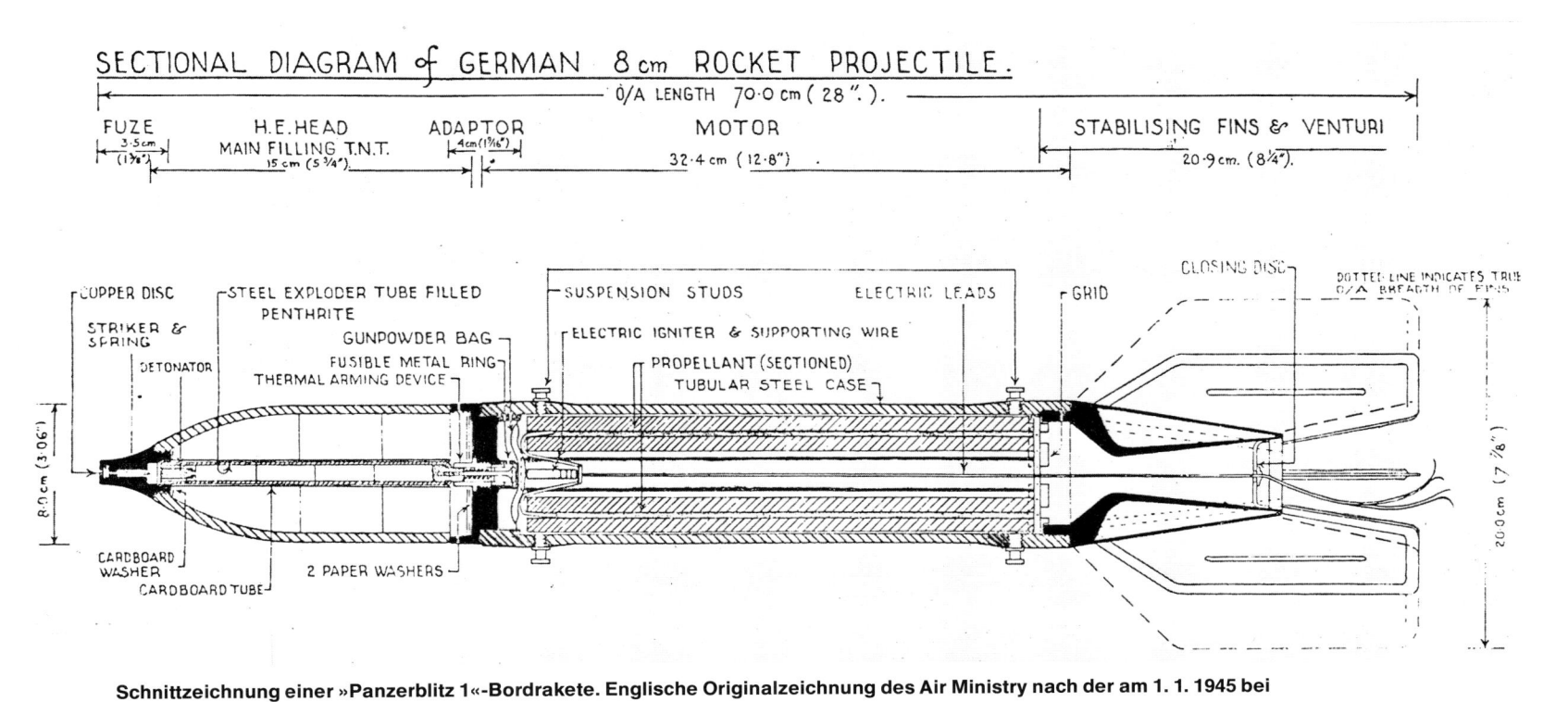

**Schnittzeichnung einer »Panzerblitz 1«-Bordrakete. Englische Originalzeichnung des Air Ministry nach der am 1. 1. 1945 bei Asch/Holland erbeuteten Fw 190**

**Englische Originalzeichnung der Installation von »Panzerblitz 1«-Bordraketen nach der am 1. 1. 1945 bei Asch/Holland erbeuteten Fw 190**

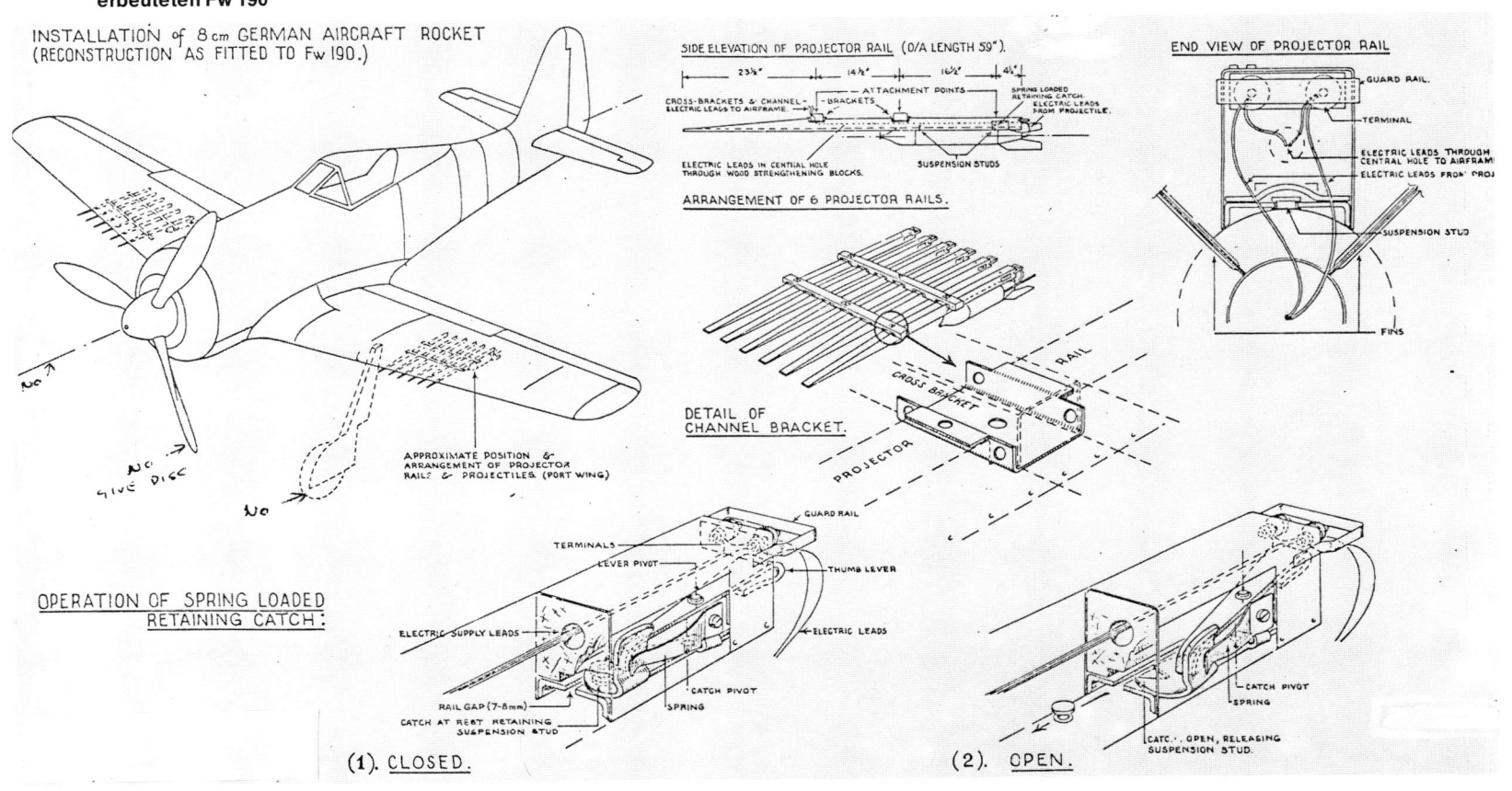

Die Entsicherung des Aufschlagzünders geschah durch Schmelzen eines Sicherungsringes nach zirka 50 m Flugweg.

Im Dezember 1944 wurden die ›Panzerblitz 1‹-Bordraketen zum ersten Male eingesetzt, und am 1. Januar 1945 fiel den Engländern bei Asch in Holland eine mit diesen Raketen ausgerüstete Fw 190 in die Hände.

Die unbefriedigende Durchschlagsleistung und die ungewöhnliche Geschwindigkeitsreduzierung des Angriffsflugzeugs kurz vor dem Abfeuern der Raketen, wodurch dieses besonders stark dem feindlichen Abwehrfeuer ausgesetzt war, führten zur Entwicklung der »Panzerblitz 2«-Bordrakete. Dabei handelte es sich um eine mit einem 13 cm Hohlladungs-Gefechtskopf versehene, ungelenkte, flügelstabilisierte R4M-Rakete. Verschossen wurde sie von Einzelschienen, die zu mehrschüssigen Rosten zusammengefaßt werden konnten. Einige Fw 190 F-9 Schlachtflugzeuge sollen noch im Dezember 1944 an der Ostfront damit ausgerüstet gewesen sein.

Der »Panzerblitz 3« kam, wie noch eine ganze Reihe anderer Panzerbekämpfungsraketen, über das Versuchsstadium nicht hinaus.

Die technischen Daten der »Panzerblitz«-Raketen waren:

|  | Pb 1 | Pb 2 | Pb 3 |  |
|---|---|---|---|---|
| Kaliber | 80 | 130 |  | mm |
| Länge | 700 | 815 | 995 | mm |
| Leitwerksspannweite | 200 | 242 | 242 | mm |
| Gesamtgewicht | 6,9 | 5,1 |  | kg |
| HL-Gefechtskopfgewicht | 2,408 |  |  | kg |
| Durchschlagsleistung | 90 | 180 | 160 | mm |
| Sprengstoffgewicht | 0,610 | 2,100 | 0,290 | kg |
| Treibladung | 1,005 | 0,815 |  | kg |
| max. Schub | 440 | 245 |  | kp |
| Brennzeit | 0,3 | 0,75 |  | sek |
| max. Geschwindigkeit | 370 | 370 | 570 | m/sek |

## Die flügelstabilisierte Bordrakete R4M »Orkan«, Kaliber 55 mm

Die erfolgreichste und zugleich richtungweisende Raketenentwicklung wurde 1943 mit der kleinen, ungelenkten, flügelstabilisierten 55 mm Bordrakete R4M »Orkan« eingeleitet. Man war schon frühzeitig zu der Erkenntnis gekommen, daß die Aufgaben der Luftwaffe, besonders aber der Jagdflieger, mit den normalen Bordkanonen der Kaliber 2 und 3 cm nicht immer optimal zu erfüllen waren. Dazu wurden schon Kaliber der Größenordnung benötigt, die mit denjenigen der klassischen Artillerie vergleichbar waren, und zwar nicht nur in bezug auf das Kaliber, sondern auch hinsichtlich ihrer Treffgenauigkeit. Vorausgegangen waren Untersuchungen, in denen nachgewiesen wurde, daß, um mit einem Treffer einen viermotorigen Bomber kampfunfähig zu schießen, durchschnittlich 400 bis 500 Gramm Sprengstoff erforderlich seien. Das bedeutete aber gleichzeitig hohes Waffen- und Munitionsgewicht und nicht zuletzt hohe Rückstoßkräfte. Hier bot sich nur die Rakete als einzige Alternative an, was schließlich zu einer konsequenten und intensiven Raketenentwicklung auf breiter Basis führte.

Aufgrund einer Forderung des RLM nach einer kleinen aerodynamischen Bordrakete, die mit der Flugzeugzelle so integriert werden konnte, daß die Leistungen und Manövrierfähigkeit der Jagdflugzeuge nicht beeinträchtigt wurden, entwickelten die Firmen Heber[1]) in Osterode/Harz und die Deutsche Waffen- und Munitionsfabriken (DWM) in Lübeck-Schlutup gemeinsam die R4M Bordrakete, das R stand für Rakete, die 4 für das Gesamtgewicht von 4 kg und das M für Minen-Gefechtskopf. Die Rakete war denkbar einfach aufgebaut und bestand aus dem Gefechtskopf mit dem Aufschlagzünder, dem Mittelteil mit der Treibladung und Austrittsdüse und dem Heck mit acht klappbaren Stabilisierungsflügeln. Gestartet wurden die Raketen von Einzelschienen, einem 12schüssigen hölzernen Schienenrost oder aus Verschußautomaten.

---

[1]) *Kurt Heber*

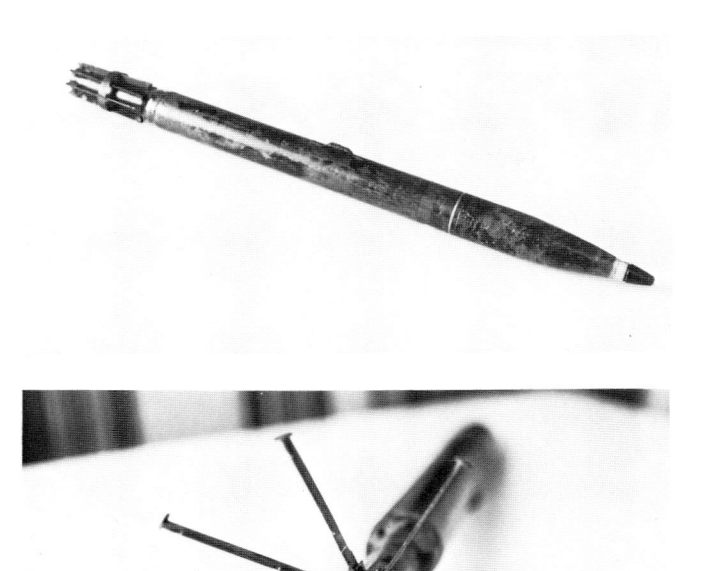

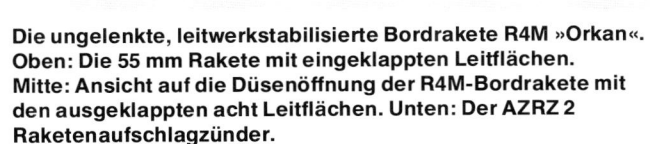

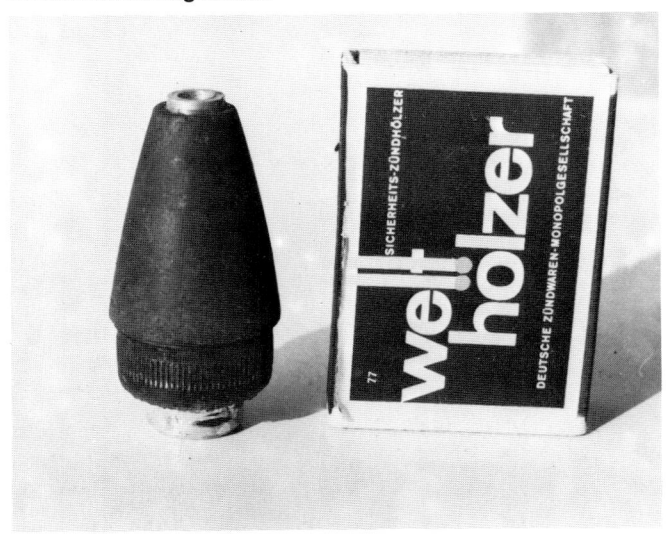

**Die ungelenkte, leitwerkstabilisierte Bordrakete R4M »Orkan«.
Oben: Die 55 mm Rakete mit eingeklappten Leitflächen.
Mitte: Ansicht auf die Düsenöffnung der R4M-Bordrakete mit den ausgeklappten acht Leitflächen. Unten: Der AZRZ 2 Raketenaufschlagzünder.**

Der 210 mm lange Gefechtskopf hatte eine Wandstärke von 0,8 mm und enthielt einen in einem Nitropentamantel eingehüllten HA 41 Sprengstoff, der über den Raketenaufschlagzünder AZRZ 2 gezündet wurde. Die Treibladung, als symmetrischer Innenbrenner ausgebildet, bestand aus einem 374 mm langen Diglykol-Stab von 44 mm Durchmesser, der in der Mitte eine Bohrung von 12 mm Durchmesser besaß. Die Düse am Heck des Raketenmittelteils erweiterte sich von einem Durchmesser von 10 mm, über eine Strecke von 12 mm, auf einen Austrittsdurchmesser von 25 mm. Die Treibladung wurde elektrisch gezündet und beschleunigte die Rakete in 0,8 sek auf ihre Endgeschwindigkeit von zirka 525 m/sek[1]), entspr. 1890 km/h. Der Abschuß einer Salve von 24 Raketen erfolgte in vier Intervallen von je sechs Raketen, in einem zeitlichen Abstand von 0,07 sek. Auf 1000 m Entfernung lag die Streuung so, daß ein Raum von 15 m Höhe und 30 m Breite gleichmäßig abgedeckt wurde. Die Flugbahn über diese Entfernung war fast eine gestreckte. Beim Verlassen der Schiene klappten die Leitflächen aus und stabilisierten die Bordrakete.

Die Erprobung der R4M wurde mit der Bf 110 durchgeführt, der Einbau der Raketen erfolgte in Me 262 A-1 b[2]) Strahltrieb- und Me 163 A-0 Raketenjägern. Die Erfolge mit dieser Bewaffnung waren so hervorragend, daß sich das Abschußverhältnis schlagartig auf 7:1 zugunsten der Luftwaffe änderte. Hierzu schrieb die Interavia[3]): »Man sollte sich indessen erinnern, daß Ende 1944 das Verhältnis der alliierten und deutschen Luftkampfverluste ungefähr 1:1 lag. Als dann Anfang 1945 der zweimotorige deutsche Düsenjäger Me 262 zum Einsatz kam – mit neuen 30 mm Kanonen, Jagdraketen R4M und automatischem Visier EZ 42 ausgerüstet – stieg das Abschußverhältnis auf etwa 7:1 zugunsten der Luftwaffe. Dies war das Ergebnis einer umwälzenden Technik, die sich den in Großbritannien und USA erzeugten herkömmlichen Flugzeugen und

---

[1]) zu dieser Geschwindigkeit addierte sich die Flugzeuggeschwindigkeit, z. B. 222 m/sek für die Me 262 = 747 m/sek (2690 km/h)
[2]) serienmäßig
[3]) Heft 10/1951

Es sollen etwa 10000 bis 12000 R4M Bordraketen bis zum Kriegsende hergestellt worden sein, von denen zirka 2500 Stück in Einsätzen verschossen worden sind. Die verschiedenen Verschußgeräte, insbesondere die von der Firma Mauser entwickelten Doppelrohr- und Federtrommelraketen-Automaten, konnten nicht mehr in Flugzeugen erprobt werden.

Die Ausrüstung deutscher Jagdflugzeuge in den letzten Kriegsmonaten mit 30 mm Kanonen und 55 mm Raketen war eine Bewaffnungskombination, die das Optimum des damals Verfügbaren darstellte. Von allen war die revolutionäre Me 262, durch die gerade eingeleitete Armierung mit vier M.G./M.K. 213 C und den 24 R4M Bordraketen, in jeder Hinsicht unbestritten das seinerzeit beste und zugleich fortschrittlichste Jagdflugzeug der Welt.

Die technischen Daten der R4M Bordrakete waren:

| | |
|---|---|
| *Kaliber* | *55 mm* |
| *Länge* | *812 mm* |
| *Gesamtgewicht* | *3,85 bis 4 kg* |
| *Spannweite der ausgeklappten Leitflächen* | *242 mm* |
| *Sprengstoffgewicht* | *0,520 kg* |
| *Treibladung* | *0,815 kg* |
| *max. Schub* | *245 kp* |
| *Brennzeit* | *0,75 sek* |
| *max. Geschwindigkeit* | *525 m/sek* |
| *Reichweite* | *1500 m* |

## Die steuerbare Jägerrakete X 4, Kaliber 22,2 cm

Höhepunkt der Flugzeugwaffen waren ohne Zweifel die ferngelenkten Jägerraketen, die aus den bereits vor dem Kriege aufgenommenen nachsteuerbaren Fallbomben-Entwicklungen abgeleitet wurden. Im Jahre 1938 begann *Dr. Max Kramer* in der Deutschen Versuchsanstalt für Luftfahrt (DVL) in Berlin-Adlershof mit den ersten Versuchen zur Beeinflussung der Fallbahn einer 250 kg Bombe über Funkfernlenkung. Dafür waren zur Steuerung

**Die R4M-Bordraketen wurden von einem flachen hölzernen Schienenrost abgefeuert. Oben u. unten: Me 262 A-1b Strahltriebjäger mit unter jeder Fläche montierten 12schüssigen Schienenrosten mit den feuerbereiten R4M-»Orkan«-Bordraketen. Mit ihren vier 3 cm Kanonen (M.K. 108) und den 24 ungelenkten Bordraketen (R4M) verfügten die Me 262 über die wirkungsvollste Jagdflugzeugbewaffnung des Zweiten Weltkriegs.**

Waffen überlegen zeigte.« Und General Steinhoff äußerte sich zur R4M treffend: »Die Luftwaffe exerzierte alle Kaliber bis zu 88 mm durch, und nur die R4M befreite sie aus dieser absoluten Ausweglosigkeit.«[1]

---
[1]) Der Flieger, 26. Jahrg., Heft 4/1952

**Die drahtgesteuerte Luft/Luft-Jägerrakete Ruhrstahl/Kramer X 4 (Projektbezeichnung 8-344).**

der Bombe neuartige Steuerelemente in Form von beweglichen Störkanten entwickelt worden, die an einem kreuzförmigen Leitwerk für Höhen- und Seitensteuerung und für die Stabilisierung um die Längsachse angebracht waren. Die Lenkung der Bombe nach dem Abwurf erfolgte mit Hilfe des optischen Zieldeckungsverfahrens.

Unter der Bezeichnung »X« entstanden dann von *Dr. Kramer* eine Reihe ferngelenkter Waffen, die mit der X1, »Fritz X«, einer nachsteuerbaren Panzerdurchschlagbombe SD 1400 eingeleitet wurde und über die ferngelenkte Jägerrakete X 4 zur drahtgesteuerten Panzerabwehrrakete X 7 »Rotkäppchen«, dem Endglied dieser Flugkörperfamilie, führte.

Die Vorarbeiten an dem vom RLM unter der Projektbezeichnung 8-344 geforderten Jägergerät begannen bei der DVL Anfang 1943, und die Herstellung wurde in dem darauffolgenden Jahr von den Ruhrstahl-A.G. Preßwerken in Bielefeld-Brackwede unter der Bezeichnung X 4 aufgenommen. Bei der Jägerrakete handelte es sich um einen ferngelenkten, flügelstabilisierten Flugkörper mit einem Flüssigkeitsraketentriebwerk, wobei die Kommandoübertragung durch Draht vom Trägerflugzeug zum Gerät erfolgte. Die X 4 war zur Bekämpfung viermotoriger Bomberformationen konzipiert und sollte den Jägern ermöglichen, den

**Oben: Versuchsabschuß einer X 4 von einem Ju 88 Trägerflugzeug in Karlshagen. Unten: Modell einer mit einer X 4 ausgerüsteten Me 262 (Ausstellungsstück im Imperial War Museum in London).**

Kampf aus einer größeren Entfernung, und somit außerhalb des Bereichs der starken Abwehrbewaffnung, aufzunehmen. Als Träger[1] waren Me 262 und Fw 190 Jagdflugzeuge vorgesehen.

Die X 4 bestand aus einem 2,01 m langen spindelförmigen Rumpf, der im vorderen Teil den 20 kg schweren Gefechtskopf trug, aus dem der Zielabstandszünder herausragte. Das Mittelteil von 57 cm Länge und 22 cm Durchmesser nahm den Preßlufttank und das in spiralförmig gewickelten Rohren[2]

---

[1] Anfangs sollten auch Ju 88 G-1 und Ju 388 mit je zwei X 4 ausgerüstet werden
[2] Schlangentanks

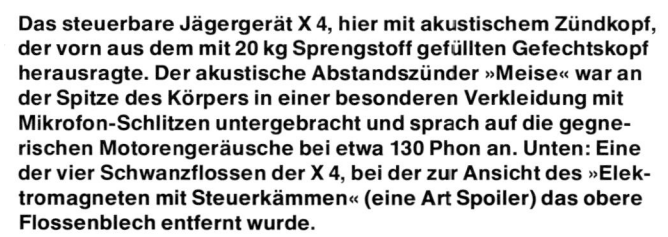

**Das steuerbare Jägergerät X 4, hier mit akustischem Zündkopf, der vorn aus dem mit 20 kg Sprengstoff gefüllten Gefechtskopf herausragte. Der akustische Abstandszünder »Meise« war an der Spitze des Körpers in einer besonderen Verkleidung mit Mikrofon-Schlitzen untergebracht und sprach auf die gegnerischen Motorengeräusche bei etwa 130 Phon an. Unten: Eine der vier Schwanzflossen der X 4, bei der zur Ansicht des »Elektromagneten mit Steuerkämmen« (eine Art Spoiler) das obere Flossenblech entfernt wurde.**

untergebrachte Treibstoffgemisch, welches aus R-Stoff (Tomka 250, einem organischen Amin-Gemisch von basischem Charakter) und S-Stoff (Salpetersäure +4% Eisenchlorid) bestand, auf. Es trug außerdem die vier um 50 Grad gepfeilten Stummelflügel, an deren gegenüberliegenden Enden einmal die Leuchtpatronen für das Zieldeckungsverfahren und zum anderen die stromlinienförmigen Steuer-

**Fw 190 Jagdflugzeug mit unter jeder Fläche an Außenstationen mitgeführten X 4 Jägerraketen.**

**Unterflügelaufhängung der X 4 Jägerrakete an ETC 70 Träger. Sehr gut ist der aus dem Heck des stromlinienförmigen Spulenkörpers herausgeführte Steuerdraht zu erkennen.**

drahtbehälter angebracht waren. Letztere enthielten je einen Abspulkörper mit zirka 5500 m langen und 0,2 mm starken isolierten Draht. In dem 72 cm langen Heckteil befanden sich die Brennkammern mit zentraler Düse, eine Batterie und ein Kurskreisel mit Umsteuer- (oder Ausgleichs-)Gerät, außerdem trug es vier kleine Steuerflächen. Der Raketenmotor war von BMW unter der Bezeichnung 109-548 entwickelt worden.

Die X 4 wurde von ihrer Aufhängung an der ETC 70 gestartet. Nach dem Abschuß steuerte der Pilot das Gerät mit einem kleinen Steuerknüppel, dem sogenannten »Knirps«, dessen Ausschläge von dem Sender FuG 510 »Düsseldorf« über die beiden Drähte an den Empfänger FuG 238 »Detmold« zu den

Steuergerät mit dem kleinen Steuerknüppel, dem sogenannten »Knirps«, am Instrumentenbrett im Führerraum eines Fw 190 Jägers.

Steuerflächen[1]) der Rakete übertragen wurden, ins Ziel. Dabei rotierte der ganze Flugkörper zur zusätzlichen Stabilisierung mit 60 U/min um seine Längsachse, was durch festeingestellte kleine Klappen an den Hinterkanten der Stummelflügel erreicht wurde. Die Bahnkorrektur erfolgte nach dem Zieldeckungsverfahren, d. h. der Pilot hatte den intensiven Lichtpunkt der Leuchtpatronen an den kleinen Flügeln stets nach Seite und Höhe mit dem Ziel in Deckung zu bringen. Ein automatisches Ausgleichsgerät setzte die Steuerbefehle in die richtigen Ausschläge, entsprechend der Eigenrotation des Flugkörpers, um. In Zielnähe glich automatisch das akustische Zielsuchgerät »Dogge«[1]) die Abweichungen des Gegners bis zu ±15 Grad aus. Die Zündung erfolgte entweder durch Aufschlag, Querschlag und Brennschluß, oder bei zirka 7 m Abstand vom Ziel über den akustischen Abstandszünder »Meise«[2]), der bei etwa 130 Phon ansprach.

Mit einer V-Muster-Serie von 225 Geräten, die in der Zeit vom 1. April bis zum August 1944 hergestellt wurden, nahm die X 4 Produktion ihren Anfang. Der erste Abschuß von einer Fw 190 fand am 11. August 1944 in Karlshagen statt. Von diesem Zeitpunkt an wurden die Versuchsschüsse von Fw 190 und Ju 88 G-1 Trägerflugzeugen in Karlshagen bis zum Februar 1945 fortgeführt, wobei Schußweiten bis zu 5500 m erreicht wurden. Bis zum Dezember 1944 produzierten die Preßwerke in Brackwede weitere 1000 Geräte, doch die hierfür bereitgestellten Raketenmotore fielen alle im BMW Herstellerwerk Stargard einem Bombenangriff zum Opfer. Eine Ausweichproduktionsstätte gab es noch nicht, so daß ein Einsatz dieser X 4 Jägerraketen gegen die Bomberverbände nicht mehr erfolgen konnte.

Die technischen Daten der X 4 Jägerrakete waren:

| | |
|---|---|
| Länge | 2001 mm |
| Spannweite der Stummelflügel | 575 mm |
| Spannweite der Schwanzflossen | 275 mm |
| Körperdurchmesser | 222 mm |
| Gesamtgewicht | 60 kg |
| Sprengstoffgewicht | 20 kg |
| Triebwerksgewicht (leer) | 14 kg |
| Treibstoffgewicht<br>= R-Stoff 1,8 kg<br>= S-Stoff 6,7 kg    gesamt | 8,5 kg |
| Triebwerksleistung | 140 kg (verschieden) |
| Gesamtimpuls | 1400 kg/sek |
| Brennzeit | 22 sek |
| Anfangsgeschwindigkeit | 180 m/sek |
| zugl. Höchstgeschwindigkeit | 320 m/sek (1150 km/h) |
| zugl. max. Beschleunigung | 3,5 g |
| Reichweite | 5000 m |

---

[1]) Hier Störkanten, eine Art Spoiler, die abwechselnd nach der einen oder anderen Seite aus den Flossen austraten

[1]) Eine Entwicklung von Telefunken
[2]) Eine Entwicklung von Ruhrstahl

Parallelentwicklungen zur X 4, wie das funkgesteuerte Geschoß Henschel Hs 117 H »Schmetterling« oder die in Fortsetzung der Hs 293 Familie geschaffene ferngesteuerte Jagdwaffe Hs 298 von *Prof. Herbert Wagner,* aber auch der kleine Bruder der X 4, die drahtgesteuerte Jägerrakete X 7 »Rotkäppchen« (auch als Panzerabwehrrakete vorgesehen) von *Dr. Max Kramer* und andere erfolgversprechende Projekte, wurden größtenteils am 6. Februar 1945 durch den Generalbevollmächtigten für Vergeltungswaffen gestrichen oder kamen nicht mehr zum Einsatz.

Am Ende des Zweiten Weltkrieges hatten die Waffenentwicklungen in Deutschland einen Stand erreicht, der auch den schärfsten taktisch-technischen Forderungen des Luftwaffen-Führungsstabes hätte gerecht werden können. Die sich schon abzeichnende Gefahr, die Waffenentwicklungen würden mit den veränderten Verhältnissen im Flugzeugbau nicht Schritt halten und alle Vorteile der fortschrittlichen Flugzeugkonstruktionen wieder zunichte machen, konnte schon bald durch Schaffung und Bereitstellung von ebenso neuen wie bahnbrechenden Geräten abgewandt werden. Wie zukunftsweisend und der Gegenseite um Jahre voraus die Neukonstruktionen der deutschen Waffenbauer waren, bewies die Tatsache, daß die meisten dieser Geräte Vorbilder für Nachkriegsentwicklungen in Ost und West geworden sind.

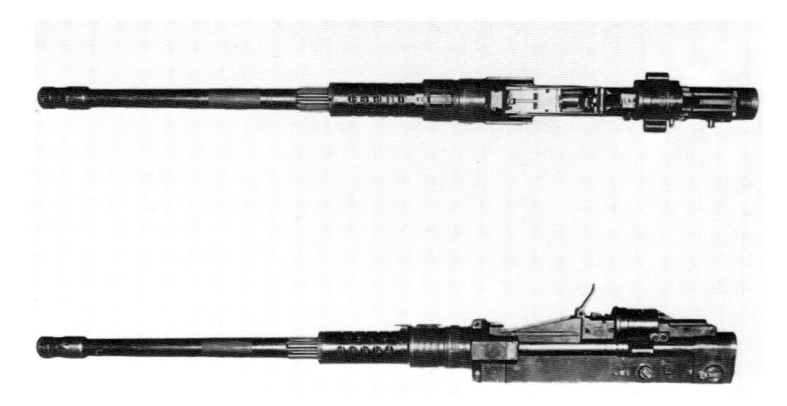

**M.G. 204, Kaliber 2 cm, aus dem Jahre 1938. Weiterentwicklung des 2 cm M.G. c/30L von Rheinmetall Borsig als Gegenstück zum M.G.-FF. Unten links: Die bewegliche Waffe, rechts: Die starre Waffe für Gurtzuführung rechts oder links, hier in einer Junkers W 34. Oben: Das MG 204 von oben und von der Seite gesehen. Vo 700 bis 760 m/sek., Kadenz 350 bis 400 Schuß/min.**

Das M.G. 215/15, Kaliber 13 bzw. 15 mm, war eine Entwicklung von Mauser und sollte einmal das M.G. 131 ersetzen. Vo 850 m/sek., Kadenz 1400 Schuß/min. Weiterführung des Programms 1944 gestrichen.

M.K. 404 (M.G. H.S.404), Kaliber 20 mm. Beutewaffe von Hispano-Suiza, Frankreich, wurde versuchsweise starr in Zwillingslafettierung in Bf 110 erprobt und als bewegliche Waffe im A-Turm einiger Do 26 sowie im B-Turm von Do 24 Flugbooten verwendet. Eine leicht modifizierte M.K. 404 wurde als starre Angriffswaffe in einigen He 115 lafettiert. Die M.K. 404 war ein Rückstoßlader mit Gasdruckentriegelung, hatte eine Vo von 880 m/sek. und ihre Kadenz betrug 600 Schuß/min. Die Waffe wog 43 kg.

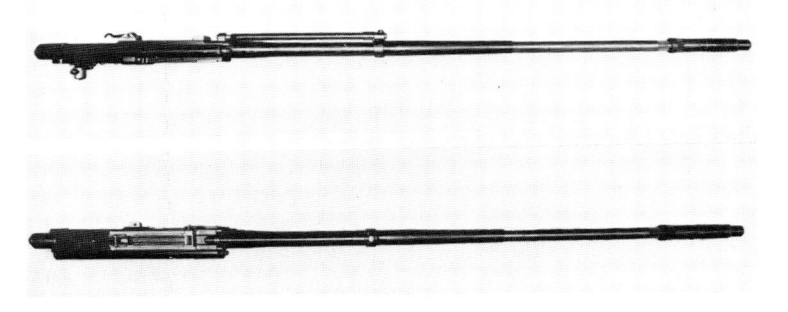

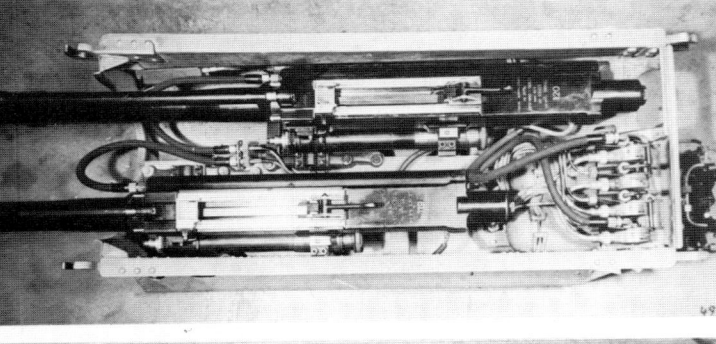

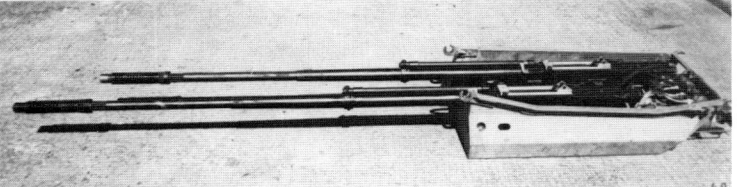

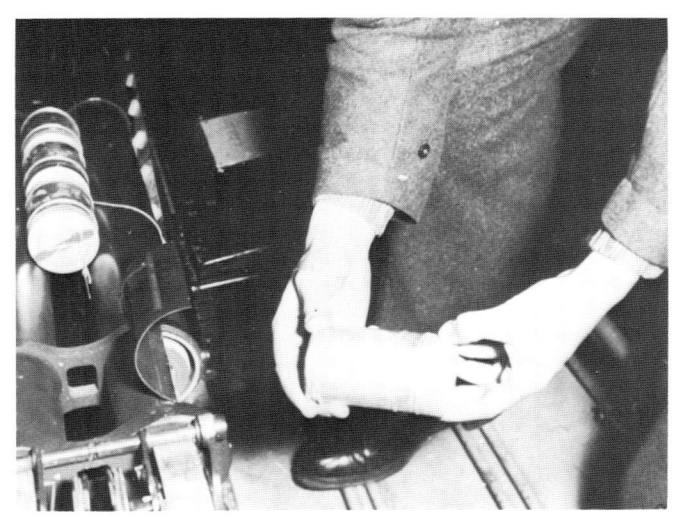

Zur Abwehr angreifender Jagdflugzeuge wurden auch sogenannte Störkörper (SK) entwickelt, die über eine Störkörperausbringungsvorrichtung (SKAV) aus dem Heck der Kampfflugzeuge nach hinten ausgestoßen wurden. Der SK 70 hatte einen Durchmesser von 70 und der SK 106 von 106 mm, ihr Gewicht betrug zirka $1/2$ kg. Ausgestoßen wurden je nach Vorrichtung 10 bzw. 25 SK 106 oder 55 SK 70. Die Abb. oben zeigt einige SK 106 Störkörper. Die Blechhülse nahm den Sprengstoff, den Zünder und einen kleinen Fallschirm auf. Nach dem Ausstoßen entfaltete sich der kleine Schirm und aktivierte dabei den Zeitzünder, der nach zirka zwei Sekunden die 0,3 kg Sprengladung zündete.

Zur Überbrückung des toten Winkels der eigenen Abwehrwaffen hinter dem Leitwerk bei der Abwehr angreifender Jäger, entwickelte Dr. Stahl, Technischer Offizier beim K.G. 51, einen Flammenwerfer für die Verwendung im Flugzeug. Bei der Betätigung des Flammenwerfers sollte der Angreifer in das ausgestoßene Flammöl geraten, wodurch seine Windschutzscheibe völlig verrußte; bei Entfernungen unter 50 m war mit einem Übergreifen des entzündeten Flammöls auf den Jäger zu rechnen. Die ersten Versuche wurden in Memmingen geflogen. Die Abb. zeigt die Flugerprobung des Flammenwerfers mit einer He 111 am 9. 2. 1940.

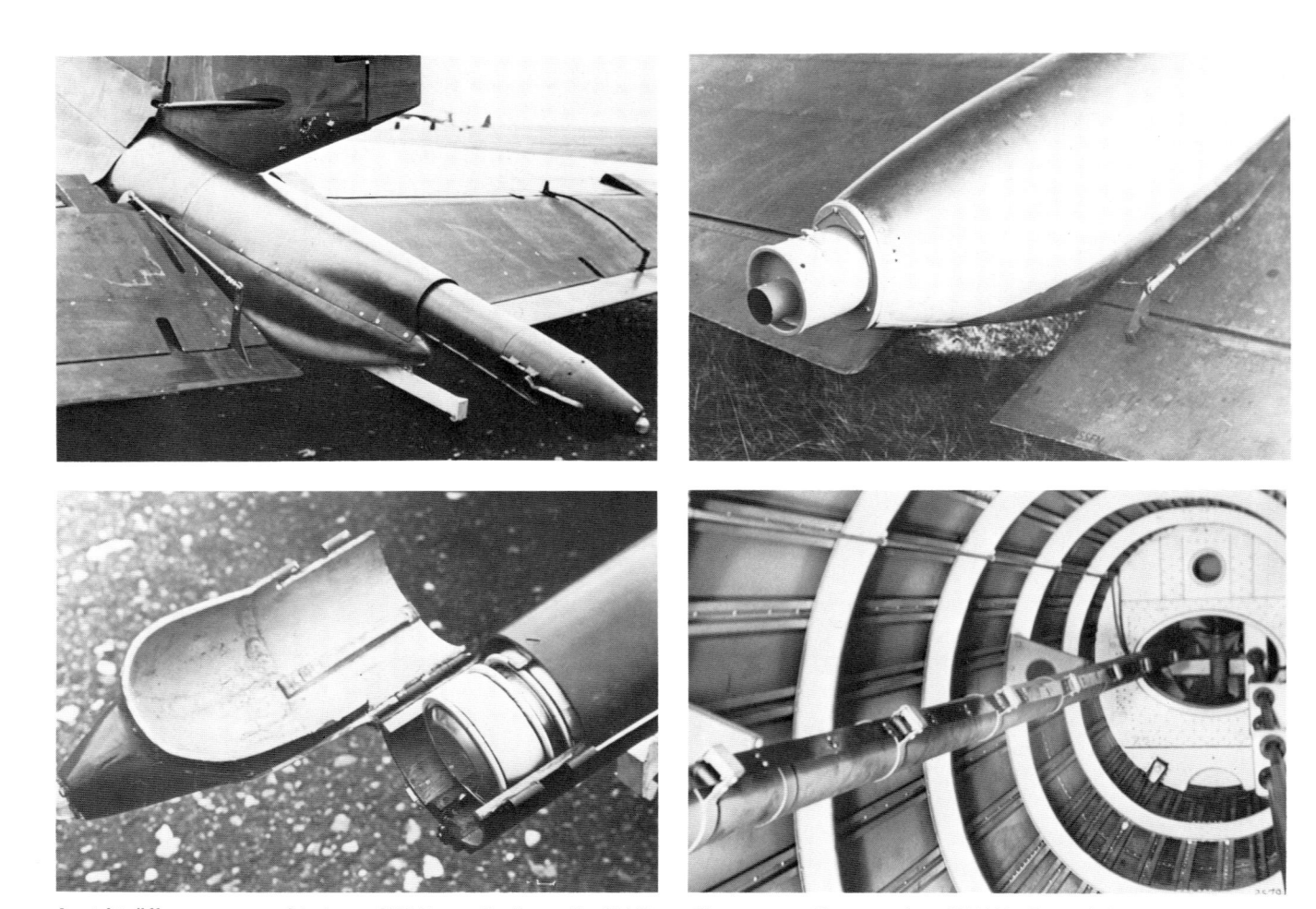

Austrittsöffnungen verschiedener SKAVs am Heck von He 111 Kampfflugzeugen. Unten rechts: SKAV im Rumpf einer He 111.

Links: Flammenwerfer einer Ju 88 in Tätigkeit. Die Wirkung auf die Scheiben der Jäger erstreckte sich bis auf 300 bis 400 m in Richtung der Flugbahn hinter und unter der Kampfmaschine. Rechts: Flammenwerfer in Ju 88 A-4 mit angebauten Zündgeräten.

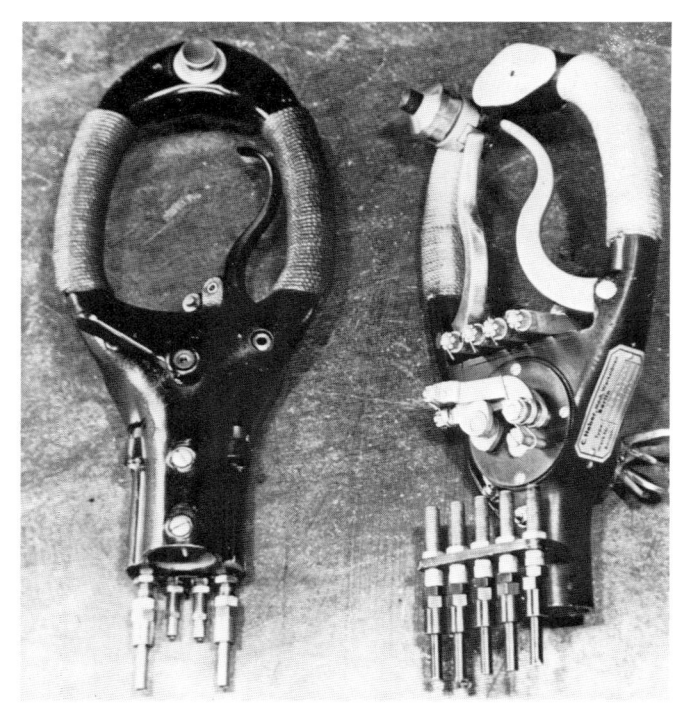

Oben in der Mitte der elektrische Bombendruckknopf. Weiter war an dem Knüppelgriff der FT-Druckknopf angebracht. Daneben ein Knüppelgriff zur Auslösung mehrerer Schußwaffenpaare. Der nächste Griff zeigt den KG 13 und eine Weiterentwicklung davon. Ganz rechts ein weiterer Knüppelgriff der 11er Reihe.

Verschiedene Knüppelgriffe für Jagdflugzeuge mit Schußwaffen- und Bombenabzug. Links: KG 11A mit dem flachen vorn angebrachten Kupplungshebel zum Ein- und Ausschalten beider Geber der M.G.s und zum Sichern des Abzugshebels sowie dem S-förmigen Abzugshebel für die beiden M.G.s.

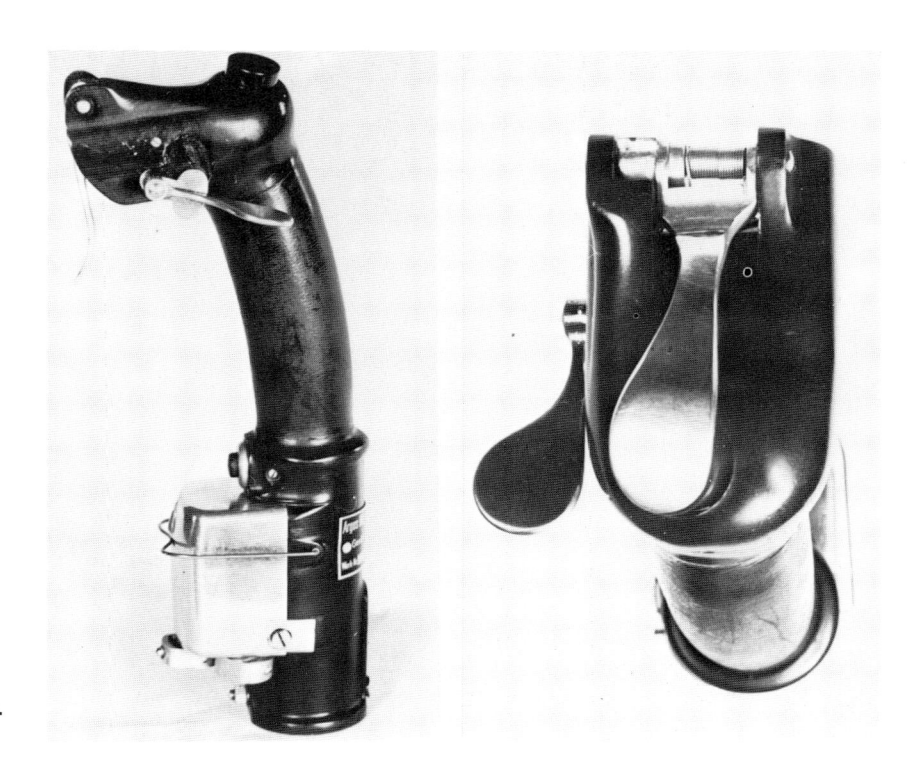

Knüppelgriff KG 13. Links: A-Knopf (entsichert), d. h. der Abzugshebel links ruhte auf dem oben im Griff eingebauten (hier nicht sichtbaren) A-Knopf. B-Knopf oben auf dem Griff, ebenfalls entsichert. Unter dem B-Knopf der Bombenabzughebel. Unten am Griff der FT-Knopf, darunter der Klemmkasten. Rechts: Knüppelgriff von oben.

Links: Bedienungsanlage der starren Schußwaffen im Führerraum (hier Fw 189 V1b). Mitte, der Knüppelgriff KG 13 A und am Instrumentenbrett oben Mitte zwischen dem Führertochterkompaß und dem Doppelladedruckmesser der Schalt-, Zähl- und Kontrollkasten SZKK mit 6 Schußzähler für v. l. n. r. MG 17, MG 17, MG 151 Hauptschalter EIN/AUS, MG 151, MG 17, MG 17. Über den Schußzählern die Schauzeichen zur Durchladekontrolle, und unter den Schußzählern deren Nullstellknöpfe. Oben: Verschiedene Schußzählerausführungen.

# Die Flugzeugbordwaffen der Bundeswehr

### Kanonen oder Raketen?

Der Schwerpunkt der Entwicklung bei den Flugzeugbordwaffen verlagerte sich nach dem Zweiten Weltkrieg in den meisten Ländern von den Rohrwaffen auf die Vervollkommnung der Lenkflugkörper und ungelenkten Raketen. Dies resultierte nicht nur aus den großen Erfolgen, die gegen Ende des Zweiten Weltkrieges mit diesen Waffen erzielt worden waren, sondern beruhte vielmehr auf der damals weitverbreiteten Meinung, daß die Raketenwaffen eines Tages die Rohrwaffen vollständig verdrängen würden. So erfolgte in den meisten Jägern der neuen Mach 2 Flugzeug-Generation kein Einbau von Rohrwaffen mehr. Die übrigen Flugzeuge wurden, bis auf wenige Ausnahmen, mit bis zu sechs überschweren .50 inch (12,7 mm) Maschinengewehren ausgerüstet. Diese Maßnahme erwies sich jedoch spätestens im Koreakrieg als Trugschluß, wo immer offenkundiger wurde, daß die sechs überschweren Maschinengewehre zur wirkungsvollen Bekämpfung der Flugzeuge sowjetischer Herkunft nicht ausreichend genug waren. So brauchte man sich auch nicht zu wundern, wenn immer mehr U.S. Piloten mit Vorliebe die sechs .50 inch Maschinengewehre ihrer »Sabre«-Jäger gegen vier 20 mm Kanonen eingetauscht hätten. Dies bewies unmißverständlich, daß sich die Amerikaner hinsichtlich einer effektiven Jagdflugzeugbewaffnung die Erfahrungen der deutschen Luftwaffe im Zweiten Weltkrieg nicht zunutze gemacht hatten und nun ihr Lehrgeld zahlen mußten, um schließlich doch einzusehen, daß nur eine Kombination von Rohrwaffen, d. h. Kanonen und Raketen die optimale Bewaffnungsart zukünftiger Flugzeugwaffensysteme sein würde. Das führte dann letztlich zu einer intensiven Weiterentwicklung der Rohrwaffen aller Kaliber.

### Das schwere Flugzeugmaschinengewehr Browning Cal. .50 AN-M 3, Kaliber 12,7 mm

Obwohl sich die Bewaffnung mit dem Kaliber .50 inch Maschinengewehren in vielen Fällen als völlig

**Das schwere Flieger-M.G. Browning AN-M3, Kaliber .5 inch (12,7 mm) für starren Einbau.**

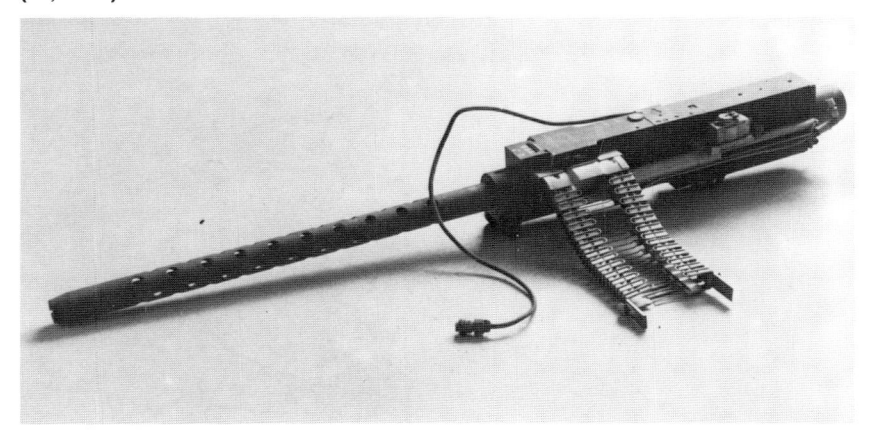

**Lafettierung von sechs (drei auf jeder Seite) schweren Flieger-M.G.s AN-M3 im Bug der F-86.**

unzureichend erwiesen hatte, waren die ersten Flugzeuge der Luftwaffe der Bundeswehr kaum besser ausgerüstet. Ihre erste Bordbewaffnung bestand neben ungelenkten Standard-Bordraketen 2,75 inch FFAR[1]) »Mighty Mouse« bzw. 5 inch HVAR[2]) aus bis zu sechs Cal. .50 inch überschweren Colt-Browning Maschinengewehren AN-M 3. Diese Waffe wurde 1945 von den amerikanischen Luftstreitkräften als Standard-Flieger-M.G. eingeführt. Sie war ein klassischer Rückstoßlader mit beweglichem Lauf und mechanischer Verschlußbe-

[1]) FFAR = Folding-Fin-Aircraft-Rocket
Flugzeugrakete mit Klappleitwerk
[2]) HVAR = High-Velocity-Aircraft-Rocket
Hochgeschwindigkeits-Flugzeugrakete

schleunigung und schoß aus geschlossener Verschlußstellung. Die gegurtete Munition konnte wahlweise von links oder rechts zugeführt werden. Nach dem Schuß drückten die Pulvergase den Lauf und den Verschluß zunächst 16 mm starr verriegelt zurück. Bei der Entriegelung erhielt der Verschluß durch eine Schleudereinrichtung seine zusätzliche Beschleunigung. Der Lauf wurde entgegen seiner Vorholfeder zurückgehalten, bis der Verschluß die neue Patrone zugeführt hatte, mit dem er dann gemeinsam vorlief und dabei die starre Verriegelung wieder herstellte. Die Waffe besaß eine Etagenzuführung, hierbei zog das Schloß die Patrone aus dem Gurt, führte sie nach unten und dann erst in das Patronenlager. Das erforderte auch geschlossene Metallgurtglieder, im Gegensatz zu den einseitig offenen, die nur für die Geradzuführung benutzt wurden. Zur Erhöhung der Funktionssicherheit konnte die Waffe geheizt werden. Sie verschoß normale Hartkern- bzw. Panzerdurchschlags-Brand-Geschosse mit und ohne Leuchtspur. Das Maschinengewehr zeichnete sich durch seine hohe Zuverlässigkeit aus. Mit dem AN-M3 Maschinengewehr waren die F-84 F Jagdbomber und RF-84 F Aufklärer sowie die Canadair »Sabre« Mk. 6 Abfangjäger ausgerüstet. Pro Waffe wurden in diesen Kampfflugzeugen 300 Schuß Munition mitgeführt.

## Die Flugzeugkanone General Electric M 24 A1, Kaliber 20 mm

Die General Electric M 24 war eine amerikanische Weiterentwicklung der Hispano Suiza HS 404 Maschinenkanone aus den 30er Jahren. Dabei handelte es sich um einen Gasdrucklader, bei dem das Rohr mit dem Gehäuse der Waffe fest verschraubt war. Der Verschluß wurde durch eine Stützklappe verriegelt. Der Gasdruck wurde hinter dem voreilenden Geschoß entnommen und bewirkte die Entriegelung, wobei der Verschluß eine zusätzliche Beschleunigung durch den Restgasdruck im Rohr erhielt. Die Waffe hatte eine Gurtzuführung mit einem Rotor, der durch den Rücklauf angetrieben wurde. Für die wahlweise Rechts- oder Linkszuführung brauchte lediglich der Gurtzuführer gewechselt zu werden. Die Munition wurde elektrisch gezündet.

Mit vier dieser Kanonen waren die F-86 K[1]) Allwetterjäger der Bundeswehr ausgerüstet. Pro Waffe betrug der Munitionsvorrat 132 Schuß. Außerdem trug das Jagdflugzeug zwei AIM-9 B »Sidewinder«-Lenkflugkörper und entsprach so der Forderung nach einer kombinierten Bewaffnung von Kanonen und Raketen, zur Erfüllung der Kampfaufgaben als Allwetterjäger im Rahmen der Luftverteidigung.

[1]) Lizenzbau bei Fiat

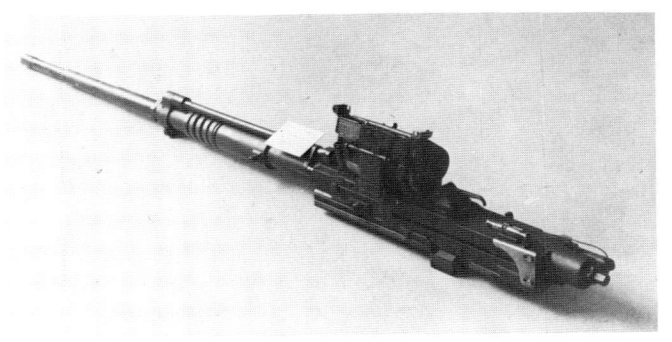

**2 cm Bordkanone General Electric M24A1:**

Die 20 mm British-Hispano-Kanone Mark V. mit der die »Sea Hawk's« Mk. 100 bzw. 101 der Marineflieger ausgerüstet waren, entsprach weitgehend im Aufbau der M 24.

**Erster mit Bordkanonen ausgerüsteter Allwetterjäger der Luftwaffe der Bundeswehr war die F-86K. Ihre vier 2 cm M24A1 Kanonen waren je zwei auf jeder Seite des Lufteinlaufs übereinander gestaffelt eingebaut. Jede Kanone besaß einen Munitionsvorrat von 132 Schuß. Außerdem wurden zwei AIM-9 »Sidewinder«-Lenkflugkörper mitgeführt.**

## Die Flugzeugkanone DEFA 552, Kaliber 3 cm

Aufgrund der Forderung der französischen Luftstreitkräfte nach einer Hochleistungskanone mit großer Feuerkraft und geringem Einbaugewicht zur Ausrüstung ihrer modernsten Überschall-Flugzeugwaffensysteme, entwickelte die nationale Waffenfabrik in Tulle die 3 cm Revolverkanone DEFA 552. Diese Waffe basierte, wie alle nach dem Zweiten Weltkrieg entwickelten Einrohr-Trommelkanonen, auf dem Mauser Revolverprinzip der M.G./M.K. 213. Die DEFA 552 entstand etwa zur gleichen Zeit wie die in den letzten 40er Jahren in Großbritannien von Armament Development, Enfield, entwickelte 30 mm

Teilansicht der 3 cm DEFA 552. Die Kanone besitzt ein Rohr mit progressivem Drall. In leicht modifizierter Form, als 552 F, wird die Waffe noch heute verwendet.

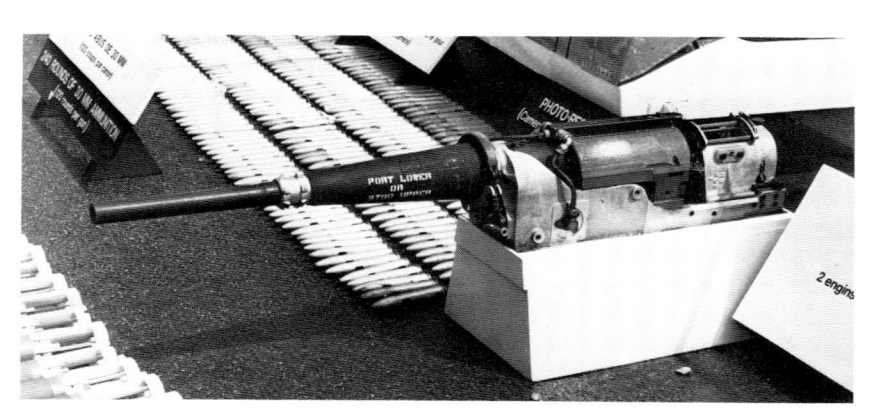

3 cm DEFA 552 Backbord-Kanone im Rumpf einer Fiat G. 91 R/3.

3 cm »Aden«-Revolverkanone. Englische Nachfolgeentwicklung der Mauser-Kanone M.G./M.K. 213

3 cm »DEFA 552«-Revolverkanone, Französische Nachfolgeentwicklung der Mauser-Kanone M.G./M.K. 213

3 cm DEFA 553 Bordkanone. Weiterentwicklung der 552.

**Bordkanonenwaffenbehälter mit 3 cm DEFA 553 unter dem Rumpf des »Alpha Jet« Luftunterstützungsflugzeugs. Munitionskapazität 150 Schuß.**

ADEN-Flugzeugkanone und war von Anfang an so fortschrittlich, daß sie in jeder Hinsicht dem Leistungsstand der neuesten Hochleistungskampfflugzeuge entsprach. Die Waffe ist ein Gasdrucklader, bei dem Rohr und Patronenlager getrennt sind. Das Rohr hat 16 Züge und verfügt über einen Progressivdrall, dessen Winkel die ersten 50 mm 0 Grad beträgt und sich dann rechtsherum bis 50 mm vor der Rohrmündung auf 7 Grad erhöht, um dann gleich zu bleiben. Wie schon erwähnt, wird durch den progressiv steigenden Drall die Rotationsgeschwindigkeit für das Geschoß und dadurch die Treffgenauigkeit erhöht. Die Trommel nimmt fünf Patronenlager auf, was eine Aufteilung der Ladevorgänge in einzelne Arbeitsabläufe ermöglichte und wodurch auch die hohe Kadenz erreicht wurde. Obwohl die Geschosse der 30 mm DEFA-Kanone im Vergleich doppelt so schwer waren wie die der 20 mm Hispano-Kanone, konnte die Feuergeschwindigkeit der DEFA 552 auf 1400 Schuß in der Minute verdoppelt werden. Das Verriegeln, Abfeuern, Entriegeln und Auswerfen der leeren Hülsen sowie das Fördern der Munition wird durch einen längsbeweglichen Schieber im Zusammenwirken mit der Trommel gesteuert. Die Waffe besitzt eine automatische Pulverdurchladevorrichtung und ermöglicht dem Piloten, seine Kanonen nach irgendeinem Defekt, während des Fluges, wieder durchzuladen. Die Gurtzuführung kann ohne Zusatzteile von links oder rechts erfolgen. Die Waffe verschießt hochbrisante Sprengbrand- und Hartkernbrand-Geschosse, deren Panzerdurchschlagsleistung bei senkrechtem Aufkommen aus einer Feuerentfernung von 500 Metern 50 mm Panzerstahl beträgt. Die Munition wird elektrisch gezündet. Die robuste und einfache Bauart der Kanone gewährleistet eine hohe Funktionssicherheit.

Die Grundbewaffnung der Fiat G.91 R.3 Luftnahunterstützungsflugzeuge der Luftwaffe bilden zwei DEFA 552 Revolverkanonen mit je 125 Schuß, anstelle der ursprünglich vorgesehenen vier Cal. 50 inch Browning-Maschinengewehre, wodurch der Kampfwert dieser Flugzeuge erheblich gesteigert werden konnte.

Die direkte Weiterentwicklung der DEFA 552, ohne wesentliche Veränderungen der technischen Daten, ist die zur Ausrüstung des Dassault-Breguet/Dornier »Alpha Jet« Luftnahunterstützungsflugzeuges vorgesehene 30 mm DEFA 553 Revolverkanone. Sie zeichnet sich gegenüber der 552 besonders durch eine robustere, vereinfachte sowie wartungsfreie Konstruktion von erhöhter Lebensdauer aus, wodurch die Zuverlässigkeit erheblich gesteigert werden konnte. Beim »Alpha Jet« ist sie in einem Waffenbehälter lafettiert, der unter dem Rumpf adaptiert wird. In diesem Behälter ist die DEFA 553 mit der M.K. 27 mm von Mauser austauschbar.

## Die Schnellfeuerkanonen General Electric M 61 und M 61 A1 »Vulcan«, Kaliber 20 mm

Im Gegensatz zu der schnellschießenden einrohrigen Revolverkanone, ist die M 61 eine mehrrohrige Waffe, die auf dem über 100 Jahre alten Gatling-Prinzip[1]) basiert. 1946 erließ das amerikanische Verteidigungsministerium eine Ausschreibung zur Entwicklung einer automatischen Bordkanone mit extrem hoher Feuergeschwindigkeit, geringem Ge-

---
[1]) Richard Jordan Gatling ließ sich 1862 dieses Funktionsprinzip patentieren

**100 Jahre Waffenentwicklung.** Links, die zehnläufige Gatling-Gun aus der Zeit des amerikanischen Bürgerkriegs, und rechts die sechsrohrige (T-171E3) M61 »Vulcan« von General Electric.

wicht, kleinem Raumbedarf, großer Zuverlässigkeit und hoher Rohrlebensdauer bei einem Minimum an Wartung. Die Kanone sollte als integrierte Einzelwaffe in zukünftigen Flugzeugwaffensystemen modernster Technologie Verwendung finden. Die General Electric Company gewann die Ausschreibung und begann mit der Entwicklung der »Vulcan«-Serie, in Zusammenarbeit mit dem Army Ordnance Corps und der Air Force, Ende 1946. Zunächst entstand eine 15 mm Versuchsausführung, die T-45, aus der in den folgenden Jahren schrittweise verbesserte und vereinfachte 20 mm Modelle A bis D der Serie T-171 »Vulcan« entstanden. Das Modell T-45 bestand aus 779 Einzelteilen und wog rund 195 kg, das Modell T-171 D, die M 61, hatte nur noch 448 Teile bei einem Gesamtgewicht von 133 kg. Nachdem die Waffe ihre große Zuverlässigkeit bei der Truppenerprobung mit über 1 Million Schuß am Boden und aus der Luft sowie im Kälteprüfstand bei −55 Grad Cel. bestätigte, wurde sie als Flugzeugkanone von den amerikanischen Luftstreitkräften eingeführt.

Die Waffe besteht aus einem Bündel von sechs Rohren mit dem Verschlußträger, dem Gehäuse, dem Fremdantrieb und dem Zubringer. Ihre Kraftversorgung erfolgt von äußeren Quellen, entweder in elektrischer oder hydraulischer Form mit hohem Energieaufwand, wodurch unabhängig vom Rückstoß oder Gasdruck eine Variation der Feuergeschwindigkeit bis zu 7200 Schuß in der Minute ermöglicht wird. Diese extrem hohe Kadenz entspricht der Feuerdichte von zehn 20 mm Hispano Mk.V Kanonen, bei weniger als einem Drittel des Gesamteinbaugewichts aller zehn Kanonen, ohne Berücksichtigung des für diese Kanonenzahl erforderlichen Raumbedarfs. Da bei dem Funktionssystem immer nur ein Rohr feuert, wird die Wärmeentwicklung und Korrosion der Rohre durch die Pulvergase auf ein Minimum reduziert, was die Lebensdauer der Rohre[1] durch die verhältnismäßig geringe Belastung erheblich vergrößert. Ladehemmungen werden durch den Fremdantrieb verhindert, weil alle nichtgezündeten Patronen wie Leerhülsen weiterbefördert und ausgeworfen werden. Die Rückstoßkräfte betragen ca. 1,2 t und der Rücklauf 6,3 mm. Da alle Rohre starr miteinander und in konischer Stellung zueinander gekoppelt sind, werden Laufschwingungen beim Schuß vermieden und die Streuung der Kanone, trotz ihrer hohen Rotationsgeschwindigkeit von 3000 U/min, sehr gering gehalten, was auch durch die exakte Zündung erreicht wird, so daß alle Geschosse die Rohre immer im gleichen Winkel zum Zündzeitpunkt verlassen können. Unregelmäßige Schwingungsüberlagerungen, die bei Mehrfachkanoneneinbau infolge des Rückstoßes der Waffen das Trefferbild verschlechtern, unterbleiben, da jeweils nur ein Rohr nach dem anderen in der gleichen zentralen Waffenlage abgefeuert wird und die dabei hervorgerufenen zentralen Rückstoßkräfte keine störenden Lafettenschwingungen zur Folge haben. Die Munition wird elektrisch gezündet und ihre Zuführung erfolgt entweder über Zerfallgurt (F-104) oder durch ein gurtgliederloses Zuführsystem. Die Waffe wird in nur 0,4 sek auf ihre Höchstdrehzahl beim Schießen be-

---

[1] bis zu 20 000 Schuß

20 cm Bordkanone M61 »Vulcan« des Flugzeugwaffensystems F-104 G »Starfighter«. Die Abb. zeigt die Kanone im ein- und ausgebauten Zustand.

schleunigt und in der gleichen Zeit gestoppt. Der elektrische Fremdantrieb begrenzt die Schußfolge auf 4000 Schuß in der Minute. Bei dieser Kadenz fliegen die Geschosse in einem Abstand von nur 20 Zentimetern hintereinander her.

Der Vorgang in der Waffe beim Schuß wird durch die endlose kurvenförmige Verschluß-Führungsbahn (Nut) gesteuert, in welcher die Führungsrollen der Verschlüsse geführt werden. Werden nun die Rohre mit dem Verschlußträger gedreht[1]), so werden über die Führungsrollen alle Verschlüsse gleichzeitig bewegt, wobei das Gehäuse mit der Führungsbahn stillsteht. In seiner hintersten Stellung erfaßt der Verschluß eine neue Patrone. Beim Weiterdrehen bringt er, geführt von seiner Führungsrolle in der feststehenden Führungsbahn, die Patrone nach vorn, bis er seine vorderste Stellung erreicht hat. In dieser Stellung wird der Verschluß verriegelt und die Patrone gezündet. Während der 60 Grad Drehung, von der Zündung bis das Geschoß das Rohr verlassen hat, bleibt die Verriegelung erhalten. In diesem Sektor besitzt die Führungsbahn im Gehäuse keine Steigung. Beim Weiterdrehen

Der Verschlußträger mit den Rohren und den Führungsbahnen der Verschlüsse der »Vulcan«-Kanone. Bei dieser Funktionsskizze ist das Gehäuse entfernt. Es bedeuten: Main Cam Path = (angedeutete) Verschlußführungsnut im Gehäuse, Cam Follower = Führungsrollen, Bolt = Verschluß, Rotation = Drehrichtung, Track = Verschlußführungsbahn, Rotor = (hier) drehender Verschlußträger.

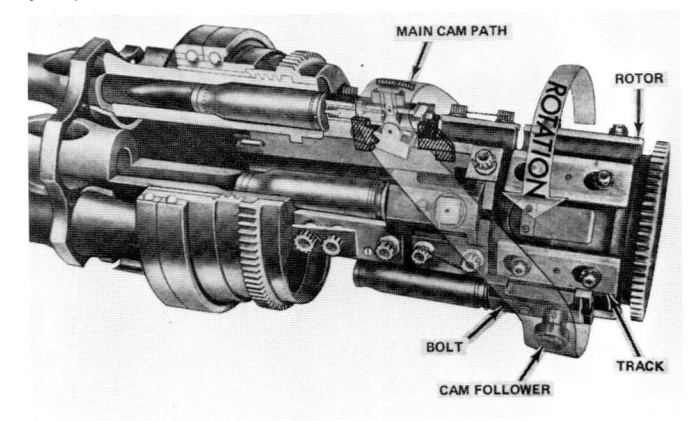

---

[1]) Das Rohrbündel dreht sich um seine zentrale Achse im gegenläufigen Uhrzeigersinn, vom Verschlußstück aus gesehen

**Die Waffenanlage des Flugzeugwaffensystem F-4F »Phantom II« mit der M61A1 »Vulcan« Bordkanone. Die gleiche Anlage ist in der F-4E eingebaut.**

wird der Verschluß entriegelt und nimmt die leere Hülse mit zurück, bis diese in der hintersten Stellung ausgeworfen wird. Danach wird eine neue Patrone vor die Stirnfläche des Verschlusses geschoben und vom Auszieher erfaßt. Der Ablauf beginnt von neuem, so lange, wie die Waffe gedreht und ihr Munition zugeführt wird.

Die M 61 »Vulcan« ist in dem Waffensystem Lockheed F-104 G »Starfighter« mit einem Munitionsvorrat von 750 Patronen eingebaut. Verschossen werden Minen- und panzerbrechende Geschosse der M 50er Munitionsserie.

Aufbauend auf den Erfahrungen mit der M 61 wurden eine Anzahl Verbesserungen durchgeführt. So konnten u. a. die Einzelteile um ein Drittel verringert werden, wodurch nicht nur die Feuergeschwindigkeit, sondern auch die Funktionstüchtigkeit der Waffe weiter gesteigert wurde. Diese verbesserte »Vulcan«-Kanone erhielt die Bezeichnung M61A1 und ist u. a. in dem von der Luftwaffe eingesetzten Waffensystem McDonnell Douglas F-4F »Phantom 2« installiert. Die Kanone erhält die Munition aus einem über dem Gehäuse angeordneten 638 Schuß fassenden Trommelbehälter, wobei die Zuführung der scharfen Munition zur Waffe, und die Rückbeförderung der leeren Patronenhülsen in das Munitionsbevorratungsmagazin, durch ein endloses Förderband erfolgt. Die M61A1 wird hydraulisch angetrieben und erreicht ihre volle Schußleistung von 6000 Schuß in der Minute in 0,5 sek. Die Abbremsung erfolgt in ebenfalls nur 0,5 sek. Sowohl die elektrischen, als auch die hydraulischen Antriebssysteme, erfordern stoßartig solch hohe Leistung, daß teilweise die Flugzeugenergiequellen bis zur Grenze ihrer Leistungsfähigkeit belastet werden. Dies ist auch der Grund dafür, daß nur jeweils eine dieser mehrrohrigen Hochleistungswaffen mit Fremdantrieb in Flugzeugen – aber auch nicht in allen Kampfflugzeugmustern – eingebaut werden kann. Diesen Nachteil beseitigte General Electric durch weitere Modifizierungen der «Vulcan»-Kanone. Einmal durch Anwendung des Gasdruckladerprinzips[1]) und zum anderen unter Ausnutzung des Staudrucks für den Antrieb. Aber zurück zur M61A1; sie verschießt wie ihre Vorgängerin die Munition der 50er Serie. Das Gesamteinbaugewicht des munitionierten F-4F 20 mm »Vulcan« Waffensystems beträgt 443,5 kg.

## Die Flugzeugkanone Mauser M.K. 27, Kaliber 27 mm

In Fortführung ihrer Tradition als Hersteller von Maschinenwaffen haben die Mauser-Werke im Rahmen des MRCA-Projektes[2]) eine selbstangetriebene Trommelwaffe im Kaliber 27 mm entwickelt, die ab erstem Schuß eine extrem hohe Kadenz für den Luft/Luft- und eine niedrige für den Luft/Boden-Beschuß aufweist. Die Waffe stellt im Augenblick in jeder Hinsicht den technologisch höchsten Entwicklungsstand der M.G./M.K. 213-Reihe dar.

---

[1]) Die Waffen der GAU-Serie
[2]) MRCA = Multi Role Combat Aircraft (Mehrzweckkampfflugzeug)

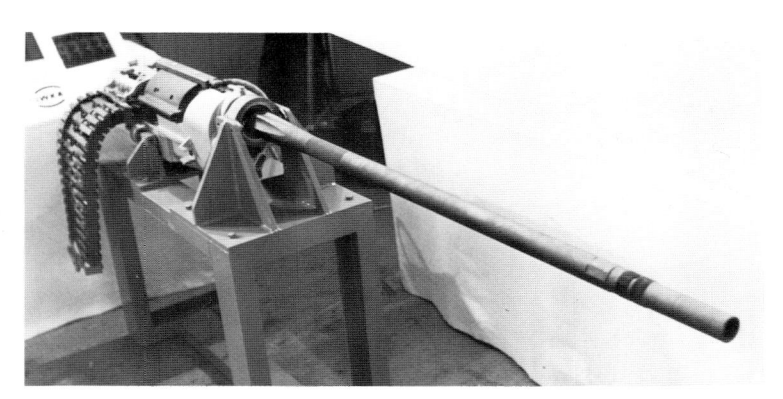

Die Mauser BK 27 mm Trommelkanone der Flugzeugwaffensysteme Panavia (MRCA) »Tornado« und Dassault-Breguet/Dornier »Alpha Jet«.

Ansicht auf den Munitionszuführer der BK 27 mm.

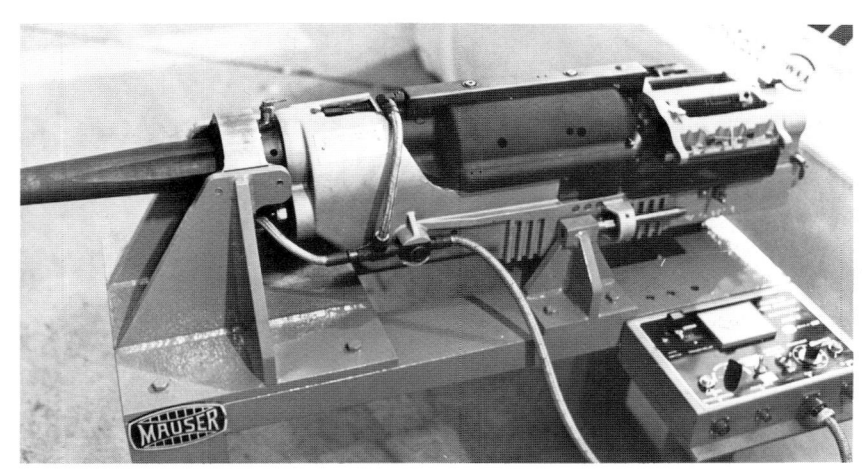

Teilansichten der BK 27 mm auf Demonstrationslafette von links oben und links mit dem elektr.-Bediengerät.

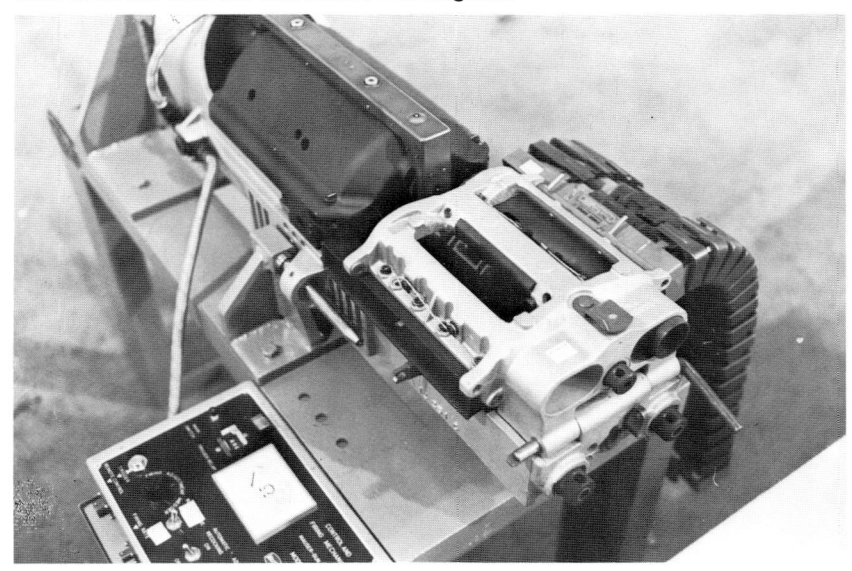

Die Prototypenphase dieser Kanone wurde Ende des ersten Quartals 1976 abgeschlossen. Bis zu diesem Zeitpunkt waren von Mauser 32 Exemplare gebaut worden, mit denen in harter Erprobung 120000 Schuß Munition verschossen wurden und wobei die Kanonen, den in sie gesetzten Erwartungen entsprachen. Die in dieser Zeit durchgeführte erste Flugerprobungsphase, in der eine BAC »Lightning« als Erprobungsträger für die Waffe diente, konnte im November 1975 erfolgreich beendet werden. Insgesamt konnten für die einzelnen Bauteile der Kanone die Zielwerte für die Lebensdauer nachgewiesen werden, lediglich verschiedene Kleinteile und das Rohr erreichten zu Anfang nicht die geforderten Leistungswerte.

Durch Optimierung ihrer Einbauparameter, wie kleine Einbauabmessungen, geringes Gewicht und niedrige Rückstoßkräfte, bietet sich eine große Vielfalt von Verwendungsmöglichkeiten an. Der Mustereinbau des Kanonensystems erfolgte im MRCA-Prototyp 06 (Kennzeichen XX948), der am 20. Dezember 1975 bei BAC in Warton die Fluger-

**27-mm-Geschoßarten:** Links, TP-DS-Geschoß, ein Übungsgeschoß, das sich beim Aufschlag ohne gefährliche Splitterwirkung zerlegt. Mitte, APHEI-Geschoß, hier ohne Füllung. Rechts, Füllung des APHEI-Geschosses.

**27 mm Übungsmunition TP-I, inerte Ausführung des HEI-Geschosses.**

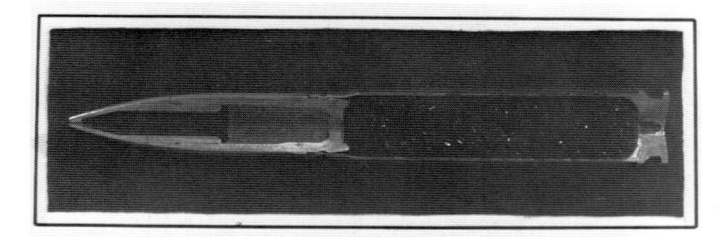

probung aufnahm. Alle an die Luftstreitkräfte Englands, Italiens und der Bundesrepublik Deutschlands ausgelieferten Panavia »Tornado«-Mehrzweckkampfflugzeuge werden serienmäßig mit zwei 27 mm Mauser-Kanonen ausgerüstet, die starr im vorderen Teil des Rumpfes als organisch eingebautes Waffensystem lafettiert sind. Auch vom »Alpha Jet« kann eine, in einem Unterrumpfbehälter lafettierte Waffe dieses Musters, mitgeführt werden.

Die 27 mm Einrohr-Trommelkanone ist ein vollautomatischer Gasdrucklader mit fünf Patronenlagern, Geschoßführungsstegen und neuartigem verschleißfreien Dichtungssystem. Der Drall ist progressiv. Die Zündung erfolgt elektrisch, und eine hochentwickelte selbstprüfende elektronische Ab-

feuerlogik überwacht und regelt die Waffenfunktion. Zündversager werden durch eine automatische Fünffachpyrodurchladung beseitigt. Die Munition kann ohne Verwendung von Zusatzteilen wahlweise von links oder rechts zugeführt werden. Durch eine schwimmende Lagerung des rücklaufbeweglichen Systems konnten die Reaktionskräfte auf ein Minimum reduziert werden, so daß die Waffe gleichermaßen fest im Rumpf als auch in einem Zusatzbehälter eingebaut werden kann. Die BK 27 mm hat eine Einbaubreite von 248 mm, ist selber 210 mm breit und 245 mm hoch. Die Längen betragen mit Rohr 2310 mm, ohne Rohr 895 mm und das Rohr allein 1700 mm. Die Waffe wiegt ca. 100 kg und arbeitet mit 24–28 Volt Gleichstrom bei einem Stromverbrauch von nur 3–3,5 Amp.

Zu der BK 27 mm sind verschiedene Munitionsarten (AP, APHEI, HEI und Übungsmunition) mit modernster Zünder-, Sprengstoff- und Geschoßkonfiguration entwickelt worden, die höchste Wirkung im Ziel erreichen. Insbesondere wurde durch eine erhöhte Durchschlagsleistung, verbunden mit einer erhöhten Gasschlagwirkung der Geschosse ermöglicht, auch die, aufgrund ihrer Bauweise und verwendeten Werkstoffe schwerer verwundbaren modernen Kampfflugzeuge, wirkungsvoller bekämpfen zu können. Alle Munitionsarten haben gleiche Innen- und Außenballistik, so daß bei gleicher Visiereinstellung Schießen aus einem gemischten Gurt ermöglicht wurde. In dem panzerbrechenden (AP) Geschoß wird ein Wolframcarbid-Kern verwendet und durch Zusatz von Zirkon zusätzlich Brandwirkung erreicht. Das panzerbrechende Spreng-Brandgeschoß (APHEI) verfügt neben einer gewissen Panzerdurchschlagsleistung über eine Gasschlag-, Brand- und Splitterwirkung, und das Speng-Brandgeschoß (HEI) ist mit einem neuentwickelten elektro-mechanischen Kopfzünder ausgerüstet, der selbst bei extrem flachen Auftreffwinkeln anspricht, wie diese bei den heutigen hohen Flugzeuggeschwindigkeiten im Luft/Luft- bzw. Luft/Boden-Einsatz überwiegend auftreten. Beide Zündergeschosse werden mit und ohne Selbstzerlegung verschossen.

*Weitere Daten über dieses Kanonensystem waren bis zur Drucklegung nicht freigegeben.*

## Technische Daten der von der Luftwaffe der Bundeswehr eingesetzten Flugzeugschußwaffen

|  | AN-M3 | M24A1 | DEFA 552 | DEFA 553 | M 61 | M 61A1 | Mauser BK 27 mm |  |
|---|---|---|---|---|---|---|---|---|
| Kaliber | 12,7 | 20 | 30 | 30 | 20 | 20 | 27 | mm |
| Gewicht der Waffe | 31 | 41 | 80 | 80 | 133 | 115,5 | 100 | kg |
| Länge der Waffe | 1460 | 1974 | 1957 | 1957 | 1828 | 1864 | 2310 | mm |
| Länge des Rohres | 915 | 1320 | 1400[1] | 1400[1] | 1524 | 1524 | 1700[1] | mm |
| Schußfolge | 1200 | 800 | 1200/1500 | 1400 | 4000 | 6000 | | Schuß/min |
| Mündungsgeschwindigkeit | 865/1050 | 830 | 810 | 760/800 | 1000 | 1030 | | m/sek |
| Mündungsenergie | 1650 | 4620 | 8200 | – | 4590 | 4590 | | kpm |
| Mündungsleistung | 33000 | 61500 | 188000 | – | 300000 | 300000 | | kpm/sek |
| Leistungszahl | 13,7 | 16,6 | 31,3 | – | 30 | 30 | | PS/kg |
| Funktionssystem | RSL | GDL | REV/GDL | REV/GDL | GAT | GAT | REV/GDL |  |
| Zündung | mech. | elek. | elek. | elek. | elek. | elek. | elek. |  |
| Patronengewicht | 118 | 264/262 | 440/480 | 440/456 | 270 | 254/260 | Bisher keine weiteren Daten freigegeben | g |
| Geschoßgewicht | 46/33 | 128/101 | 226/270 | 226/270 | 100 | 100 | | g |
| Sprengstoffgewicht ca. | 1,5 | 25 | 50 | 50 | 20 | 20 | | g |
| verschießt Geschoßgewicht | 0,920/0,660 | 1,706/1,346 | 5,650/5,400 | 5,650/5,400 | 6,666 | 10 | | kg/sek |
| verschießt Sprengstoffgewicht | | 0,030 | 0,333 | 1,166 | 1,166 | 1,333 | 2 | kg/sek |

RSL = Rückstoßlader, GDL = Gasdrucklader, REV = Revolver- oder Trommelkanone, GAT = Prinzip Gatling-Gun

[1]) Progressiver Drall

## Die ungelenkte 2,75 inch FFAR Bordrakete »Mighty Mouse«, Kaliber 70 mm

Neben Bomben aller Art und Bordkanonen werden von den Jagdbombern Luft/Boden-Raketen der verschiedensten Kaliber eingesetzt. Hier dominieren heute noch die ungelenkten Raketen, die gegenüber der Bordkanone die Vorteile des größeren Kalibers und somit der größeren Wirkung im Ziel haben. Der Nachteil dieser Raketen ist die wesentlich größere Streuung, die trotz Leitwerkstabilisierung, erhöhter Abgangsgeschwindigkeit und durch einen entsprechend steileren Bahnneigungsflug während des Auslösens nicht vollständig aufgehoben werden kann. Zur Erhöhung der Trefferwahrscheinlichkeit werden diese Bordraketen daher grundsätzlich in Salven abgefeuert.

Die Luftwaffe verwendet für den Waffeneinsatz ihrer fliegenden Waffensysteme die ungelenkten 2,75 inch FFAR-Bordraketen »Mighty Mouse«, eine vom US Naval Weapons Center[1]) entwickelte 70 mm Flugzeugrakete mit Klappleitwerk. Daneben kamen noch die 127 mm HVAR-Bordraketen zum Einsatz, die jedoch 1966, zusammen mit den Republic F-84F »Thunderstreak« Jagdbombern, ausgesondert wurden. Die 70 mm FFAR-Bordraketen werden in zylinderförmigen, wiederverwendbaren Behältern, den LAU[2])-32A für 7-, bzw. dem LAU-51 A für 19 Stück, untergebracht. Die Gesamtgewichte dieser Behälter betragen beladen 83 bzw. 221 kg. Die »Mighty Mouse« ist 122 mm lang und wiegt 8,43 kg. Sie wird von einem 360 kp Schub leistenden Feststofftriebwerk, einem Sterninnenbrenner, nach 1,8 Sek. Brenndauer auf eine Brennschlußge-

[1]) China Lake, California
[2]) LAU = Launching Unit

**Die 2,75 inch (70 mm) ungelenkten Flugzeugraketen mit Klappleitwerk (FFAR) »Mighty Mouse«. Im Bild ganz links, Ansicht des aufgeklappten Leitwerks.**

**Aufmunitionierter Raketenabschußbehälter LAU-51.**

schwindigkeit von ca. 700–750 m/sek beschleunigt. Die Raketen können mit zwei verschiedenen Gefechtskopftypen ausgerüstet werden, einmal mit einem Gefechtskopf mit großer Spreng- und Splitterwirkung und zum anderen mit einer Hohlladung. Letztere ist 2,6 kg schwer und durchschlägt Stahlplatten von 400 mm Stärke. Ausgelöst werden die Raketen wahlweise im Einzel- oder Salvenschuß, auch paarweise durch ein Intervallometer[1]) mit einer Feuerfolge von 0,03 Sekunden.

Da Raketen normalerweise aus dem Tiefflug nicht

---

[1]) Schußfolgeregler

abgefeuert werden können, muß ein Kampfflugzeug so in Angriffsposition gebracht werden, daß das Ziel mit einem Bahneigungsflug von etwa 20 bis 30 Grad angeflogen werden kann. Die wirksamsten Schußentfernungen liegen zwischen 800 und 1000 Metern, bei einer maximalen Auslösehöhe von 750 Metern über Grund. Eines der Angriffsverfahren ist der Kampfsprung oder auch »Pop-Up« genannt. Dabei nähert sich das Flugzeug im Tiefstflug mit 800 bis 850 km/h dem Zielgbiet auf einer etwa 2 bis 3 km am Ziel vorbeiführenden Linie. Hat der Jagdbomber seinen vorausberechneten Hochziehpunkt (Pull-Up-Point) etwa vier Kilometer vor dem Ziel

**Raketenabschußbehälter LAU-51 an Unterflügelstation des Flugzeugwaffensystems F-104 G »Starfighter«.**

**Ungelenkte 68 mm SNEB-Flugzeugraketen.**

erreicht, zieht der Pilot seine Maschine im steilen Steigflug bis auf 1200 m Höhe. Dabei erfaßt er seitlich voraus sein Ziel, rollt den Jagdbomber in Rückenlage und leitet aus dieser Position durch einen Abschwung den Zielanflug ein. Ganze 8 bis 10 Sekunden verbleiben nun dem Flugzeugführer zum Zielen und zum Abfeuern seiner Raketen in Salven zu 19 oder 38 Stück.

Außer dem Kampfsprung können Angriffe mit Bordkanonen und Raketen aus einem Angriffskreis heraus geflogen werden. Dabei umkreisen die Jagdbomber in etwa 1500 m Höhe mit einem Abstand von ca. 1,5 km das Zielgebiet, kippen dann aus verschiedenen Richtungen in den Kreis hinein und greifen ihre Ziele an. Anschließend kehren die Maschinen in den Kreis zurück und greifen erneut in gleicher Weise das Ziel an. Bei diesem Verfahren wird einmal eine Zersplitterung der Flugabwehr des Gegners erreicht und zum anderen verbleibt dem Jagdbomberpiloten außerhalb des Wirkungsfeuers dieser 20 bis 30 mm Flugabwehrkanonen mehr Zeit für die Zielbeobachtung.

Mit Indienststellung der beiden neuen Waffensysteme »Tornado« und »Alpha Jet« werden sicherlich neben diesen 75 mm FFAR-Bordraketen die 68 mm SNEB-Raketen, die von Thomson Houston-Hotchkiss Brandt, vormals Société Nouvelle des Etablissements Brandt, entwickelt wurden, und die bereits von mehreren NATO-Streitkräften eingeführt worden sind, auch bei der Luftwaffe der Bundeswehr Verwendung finden.

## Der Lenkflugkörper AIM-9 »Sidewinder«, Kaliber 130 mm

Einer der wohl erfolgreichsten und in sehr hoher Stückzahl produzierten Lenkflugkörper kurzer Reichweite für den Luft/Luft-Einsatz, ist das vom US Naval Weapons Center (NWC) China Lake entwickelte[1]) Flugkörpersystem (Air Intercept Missile) AIM-9 »Sidewinder«. Bei der Namensgebung dieser Waffe stand die »Sidewinder«-Schlange Pate, ein Reptil, das seine Beute mit Hilfe eines Infrarotfühlers wahrnimmt und fängt und in der Umgebung des Marinewaffenzentrums China Lake vorkommt. Der »Sidewinder«-Lenkflugkörper wurde am 11. September 1953 zum ersten Male erfolgreich abgeschossen und zählt gegenwärtig, nicht zuletzt wegen seiner ständigen und systematischen Weiter-

---

[1]) Unter der Leitung von *Dr. McLean*

**Infrarot-Suchkopf mit Lenk- und Steuerteil des Lenkflugkörpers AIM-9 »Sidewinder«.**

**Heckstabilisierungsflächen und Austrittsdüse des Feststofftriebwerks der AIM-9B mit FGW Mod. 2 Lenkwaffe »Sidewinder 1A«.** Gut erkennbar sind hinter den Deltasteuerflächen der Gefechtskopf mit seiner 4,76 kg schweren HBX 1 Sprengladung, das daran anschließende Feststofftriebwerk Rocketdyne MK. 17 Mod. 1 und die kleinen luftgetriebenen Kreisel an den Heckstabilisierungsflächenenden, die zur Steuerung und zusätzlichen Stabilisierung des Flugkörpers dienen.

**Die Luft/Luft-Lenkwaffe AIM-9 »Sidewinder« an Katamaran-Waffenstation unter dem Rumpf eines »Starfighters« der Luftwaffe.**

entwicklung, zu den zuverlässigsten und kostenwirksamsten Lenkwaffen der westlichen Welt. Im Rahmen des europäischen »Sidewinder«-Nachbauprogramms und aus Gründen der Waffen-Standardisierung innerhalb der NATO wurden die Abfangjäger der Luftwaffe der Bundeswehr mit der »Sidewinder 1A« AIM-9B ausgerüstet. Diese Variante besaß einen passiven Infrarot-Zielsuchkopf, der ein Ziel aufgrund seiner Wärmeabstrahlung erkannte und den Flugkörper in dieses Ziel lenkte. Als »Mod. 14« wurde dieser IR-Suchkopf ab 1960 bei der Bodenseewerk Gerätetechnik GmbH in Lizenz gefertigt.

Inzwischen ist dieser Suchkopf, durch neue taktische Forderungen an das Gerät, wie Einsatzfähigkeit bis hinunter in niedrigeren Höhen sowie neue Technologien, wie Übergang von der Röhren- zur Halbleitertechnik, veraltet und wurde durch eine wesentlich fortschrittlichere Ausführung, dem FGW Mod.2, einer Entwicklung der Bodenseewerke, ersetzt. Durch die Verwendung einer kohlenoxydgekühlten Bleisulfid Detektorzelle wurde eine Verschiebung der Such-Empfindlichkeit in den Bereich von 3 bis 3,5 µm und eine Abschneidung der Strahlung unterhalb 2,6 µm ermöglicht, was eine wesentliche Verringerung des Einflusses von Sonnenreflexionen bedeutete. Dadurch konnte nun die Einsatzfähigkeit der »Sidewinder« den besonderen Witterungsbedingungen im mitteleuropäischen Raum gerecht werden.

Der Lenkflugkörper AIM-9B mit FGW Mod.2 ist für die Bekämpfung von wenig manövrierenden Zielen von hinten ausgelegt. Er besteht aus dem Lenk- und Steuerteil mit dem IR-Suchkopf, dem Strahlungsempfänger mit Rechner- und Verstärkerbaugruppen sowie den Steuerorganen mit den vier Steuerflächen (Entenleitwerksflossen) in kreuzförmiger Anordnung. Hieran schließt sich der Gefechtskopf mit seinen Aufschlags- und Annäherungszündern, das Feststofftriebwerk[1] und die vier Stabilisierungsflächen am Heck. Der Flugkörper ist 2908 mm lang, seine Spannweite beträgt 560 mm; er wiegt 75,8 kg, wovon 11,4 kg auf den Gefechtskopf mit seiner

---

[1] Rocketdyne, 5,0" Rocket Motor Mk.17 Mod.1

hochbrisanten Sprengladung¹) entfallen, deren wirksamster Splitterbereich bis zu 10 Metern reicht. Das Feststofftriebwerk mit einem Gesamtimpuls von 36300 Ns beschleunigt die Rakete in 2,1 sek auf Mach 1,7 und darüber hinaus auf eine Endgeschwindigkeit bis zu Mach 2,5. Ihre Missionsdauer beträgt ca. 20 Sekunden. Die »Sidewinder«-Lenkflugkörper können von Rumpf-, Unterflügel- und Flügelspitzenstationen gestartet werden.

Als Nachfolgemuster für die veralteten »Sidewinder« AIM-9B wurden aufgrund erhöhter militärischer Forderungen an ein IR-Flugkörpersystem unabhängig voneinander in den USA wie in Europa nationale Projekte vorangetrieben; so in der Bundesrepublik die deutsch-norwegische Entwicklung »Viper«²), in Großbritannien die SRAAM 75 (eine leicht modifizierte Taildog), in Frankreich die Matra R 550 und in den USA über die »Sidewinder« AIM-9D und H der zweiten, die »Super-Sidewinder« AIM-9L der dritten Generation. Das deutsch-norwegische Projekt »Viper« wurde aufgrund eines umfassenden Vergleichs mit der AIM-9L schließlich nicht mehr weitergeführt. Lediglich der von der Bodenseewerk-Gerätetechnik entwickelte Viper-Suchkopf wurde als Interimslösung mit den übrigen Baugruppen einer AIM-9H kombiniert. Durch diese Kombination konnten gegenüber dem herkömmlichen »Sidewinder«-System die IR-Reichweite um ca. 30 Prozent und der Angriffswinkel wesentlich erhöht werden, was nun den Einsatz des Flugkörpers aus allen Richtungen und gegen stark manövrierende Ziele erlaubte. Aufgrund dieser Eigenschaften erhielt der Flugkörper den Namen »Sidewinder-ALASCA« (All Aspect Capability). Im Gegensatz zu der feststehenden Sucherkomponente des Sidewinder-Lenk- und -Steuerteils ist das gesamte Modulationssystem des Viper-Suchkopfes einschließlich Zelle und Kühlsystem kardanisch drehbar aufgehängt, wodurch eine höhere Zielnachführgeschwindigkeit (d. h. größer

---

¹) HBX 1 Füllung 4,76 kg
²) deutscherseits unter Beteiligung von Dornier

**Die »Sidewinder« AIM-9L ist die fortschrittlichste Variante aller bisherigen »Sidewinder«-Entwicklungen. Wegen ihrer aus allen Richtungen möglichen Einsatzfähigkeit (all aspect capability) selbst gegen stark manövrierende Ziele, sowohl im Kurvenkampf (dogfight) als auch für die Abfangjagd (interception) wurde sie als Luft/Luft-Lenkwaffe der dritten Generation eingestuft.**

als 16,5 Grad pro sek) und ein größerer Schielwinkel (Winkel zwischen der Sichtlinie Flugkörper-Ziel und der Flugkörperlängsachse) erreicht wurden.

Aus Gründen der Waffenstandardisierung, Logistik und anderen Gesichtspunkten wählte schließlich die Luftwaffe das nun gemeinsam von der US Navy und US Air Force entwickelte Luftkampf-Flugkörper-Projekt AIM-9L als Nachfolgemuster der veralteten »Sidewinder« der ersten beiden Generationen aus. Die Erprobung der »Super-Sidewinder« AIM-9L wurde Anfang 1975 erfolgreich abgeschlossen und die Lenkwaffe für einführungsreif erklärt.

Äußerlich unterscheidet sich der neue Flugkörper von seinen Vorgängern durch die Doppel-Delta-Steuerflächen und den widerstandsärmeren, ogivalförmigen IR-Dom. Seine Hauptkomponenten sind der Suchkopf, die Ruderstelleinheit, der Annäherungssensor, der Gefechtskopf und das Triebwerk. Die wesentlichsten Änderungen des Suchers sind u.a. die Verwendung eines empfindlicheren, argongekühlten InSb-Detektors gegenüber dem früheren PbS-Detektor, wodurch die Allrichtungs-Einsatzfähigkeit ermöglicht wurde, ferner die Verwendung einer feststehenden Zerhackerscheibe sowie eines gekippten Sekundärspiegels und die Anwendung von AM/FM Modulation. Neu ist auch der Gefechtskopf, ein sogenannter ABF[1]-Splittergefechtskopf, dessen Zerlegungscharakteristik eine äußerst geringe Streuung aufweisen soll. Zur genaueren Bestimmung des Zündzeitpunktes der Sprengladung verfügt die Lenkwaffe über einen aktiven Laser-Annäherungssensor, mit einem Sendeteil bestehend aus Gallium-Arsenid-Laserdioden und einem Empfangsteil mit Silizium-Fotodioden. Angetrieben wird die AIM-9L durch einen Rocketdyne Mk.36 Mod. 6 Feststoffmotor mit höherem Gesamtimpuls und verlängerter Brenndauer gegenüber dem Triebwerk der AIM-9B. Der Flugkörper ist 2850 mm lang und die Flügelspannweite mißt un-

---

[1] ABF = Annular Blast Fragmentation

Die technischen Daten der ungelenkten FFAR- und HVAR-Bordraketen sowie des Lenkflugkörpers »Sidewinder 1A«

|  | 2,75 inch FFAR-Rakete mit Klappleitwerk »Mighty Mouse« | 5 inch HVAR | AIM-9B mit FGW Mod. 2 |
|---|---|---|---|
| Kaliber/Durchmesser | 70 | 127 | 127 mm |
| Gesamtlänge | 1240 | 1750 | 2908 mm |
| Gesamtgewicht | 8,43 | 61 | 75,8 kg |
| Gefechtskopfgewicht | 2,60 (HL) | 21 | 11,4 kg |
| Sprengladung | HE 0,63 HBX-1 HEAT 0,45 Comp. B. | HE 3,68 | HE 11 |
| Treibladung | 2,7 | 11,05 | 18,5 kg |
| Brennzeit | 1,8 | 0,9–1,4 | 2,1 sek |
| Brennstrecke | 1005[1] | 175–285 | 1500[2] m |
| Brennschlußgeschw. | 792 | 408 | 515 m/sek |
| Beschleunigung | 60 | – | 30 g |
| System | ungelenkt | ungelenkt | passives IR-Lenksystem |
| Reichweite | 0,8–1,2 | – | 3,5 km |
| Geschwindigkeit | 2,1 | – | 2,5 Mach |
| Sonstiges | Zünder werden durch Abschußbeschleunigung entsichert Luft-Luft (früher) heute nur noch Luft-Boden | zusammen mit dem Waffensystem F-84 von der Luftwaffe ausgesondert Luft-Boden | Abschußbegrenzung bei 60 Grad Querneigung des Trägerflugzeuges (entspr. 3 g) Missionsdauer 20 sek. Luft-Luft |

[1] bei einer Geschw. des Trägers von 810 km/h
[2] bei einer Geschw. des Trägers kleiner als Mach 1

verändert 630 mm. Das Startgewicht beträgt 84,5 kg und die Missionsdauer wird mit 60 sek angegeben. Die Lenkwaffe ist in Höhen von 0 bis über 10000 Metern einsetzbar und weitgehendst immun gegen jede Art von feindlichen Gegenmaßnahmen. Sie soll über eine bisher noch nie erreichte hohe Zielerfassungs-, Zielverfolgungs- und Manövrierfähigkeit bei hohen Querbeschleunigungen verfügen. Bei der Luftwaffe befand sich das AIM-9L Projekt noch bis Mitte 1976 im Phasenvorlauf. Die Einführung ist für 1978 vorgesehen.

**Die technischen Daten der FFAR-Raketenabschußbehälter**

| Muster | Einsatzgerät LAU – 32 A | Einsatzgerät LAU – 51 A |
|---|---|---|
| Raketenanzahl | 7× 2,75 FFAR | 19× 2,75 FFAR |
| Länge | 1580 | 1890 mm |
| Durchmesser | 245 | 400 mm |
| Gewicht (leer) | 27,2 | 69 kg |
| Gewicht (beladen) | 83 | 221 kg |
| Lebensdauer der Rohre | 100 | 100 Schuß |

# Anhang

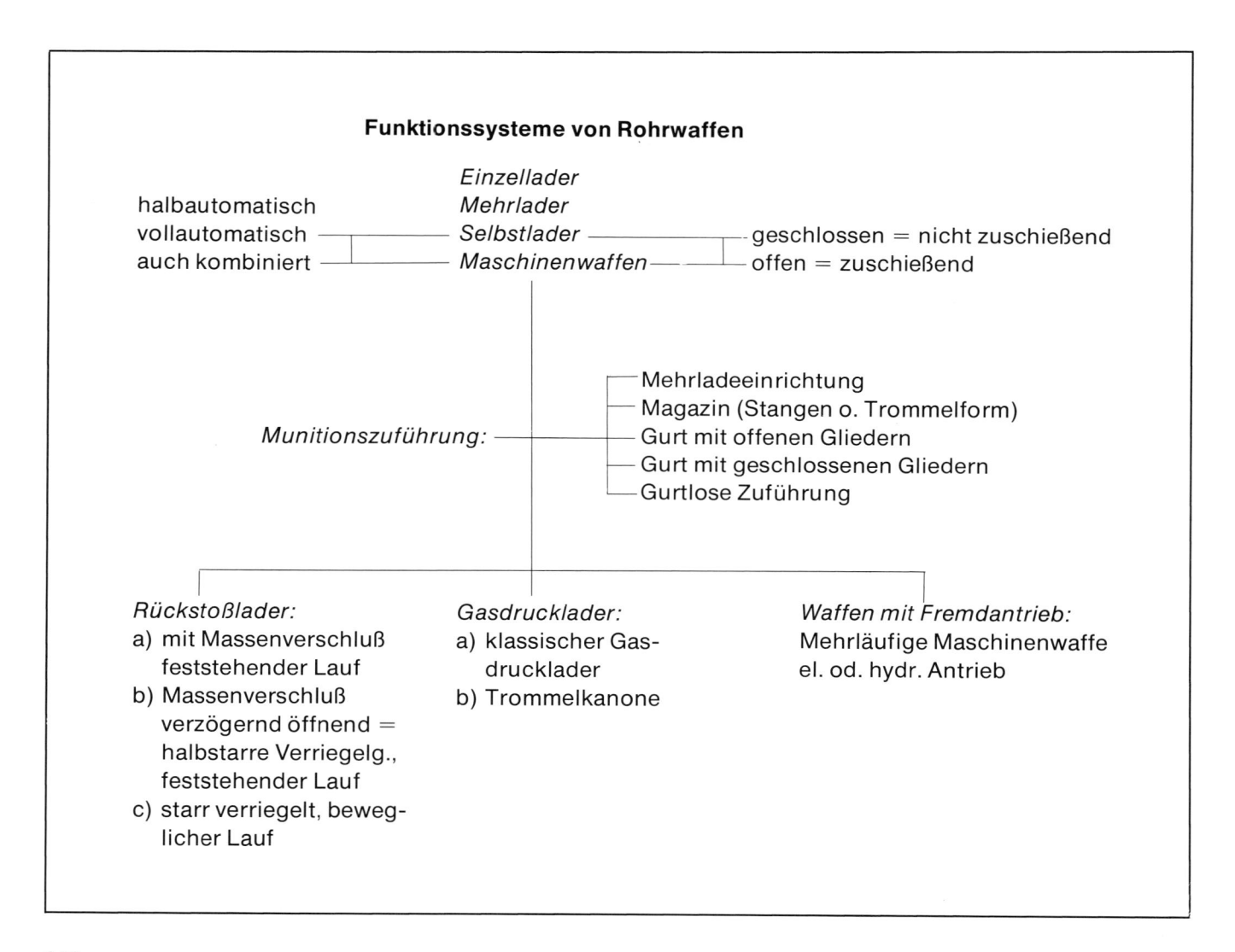

**Funktionssysteme von Rohrwaffen**

halbautomatisch
vollautomatisch ──┬── *Einzellader*
auch kombiniert   │   *Mehrlader*
                  │   *Selbstlader* ──────┬── geschlossen = nicht zuschießend
                  └── *Maschinenwaffen* ──┴── offen = zuschießend

*Munitionszuführung:* ──┬── Mehrladeeinrichtung
                        ├── Magazin (Stangen o. Trommelform)
                        ├── Gurt mit offenen Gliedern
                        ├── Gurt mit geschlossenen Gliedern
                        └── Gurtlose Zuführung

*Rückstoßlader:*
a) mit Massenverschluß feststehender Lauf
b) Massenverschluß verzögernd öffnend = halbstarre Verriegelg., feststehender Lauf
c) starr verriegelt, beweglicher Lauf

*Gasdrucklader:*
a) klassischer Gasdrucklader
b) Trommelkanone

*Waffen mit Fremdantrieb:*
Mehrläufige Maschinenwaffe
el. od. hydr. Antrieb

## Steigerung der Feuerkraft eines mittleren Kampfflugzeuges am Beispiel der He 111 H.

*Schußwaffenanlage der He 111 H-1 bzw. H-2*
 (zu Beginn des Krieges 1939)
A-Stand mit M.G. 15 in GD-A 1114
 (Ikaria-Kuppellafette) mit Visierlager VL 266
 und Visiereinrichtung V 65
B-Stand mit M.G. 15 in D 30 mit Visier wie A-Stand
C-Stand mit M.G. 15 in LL-K (Ikaria) mit Visier wie
 A-Stand

*Schußwaffenanlage der He 111 H-16 (1941)*
A-Stand mit M.G.-FF/M in L-FF/6 mit Visier V 41
B-Stand mit M.G. 131 in WL 131/AL
C-Stand mit M.G. 81 Z in WL 81 Z/3B
Seitenstände mit M.G. 81 in LK 140/81
 bzw. M.G. 81 Z in LG 81 Z/2B

*Schußwaffenanlage der He 111 H-20 (1943)*
A-Stand mit M.G. 131 in WL 131/BR
B-Stand mit M.G. 131 in DL 131/1C
C-Stand mit M.G. 131 in WL 131/AL
D-Stand mit M.G. 81 Z in LG Z/2
Seitenstände mit M.G. 81 Z in LG 81 Z/2B
ab einem bestimmten Bauabschnitt
 mit M.G. 131 in WL 131/BR bzw. BL, oder CR
 bzw. CL

*Munitionsvorrat, Schußwaffenanlage der He 111 H-20*
A-Stand M.G. 131 A2  1 × Gurt 131     mit 400 Schuß
B-Stand M.G. 131     2 × Gurt 131     je 500 Schuß
C-Stand M.G. 131     1 × Gurt 131     mit 750 Schuß
D-Stand M.G. 81 Z    2 × Gurte 17/81  je 500 Schuß
Seitenstände 2 × M.G. 81Z 4 × Gurte 17/81
                                      je 500 Schuß
                              gesamt: 5150 Schuß
Seitenstände 2 × M.G. 131 A2 2 × Gurte 131
                                      je 400 Schuß
                              gesamt: 3950 Schuß

---

## Übersicht: Kurzzeichen

*I. Waffen*

| Kurzzeichen: | Benennung: |
|---|---|
| BK | Bordkanone |
| Düka | Düsenkanone |
| FK | Flugkörper |
| KWK | Kampfwagenkanone |
| LG | Leichtgeschütz |
| l. bzw. L.M.G. | luftgekühltes aber auch leichtes Maschinengewehr |
| M.G. | Maschinengewehr |
| M.K. | Maschinenkanone |
| R | Rakete |
| RZ | Rauchzylinder |
| S.G. | Sondergerät |
| SK | Störkörper |

*II. Waffen-Zubehör*

| | |
|---|---|
| ADSK- | Abfeuerung und Durchladeschaltkasten |
| AG | Abschußgerät |
| AS | Abfeuerungsschütz |
| Absk | Abzugsknopf |
| DKN | Durchladeknopf |
| DKS | Druckknopfschalter |
| DS- | Doppelladesicherungsschalter |
| DSG | Doppelschußgeber |
| DSP | Durchladesperre |
| DT 15 | Doppeltrommel für M.G. 15 mit 75 Schuß |
| DZK | Durchlade- und Zählkontaktgeber |
| DHAG | Druckminderer für Preßluftflaschen für pneumatische Durchladung |
| EA | Elektrische Abzugvorrichtung |
| ED | Elektrische Durchladung |
| EDSK | Elektrischer Durchladeschaltkasten |
| EDU 17 | Elektrische Durchladung für M.G. 17 (selten verwendet) |

| | | | |
|---|---|---|---|
| EG | Einzelschußgerät | SZ | Schußzähler |
| Eku | Elektrische Kupplung | SZKK 1 | Schalt- Zähler- und Kontrollkasten für 1 Waffe |
| EPA | Elektrisch-pneumatisches Abzugsventil | SZKK 2 | Schalt- Zähler- und Kontrollkasten für 2 Waffen |
| EPAD | Elektrisch-pneumatische Abfeuerung und Durchladung | SZKK 3 | Schalt- Zähler- und Kontrollkasten für 3 Waffen |
| EPD | Elektrisch-pneumatisches Durchladeventil | SZKK 4 | Schalt- Zähler- und Kontrollkasten für 4 Waffen |
| ESI | Elektrische Sicherung | SZKK 6 | Schalt- Zähler- und Kontrollkasten für 6 Waffen |
| ESK 2000 | Elektrische Schuß-Kamera für 2000 Bildschüsse | | |
| EZ | (Schloß für) Elektrische Zündung | TH-30-FF | 30-Schuß-Trommel-Halterung für M.G.-FF |
| GF | Gurtförderer | | |
| GZ | Gurtzuführer | Tt 15 | Trommelträger für DT 15 |
| Gurt | Zerfallgurt für M.G. . . . bzw. M.K. . . . | T-30-101 | 30-Schuß-Trommel für M.K. 101 |
| | | T-30-FF | 30-Schuß-Trommel für M.G.-FF |
| KG | Knüppelgriff | T-45-FF | 45-Schuß-Trommel für M.G.-FF |
| M | Magazin | T-60-FF | 60-Schuß-Trommel für M.G.-FF |
| MA | Magnetabzug | T-100-FF | 100-Schuß-Trommel für M.G.-FF |
| MZ | (Schloß für) Mechanische Zündung | US | Umschaltschütz |
| | | VEZ | Verbindungsleitung für elektrische Zündung |
| MG St. | Maschinengewehr Stoßdrahtsteuerung | | |
| | | VS | Verzögerungsschütz |
| M-6-101 | 6-Schuß-Flachmagazin für M.K. 101 | WB | Waffenbehälter |
| | | WP | Waffenpack |
| M-15-FF | 15-Schuß-Flachmagazin für M.G.-FF | WT | Waffentropfen |
| | | WZK | Waffenzündbatteriekasten |
| M-20-404 | 20-Schuß-Flachmagazin für M.K. 404 | ZK | Zündkontakt |
| | | ZUM | Zündumformer für elektrisch gezündete Munition |
| PLA | (Außenbord) Preßluft-Anschluß für die Preßluftflaschen der pneumatischen Durchladung | | |
| | | ZVKS | Zähler- und Verschluß-Kontroll-Schalter |
| RA | Raketen-Automat | ZVK- | Zähl- und Verschlußkontrolle für |
| RS | Raketensatz | | |
| SKAV | Störkörperausbringvorrichtung | | |
| SKK | Schußkontrollkasten | *III. Lafetten für bewegliche Schußwaffen* | |
| SpHAG | Luftspanneinrichtung mit Spannkopf | Bola | Bodenlafette (vorwiegend in C-Stand) |
| SS | Sicherungsschalter | D | Drehring bzw. Drehkranz |
| SVK | Sicherungs- und Verteilerkasten auch Schalt-Verteilerkasten | DL | Drehringlafette |
| | | EDL | Elektrische Drehringlafette |
| SVK 1-... | Schalt-Verteilerkasten für eine Waffe | FDL | Ferngerichtete Drehringlafette |
| | | FDL-A.../1 /2 | Ferngerichtete Drehringlafette für A-Stand für eine bzw. zwei Waffen bzw. Z für Zwilling |
| SVK 2-... | Schalt-Verteilerkasten für zwei Waffen | | |

| | |
|---|---|
| FDL-B | Ferngerichtete Drehringlafette für B-Stand |
| FDL-C | Ferngerichtete Drehringlafette für C-Stand |
| FDSL-B 131/1C | Ferngerichtete Doppelseitenlafette für M.G. 131 (je eine Waffe rechts u. links, 3. Ausführung) |
| FHL | Ferngerichtete Hecklafette (z. B. FHL 131 Z = ferngerichtete Hecklafette für M.G. 131 Zwilling) |
| FLA | Ferngerichtete Lafette (z. B. FLA 103 Z = Fernbedienlafette für zwei M.K. 103) |
| GD-A | Kuppellafette (GDA 1114 Kuppellafette für M.G. 15) |
| HD bzw. HDL | Hydr. Drehringlafette |
| HD 151/1 | Hydr. Drehring mit M.G. 151 (1. Ausf. groß) |
| /2 | Hydr. Drehring mit M.G. 151 (2. Ausf. klein) |
| /Z | Hydr. Drehring mit M.G. 151 Zwilling |
| HL | Hecklafette |
| HL.../1 | Hecklafette für eine Waffe |
| HL...V | Hecklafette für Vierling |
| HL.../Z | Hecklafette für Zwilling |
| KL | Kegellafette |
| L-FF/6 | Lafette für M.G.-FF |
| L 151/3A | L = Lafette, hier für M.G. 151 (3. Ausf.) |
| LG | Lagerung für ... |
| LG...VE | Lagerung für (Waffe) mit Vegesteuertem Visier |
| LK | Lagerkugel |
| LK 140/81 | Lagerkugel mit 140 mm ⌀, hier für M.G. 81 |
| LLG | Linsenlafette groß (Schreibweise auch LL-G) |
| LLG (-PG) | Linsenlafette groß (mit Panzerglas) |
| LLK | Linsenlafette klein (Schreibweise auch LL-K) |
| LLK (-PG) | Linsenlafette klein (mit Panzerglas) |
| LSK | Lafettenschaltkasten |
| SAL | Schwenkarm-Lafette |
| SiLa | Sitz-Lafette (Schreibweise auch Sila) |
| SL | Sockellafette |
| WL | Walzenlafette |
| WL.../Z | Walzenlafette für Zwilling |

*IV. Lafetten für starre Schußwaffen*

| | |
|---|---|
| FGB | Flächengondelbewaffnung |
| L 101/1A | Lafette, hier für M.K. 101 halbstarr (Rumpfwaffe) |
| L 101 Z/1A | Lafette für zwei M.K. 101 halbstarr (Rumpfwaffe) |
| MoL | Motorlafette (Schreibweise auch MOL) |
| St.L | Starre Lafette (z. B. St.L 17 = starre Lafette für M.G. 17 (Rumpf u. Flügel) |

*V. Visiere und Visierstände*

| | |
|---|---|
| EZ | Einheitszielvorrichtung (EZ 40 bis 45 = Visiere für starre Schußwaffen) |
| Lotfe | Lotfernrohr |
| PVE | Periskopvisier-Einrichtung |
| PVS | Periskop-Visierstand |
| PVSE-B 288/1 | Periskop-Visierstand-Einrichtung, hier für B-Stand der Ju 288 |
| RBF | Rundblickfernrohr |
| RF | Rückblick(ziel)fernrohr |
| Revi | Reflexvisier (z. B. Revi III b, Revi 6 a, Revi C/12 C bzw. D waren Revis für starre Waffen, Revi 16 A, B, C oder F und Revi 25 A waren Revis für starre und bewegliche Waffen) |
| STUVI | Sturz(kampf)visier |

| | |
|---|---|
| V | Kimme-Korn-Visier für bewegliche Schußwaffe (z. B. V 15, V 37, V 41 oder V 65 = Kimme-Korn-Visier Typ 15, Typ 37, Typ 41 und Typ 65) |
| VE | Eigengeschwindigkeitsgesteuertes Visier (z. B. VE 30, VE 36, VE 45 oder VE 56) alles Visiere für bewegliche Schußwaffen |
| | Visierlager (z. B. VL 266, Visierlager Typ 266) |
| VSE | Visierstand, elektrisch (für ferngest. Waffenstände) |
| VSE-A 177/2A | Visierstand-Einrichtung, hier für A-Stand He 177 (2. Ausf.) |
| VSE-B 177/1A | Visierstand-Einrichtung, hier für B-Stand He 177 (1. Ausf.) |
| VSE-C 177/1A | Visierstand-Einrichtung, hier für C-Stand He 177 (1. Ausf.) |
| VSE-A/C 191 | Visierstand-Einrichtung, hier für A- und C-Stand Fw 191 |
| ZFR | Zielfernrohr für großkalibrige Bordwaffe (Visier für starre und halbstarre Waffe) |

*VII. Fernsteuerungen*

| | |
|---|---|
| FA 3 A | Mechanischer Fernantrieb Typ 3 mit elektrischem Drehmomentenverstärker |
| FA 6 | Fernantrieb Typ 6, rein elektrisch |
| FA 10/2 | Fernantrieb Typ 10/2, mechanische Richtübertragung mit hydraulischem Drehmomentenverstärker |
| FA 15 | Fernantrieb Typ 15, rein hydraulische Steuerung |

Anmerkung: Die Übersicht enthält nur die gebräuchlichsten Kurzzeichen und erhebt keinen Anspruch auf Vollständigkeit

## Sachregister

Abwurfkörper 26
Abwurfmunition 23, 24, 25, 26, 30, 43, 75
AEG, Fa. 132, 187
AEG-Bombenflugzeug 73
Aeole 16
Aerodrome 16, 17
Aero Salon 45
AGO, Fa. 45
AIM-9 »Sidewinder« 227, 237, 238, 239, 240, 241
Aktiebolaget Flyg-Industrie 88
Albatros 21, 48, 51
Albatros B III 56
Albatros D I 61
Albatros D II 61
Albatros D III 64
Albatros D V 64, 67
Albatros C I 83
Alkan-Steuerung 60
Alpha Jet 229, 233, 234, 237
Appel, Fa. 204
Armament Development Enfield Aden 185, 288, 229
Armes Automatique Lewis 36

Arado Ar 80 110
Arado Ar 234 181
Argus, Fa. 20, 45
ARSIAD-Synchronizer 59
Artillerie Prüfungs Kommission 23
Askania, Fa. 132
Aviatik 48
Aviatik P 15 b 54
Avion I, II 16
Avion III 15, 16
Avion de Guerre 49
Aviation Canon 33
Avro 504 48

Ballonbombe 11
Bachem Ba 349 Natter 189
Becker-Flugzeugkanone 72, 93, 94, 95, 109, 110
Becker-Stahlwerk 94
Becker-System 158, 162
Benét-Mercié-M.G. 41
Bergmann, Fa. 92
Bergmann, M.G. 15 n/A (I.M.G. 15) 91, 92, 93
B.K. 3,7 cm 163, 164, 165, 166, 167, 168, 200
B.K. 5 cm 167, 168, 169, 170, 171, 172, 200, 202

B.K. 7,5 cm  175, 176, 177, 178, 179
BK 27 mm (siehe MK 27 mm)
Blériot-Eindecker  28, 30, 34, 39
Blohm u. Voss Bv 138  142
Blohm u. Voss Bv 141  100
BMW, Fa.  219
Bodenseewerk Gerätetechnik, Fa.  238, 239
Bontempelli-Bombe  28, 30
Borel-Eindecker  45
Brandpfeil, Flieger-  26, 27
Bristol F.2 Fighter  63
Bristol Scout C  48, 59
British Aircraft Corp. (BAC)  233
British-Hispano, Fa.  227
British Small Arms Co. (BSA)  36, 39
Browning-M.G.  139
Bücker Bü 181  211

Carbonit-Bombe  23, 31, 75
Charlière  11
Chauvière, Fa.  50
Cipelli-Cagni-Granate  28, 29
Colt-Browning-M.G.  67
Cal. 50 AN-M3  225, 229, 235
Colt's Patent Fire Arms Co.  76
Constantinesco/Colley-Synchronizer (CC-Gear)  62, 63, 67
Coventry Ordnance Works (C.O.W.)  70
Coxwell-Fesselballon  12
Curtiss Golden Flyer  33
Curtiss J-N  71

Daimler E4uF  37, 38
Dampfflugmaschine  15, 16
Dassault-Breguet/Dornier, Fa.  233
Davis-Kanone  70, 71, 72, 190
D.E.F.A. 552  185, 228, 229, 235
D.E.F.A. 553  228, 229, 235
De Havilland D.H. 2  59
De Havilland D.H. 4  63, 67
Deperdussin-Eindecker  41, 44, 45, 49
Destroyer  38
Deutsche Waffen- und Munitionsfabriken (DWM)  54, 80, 81, 86, 92, 137, 185, 214
Desvignes-Brandgeschoß  75
DFS 230  122
DFW-Werke  55
Diglykol-Pulver  204, 208, 215
Dödel  209
Dornier, Fa.  239
Dornier, Do 16 Wal  130, 131
Dornier, Do 17  108, 119, 132
Dornier, Do 24  152, 221
Dornier, Do 26  142, 221
Dornier, Do 217  113, 132, 140, 191

Dornier, Do 335  154, 181, 185
Do-Werfer  210
Drachenballon  14
Drachenflieger  16, 17, 18
Drehkranz  54, 55, 98, 101, 131, 141
Drehling  182
Deutsche Versuchsanstalt für Luftfahrt (DVL)  38, 216
Dreyse-M.G.  70, 91
Dreyse-M.G. Mod. 1912  92
Dreyse-M.G. Mod. 1915  92, 93
Dreyse-M.G. Mod. 1918  93
Düsenkanone (Düka)  202, 203

Ehrhardt-Flugzeugkanone  72
Einheitspatrone 88  80
Elektro-Mechanischer Flugzeuggerätebau, Fa.  193
Euler-Werke  55
Euler-Doppeldecker Gelber Hund  32
Etrich-Taube  28, 29
Experimental Fighter Biplane No. 1 E.F.B. 1  38

Fallgeschoß  25
Fanghaken  47
Farman, Fa.  28, 45
Farman Experimental F.E. 1  34
Farman-Doppeldecker  21, 30, 36, 39, 46, 48
Farman F 40  78
Farman-Wasserflugzeug  28
Fesselballon  11, 12, 13, 14, 25, 73, 75
Fiat G. 91  228, 229
Flak 18  163, 164, 165, 166, 200
Flak 30  119, 148
Flak 36  164
Flak 38  119
Flak 43  200
Flak 103/38  157
Fliegerpfeil  26, 47
Flugmaschine (-apparat)  16, 17, 18, 19, 20, 21, 24
Flugzeugkanone  117, 119
Focke-Wulf Fw 57  149
Focke-Wulf Fw 58  201
Focke-Wulf Fw 189  224
Focke-Wulf Fw 190  104, 105, 134, 139, 145, 154, 155, 156, 161, 187, 189, 193, 195, 204, 206, 209, 210, 212, 213, 214, 217, 218, 219
Focke-Wulf Fw 200  142, 146
Focke-Wulf Ta 152  155, 156, 161
Fokker D VII  64, 65, 76, 78
Fokker Dr. I  63, 87, 89
Fokker E I  53, 57
Fokker E II  57, 85
Fokker E III  57, 59
Fokker E IV  57, 58
Fokker M5K/MG  52, 53, 57, 84

Fokker M5L 53
Fokker-Geißel 58
Fokker-Zentralsteuerung 87
Folding Fin Aircraft Rocket (FFAR) 226, 235, 236, 237, 240, 241
Foster-Cooper Gun Mount 62
Fotozellenfühler 186, 187, 194
Freiballon 11, 12, 14, 15
Friedrichshafen-Flugboot 45
Friedrichshafen G III 84
Fritz X, siehe Ruhrstahl/Kramer
FuG 510 »Düsseldorf« 218
FuG 238 »Detmold« 238

Garni, Fa. 174
Gasdrucklader 67, 68, 152, 155, 158, 181, 182, 183, 197, 226, 229, 232, 234, 235, 242
Gast-M.G. 66, 67, 69, 70, 90, 91
Gatling-Gun 230
Gatling-Prinzip 229, 235
General Electric T-45 230
General Electric T-171 230
General Electric M-61 229, 230, 231, 232, 235
General-Electric M61A1 229, 235
General-Electric M24A1 227, 235
General Ordnance Co. 71
Gerät 104 »Münchhausen« 190, 191, 192
Geschoßabweiser 50, 51, 52, 59
Gewehr-Prüfungs-Kommission (G.P.K.) 22, 36, 43, 47, 64, 69, 70, 79, 80
Gießkanne, siehe Waffenbehälter
Gleitflugapparat 18
Gleitmaschine 18
Goerz, Fa. 75
Gotha-Bomber 68, 69, 73, 75
Gotha WD2 55
Grahame-White XI 39, 45
Granate 96 23
Gunbus 38, 59
Gustloff-Werke 195

Haager Friedenskonferenz 15
Hängegleiter 18
Halberstadt-Schlachtflugzeug 201
Handgranate 47
Handley Page 0/400 70, 72
Hanriot 75
Hasag, Fa. 195
Hawker »Hurricane« 139
Heber, Fa. 214
Heinkel HD 38 88
Heinkel He 51 88, 103
Heinkel He 111 100, 108, 113, 116, 132, 171, 207, 221, 222, 243
Heinkel He 162 161, 189
Heinkel He 177 128, 132, 137, 147, 151, 172, 175, 176

Heinkel He 219 155, 161
Heinkel He 274 134
Heißluftballon 11
Henschel-Werke 178
Henschel Hs 117 »Schmetterling« 220
Henschel Hs 126 108
Henschel Hs 129 106, 107, 150, 152, 155, 165, 176, 178, 179, 192, 193
Henschel Hs 293 220
Henschel Hs 298 220
HF 15 195, 196
High Velocity Aircraft Rocket (FFAR) 226, 235, 240
Hispano Suiza, Fa. 73, 110, 227, 230
Hoffmann-Doppeldecker 20, 21
Hohlladung 164, 211, 212, 214, 236
Holländische Industrie und Handelsgesellschaft (HIH) 96
Hotchkiss 33, 34, 41, 44, 49, 50, 51, 52, 58, 59, 61, 71, 237

IKARIA, Fa. 111, 132
Iljuschin IL-2 199
Industrie-Ausstellung/London 79
Infrarot-Zielsuchkopf 238, 240

Jaray-Luftschraube 67
Junkers-Werke 165, 176
Junkers J 11 85
Junkers W 33 88
Junkers W 34 88, 201, 220
Junkers Ju 52/3m 100, 107, 175
Junkers Ju 87 129, 164, 165, 167
Junkers Ju 88 101, 112, 117, 118, 126, 127, 128, 129, 133, 143, 144, 161, 166, 167, 172, 176, 177, 178, 204, 206, 217, 219, 222
Junkers Ju 188 155, 172
Junkers Ju 288 147, 172
Junkers Ju 388 217
Junkers Jumo 210 110

Kaiserpreis-Wettbewerb 38
Kampfsprung 236
»Knirps« Steuerknüppel 218, 219
Knüppelgriff 109, 113, 141, 164, 208, 223, 224
Kölner Kommission 22, 24
Königlich Württembergische Gewehrfabrik 121
Kraftflugzeug 22, 32
Krieghoff, Fa. 121, 137, 181
Krupp, Fa. 121
Kugelblitz, Flak-Panzer 157
Kugelbombe 23, 28, 29
Kugelfesselballon 13, 14
Kupfergeschoß 50, 51, 52
Kurzgerät, 30 mm 157, 158
KW I 163
KW II 163
KWK 39 168, 169, 172

Laser 240
Launching Unit 235, 236, 241
Lb 201 a 148
Lee-Enfield Gewehr 47
Lenkluftschiff 14, 15, 16, 18
Leuchtspurgeschoß 68, 74, 76, 77, 78 ff
Lewis-M.G. 34, 35, 36, 37, 38, 39, 40, 41, 44, 46, 48, 59, 60, 61, 62, 63, 65, 66, 71, 75, 76, 77, 83
Lichtspursprenggranate 197, 198
Lightning, BAC 233
l.M.G. 08 56, 57, 84, 85, 86
l.M.G. 08/15 63, 66, 76, 86, 87, 88, 89, 97
l.M.G. 81 129
Lockheed F-104 G »Starfighter« 230, 231, 236, 238
Loewe, Fa. 80, 81
Luftfahrtausstellung, Allgemeine Internationale (ILA) 23, 33
Luftgerätewerk Berlin/Hakenfelde, Fa. 125
Lufthansa Werft 171
Luftschiff 14, 15, 21, 22, 23, 24, 26, 27, 28, 31, 32, 33, 36, 44, 47, 75
Luftschiffzerstörer 33
Luft-Verkehrs-Gesellschaft (L.V.G.) 37
L.V.G.-Doppeldecker 74, 82

M 17, Ehrhardt Flz-Kanone 120
M-39 Flz-Kanone (USA) 185
Macchi, Società anonima Nieuport 49
Madsen-M.G. 44
Marlin-Flieger-M.G. 67, 68
Marlin-Rockwell Corp. 67
Marlin-Synchronizer 67
Maschinenfabrik Augsburg-Nürnberg (MAN) 69
Matra R 550 239
Mauser-Werke A.G. 69, 121, 122, 138, 139, 172, 181, 182, 185, 216, 221, 228, 229, 232, 233
Mauser-Flieger-Selbstladekarabiner 47
Mauser-Gewehr-Modell 1871 121
Mauser-Gewehr 98 121
Mauser-Pistole 46, 47
Maxim Gun Company 79
Maxim-M.G. 38, 79, 81, 91, 92
Maxim-M.G. 08 69, 80, 96
MBK 1000 123
McDonnell Douglas F-4E »Phantom II« 232
»Meise«, Abstandszünder 218, 219
Messerschmitt A.G. Bf 109 104, 106, 110, 132, 134, 135, 140, 142, 143, 155, 161, 204, 205, 209
Messerschmitt A.G. Bf 110 108, 115, 141, 149, 150, 151, 152, 158, 160, 161, 165, 166, 171, 184, 189, 190, 204, 206, 207, 209, 211, 215, 221
Me 163 161, 162, 195, 215
Me 210 132, 171, 207
Me 262 140, 154, 155, 156, 162, 172, 174, 175, 181, 185, 215, 216, 217

Me 410 133, 134, 144, 155, 168, 170, 171, 172, 209, 210
Metallwerke Spaichingen, Fa. 174
M.G. C/30 L 148, 220
M.G.-FF 109, 110, 111, 113, 114, 138, 148, 151, 157, 198, 220, 243
M.G.-FF/M 112, 115, 116
M.G. 01 80
M.G. 08 80, 81, 84, 85, 86, 87
M.G. 08/15 86, 88
M.G. 08/18 88, 97
M.G. (Dreyse) 13 93, 97
M.G. 15 97, 98, 99, 100, 101, 102, 122, 123, 130, 200, 243
M.G. 17 88, 99, 103, 104, 105, 106, 107, 108, 109, 121, 122, 123, 130, 132, 137, 145, 148, 161, 165, 171, 178, 200, 224
M.G. 30 (S 2–200) 98
M.G. 34 80, 93, 122, 123
M.G. 42 122
M.G. 81 121, 122, 123, 124, 125, 127, 128, 130, 200, 243
M.G. 81 Z 122, 124, 125, 128, 129, 130, 243
M.G. 99 80
M.G. 131 130, 131, 132, 133, 134, 135, 136, 137, 139, 141, 170, 171, 198, 221, 243
M.G. 131/8 130, 137
M.G. 131/13–8 137
M.G. 151 121, 138, 139, 140, 141, 142, 143, 145, 147, 149, 170, 171, 195, 198, 224
M.G. 151/20 107, 121, 138, 139, 140, 141, 142, 143, 144, 145, 146, 147, 149, 154, 155, 156, 171, 198
M.G. 204 220
M.G. 215/15 221
M.G./M.K. 213 181, 182, 183, 184, 185, 198, 216, 228, 232
M.G. 216 182
Militärluftschiff M1 15
Militär-Taube 32, 36, 40
Minen-Geschoß 113, 114, 161, 164, 166, 175, 194, 196, 198, 203, 214, 232
Mitrailleuse 26
Mitsubishi A5M1a (Typ 96) 110
MK S-18-1000 120, 149
MK-ST-5 119
MK-ST-11 119
M.K. 27 mm (BK 27 mm) 229, 233, 235
M.K. 101 120, 148, 149, 150, 151, 152, 157, 163
M.K. 103 152, 153, 154, 155, 156, 157, 158, 163, 186, 190, 199
M.K. 108 121, 135, 154, 155, 156, 157, 158, 159, 160, 161, 162, 163, 179, 180, 187, 189, 190, 200
M.K. 112 179, 180, 181
M.K. 115 195, 196
M.K. 214 172, 173, 174, 175
M.K. 404 (M.G./H.S. 404) 221, 227
M.K. 412 181
Mod. 1921 (Flieger) 69
Mondragon-Gewehr 47
Montgolfière 10, 11

Morane-Saulnier  49, 50
MS Typ L (Parasol)  51, 52, 53, 58
MS Typ N  58, 59
Motorkanone  152, 156, 158, 161
Motorkanone Typ 7, Typ 9  110
MRCA  232, 233

Nachtjagd  76
Nebelwerfer  208, 210
Nelson-Synchronizer  67
Nieuport  28, 37, 44, 62
Nieuport-Jagdflugzeug  73, 74
Nieuport 11 »Bébé«  59, 60
Nieuport 17  60
Nippon Heiki Munitions-Werke  110
North American P-51 »Mustang«  210
NR 30  185

Oerlikon  109, 110, 117, 118, 119, 158
Oerlikon 206 RK  185
Oerlikon 302 RK  185
Ofenrohr  209
Olympia Aero Show  38

Pak 40 L  175, 176, 177, 178, 179
Panavia, Fa.  233, 234
Panhard, Fa.  50
Panzer IV  157
Panzer V  193
Panzerabwehrkanone  147
Panzerblitz  212, 213, 214
Panzerbüchse (MK S-18-100)  119, 120
Panzerdurchschlagbombe SD 1400  217
Panzerfaust  211
Panzerschreck  211, 212
Panzerwagen (Tank)  69
Parabellum Mod. 1913  81
Parabellum l.M.G. 14  52, 53, 54, 55, 56, 57, 66, 68, 81, 82, 84
Parabellum l.M.G. 14/17  82, 83, 84, 86, 87
Parabellum, Pistole 08  81
Parasol  51, 52, 53
Parseval Luftschiff P 1  15
Patrone 88  79, 80
Patrone M 30  97
Pendelfernrohr  23, 25
Pfalz D III  64
Pfünder 1$^1/_2$  39, 40
Pom-Pom (1 Pfünder)  69, 70
Preßwerke, Fa.  217, 219
Le Prieur-Brandraketen  73, 74, 201
Prix-Michelin  25
Prüfanstalt und Werft (P. u. W.)  52, 75
Pulverraketengeschoß  208
Puteaux Arsenal  73, 94

R4M »Orkan«  214, 215, 216
Ranken Dart  47
Rauchzylinder (Rz)  202
Reflexvisier (Revi)  87, 89, 101, 109, 132, 133, 146, 164, 178, 208
Republic F-84F »Thunderstreak«  227, 235, 240
Republic RF-84F »Thunderflash«  227
Revolver-(Trommel-)Kanone  182, 185, 228, 229, 235
Rheinmetall, Fa.  70, 73, 88, 92, 96, 98, 103, 119, 122, 130, 135, 148, 151, 164
Rheinmetall-Borsig, Fa.  121, 132, 137, 149, 152, 157, 168, 172, 175, 179, 186, 187, 189, 190, 192, 195, 201, 203, 220
Roland D VI a  76
Ross-Interrupter  59
Royal Aircraft Factory B.E. 2  63
Royal Aircraft B.E. 2c  40
Royal Aircraft F.E. 2  34, 38, 39, 59
Royal Aircraft F.E. 2b  58, 70
Royal Aircraft F.E. 2d  60
Royal Aircraft S.E. 5  64
R-Stoff  218
Rückblickfernrohr  108
Rückstoßlader  79, 83, 90, 92, 93, 99, 103, 111, 119, 123, 130, 138, 151, 152, 164, 180, 221, 226, 235, 242
Ruhrstahl, Fa.  217, 219
Ruhrstahl/Kramer X 1  217
RZ 15/8  207
RZ 65  201, 203, 205, 206, 207, 208
RZ 73  202, 203, 205, 207
RZ 100  207, 208

Sabre Mk. 6 (Canadair)  226, 227
Sabre F-86K (North American)  227
Salmson  67
Salon de l'Aéronautique  33
Scarff-Diborsky-Synchronizer  60
Scarff Mounting  60, 61
Schielwinkel  240
Schrägbewaffnung, (schräge Musik)  76, 77, 115, 119, 142, 143, 144, 161, 198, 200
Schrapnell  47
Schwarzpulverrakete  201
Schweizerische Industriegesellschaft (SIG)  47
Sea Hawk (Armstrong Whitworth)  227
Seebach Maschinenbau A.G.  95, 109
SEMAG-Kanone  95
Short S. 81 No. 126  39
Siemens-Schuckert-Werke  67
SSW D IV  67
Simson u. Co.  93
Siegen-Solingen-Gußstahl A.G.  69
SL 3, Luftschiff  22
Société Nouvelle des Etablissements Brandt (SNEB)-Raketen  237
Solothurn A.G.  96, 119, 151

Solothurn M.G. Modell 29   96
Solothurn l.M.G. 30   96, 97
Solothurn M.G. 31   96
Solothurn S2-200 (Gerät 15)   96, 97
Sondergeräte (S.G.)   186 ff
S.G. 113 »Förstersonde«   190, 191, 192, 193
S.G. 116 »Zellendusche«   186, 187, 190
S.G. 117 »Rohrblock«   187, 188, 189, 190
S.G. 118 »Rohrblocktrommel«   188, 189, 190
S.G. 119 »Rohrbatterie«   189, 190
S.G. 500 »Jägerfaust«   194, 195
Sopwith No. 127   39
Sopwith $1^1/_2$ Strutter   59, 60
Sopwith Camel   63, 64, 65
Sopwith Dolphin   77
Sopwith-Kauper Synchronizing Gear   59
SPAD XII   73
SPAD XIII   64, 67
Spandau-M.G.   61, 86, 87
Spoiler   218
Sprengbombe   23
Sprenggeschoß   22, 77 ff
Sprenggranaten   70 ff
Springfield-Infanterie-Gewehr   33
SRAAM 75   239
S-Stoff   218
Stahlkern   74
Störkörper   221, 222
Stoßdraht-Steuerung   107
St. Petersburger Erklärungen   71
Supermarine »Spitfire«   139

T6-200   98, 99
T6-220   98, 99
T 34   163, 193
Taildog   239
Tankgewehr   69
Tank- und Flugzeug-M.G. (TuF)   69, 136
Telefunken, Fa.   219
Thorsten Nordenfelt Geschoß   68
Tornado (MRCA)   233, 234, 237
Torpedo-Flugzeug   28
Torpedo-Lancierrohr   15

Verzögerungskapsel   114
Vickers Ltd.   70, 79

Vickers No. 14   39
Vickers No. 18   38, 39
Vickers-M.G.   60, 61, 63, 65, 75, 76, 87
Vickers-(Maxim-)M.G.   38, 79
Vickers-Trigger-Actuator   59
Villar-Perosa-M.G.   76
Viper   239
Voisin, Fa.   20
Voisin-Doppeldecker   33, 34, 40, 49, 54, 70
Voisin-Farman I   18
Vollkerngeschoß (Hartkern)   74, 77, 78, 93, 136
Vorwerk u. Co.   66, 90, 91

Waffenbehälter   129, 142, 145, 229, 234
Waffenpack   106, 142, 144
Waffenring   54, 55, 60, 72, 83, 94
Wagner, I.C., Fa.   137
Webley Fosberg Revolver   47
Williams, Arthur, Fa.   87
Wurfgerät   210
Wurfgranaten (Wgr.)   208, 209, 210, 211, 212
Wgr. 21   208, 209, 210, 211, 212
Wurf-Pfeil   26
Wurfrahmen   210
Wright-Flugapparat   19, 25
Wright »Typ A«   20
Wright »Typ B«   35
Wright Military Flyer   20
Wright Signal Corps No. 1   20

X 1   217
X 4   216, 217, 218, 219, 220
X 7 »Rotkäppchen«   217, 220

Zaunkönig (TH Braunschweig)   211
Zeppelin   15, 16, 74, 80, 81, 82
Zerfallgurt   65, 158, 172, 195, 230
Zerlegerzünder   114 ff
Zerstörer 45, Vierling-Flak   157
Zieldeckungsverfahren   218, 219
Zielfernrohr   172
Zielgerät, Bomben-   23, 24, 25, 26, 31, 35, 46
Zielsuchgerät »Dogge«   219
Zündnadelgewehr   92

# Namensregister

Ader, Clément   15, 16
Alkan, Sergent-Mec.   60
Allen, General   24
Arnold, Landsturmm.   52

Ball, Albert   74
Barès, Comm.   50
Balzer, Stephan   16
v. Beaulieu, Werner   31
Becker, Reinhold   72, 93, 95
Benz, Carl   20
Bergmann, Theodor   92, 96
Berteaux, Kriegsminister   29
Bettington, A. V.   59
Birkigt, Marc   73
Blériot, Louis   18, 41, 64
Boelcke, Oswald   57, 61
de Boigne, Oberst   49
Bolle, Carl   132
Bontempelli, Ltn.   28
Borchardt, Hugo   81
Brock, F. A.   77
Broemme, Landsturmm.   52
Brooke-Popham, Maj.   34
v. Brug, Gen.Ltn.   46
Brunnhuber, Simon   21, 52
Buckingham, George Thomas   74, 75
Bührle, Emil   109
Burton, Bethel   90
v. Buttlar, Waldemar   53

Carlstrom   71
Challenger, George H.   59
Chanute, O.   17
Chinn, George M.   162
Christiansen, Friedrich   89
Clark-Hall, Robert   40, 70
Cody   20
Colley, C. C.   62
Collier, Robert J.   25
Commerell, Admiral   79
Constantinesco, Georg   62
Cooper, H. A.   62
Coutelle, Jean-Marie-Joseph   12, 13
Crissy, Myron S.   25
Curtiss, Glenn   17, 33

Davis, Cleland   71
Daimler, Gottlieb   20, 38
Daimler, Paul   37, 38
Delagrange, Leon   18
De le Roi, Wolfram   9, 19, 20, 21, 22
Deperdussin, Armand   41, 49, 64

Diborsky, Victor V.   59, 65
Dinlage   67
Dörge, Dr.   138
Douhet, Giulio   29
Dreßler, Hermann   32
v. Dreyse, Nikolaus   92

v. Eberhardt, Walter   43, 45, 46
Eggers, Maj.   212
Ehrhardt, Heinrich   73, 96, 119
Ellehammer, Jacob   18
Engel, Georg   135
Esnault-Pelterie, Robert   49
Euler, August   32, 33, 36, 38, 53, 84

Farman, Henri   18, 41
Farman, Maurice   41
Fickel, Jacob E.   33
Fieseler, Gerhard   76
Fleck, Kurt, Dr.   138
Fokker, Anthony H. G.   52, 53, 57, 58
Fonck, René   73
DeForest, Chandler, Charles   35
Forster, Helmut   52
Foster, Sgt.   62
Foulois, B. D.   25
Frantz, Joseph   49
Fritz, Ing.   38
Frommherz, Hermann   63

Galland, Adolf G. d. J.   142, 144, 168
Gambetta, Leon   13
Garros, Roland   50, 51, 65
Gast, Karl   66, 90
Gatling, Richard Jordan   229
Gavotti, Giulio   28, 29
Gazda, Antoine   110
Geerdtz, Franz   21
Geyer, Hugo W.   54
Giffard, Henry   14
Göring, Hermann   151
Groß, Hans   9, 15, 22
Guerre, Ltn.   26, 27
Guidoni, Alessandro   27, 28
Guynemer, Georges   73

Hachtel, Ltn.   195
Haenlein, Paul   14
de Havilland, Geoffrey   34
Hawker, Lanoe G.   48
Haynes, E. T.   40
Hazelton, George   65
Heber, Kurt   214
Heinemann, Karl   81, 82, 86, 96
Henning, Hermann   96

Hergert, Wilhelm   172
Herlach, Fritz   96, 119
Hirschauer, Oberst   40
Hitler, Adolf   151, 168, 177
v. Hoeppner, Ernst   61
Hoffmann, W. S.   20
Hue, Jules   50, 51

Immelmann, Max   57, 58, 67

Joffre, Gen.   25

Kammhuber, Gen.   115
Kastner, Hermann   57
Kauper, H. A.   59
Kelb, Fritz   195
Keller, Hptm.   84
Kemp, Roland   40
Kirkland, Ltn.   35, 36
Klein, H., Dr.   203
Kramer, Max, Dr.   216, 217, 220
Krebs, A. C.   14
Krum, Alfred   96
Kühn, Oblt.   54

Lana-Terzi, Francesco de   9, 10, 11
Langley, Samuel Pierpont, Prof.   16, 17
v. Langsdorff, Werner   54
Langweiler, Dr.   194
Levavasseur   20
Lewis, Isaac Newton   34, 35, 36
Lilienthal, Otto   17, 18
Linder, E.   172, 181
Loewe, Ludwig   79
Loiseau, M.   41, 44
v. Loßnitzer, Otto-Helmuth   138, 184
Lowe, Thaddeus S. C.   12
Ludendorff, Erich   21
Lübbe, Heinrich   53, 84
Luger, Georg   81
v. Lyncker, Freiherr, Gen.   9, 21, 22

MacCartee   36
Mackenthun, Walter   21, 23, 31
Machenbach, Richard   23, 31
Maier, Karl, Dr.   182
Mandel, Fritz   96
Manley, Charles M.   16
Manton, Marcus D.   39
Mauser, Andreas   121
Mauser, Paul   121
Mauser, Wilhelm   121
Maxim, Hiram Stevens   16, 17, 79
McCubbin, G. R.   58
McLean, Dr.   237

Michelin, 25
Mix, Oberst-Ing. 103
v. Moltke, Helmuth 21
Mohr, Gefr. 59
Mondragon, Manuel 47
Montù, Cap. 30

Napoleon Bonaparte 12
Nieuport, Charles 37
Nitsche, Bruno 172
North, John D. 39
Nungesser, Charles 73

Palmer, Hptm. 52
Paltock, Robert 11
Parmalee, P. O. 25
v. Parseval, August 14, 15
Paulhan, Louis 24
Penn-Gaskell, L. de C. 48
v. Arnauld de la Perière 45
Perschau, Otto 57
Pershing, John J. 69, 136
Pescara, Pateras 28
Peyret, Louis 49
Piazza, Carlo 28
Politzer, Anton 182
Pomeroy, John 77
Porro, A. A. Felice 29
Prévost, Maurice 44
Prideaux, William de Courcey 65
Le Prieur, Y. G. 73

Quènault, Louis 49

Rabagliatti, C. E. C. 48
Rakula, Theodor 119, 195
Renard, Charles 14
v. Richthofen, Manfred, Freiherr 61, 70
Roosevelt, Quentin 68, 69

Roosevelt, Theodore 68
Ross 59
Rossi, G. 30
Rossmanith, Wolfgang 96
Rudel, Hans-Ulrich 164, 165

Santos-Dumont, Alberto 14, 18
Saulnier, Raymond 50
Sazerac de Forge 26
Scarff, Frederick William 60
Scott, R. E. 25, 26
v. Schellendorff, Bronsart 13
Schlenstedt, Fwltn. 51
Schmeisser, Louis 92, 93, 96, 119
Schneider, Franz 37, 38, 40, 41, 42, 43, 53, 54, 55, 60, 73, 84, 110
Schoenert, Rudolf 115
Séguin 20
Selfridge, Thomas E. 20
Siegert, Maj. 43, 44, 45, 46, 47, 52, 54
v. Sigsfeld, Bartsch 14
Small, F. G. 48
Späte, Wolfgang 195
Stahl, Dr. 101, 128, 221, 222
Stamm 56
Stange, Louis 93, 96, 98, 119, 120, 122, 130, 135
Steiger, 96
Steinhoff, Johannes, Gen. 216
Strange, L. A. 47, 48, 49
Swebilius, Carl G. 67

v. Tarnòczy, Eugen 21
Taucher, Fritz 151
Thiede, Fritz 76, 77
Thomsen-v. d. Lieth, Hermann 19, 52, 61
v. Tiedemann, 21

v. Tirpitz, Alfred 45
Towle, F. B. 71
Tratt, Eduard 171

v. Uchatius, Franz 10, 11
v. Uchatius, Josef 10, 11
Udet, Ernst 157
Uljanin, Obstltn. 31

Vickers, Albert 79
Viereck, Chefing. 137
Voisin, Charles 18
Voisin, Gabriel 18, 33, 34, 40
Voller, Karl 96
Voss, Günther 163

Waller, J. H. 58
Walter, A. M. 74
Wagner, Herbert, Prof. 220
v. Weber, Ritter 122
v. Werneburg, Gen.Ltn. 18
Wilhelm II, Kaiser 18, 20, 79, 84
Wilkens, Peter 11
Wilson, C. W. 48
Winter, Alfred 135
Wintgens, Kurt 53
Wise, John 11
DeWitt Milling, T. 25, 35, 36
Wölfert, Hermann Dr. 14
Wolff, 67
Wood, Gen. 34
Wright, Orville 17, 18, 19, 20
Wright, Wilbur 17, 18, 19

v. Zeppelin, Ferdinand Graf 12, 14
Zettel, Ing. 195

# Nachweise

*Zeichnungen*

Aus: Chinn, George; The Mashine Gun (21), aus: C.I.O.S.-Report (10), aus Hollbach, Deutscher Flugzeugbau (2), Archiv Price, Alfred (4), Archiv Radinger, Willy (3), Redemann, Hans (5), Archiv des Verfassers (1), Stahl, Karl-Heinz, Dr. (3)

*Fotos:*

Archiv Aders, Gebhard (6), Bundesarchiv Koblenz (3), Chinn, George (20), C.I.O.S.-Report (9), Dorner, Hermann P. (7), Dornier GmbH, via Christ, Rolf (1), E-Stelle Tarnewitz, Bildstelle (117), Archiv Flugsport (7), Frommherz, Hermann (2), General Electric, via Oertel, A. W. (2), Heckmann, Erhard (2), Heeresgeschichtliches Museum, Wien, via Jarosch, Hubert (2), Krüger, Alfred W. (1), Lockheed Aircraft Corporation (1), Unsere Luftstreitkräfte 1914–18 (6), Luftwaffen Museum, Uetersen, via Dorner, H. P. (1), MBB-Archiv, via Ebert, Hans J. (2), Musée de l'Air, Paris (1), Pocock, R., via Munson, Kenneth (1), Price, Alfred (10) u. Imrie/Bruce via Price, A. (4), Archiv Radinger, Willy (44), Raytheon, via Trenkle, Fritz (1), Archiv Redemann, Hans (9), Stahl, Karl-Heinz, Dr. (8), Stato Maggiore Aeronautica, Roma (6), Taylor J.W.R. via The Hamlyn Group (1), Archiv U.S. Air Force (4), alle übrigen Abb. Archiv u. Fotos des Verfassers.

## Literatur

Baumbach, Werner: Zu spät? Aufstieg und Untergang der deutschen Luftwaffe, München 1949

Benecke, Th. Dr.: Die Entwicklung ferngelenkter Flugkörper in Deutschland, Flugwelt, Köln 1957

Bekker, Cajus: Angriffshöhe 4000, Oldenburg 1964

Bergius, C. C.: Die Straße der Piloten, Gütersloh

Blume, Walter: Arbeiten und Gedanken über die bewegliche Bewaffnung der Flugzeuge, Berlin 1942*

Bodenschatz, Karl: Jagd in Flanderns Himmel, München 1938

Boenicke, E.: Munition und deren Wirkung, Berlin 1942*

Bornemann, Kurt: Eine neuartige bewegliche Waffenanlage, Berlin 1942*

Bruce, J. M.: War Planes of the First World War, Fighters, Volume 1–5, London 1965/1972

Chinn, George M., USMCR: The Machine Gun, Washington 1955 (Bureau of Ordnance, Department of Navy, Washington 25, D.C.)

Caspari, Dr. H. A.; Passoth, Oskar; Wollé, Heinrich: E-Stelle See, Die Geschichte der Flugerprobungsstellen Travemünde und Tarnewitz, Steinebach-Wörthsee 1975

Dierich, Wolfgang: Kampfgeschwader 51 »Edelweiß«, Stuttgart 1973

Dinner, Erich: Munitionsfragen, RLM Berlin 1941*

Eberhardt, W. v.: Unsere Luftstreitkräfte 1914–1918, Berlin 1930

Eichelbaum, Hans: Das Buch von der Luftwaffe, Berlin 1939

Feuchter, Georg W.: Der Luftkrieg, Bonn 1954

Freeman, Roger A.: The Mighty Eighth, Units, Men and Machines, A History of the US 8th Army Air Force, London 1970

Galland, Adolf: Die Ersten und die Letzten, Die Jagdflieger im Zweiten Weltkrieg, Darmstadt 1953

Gibbs-Smith, C. H.: The Wright Brothers, London H.M.S.O. 1963

Gibbs-Smith, C. H.: The World's First Aeroplane Flights, London H.M.S.O. 1965

Gibbs-Smith, C. H.: A Brief History of Flying, London H.M.S.O. 1967

Gordon, Arthur: Die Fliegerei, Gütersloh 1964

Götz, Hans-Dieter: Mit Pulver und Blei, München 1972

Gray, Peter; Thetford Owen: German Aircraft of the First World War, London 1962

Green, William: The World Guide to Combat Planes, Volume 2, London 1966

Green, William: Warplanes of the Third Reich, London 1970

Hackenberger, Willi: Die Alten Adler, Pioniere der deutschen Luftfahrt, München 1960

Hahn, Fritz: Deutsche Geheimwaffen 1939–1945, Flugzeugbewaffnungen, Heidenheim 1963

Hobart, F. W. A.: Das Maschinengewehr, Die Geschichte einer vollautomatischen Waffe, Stuttgart 1973

Hoffschmidt, Edward J.: German Aircraft Guns WW 1–WW 2, Old Greenwich 1969

Hollbach, O.: Deutscher Flugzeugbau, Frankfurt/Main 1942

Immelmann, Franz: Der Adler von Lille, Leipzig 1934

Imrie, Alex: Pictorial History of the German Army Air Service, Shepperton 1971

Johnson J. E.: Jagd am Himmel, München 1966

Kens, Karlheinz; Müller, Hanns: Die Flugzeuge des Ersten Weltkriegs 1914–1918, München 1966

King, H. F.: Armament of British Aircraft 1909–1939, London 1971

Klein, H.: Die Verwendung von rückstoßangetriebenen Geschossen, Berlin 1942*

Kleinschmidt, W.: Das großkalibrige Flugzeuggeschütz, Düsseldorf 1942*

Koch, H.: Die Maschinenkanone im Flugzeug, Entwicklungsgedanken und Versuchsergebnisse, Berlin-Tegel 1942*

Korn, Michael/Peter, Bernhard: Tornado-Bordkanone Mauser 27 mm, Wehrtechnik 1976

Kramer, Alexander E.: (U.S. Ordnance) Development of Weapons by Rheinmetall-Borsig (CIOS-Bericht) 1945

Kruse, Karl A.; Schliephake, Hanfried: Das Große Buch der Fliegerei, München 1973

Lange, Bruno: Das Buch der Deutschen Luftfahrttechnik 2 Bd., Mainz 1970

Langsdorff, Werner v.: Flieger am Feind, Gütersloh 1934

Lusar, Rudolf: Die deutschen Waffen und Geheimwaffen des 2. Weltkrieges und ihre Weiterentwicklung, München 1971

Mason, Francis K.: Battle over Britain, London 1969

Morawietz, Otto: Moderne Handfeuerwaffen und neue Maschinengewehre, Soldat u. Technik 1958

Morawitz, Otto: Die französische Mitrailleuse 1870/1871 und die deutschen Maschinengewehre bis zum MG-Modell 1908, Soldat u. Technik 1966

Morawitz, Otto: Die deutschen Maschinengewehre im Ersten Weltkrieg, Soldat u. Technik 1968

Morawitz, Otto: Die Maschinengewehre der Reichswehr und der Wehrmacht, Soldat u. Technik 1968

Munson, Kenneth: Pionierzeit, Flugzeuge der Jahre 1903–1914, Zürich 1969

Munson, Kenneth: Kampfflugzeuge 1914–1919, Zürich 1968

Munson, Kenneth: Bomber 1919–1939, Zürich 1970

Neher, Franz Ludwig: Das Wunder des Fliegens, München 1936

Novarra, Heinz J.: Die Anfänge der deutschen Jagdfliegerei, Soldat u. Technik 1966

Orlovius, Heinz: Schwert am Himmel, Fünf Jahre deutsche Luftwaffen, Berlin 1940

Ossenbühn, Paul: Grundgedanken zur Weiterentwicklung von Flugzeugschußwaffen, Berlin 1941

Ossenbühn, Paul: Technische Forderungen an die Entwicklung großkalibriger automatischer Waffen für den Flugzeugeinbau, Berlin 1942

Pope, Dudley: Feuerwaffen, Genf 1971

Price, Alfred: Luftschlacht über Deutschland, Stuttgart 1974

Price, Alfred: World War II, Fighter Conflict, London 1975

Rasch, F.; Hormel, W.: Taschenbuch der Luftflotten, München 1914

Richthofen, Manfred, Frhr. v.: Der rote Kampfflieger, Berlin 1933

Roeingh, Rolf: Zwei Generationen der Luftwaffe, Berlin 1942

Runnebaum, Julius: Vom Maxim-MG 1887 bis zum MG 42, Soldat u. Technik 1963

Schardin, Hubert: Allgemeine Betrachtung über Flugzeugbewaffnung, Berlin 1941*

Schardin, Hubert: Die Beurteilung der Güte einer Waffe sowie der waffentechnischen Ausrüstung eines Flugzeugs, Berlin-Gatow 1942*

Schenk, Werner: Der Super-Sidewinder AIM-9L, Internationale Wehrrevue 1976

Schliephake, Hanfried: Wie die Luftwaffe wirklich entstand, Stuttgart 1972

Schmidt, Theodor-Wilhelm: Visierfragen, Berlin 1941*

Schmidt, Theodor-Wilhelm: Treffwahrscheinlichkeit mit großen Kalibern und Zielgeräten, Braunschweig 1942*

Schmidt, Theodor-Wilhelm: Über Visiere für bewegliche Flugzeugschußwaffen, Berlin 1942*

Sefzig, Udo D.: 40 Jahre deutsche Flugerprobung. II. Teil, Tarnewitz, Jahrbuch d. Wehrtechnik, Folge 6, Darmstadt 1971

Sims, Edward H.: Zweikampf am Himmel, Stuttgart 1973

Smith, J. R.; Kay, Antony: German Aircraft of the Second World War, London 1972

Smith, Peter C.: The Story of Torpedo Bomber, London 1974

Stahl, Friedrich: General der Flieger Hermann Thomsen-v. d. Lieth, Soldat u. Technik 1966

Steinhoff, Johannes: Kanone und Rakete, Stillstand der Waffenentwicklung, Der Flieger, Steinebach-Wörthsee 1952

Steinhoff, Johannes: In letzter Stunde, München 1974

Suchenwirth, H. Dr.; Gantschnigg, Martin: Das Prinzip des Masseverschlusses dargestellt an MGs und Kanonen, Waffenjournal

Supf, Peter: Das Buch der Deutschen Fluggeschichte, 2 Bd., Berlin-Grünewald 1935

Taylor, John W. R.: Jane's All The World's Aircraft, London

Trenkle, Fritz: Bordfunk-Geräte der deutschen Luftwaffe 1939–1945, Düsseldorf

Völker, Karl-Heinz: Die deutsche Luftwaffe 1933–1939, Stuttgart 1967

Völker, Karl-Heinz: Dokumente und Dokumentarfotos zur Geschichte der deutschen Luftwaffe, Stuttgart 1968

Voss, Günther: Gesichtspunkte für die Entwicklung großkalibriger Flugzeugbordwaffen, Berlin 1942*

Wallace, G. F.: Guns of the Royal Air Force 1939–1945, London 1972

Air Ministry: Development of German Fighter Armament, rep. No. 2280, London 1944

Deutsche Akademie der Luftfahrtforschung, Beiträge zur Geschichte der deutschen Luftwissenschaft und -Technik, Band 1, Berlin 1941

Die deutschen Luftstreitkräfte von ihrer Entstehung bis zum Ende des Weltkrieges 1918, Bearbeitet vom Reichsluftfahrtministerium, Kriegswissenschaftliche Abteilung der Luftwaffe, Berlin 1942

German Aircraft Armament and Ammunition during the War of 1939–45, A.D.I. (K) Report 1946

U.S. Ordnance: Visit to Mauser-Werke A.G., Oberndorf am Neckar and Mauser Personnel at Lager Haiming, Ötzal, near Innsbruck, (CIOS-Bericht) 1945

Stiftung Luftwaffenehrenmal e. V.: Jagdflieger, Celle 1971

---

*) Vorträge


*Zeitschriften + Magazine*

FLUG REVUE + flugwelt international, monatlich, Vereinigte Moto-Verlage GmbH & Co. KG, Stuttgart

deutscher aerokurier, monatlich, Verlag Dr. Neufang KG, Köln

Der Flieger, monatlich, Luftfahrt-Verlag, Walter Zuerl, Steinebach-Wörthsee

Interavia, monatlich, Genf, Schweiz

Jägerblatt, Gemeinschaft der Jagdflieger e. V., Rolf Ole Lehmann, Lütjenburg

Jahrbuch der Luftwaffe, jährlich, Bonn-Duisdorf

Jahrbuch der Wehrtechnik, jährlich, Bonn-Duisdorf

Luftwaffe, monatlich, BMVg, Mönch-Verlag, Bonn

Luftfahrt international, zweimonatlich, Publizistisches Archiv, Abt. Luftfahrt, Karl R. Pawlas, Nürnberg

Soldat und Technik, monatlich, Umschau Verlag, Frankfurt/Main

Truppenpraxis, monatlich, Verlag Offene Worte, Bonn

Wehrausbildung in Wort und Bild, monatlich, Verlag Offene Worte, Bonn

Waffen-Revue, vierteljährlich, Publizistisches Archiv für Militär- und Waffenwesen, Karl R. Pawlas, Nürnberg

Wehrtechnik mit Wehr und Wirtschaft, monatlich, Verlag Wehr und Wissen Verlagsgesellschaft mbH, Koblenz-Bonn

# Auch diese Dokumentationen werden Sie interessieren

**Das Maschinengewehr**

**Die Geschichte einer vollautomatischen Waffe**

**von F. W. A. Hobart**

Jeder, der sich für Waffen im allgemeinen und automatische Feuerwaffen speziell interessiert, wird in diesem Buch eine Fülle von Informationen finden. Der Autor zählt zu den namhaftesten Experten auf diesem Sektor. Nur so war es möglich, ein Thema von solcher Weitläufigkeit derart umfassend abzuhandeln. Das Buch reicht von den ersten Anfängen der Feuerwaffen über die handbetriebenen, automatischen und die Mehrrohrwaffen bis zum letzten Stand der MG-Technik. Ausführlich beschreibt Hobart außerdem das Vordringen automatischer Feuerwaffen in Europa und den USA sowie den Einsatz des Maschinengewehres in Fahrzeugen aller Art und in Flugzeugen. Aber auch darüber, welche Automatik- oder Maschinenwaffe sich für Militär, Polizei oder ähnliche Einheiten eignet, berichtet dieses Buch.
240 Fotos, eine Anzahl Zeichnungen und ein informativer Tabellenteil machen daraus eine Waffensammlung, wie sie sonst nirgendwo existiert.

288 Seiten, 240 Abbildungen, gebunden, DM 28,—.

**Die Artillerie der Streitkräfte aus aller Welt**

**von Christopher F. Foss**

Dieses Buch behandelt die Artilleriewaffen aller bedeutenden Streitkräfte der Welt. Rund 220 Abbildungen illustrieren dieses Standardwerk über Panzerabwehrgeschütze, Feldartillerie, Haubitzen, Fliegerabwehrkanonen, Mörser und rückstoßfreie Geschütze. Wie umfassend F. Foss das Thema behandelt, zeigt die Tatsache, daß dieses Werk auch Systeme und Geräte enthält wie z. B. Raketenartillerie, Vollketten-Zugmaschinen, Artillerie auf Selbstfahrlafetten, Feuerleitsysteme, elektronische Rechen- und Meßgeräte ...
Vollständige und detaillierte Angaben liefert das Buch auch über Kaliber, Gewichte, Schußweiten etc. Und – soweit bekannt – über die Entwicklungsgeschichte bestimmter Waffen und ihre Einsatzbereiche. Zahlreiche Abbildungen und technische Daten sind hier erstmals veröffentlicht.
Dieses Buch ist nicht nur äußerst informativ.
Es ist in seiner Art eine Rarität.

288 Seiten, 218 Abbildungen, gebunden mit vierfarbigem, glanzfolienkaschiertem Schutzumschlag, DM 28,—

**Bildreport Weltkrieg II**

**von J. Piekalkiewicz**

Mit dem Abstand von über drei Jahrzehnten sichtet diese Buchreihe das Arsenal der Deutschen Wehrmacht. Nüchtern und sachlich. Ohne Emotionen und Vorurteile. Flugzeuge, Kanonen, Fahrzeuge, Schiffe ... Hier wird sowohl über die bedeutenden Waffensysteme berichtet, als auch über entscheidende Schlachten und andere folgenschwere Ereignisse des Zweiten Weltkrieges. Jeder Band von »Bildreport Weltkrieg II« zeigt (mit über 200, meist bisher unveröffentlichten Fotos) die Entwicklung und Anwendung der verschiedenen Kampfmittel. Die sachliche, zugleich aber spannende Darstellung wird untermauert von authentischen Berichten aus jener Zeit und durch damals streng geheim gehaltenes Material.
Diese brillante kriegsgeschichtliche Dokumentation mutet selbst heute noch an wie
eine »g. Kdos« – wie eine geheime Kommandosache.

Folgende Bände liegen vor:
**Die »Ju 52« im Zweiten Weltkrieg
Die 8.8 Flak im Erdkampfeinsatz
Die BMW-Kräder R 12/R 75 im Zweiten Weltkrieg
Der VW-Kübelwagen Typ 82 im Zweiten Weltkrieg
Fieseler Fi 156 Storch im Zweiten Weltkrieg**

Demnächst erscheint:
**Die Deutsche Reichsbahn im Krieg**

Jeder Band ca. 200 Seiten, ca. 220 Abbildungen, gebunden mit vierfarbigem, glanzfolienkaschiertem Schutzumschlag, DM 28,—

# MOTORBUCH VERLAG STUTTGART
# POSTFACH 1370